国际足联执教手册

国际足联 编著

中国足球协会 翻译审定

For the Game. For the World.

人民体育出版社

图书在版编目(CIP)数据

国际足联执教手册 / 国际足联编著；中国足球协会翻译审定. —北京：人民体育出版社，2016（2019.11.重印）
ISBN 978-7-5009-4787-5

Ⅰ.①国… Ⅱ.①国… ②中… Ⅲ.①足球运动-教练员-手册 Ⅳ.①G843.2-62

中国版本图书馆 CIP 数据核字（2015）第 029227 号

*

人民体育出版社出版发行
三河兴达印务有限公司印刷
新 华 书 店 经 销

*

889×1194　16 开本　20 印张　500 千字
2016 年 4 月第 1 版　2019 年 11 月第 5 次印刷
印数：12,001—14,000 册

*

ISBN 978-7-5009-4787-5
定价：90.00 元

社址：北京市东城区体育馆路 8 号（天坛公园东门）
电话：67151482（发行部）　　邮编：100061
传真：67151483　　　　　　　邮购：67118491
网址：www.sportspublish.cn
（购买本社图书，如遇有缺损页可与邮购部联系）

编译委员会

译审：

李春满　　曾　民

翻译人员如下（按姓氏笔画排序）：

史　钟　　（硕士）阿迪达斯公司　职员

孙文广　　（硕士）北京国安俱乐部青少年教练

李春满　　（博士）北京体育大学　教授　亚足联精英讲师

李学亮　　（硕士）山东鲁能俱乐部技术官员

陈小虎　　（在读博士）北京体育大学

张　磊　　（在读博士）北京体育大学

柴文辰　　（硕士）北京邮电大学世纪学院　教师

曹晓东　　（博士）武汉体育学院

曾　民　　（硕士）中国足协技术部

目 录

1. 导言 / 1
2. 技术发展方案 / 9
3. 当代足球 / 17
4. 教练员——执教 / 33
5. 技术准备与结合技术/战术的准备 / 53
6. 打法风格 / 105
7. 心理方面 / 143
8. 体能准备与提高及训练 / 159
9. 训练计划 / 227
10. 未来之星 / 251
11. 守门员技战术能力训练 / 281

1 导 言

1. 前言   2
2. 国际足联大家庭   3

1. 前言

国际足联大家庭成员大概有250万人，其中包括各年龄阶段的男女运动员、教练员、教练组成员、管理人员、裁判员、助理裁判员和医务人员。上述所有的体育人员展现了激情、快乐和魅力。足球既是他们日常生活的一部分，也是他们喜爱的休闲追求。他们当中一些人把足球作为一种职业，另一些人把它作为一种使命。

无数的运动员不断寻求在比赛中提高和完善自己，他们希望在教练员的支持和帮助下达到此目的。为了实现这一理想，国际足联的一些讲师编著了这本教练员手册。《国际足联执教手册》对于那些在本国足协开展教育活动的教练员来说是一本全面的、有价值的手册，而且对于教练员在日常生活中也是非常适合和有益的。

《国际足联执教手册》中的各种原文、示例、图表和照片是由一个专家小组在几个月的时间内收集而成的。他们辛勤劳动的成果不仅体现在这是一本均衡的、详实的、结构清楚和容易理解的执教手册，内容涉及了现代教练员在比赛中应掌握的每一个方面；而且这也是一本面向未来比赛趋势的手册，特别对青少年运动员的训练和提高很有帮助。

《国际足联执教手册》证实了其不仅对男子足球的各方面工作起到很大帮助，而且对于女子足球开展工作也同样如此。各章节都涵盖了广泛的内容，包括技术技能、战术、体能、守门员训练、比赛中的心理和精神方面以及如何计划等。因此，该手册将成为国际足联讲师和教练员培训课程的一个重要组成部分。

国际足联的座右铭是发展良好的比赛。《国际足联执教手册》的出版，无疑将"精彩比赛"这方面体现得更好和更具吸引力。我深信你在阅读和使用完这本手册后会赞同以上观点。

国际足联主席约瑟夫·布拉特

2. 国际足联大家庭

亚洲

会员协会（46）

阿富汗 AFG Afghanistan	约旦 JOR Jordan	菲律宾 PHI Philippines
澳大利亚 AUS Australia	朝鲜 PRK Korea DPR	卡塔尔 QAT Qatar
孟加拉 BAN Bangladesh	韩国 KOR Korea Republic	沙特阿拉伯 KSA Saudi Arabia
巴林 BHR Bahrain	科威特 KUW Kuwait	新加坡 SIN Singapore
不丹 BHU Bhutan	吉尔吉斯斯坦 KGZ Kyrgyzstan	斯里兰卡 SRI Sri Lanka
文莱 BRU Brunei Darussalam	老挝 LAO Laos	叙利亚 SYR Syria
柬埔寨 CAM Cambodia	黎巴嫩 LIB Lebanon	塔吉克斯坦 TJK Tajikistan
中国 CHN China PR	中国澳门 MAC Macao	泰国 THA Thailand
中国台北 TPE Chinese Taipei	马来西亚 MAS Malaysia	东帝汶 TLS Timor-Leste
关岛 GUM Guam	马尔代夫 MDV Maldives	土库曼斯坦 TKM Turkmenistan
中国香港 HKG Hong Kong	蒙古 MGL Mongolia	阿拉伯联合酋长国 UAE United Arab Emirates
印度 IND India	缅甸 MYA Myanmar	乌兹别克斯坦 UZB Uzbekistan
印度尼西亚 IDN Indonesia	尼泊尔 NEP Nepal	越南 VIE Vietnam
伊朗 IRN Iran	阿曼 OMA Oman	也门 YEM Yemen
伊拉克 IRQ Iraq	巴基斯坦 PAK Pakistan	
日本 JPN Japan	巴勒斯坦 PLE Palestine	

联合会准成员

北马里亚纳
MNP Northern Marianas（待定）

国际足联执教手册

非洲

会员协会（53）

阿尔及利亚 ALG Algeria	埃塞俄比亚 ETH Ethiopia	尼日尔 NIG Niger
安哥拉 ANG Angola	加蓬 GAB Gabon	尼日利亚 NGA Nigeria
贝宁 BEN Benin	冈比亚 GAM Gambia	卢旺达 RWA Rwanda
博茨瓦纳 BOT Botswana	加纳 GHA Ghana	圣多美及普林西比 STP Sao Tomé e Príncipe
布基纳法索 BFA Burkina Faso	几内亚 GUI Guinea	塞内加尔 SEN Senegal
布隆迪 BDI Burundi	几内亚比绍 GNB Guinea-Bissau	塞舌尔 SEY Seychelles
喀麦隆 CMR Cameroon	肯尼亚 KEN Kenya	塞拉利昂 SLE Sierra Leone
佛得角群岛 CPV Cape Verde Islands	莱索托 LES Lesotho	索马里 SOM Somalia
中非共和国 CTA Central African Republic	利比里亚 LBR Liberia	南非 RSA South Africa
乍得 CHA Chad	利比亚 LBY Libya	苏丹 SUD Sudan
科摩罗群岛 COM Comoros	马达加斯加 MAD Madagascar	斯威士兰 SWZ Swaziland
刚果（布） CGO Congo	马拉维 MWI Malawi	坦桑尼亚 TAN Tanzania
刚果（金） COD Congo DR	马里 MLI Mali	多哥 TOG Togo
科特迪瓦 CIV Cote d'Ivoire	毛里塔尼亚 MTN Mauritania	突尼斯 TUN Tunisia
吉布提 DJI Djibouti	毛里求斯 MRI Mauritius	乌干达 UGA Uganda
埃及 EGY Egypt	摩洛哥 MAR Morocco	赞比亚 ZAM Zambia
赤道几内亚 EQG Equatorial Guinea	莫桑比克 MOZ Mozambique	津巴布韦 ZIM Zimbabwe
厄立特里亚 ERI Eritrea	纳米比亚 NAM Namibia	

联合会准成员（2）

留尼汪 REU Réunion	桑给巴尔 （TAN）Zanzibar

中北美及加勒比海地区

会员协会（35）

安圭拉 AIA Anguilla	多米尼克 DMA Dominica	尼加拉瓜 NCA Nicaragua
安提瓜和巴布达 ATG Antigua and Barbuda	多米尼加共和国 DOM Dominican Republic	巴拿马 PAN Panama
阿鲁巴 ARU Aruba	萨尔瓦多 SLV El Salvador	波多黎各 PUR Puerto Rico
巴哈马 BAH Bahamas	格林纳达 GRN Grenada	圣基茨和尼维斯 SKN St. Kitts and Nevis
巴巴多斯 BRB Barbados	危地马拉 GUA Guatemala	圣露西亚 LCA St. Lucia
伯利兹 BLZ Belize	圭亚那 GUY Guyana	圣文森特/格林纳丁斯 VIN St. Vincent /Grenadines
百慕大 BER Bermuda	海地 HAI Haiti	苏里南 SUR Surinam
英属维尔京群岛 VGB British Virgin Islands	洪都拉斯 HON Honduras	特里尼达和多巴哥 TRI Trinidad and Tobago
加拿大 CAN Canada	牙买加 JAM Jamaica	特克斯和凯科斯群岛 TCA Turks and Caicos Islands
开曼群岛 CAY Cayman Islands	墨西哥 MEX Mexico	美国 USA United States of America
哥斯达黎加 CRC Costa Rica	蒙特塞拉特 MSR Montserrat	美属维尔京群岛 VIR US Virgin Islands
古巴 CUB Cuba	荷属安的列斯 ANT Netherlands Antilles	

联合会准成员（5）

法属圭亚那 GUF French Guyana	圣马丁岛 （GLP）Saint-Martin
瓜德罗普岛 GLP Guadeloupe	荷属圣马丁岛 （ANT）Sint-Maarten
马提尼克 MTQ Martinique	

南美洲

会员协会（10）

阿根廷
ARG Argentina

玻利维亚
BOL Bolivia

巴西
BRA Brazil

智利
CHI Chile

哥伦比亚
COL Colombia

厄瓜多尔
ECU Ecuador

巴拉圭
PAR Paraguay

秘鲁
PER Peru

乌拉圭
URU Uruguay

委内瑞拉
VEN Venezuela

导言

大洋洲

会员协会（11）

美属萨摩亚
ASA American Samoa

库克群岛
COK Cook Islands

斐济
FIJ Fiji

新喀里多尼亚
NCL New Caledonia

新西兰
NZL New Zealand

巴布亚新几内亚
PNG Papua New Guinea

萨摩亚
SAM Samoa

所罗门群岛
SOL Solomon Islands

塔希提岛
TAH Tahiti

汤加
TGA Tonga

瓦努阿图
VAN Vanuatu

联合会准成员（3）

纽埃岛
NIU Niue Island

基里巴斯
KIR Kiribat

图瓦卢
TUV Tuvalu

欧洲

会员协会（53）

阿尔巴尼亚 ALB Albania	格鲁吉亚 GEO Georgia	北爱尔兰 NIR Northern Ireland
安道尔 AND Andorra	德国 GER Germany	挪威 NOR Norway
亚美尼亚 ARM Armenia	希腊 GRE Greece	波兰 POL Poland
奥地利 AUT Austria	匈牙利 HUN Hungary	葡萄牙 POR Portugal
阿塞拜疆 AZE Azerbaijan	冰岛 ISL Iceland	罗马尼亚 ROU Romania
白俄罗斯 BLR Belarus	爱尔兰 IRL Republic of Ireland	俄罗斯 RUS Russia
比利时 BEL Belgium	以色列 ISR Israel	圣马力诺 SMR San Marino
波黑 BIH Bosnia-Herzegovina	意大利 ITA Italy	苏格兰 SCO Scotland
保加利亚 BUL Bulgaria	哈萨克斯坦 KAZ Kazakhstan	塞尔维亚 SRB Serbia
克罗地亚 CRO Croatia	拉脱维亚 LVA Latvia	斯洛伐克 SVK Slovakia
塞浦路斯 CYP Cyprus	列支敦士登 LIE Liechtenstein	斯洛文尼亚 SVN Slovenia
捷克 CZE Czech Republic	立陶宛 LTU Lithuania	西班牙 ESP Spain
丹麦 DEN Denmark	卢森堡 LUX Luxembourg	瑞典 SWE Sweden
英格兰 ENG England	马其顿 MKD FYR Macedonia	瑞士 SUI Switzerland
爱沙尼亚 EST Estonia	马耳他 MLT Malta	土耳其 TUR Turkey
法罗群岛 FRO Faroe Islands	摩尔多瓦 MDA Moldova	乌克兰 UKR Ukraine
芬兰 FIN Finland	黑山 MNE Montenegro	威尔士 WAL Wales
法国 FRA France	荷兰 NED Netherlands	

2 技术发展方案

1. 国际足联技术发展方案介绍　　10
2. 技术发展方案中的基础和重点　　11

1. 国际足联技术发展方案介绍

以下几个方面构成了国际足联技术发展方案的核心：
年轻运动员的训练，发展与学习

```
                    教练员的指导
                    
                    教学过程的基础
                    →第4章
```

个人与整体的融合	个人技术能力的提高	训练课的计划与设计
• 打法	• 技术的准备	• 当代足球
• 战术原则	• 技战术的准备	• 执教中的重点
• 对整体的指导	→第5章	→第3章
• 定位球情况	• 身体素质的发展和储备	• 制定训练课程
→第6章	→第8章	• 调整与恢复
	• 心理因素	→第9章
	• 理解能力	• 未来之星
	→第7章	→第10章
	• 对守门员的指导	
	→第11章	

2. 技术发展方案中的基础和重点

近些年来，国际足联针对技术发展方案的基本观念作了相应的调整。即从原来培训和提高俱乐部技术人员在比赛中的工作能力，转变成如今着重于足球运动的推广和提高足球运动员训练标准化水平上。

虽然很难提供一套完全正确的可以满足于世界各国足协和成员的足球训练教学指导方针，但是国际足联技术发展方案已经被证实是非常成功的训练教学指导方案。事实上，那些在国际赛场上取得优异成绩的队伍，尤其在亚洲和非洲的青年运动员身上，国际足联的技术发展方案发挥着举足轻重的作用。

正如所表现的那样，国际足联将会一如既往地为推动足球的发展而努力。尽管在确保教学重点更要结合当今足球运动全面发展上作出一定的调整，但还是有必要保留我们的技术发展方案，因为这套方案既满足了现代足球的需要，同时也迎合了各足协对于足球训练方法及其发展的意愿，当然也满足了发挥着越来越重要作用的教练员的需求。

近来国际足联发表的关于重要国际赛事的技术报告，以及专家技术人员和不同成员协会的教练员共同发表的建议一致认为，足球运动还有继续提高的潜力。比赛中的技巧，个人技术能力的运用——不仅只针对个人在比赛中的表现，同时包括运动员的思维方式和个性等方面都存在着提高的空间。

为了达到提高的目的，更好地发展是年轻运动员所需要的，那种真正具备长远发展为基础的理念，加之各种适应于运动员的各年龄层次和发展水平的教学方案和手段，才能够最大限度地达到提高的效果。

因此，足球运动要纳入青少年教育的日程，正如国际足联主席约瑟夫·布拉特所说，要让足球训练成为青少年的"人生课堂"的组成部分。

曾经当国际足联大家庭中的一些国家寻找如何可以确保足球发展的办法，以及通过可利用的资源来建立更适合的训练和执教的结构的时候，我们认为关键是在今后的几年之内把我们的技术发展方案调整为着重于青少年足球运动员基础训练，以及将足球转变成为一种教育的手段，从而为将来的足球运动打下良好的基础。

不断发展中的教练员培训

针对青少年运动员发展的指导方案不以训练和教育为主要目的是无法发挥作用的。毫无疑问一名优秀的教练员对于运动员的发展有着举足轻重的作用。

虽然近年来众多的教练员有机会通过参加国际足联的各种培训来提高自己的业务水平，但是以

国际足联执教手册

生理、教学法和心理等方面为重心的训练方法在不断地更新并开拓新的领域。除此之外，考虑到现代足球的变革以及对足球运动员越来越高的要求，对于当今的足球教练员及教育者——真正的天才"铸造者"，肩负着青少年队员个人及整体的全面发展——极为重要的是要接受和掌握全面的知识从而应对工作中的各种要求。这也正是我们为广大教练员提供本技术发展方案的初衷。

这套技术发展方案是以系统的方法和合理的编制为基础，其目的就是为了满足青少年运动员的发展需要。同样这套方案也适用于顶级水平足球队教练员的执教需要。这套方案也适用于男足和女足的教学工作。

培训班课程安排

与过去的课程相比，现在的课程在制定上具有一定的灵活性。因此，讲师可以针对各个国家足协的需求和学习人员的水平来选择国际足联拟定的各种培训主题。

课程的组织与课程内容的选择同样要适合各国不同的需求和期望。所以国际足联会要求各个国家递交本国详细的需求和学习目标以及在课程中所关注的中心问题。按照课程组织者的要求，凡是参与课程教学工作中的讲师将会上交自己的教学计划和各足协成员国所要求的各种附加活动，以及详细的课程时间安排。

这里所提供的培训课程和教学计划可以作为范例及组织指导教学工作的参照。

各国足球协会要根据培训课程的目标、课程和学员的级别来挑选学员。

国际足联有权要求各成员协会提交参加培训课程人员的名单及其职业背景的说明。如果国际足联的讲师认为有必要，可以在课程开始时要求参加者接受资格考核。同样各个成员协会在课程结束后要对培训班学员进行考核。申请必须在课程开始至少3周前向国际足联提交。各国足协同样可以应用此指导手册中的教学方法为本国的教学人员提供指导，从而开展本国内部的培训工作。也可同时用在那些旨在更好地掌握训练和发展理念的俱乐部内。

执教手册

为了满足各成员协会的需要，但更主要的是满足参加培训学员的需求，这套执教手册可以作为基础的指南。一旦课程结束，这套手册将会提供给参加培训的成员一套关于教学方法的信息和指导材料，以便教练员今后经常地查阅和参考。关于课程的实际教学内容与手册中相应章节讲授的原理相一致。

手册采用活页的装订方式，以便参加培训的成员可以在手册空白处写下对于课程中所涉及的主要话题的个人笔记，或者加入其他的参考文献。

就我们所关注的青年运动员训练问题虽然在各大洲，甚至在某些国家之间仍存在着较大的差距，但是国际足联深信，通过与各成员协会的合作以及教练员之间的相互交流，我们能够提高执教的水准，进而促使世界各地的足球运动水平进一步地发展。

课程内容（表1）

基础阶段（12～15岁年龄段）课程（表2）

水平提高阶段（16～19岁年龄段）课程（表3）

表1 技术课教案 — 教练员课程

课程内容

现代足球介绍	教练员/训练指导	技术	技战术	战术打法	体能储备方案	心理和个性因素
理论	**理论**	**理论**	**理论**	**理论**	**理论**	**理论**
●足球现状 ●训练发展方向 ●国际足坛 ●精英培训中心（学院）	●教练员训练指导 　—个性特点 　—职责 ●教练员训练情况 　—比赛情况 　—训练 　—教练员教育者 　—指导全队	●技术 　—基础训练 　—协调性 ●训练 　—方法 　—指导	●比赛原则 　—分析和说明 ●进攻打法 　—进攻 ●防守打法 　—区域盯人 　—压迫 　—其他 ●训练 　—方法学 　—指导	●比赛原则 　—阵型 　—组织 ●战术理念 　—定位球 　—其他 　—根据课程安排	●体能储备 　—与比赛相关的各项素质指标 ●训练方法 　—训练计划 　—准备期 　—比赛期 　—调整/恢复	●思想态度 ●认知能力 ●运动员及个性 　—如何提高？ ●公平比赛 ●比赛规则和执法 ●兴奋剂 ●其他内容
→ 通过研究讨论 → 借助投影教学 → 国际足联的参与	**实践课** ●训练课模式 　—要求 　—指导 ●培训人员对教学方法的亲自应用 ●调动培训人员的积极性 　—要求 　—观察	**实践课** ●技术课模式 　—协调性 　—基础训练 　→针对技术的训练 　→针对技术的循环训练 　→针对相应打法的演练 ●训练 　—运球射门 　—传球控球 　—头球 　—1对1攻守 　→讲师选择训练为目的场景演练 　→技术训练为目的对抗练习 　→在缩小的场地内 　→指导守门员	**实践课** 进攻 ●阵地战组织 ●快速进攻 ●防守反击 对抗练习要结合射门 防守 　—从1对1到4对4 　—区域防守 　—整体拦截 　—从4对4到8对8 　—整体拦截 　—压迫 　—比赛 　进攻—防守	**实践课** ●指导全队 11对1/11对6/11对11 　—强调进攻与防守 　—组织守队员的场上布局 ●整体训练课模式 ●取决于阵型打法 ●定位球 ●对比赛进行评估 →让培训人员通过观察比赛来分析比赛	**实践课** ●以身体素质为主的训练 　—耐力（有氧—无氧） 　—综合力量和专项力量 　—速度 ●身体训练模式 ●少年专项力量 ●取决于运动员的水平 ●恢复部分 ●柔韧	**实践课** ●专项训练 　—意志品质方面 　—意识方面 　→练习示例

表2 技术方案——教练员　　基础发展阶段（12~15年龄段）的课程

	第1天	第2天	第3天	第4天	第5天	第6天	第7天	第8天
	安排课程 ●迎接培训人员 ●课程开幕式	理论 教练员指导 ●指导比赛训练课	理论 技术/战术 ●进攻 ●防守	理论 战术 ●比赛打法 ●比赛分析	理论 身体素质训练 ●与比赛相关的各项素质指标	理论 训练课计划 ●准备期 ●比赛期	理论 年轻队员的培养 －参加培训人员的实践任务 准备训练课	理论/实践课 守门员训练 ●专项练习/个别练习 ●结合整体
		实践课 训练课示例 ●训练课方法 －训练课示例	实践课 技术/战术 1对1 －进攻与防守 －运球与假动作 －抢断 把理论课的比赛观念运用到实践中	实践课 战术/技术 2对2/4对4 －防守（区域防守） －战术原则 把理论课的比赛观念运用到实践中	实践课 身体训练 ●力量 ●耐力 以检验耐力为目的的对抗练习	实践课 技术/战术配合 快速进攻 －速度 －射门 把理论课的比赛观念运用到实践中	实践课 整体练习 ●11对1/11对5/9对3/9对6 比赛—9对9/11对11	
	理论 现代足球 ●对比赛的解析 －学习过程中强调的重点和目标 实践课 青年比赛 ●观察 青年队 （U-13/U-14年龄组）	理论 青年运动员的训练 ●方法 实践课 技术训练 ●协调性 ●基本技术 以技术训练为目的的对抗练习 柔韧练习	理论 协调和技术 实践课 技术/战术 ●传球 ●摆脱防守 ●占据空当 －射门 把理论课的比赛观念运用到实践中	理论 思想准备和理解能力 实践课 技术/战术 3对3/4对4 －进攻练习 －协调性 －射门 在缩小的场地内比赛 以提高阅读比赛能力为目的的对抗练习	组织青年锦标赛 SOS国际儿童村	实践课 个人专项练习 目的： 以技术和意识为主（由讲师决定训练项目） 比赛 没有任何具体的技术方面要求 （由学习人员参加）	实践课 训练课 ●由学习人员亲自实践 a) U-13年龄组 b) U-15年龄组 （2×1小时） （整堂训练课）	对培训课的评估 闭幕式
	比赛评估		国际青年足球比赛（录像）		研讨会 （内容自定）		足球比赛规则	

表3 技术方案——教练员 提高阶段（16～19年龄段）的课程

	第1天	第2天	第3天	第4天	第5天	第6天	第7天	第8天
	• 课程安排 • 迎接培训人员 • 课程开幕式	理论 教练员指导 • 指导训练课	理论 技术/战术训练 —比赛原则	理论 攻式足球 • 进攻	理论 体能储备 • 耐力 （有氧/无氧）	理论 体能储备 • 力量 • 速度	理论 运动员心理和思想因素	理论 实践课 课程评估 • 由学习人员亲自实践组织训练课（U-18青年队） 课程评估
		实践课 课程示例 • 训练课示例 （训练课方法）	实践课 技术/战术 • 1对1/2对2 • 运球和射门 • 抢断 把理论课的比赛观念运用到实践中	实践课 技术/战术 • 传球/堵式配合 • 快速进攻 • 反击 把理论课的比赛观念运用到实践中	实践课 身体训练 • 协调性 • 耐力 （单独训练和整体） 耐力训练	实践课 体能课 • 力量 —增强肌肉—力量 —综合素质 • 速度（单独训练和整体） 比赛	实践课 心理训练 • 意识技能 （战术意识的理解） • 技术/战术 对抗练习 （小场地）	理论 课程评估 闭幕式
	理论 现代足球 • 录像分析 • 阵型打法 • 未来发展趋势 • 指导 →青年队（U-17/u-18年龄段）	理论 • 运动员的发展和训练	理论 防守练习 • 区域盯人 实践课 战术/技术 • 区域防守 • 压迫 • 4对4/6对6 • 控球和传球 把理论课的比赛观念运用到实践中	理论 教练员—指导 • 指导比赛 实践课 技术/战术 • 传中和射门 （如凌空射门等） • 阵地战组织 • 边路进攻 把理论课的比赛观念运用到实践中	其他活动 • 学习者亲自参与组织文化和运动活动 SOS国际儿童村 观看比赛	理论 打法 • 整体 实践课 整体 整体训练 • 进攻练习 （11对4/11对6） • 防守练习 （6对8/7对11） 比赛 （11对11）	理论 训练计划 • 年度计划 • 周计划 →学习人员将被安排完成这项工作 实践课 守门员训练 • 专项训练/个别训练 • 在实际比赛情况中	
	实践课 青少年比赛 • 观摩比赛 • 指导 →青年队（U-18年龄段）	实践课 技术课 • 协调性 • 基本技术 • 控球和传球 技术练习对抗练习 • 传球						
	国际青年足球比赛		理论 运动医学（运动中饮食、卫生）		国内足球发展情况 本国足球关注话题	执法比赛	研讨会 （训练周期的准备）	

3 当代足球

1. 现代足球比赛 　　　　　　　　　　　　　　18
2. 当代足球比赛 　　　　　　　　　　　　　　24
3. 足球训练和发展现状 　　　　　　　　　　　27
4. 青少年运动员学习过程中的训练和发展 　　 30

1. 现代足球比赛

简介

长期以来足球运动不断地经历着发展和变化。世界各个角落都可以看到足球运动的影子，足球运动征服着世界。小国家们彼此组织起各自的足球联盟；各个国家向运动员敞开国门；球队去到世界各地参加比赛；在许多的国家，青年足球运动员的训练和发展已经达到了较高的水平。总之，足球运动正处于良好的发展阶段。

足球运动正以较快的速度发展着：这不仅体现在球场内，而且与足球相关的各个领域以及竞赛等方面同样得到了发展；另外我们最近还发现，由于运动员身体及心理能力和结构的提高及改善，帮助其在比赛中能够发挥出最高的竞技水平。

在第三个千年里，为了使我们能够更好地了解足球的发展以及相关的问题，我们应该对当代足球的现状进行简单的回顾。

足球运动是如何发展的

"更快、更高、更强，更加技术化"。这个简单的模式极其准确地概括了过去几年来足球的发展情况。

- 速度更加重要。其意思不仅仅是要跑得快，同时更主要的是体现在队员加快完成基本动作时的速度，如控球、传球或者射门等。
- 比赛中1对1的对抗更加激烈，过去对运动员的要求已经远远不能够应对现代足球的需要，这就要求足球运动员不断地提高自我的竞技能力。
- 毫无疑问，足球运动所经历的最显著的变化就在于技术能力方面。当然这种技术方面的进步是整体上的进步。所有观看了2002年韩国/日本世界杯，2003年世界青年锦标赛，2003年17岁年龄段世界足球锦标赛的足球爱好者都会被那些足球发达国家的运动员们所表现出来的精湛技艺所折服。

战术的发展

足球比赛中的战术同样经历着巨大的变化。新阵型的出现：4-4-2、3-5-2、3-4-3。这些阵型在比赛过程中也会经常地发生变化（3-5-2阵型在进攻时会变成4-4-2阵型），这些都取决于场上的比分和当时的情况来变化。但是最显著的变化就是"全攻全守"型足球的诞生，比赛节奏的加快也是其中的一个方面。

"全攻全守"型足球出现于二十多年以前，由罗马尼亚人，法国前国家队和阿贾克斯队主教练斯特凡·科瓦奇创造和发展起来的，这套打法同时也涉及到不断地给对手施加压迫。

改变比赛的节奏同样是非常重要的因素。领先的队伍能够通过加快或放慢比赛的节奏来控制对方，在确保本方球门安全的同时，可以突然向对方实施进攻。当今足球比赛中留给进攻者的空间变得更加狭小，通过这种节奏上的变化可以拉开场地的空间，制造宝贵的空当。

现代足球中的战术应用在比赛中的作用是非常重要的，同时战术还能够相应地提高进攻运动员的技术发挥。运动员们提高了个人的技术和运动能力，因此在很大程度上促进了足球运动的发展。为了提高效率，运动员在门前除了必须具有爆发力和娴熟的技术外，同时还要有敏捷的速度和准确的头球。如今优秀的前锋队员像巴西运动员罗纳尔多，英国运动员欧文，法国运动员亨利和西班牙人劳尔。

不用多说，在当今的球坛还有更多的独树一帜具有创造性的运动员。像普拉蒂尼、加斯科因、劳德鲁普、里瓦尔多等，通过他们的出色表现同样深深地影响着整个足坛。

运动员的发展

足球运动自身的发展意味着运动员也要调整自己来适应这种不断的变化。如今顶级联赛对于运动员的要求已经远远地超过了十年前的水平。

- 现代的足球运动员必须具备娴熟的技术。这就是为什么运动员在其（12~15岁）的早期训练阶段和（16~19岁）提高训练阶段，必须接受高质量训练的原因。这个阶段对于运动员来说，是最理想的提高全面技术和发展个人特点（射门，头球和运球）的时期。
- 为了更好地理解教练员的要求，运动员必须具备敏锐的战术意识。同时还要具备自身快速作出反应和采取变化的能力。这样才能保证运动员在赛中改变战术打法时，从容面对场上的一切变化。
- 总之，运动员必须具有全面的高水平的竞技能力。另外，速度、爆发力和恢复能力同样也是不可忽视的因素。
- 在当今的足球运动中，精神力量已成为运动员的重要武器，作为运动员，他必须知道如何才能使自己的意志更加坚定，在逆境中也能够游刃有余，做一名超越自我的运动员。

竞技运动的发展及资金的投入

在过去的几十年里，资金在竞技体育领域中的投入以前所未有的速度增长着，这促使竞技体育向商业化转轨。世界那些主要的竞技运动都会受这个趋势的影响。足球运动也不得不适应这个发展趋势。

- **国内和国际赛事**

在足球界，四年一届的世界杯足球赛一直以来都是最重要的足球赛事。观察家们可以从每一届的世界杯中了解到当前足球发展的动态。实际上，这也是最新足球发展趋势的起始点。同时，这种总结分析至少在短期内会对青少年足球的训练，以及足球运动的发展趋势有一定的引导作用的。

以下这些锦标赛由各洲的足球联合会承办：

–非洲国家杯	–CAF	–非洲
–亚洲杯	–AFC	–亚洲
–美洲杯	–CONMEBOL	–南美洲

-欧洲杯	-UEFA	-欧洲
-金杯赛	-CONCACAF	-中北美及加勒比海
-国家杯	-OFC	-大洋洲

这些赛事有的四年举办一次，有的甚至两年举办一次，比赛充分体现了现代足球的发展趋势。青少年阶段的众多国际赛事当中，尤其是U-20和U-17世界锦标赛已经成为人们关注的焦点，因为这些赛事对未来之星具有指路明灯的作用。

现代足球向世人所展示的魅力，同样促进了女子足球运动的发展。这种发展的迹象在近些年来的国际女子足球赛事当中充分得到体现。

国际赛场经历了巨大的变迁。欧洲冠军联赛、非洲冠军联赛、美洲杯和亚洲冠军联赛等，以小组赛的赛事体系来取代直接淘汰的形式。实际上，这些联赛已经成为真正意义上的洲际锦标赛。

在一些足球发达国家的国内职业联盟中，基本上由18～20支俱乐部组成，也就是说，运动员不得不每周参加2～3场的比赛，更不要说再加上国内的杯赛了。但是杯赛的举行为小的球会提供了与大俱乐部交手的平台。

由于国内外复杂的赛事日程，国际足联在2001—2002赛季相应出台了一套广泛应用的国际赛事日程，其目的就是更好地协调各国联赛，避免时间上的冲突。根据这个日程的要求，国际运动员要在一个赛季内参加一定次数的比赛：

- 46场俱乐部比赛（国内联赛/杯赛）
- 16场洲际杯赛（欧洲俱乐部联赛，美洲杯等）
- 12场国际赛事

以及4～5周的假期

- **足球运动面临的问题**

当今乃至未来足球所面临的主要挑战，就是如何处理各个级别的比赛中所注入的大量而且混乱的资金问题。突然之间迅速增长的电视转播权的价格，赞助商利益的增长，足球市场的发展，各俱乐部高度职业化的市场关系运营以及俱乐部成为股票交易市场当中的一员（特别是在英国），这都使职业俱乐部有能力积攒足够的资金。这种强大的冲击同样也体现在转会市场上。当大量的资金注入俱乐部促进足球运动发展的时候，我们才是欣慰和开心的。但是随着更多资金的注入，资金滥用的可能性也随之增加。

对此公然违抗经济发展的趋势无异自取灭亡。但如果合理地利用资金，这将从长远的角度提升足球运动自身的发展。足球比赛越精彩，那么值得欣赏的比赛就越多，这也是抓住球迷心理的关键所在。但是如果不遵循一定的规则，在足球比赛的某些方面不进行创新，那么我们就不能够保证足球的魅力淋漓尽致地展现出来。因此，不断创新对于足球发展来说是非常关键的因素。

如果没有观众，就没有足球运动。如果足球比赛平淡无味，那么也不会有观众。如果没有高水平的运动员参加比赛，也不会有引人入胜的比赛。虽然我们都清楚地知道，合理的基层结构，高效率的管理层及过硬的硬件设施都是队伍成功的必要因素，但是所有这些都需要资金作为保证，因此资金对于一支球队的发展也发挥着不可或缺的作用。

总而言之，我们的确需要资金，但是我们首先要关注的还是足球本身。这就如同运动员的水平和收入一样，两者成正比的关系。这是关系足球运动的一个重大问题。但为了未来足球的健康发展，必须时刻关注体育道德和精神文明建设。

事实上，为了提升比赛的公平竞赛和体育道德精神，我们只能积极地组织各级各类的众多活动。

人体相关因素及足球运动构建的发展

有时我们会倾向地认为，成功和成就完全取决于运动员的运动表现，这种认识过于简单化。从某种意义上说，足球比赛可视为运动员、教练员和相关服务团队人员共同协作的产品。

前法国国家队教练米歇尔·伊达尔戈突出强调了这一点。他谈到，如今足球媒体的过度报道以及教练员的公开露面并不仅仅局限于足球场内。教练员不得不依靠有能力的助理来分担其相关工作。例如，与俱乐部董事的交流，处理俱乐部内部其他事宜，以及与媒体和赞助商的沟通等。

教练员在俱乐部的决策班子内起着无可厚非的主要作用。主教练往往决定队伍的打法。何时注重比赛的过程，而何时又只考虑比赛的结果，教练员必须具备在这种漫长的赛季中作出决策的能力。现在，足球运动的发展趋向于攻式足球，特别是新规则的制定：守门员接回传球，越位和3分制等。这对教练员有了更高的职业要求，他需要通过参加各种培训班获得新的资格和知识，提升自己的水平，从而对比赛施加自己的影响。尽管教练员并不是万能的，但是他可以对队员场上的发挥施加自己的影响：

- **领导力**。一个团队需要领导者——教练员和一名具有领导才能的运动员。而后者更是一名精神的领袖，一名具有人格魅力，知道如何坚持自己信念的运动员。他是教练员和运动员之间的中介，沟通的桥梁。遗憾的是，这样的运动员通常难觅。因此，教练员需要从青少年时期开始就塑造运动员。
- **团队**。我们可以分辨出一个团队中七种不同类型的运动员：领导者、射手、充满活力的清道夫（球队之"肺"）、创造型运动员、多面手型的前卫、助攻型和防守型运动员。如果所有这些运动员之间的相互作用被优化，队伍的表现将会得到提升。
- **战术优势**。有时在一场比赛过程中，队伍会改变其打法体系。基于此，运动员在未来的比赛中必须具备战术意识的敏锐性。显而易见，相应的教育和培养运动员这方面的能力是其发展的一个关键部分。
- **心理因素**。在心理方面我们还有很多的工作要做。从现在开始，教学工作将会围绕着技术、战术和运动员个性这三个方面同等重要地展开。
- **执教**。现在基本上有三种执教风格：自由式执教（没有给出明确的指示），指向式执教（给出具体的要求），以及创造式的执教（只给出建议，但不强迫如何执行）。未来足球的发展需要更多的是创造性的指导方式，更具体地说，就是引进比赛场景及几种不同解决方案的练习，然后激励队员以自己的方式来选择解决问题的办法。因此，这种执教方式与现在所普遍关注的手把手式的教学方式有本质的区别，在训练中更多地崇尚队员创造性地发挥，必将会在实际比赛中发挥实质性作用。
- **球场艺术大师**。与过去相比我们从没有像今天这样如此关注队伍中具有创造性运动员所发挥的价值，为了本队的胜利，这些运动员能够通过个人的才能来改变比赛的整个进程。因此，这样的运动员应当被鼓励去充分地展示自身的天赋并开花结果。就这方面而言，30%的进球直接或者间接地由这些运动员完成。事实胜于雄辩，这个数字充分证明了这些运动员的价值。但是有一点要注意！所有这样的运动员仍必须融入整体之中。
- 团队背后的团队。我们已经意识到，现代足球比赛并不只局限于场内，还有诸多其他因素需要考虑。我们能够列举出三类直接或间接对球队产生影响的人员：
  - 场内人员（运动员、技术人员、医务人员）
  - 董事和高层领导人员、赞助商、媒体和支持者（各种外围因素）
  - 对手的球探和踢假球的队员

因此教练员应该做到：
- 围绕自己身边高效的"团队背后的团队"：助理教练、体能教练、医生、理疗师、新闻发言人、装备管理员和队伍领队，这些人员必须保护和支持主教练，通过承担各自的职责积极备战并相互协作。
- 媒体对足球界过多地关注和报道，促使教练员成为事关俱乐部发展的人物。这也要求主教练要在赛后的新闻发布会上能够睿智地应对记者的提问，快速地作出反应和分析，树立起优秀并富有人格魅力的教练员形象。
- 主教练要成为一名创新者，具有探索精神。

所谓教育，如对于教练员、技术组成员及管理成员进行的培训和训练，就是足球的今天乃至未来发展的基石。

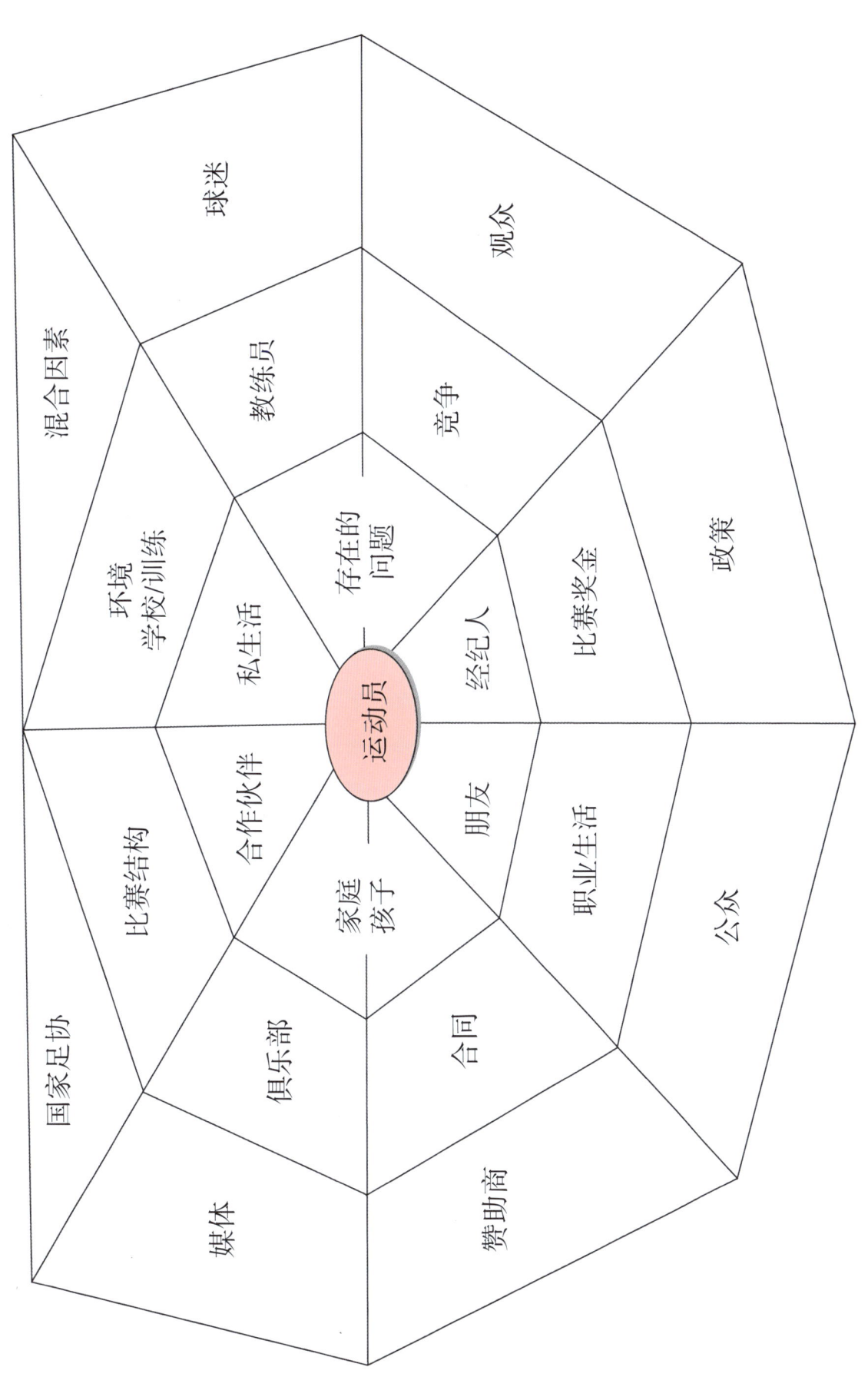

表1 现代足球的相关因素

2. 当代足球比赛

一般的技战术分析
（2002年世界杯，2003年世青赛和2003年U-17世界锦标赛）

- **打法体系**
- 基本阵型：4-4-2，3-5-2，3-4-3（三条线）。
- 变化：3-4-1-2，4-2-3-1，4-1-3-2，5-3-1-1（四条线）。
- 具有灵活组合的多变打法体系：体系变化取决于比分或比赛情况。
- 在防守阵型中，整体由4-4-2变成5-4-1或者由3-5-2变成4-4-2。
- 在进攻阵型中，整体由3-4-3变成3-2-5或者由4-4-2变成3-3-4。
- 在一场比赛中，一支队伍的攻守节奏很快，让球在对方的半场发展并试图射门得分。随后改变打法，吸引对方压出来，不断扰乱对方并使之困乏；之后，通过个人突破或者小组配合发动快速反击。
- 在未来的比赛中，可以胜任多个场上位置的运动员将更具优势。这并不是说一名后卫也将作为一名进攻者，而是指必须具备快速地由守转攻的能力。另一种情况是当中锋控球时可以袭扰对方的防线，一旦丢球又可以展开防守，或者是中锋能够在锋线的任何区域施展自己的能力。在球场上运动员的这种多面能力不仅仅出于战术的考虑，同时还包括技术方面的因素，如运动员所应具备的合理的技术应用能力（一旦得到球直接传球），以及运动员由守转攻或由攻转守的意识。

到底是应该运动员适应打法呢，还是打法应该适应运动员呢？
这个问题仍然存在着争议。

- **防守和进攻的组织**

最常见的防守体系是3或4名后卫的区域防守，或者有时采用人盯人的防守（区域结合盯人）
- 自由人的战术仍然沿用，尤其是在青年队中。
- 众多的球队在防守中采用两条防线（后卫线和前卫线）。
- 前卫线由4人或5人组成，其中有2名防守型前卫司职后防线前或一名组织型前卫（核心球员）司职后防线前，组织型前卫具备赢得球权的能力并提供攻防之间的衔接（自由人站位更靠前）。
- 2名或1名前锋通过封堵迫使对方把球传到边路或者回传。
- 一些球队免除2名或者其中1名前锋的防守任务；这些球队只有8~9名球员参与防守。
- 许多高水平球队采取压迫式打法，尤其是在中场和边路。
- 当对方控制球时，2~3名队员进行逼压，或者保持整体队形的紧凑，采取各防线在移动中的整体压迫防守。
- 压迫式打法需要运动员具备良好的身体能力和耐力（有氧力量）。

最常见的进攻体系是2名锋线队员的组合，或者是1名前锋和1名影子前锋的组合（如莫仑特斯/劳尔，巴蒂斯图塔/托蒂）
- 后排插上，快速斜线插上（15~20米），交叉掩护，换位，快速个人突破还有墙式配合等都是经常应用的进攻形式。
- 尽管中前卫的职责侧重于防守，但创造型的运动员则更多地倾向在边路活动（如齐达内、菲戈、贝克汉姆、贝隆、奥莱姆贝）。
- 以前的打法主要是将10号球员置于前锋身后并提供支持，现在这种打法已经被取代。尽管如此，那些富于创造性、具有良好足球意识以及可决定比赛节奏和控制比赛能力的球员，将始终对全队的命运起到关键的作用。
- 进攻打法是多变的，3~4名队员快速的短传配合或者长传直接越过防线给前锋队员。
- 中前卫或者左右两名边前卫压上支援进攻，这时前卫或者全队都压到了对方的半场。前卫队员此时充当边锋的角色，这就在对方半场形成了4名前场进攻队员的局面。在2002年世界杯中，20%的进球都是通过在本方半场内断球后，从中场发动的防守反击所创造的——快速从中场转为进攻的效果。
- 防守反击包括1~2名队员的个人突破，或者快速的3~5人的局部突破（如巴西、塞内加尔）。
- 个人技术仍然是决定比赛差异性的关键要素之一。这种技术可以是某个方面的特长，个人突破（运球，过人和射门），或者定位球等。

● **技术和心理方面**
- 在采取防守为主的打法面对狭小空间以及对方防守队员给予的压迫时，要求队员不断地提高自己的技术。这其中可能是技术能力（如准确的传球），也可能是身体素质（特别是速度，包括奔跑的速度和完成动作的速度），还可能是心理因素（决策的能力、意志力，自信）。
- 在高水平的比赛中，技术能力发挥的比重较其他方面更为重要，这同样包括U-17青少年阶段的比赛。自从2000—2003世青赛以来，这一级别的比赛水平有了长足的进步，特别是在传球、控球、运球、假动作和射门等方面进步更为明显。
- 选择运用技术动作和完成动作的速率是非常重要的，但对于某些队员来说（里瓦尔多、齐达内、罗伯特卡洛斯），他们可以利用身体不同的部位去控制球（脚内侧和脚外侧、脚背正面、脚尖和脚后跟、左右脚和头）。
- 在技术和战术发展的同时，心理方面也获得了改善，特别是年轻的运动员。这可以让运动员做好以下几个方面：
  从容地应对压力；
  在比赛过程中保持高度集中的注意力；
  在困境中始终对自己持有信心；
  在比赛中，在门前果断地采取行动；
  具有良好的个人心理准备。

● **身体素质**

在2002年韩/日世界杯赛中，各国队伍在身体素质方面较以前有了很大的提高。我们发现：
- 速度、力量和爆发力变得越来越重要。
- 比赛强度、进攻速率、快速地由守转攻和比赛节奏的变化，这些都需要部分运动员具备更强的、持续的耐力。

> 正是由于韩国队员的良好耐力，确保了韩国队保持高强度的比赛节奏，从而不给对手以喘息的时间并将对方拖垮。
>
> 韩国前国家队教练 格斯·希丁克

- 运动员良好的体格、强壮的肌肉可以提高队员的速度、力量，以及在1对1中的心理优势。
- 身体协调性（做动作时能够使身体灵活舒展的能力）是加快完成技术动作的速度和比赛中其他动作速度的关键因素。

3. 足球训练和发展现状

通过国际足联在2001—2002年的统计数字以及对当今世界足球的发展现状的分析，我们可以看到足球运动正处在一个健康发展的阶段，足球运动已经被传播到世界各个角落，一些足球新兴国家迅速崛起，其中一些国家的足球水平甚至可以与足球发达国家相抗衡。

在绿茵场上，比赛中所运用的战术正不断地发展和改进。战术趋向于更快、更多地进球，这给那些具有天赋的运动员创造了更能够施展自己才华的舞台。尽管如此，一些专家相信，当今高水平的运动员在技术、战术意识和心理因素等方面仍有提升的空间。

因此，运动员的培养，尤其是早期训练阶段和青少年训练。作为此发展计划的重中之重，是顺应足球发展趋势的。青少年训练在近几年越来越受到重视。

> "足球水平的发展逐渐趋于均衡。尽管力量的增加、速度的提高以及不断增多的身体训练，但是战术因素仍然保持其原有的地位。这是个人和技术能力发挥作用的地方。"
>
> 2002年世界杯巴西队教练斯科拉里

换句话说，未来的足球比赛仍需要保持当今比赛中的精彩程度以及享受因素，如同目前的球星齐达内、罗纳尔多、皮埃罗或者菲戈，再或者是足球前辈如贝肯鲍尔、克鲁伊夫、贝利、普拉蒂尼和马拉多纳等带给我们的愉悦享受。

我们崇尚严谨的教育，但同时也要拓宽我们的视野。足球运动从广义上讲更应该成为培养青年人的人生课堂，它不仅仅可以锻炼优秀的职业运动员，而且同时还应该塑造运动员的个性；比如，运动员的基础智商、文化和社交能力，以使他们得到全面的发展。

未来的教练员和指导者将肩负着更为崇高而艰巨的教育使命，通过让年轻运动员自由地表达和展示自我个性特质来塑造他们并培养"潜在"的人才。

切记，更为关键的一点是我们要重视年轻运动员个体的发展，遵循青少年发展的科学规律，以学习程度的快慢以及自然发展潜质等科学指标来指导训练工作。

在训练开始阶段打下良好基本功基础是非常重要的。对年轻运动员来说，掌握良好的基本技术不仅是将来取得进步的基础，而且还是激发队员奋发上进的精神力量。我们必须扩大运动员的活动范围，控球时的信心，加强在移动时、快速奔跑时或在对手压力之下时运用技术的能力。只有打下了良好的技术基础，我们才能够开始身体素质和集体的战术训练——而不是相反的顺序，当今的训练计划与此相一致。运动员只有在良好技术的基础上才能踢出精彩的比赛。所有这些基本技能的获得来自于青少年训练和发展的最初阶段。

经过了童年阶段之后就迎来了心理运动迅速发展的"黄金年龄"——早期训练阶段（12～15岁）；这个时期必须完成的主要任务是各种扎实的足球技能，特别是比赛中的技术和基本战术。之后就是发展提高阶段（16～19岁），与运动表现相关的各种更为具体的技能需要在这个阶段加以强化。

此基本重点基于最新的国际足联技术发展项目训练方式基础之上，并加之以下的主要目标：
- 通过提高教练员的执教水平和指导质量，促进和发展青少年足球运动员的训练和发展水平。一定要以运动员为本，以此作为整个训练过程的中心（参见表2）。
- 提高教练员的培训质量，帮助教练员提高执教的水平，特别是那些长年从事青少年足球初期训练工作的教练员。
- 发展和改善教练组成员的组合，改善教学和训练的计划。

在之后的章节里将给大家一些关于技术发展趋势的介绍和建议，从而为未来青少年足球运动员的发展提供帮助。

> "天赋并不会在一个人25岁时突然地爆发出来。一名优秀运动员的成长是从早期一点一滴地培养起来的。错误的养成往往开始于基础和发展阶段。教练员应负有这方面的责任，因为他认为他的队员都已经是职业队员了。"
>
> 约翰·克鲁伊夫 1994

表2　青少年足球运动员——塑造方式

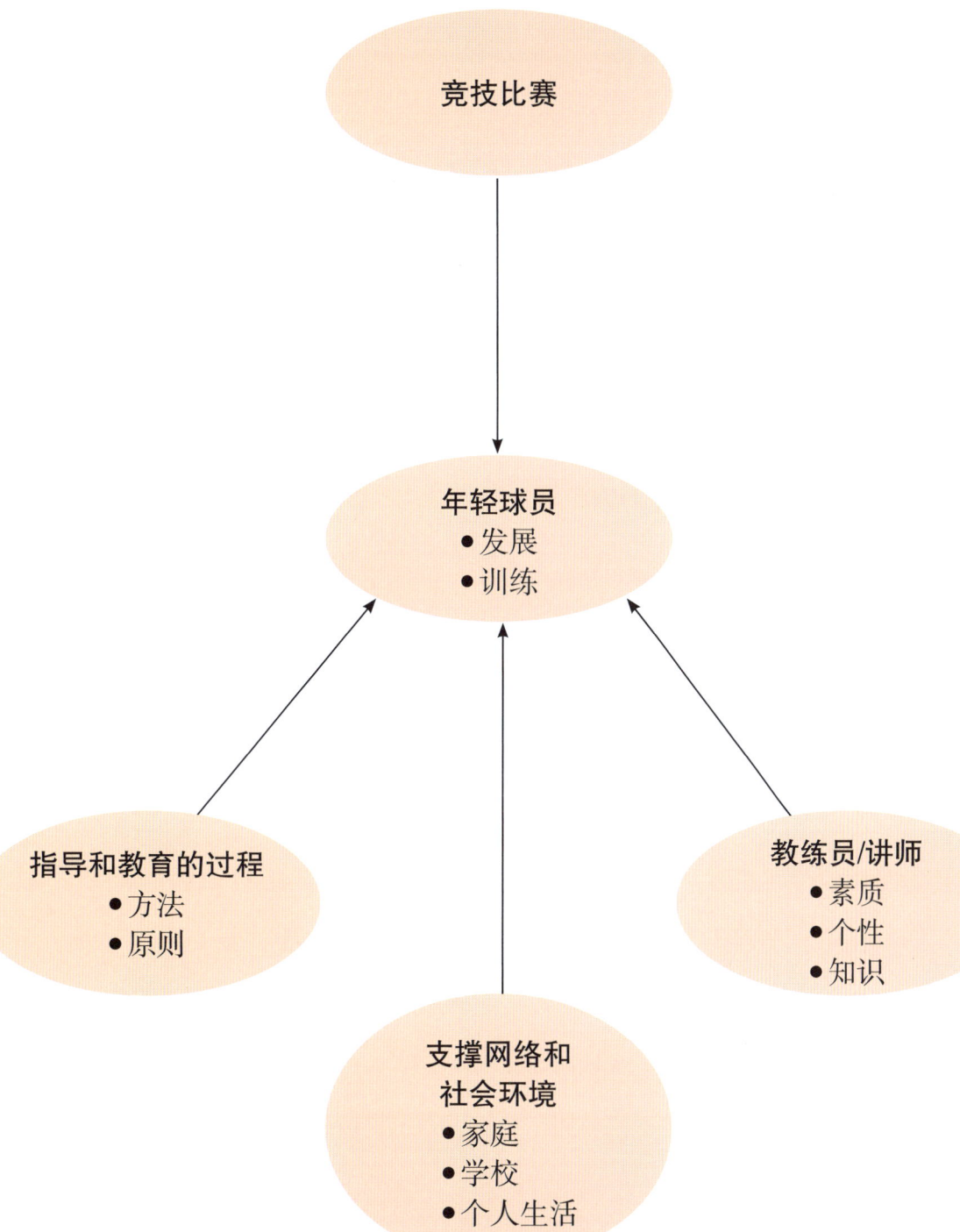

4. 青少年运动员学习过程中的训练和发展

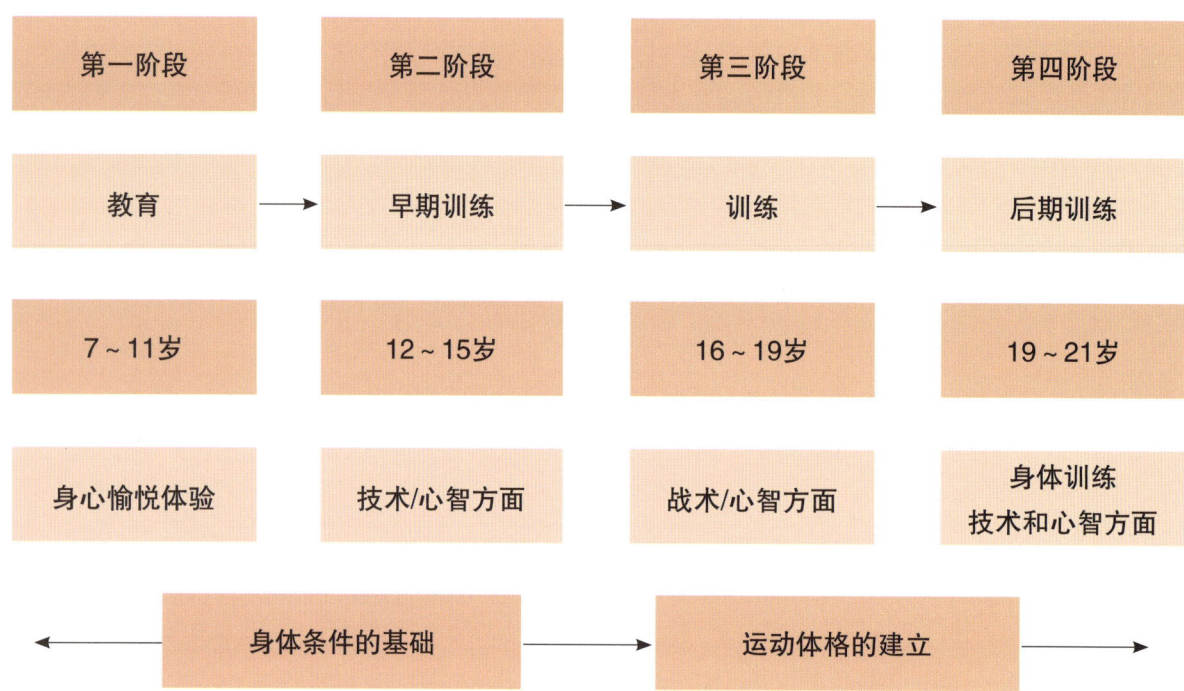

对各个学习阶段所作的年龄划分仅供参考。在真正的训练中还是要针对每名队员自身的发展条件和水平来制订相应的训练内容。
- 提高阶段，尤其是早期训练阶段是决定性的学习阶段。我们将在之后的章节中详述介绍重要的关键点和训练目标，因此主要关注这两个阶段水平。
- 第一阶段的教育：通过让孩子亲身接触足球以及发展在有球和无球情况下对足球运动的认识，从而了解足球运动和足球比赛，这是此阶段的根本目的。
- 第四阶段–后期训练：这个阶段的运动员年龄在19～21岁之间，尽管其中一些运动员还有提高的空间，尤其是我们普遍关注的生理和心理方面，但是他们被招入俱乐部的一线球队。因此我们专门为处于此重要阶段的运动员量身定制了一套发展计划，从而确保其在与一线队和职业运动员训练的同时，能够继续提高相关的竞技能力。

在之后的章节里所提供的信息和建议只有在高质量的执教中才能发挥其价值；同时要根据运动员和全队的实际情况以及训练目标进行。

注：关于青少年运动员训练的方法及更多的信息，请参见第10章——未来之星。

训练重点和学习目标参见表3、4内容包括——技术、战术、身体素质、心理及教育。

表3 训练重点和学习目标：技术和战术方面

技术方面 → 个人控球	技术和战术方面 → 比赛中的技术动作	整体战术方面 → 队员的组合
发展与提高 • 熟练的综合技术动作和球员控球时的自信心 • 配合的能力 • 控球：在压力下、快速中、在疲劳时、在对方的干扰下 • 运动中熟练的技术动作 — 接球、背身拿球和一脚传球 — 运球、假动作和各种传中球 — 接球（用头或脚）并目射门 — 直接传球（1或者2次触球） • 当做动作时完成动作的速度（准确而快速地作出选择）	**发展与提高** • 比赛中的防守和进攻的技能 • 认知技能（战术意识），个人战术行为 • 快速地由守转攻一反之亦然 • 节奏的变化 • 球员和各条线（前锋线、中场线、后卫线）之间的战术关系 • 作为战术学习基础的区域打法 • 对足球比赛及其文化的全面理解	**发展与提高** • 在比赛中，战术打法和战术组织中的战术行为 • 在比赛中，战术和各条线（前锋线、中场线和后卫线）以及由攻守转换时表现出多变性 • 区域对抗以及反复杂情况下的多变性 • 战术变化，打法体系和组织上的变化 • 定位球（一般情况）：技战术
训练方法 • 从个人控球到1对1 • 个人练习，之后借助同伴的协助提高技术能力 • 简单的练习变化，通过动态的和节奏的变化，渐达到最佳速度 • 协调动作和熟练的技术动作，利用身体的各个部位（脚、身体其他部位） • 通过有效训练来提高球员的效率和创造力 • 训练：循序渐进、研讨会、循环技术练习、技能测验和比赛	**训练方法** • 从2对2、2对1到4对4、5对4，然后再到9对9和正式的比赛 • 在体现真实比赛中的场景和动作，结合节奏的变化 • 通过不同比赛场景之下的练习来提高注意力和认知技能 • 循序渐进的反复练习，从无防守或消极防守，然后过渡到比赛节奏之下的主动或半主动防守，游戏 • 旨在实现最佳的执行速率 • 在相同的阵型中变化的训练场地的区域 • 练习以及反常规的情况下 • 增强队员的信心和劣势鼓励队员冒险	**训练方法** • 从各条线的练习到整体（10～11人）的练习。从7对6到9对9；从11对1、11对4到11对11 • 结合实战的练习以及针对比赛中组织的战术练习 • 攻守对抗练习 例如，7～8人进攻、6人防守，组织进攻，6人防守 • 正常比赛或者有特殊要求的比赛 • 促进对战术的理解能力以及自发地采用战术 • 使用视频进行比赛分析

国际足联执教手册

表4 训练重点和学习目标：生理，心理以及教育方面

运动和生理方面	心理和心智方面	其他需要改进的方面
→ 与个人运动表现相关的心理运动和运动技能	→ 与个人运动表现相关的心智	→ 教育以及和训练相关的概念
发展	**提高**	**学习和提高**
• 最佳的身体准备	• 球员的心智准备	**a) 教育**
• 就一般和专项而言，发展适应比赛需求的基本运动技能和身体要求	• 影响运动表现的心理知识	• 球员的个人准备
• 伤病的预防	• 提高球员在比赛场上的心智能力：专注力、注意力、自信心、意志力、坚韧性、斗志、自控力、决心等	- 生活卫生/营养
• 运动表现状态的监控	• 通过大量资金的投入来提高球员的心智力量	- 了解生理结构及个人护理
• 考虑球员的年龄和生理发展之间的关系		- 恢复和再生手段
		- 为比赛调整最佳状态
		- 学校生活和职业生涯的管理
		- 从整体上了解体育的知识和文化
		- 学习足球规则
		- 公平竞赛
		- 兴奋剂
训练方法	**训练方法**	**b) 训练**
• 基本身体素质要素：有氧耐力，肌肉力量，柔韧性，协调性和速度，10岁以后	• 定期结合心智要素的数学比赛和练习	• 分组的个人训练（2～8人）
• 专项的身体素质要素：有氧耐力（有氧功）肌肉力量和放松，速度的节奏和循环速度，从15～18岁	• 学习和训练活动必须设置心理性训练目标例如，1对1对抗——专注力、毅力、攻击性、认知技能（洞察力/预判力）	• 基本技术
综合训练：	• 通过具体技术要求的战术性训练或者比赛来发展洞察力技能（预判，分析和决策）	• 锋线队员，中场队员，后卫队员配合/跑位
- 协调性/技术和耐力	• 在压力下以及疲劳状态下的训练	• 提高执教水平，通过反馈完善个性化需求的训练
- 力量和协调性/速度和技术	• 始终在探知成功与失败的心智缘由	• 完善执教知识满足个性化需求的球员与教练员的关系
- 结合技战术的有氧和无氧耐力训练	• 其他训练技巧：	• 弥补由于缺乏组织器材的不足
- 有氧功和速度－力量和柔韧	- 表象训练通过彼此交流	
- 速度/协调性的综合训练	- 自我评价	
- 结合球的综合训练	- 放松	
- 单独训练和其他多的游戏	- 个人的准备	

4 教练员——执教

1. 教练员的工作　　　　　　　　　35
2. 指导训练课　　　　　　　　　　41
3. 教练团队　　　　　　　　　　　46
4. 培养年轻运动员：　　　　　　　49
   执教与育人的双重作用

国际足联执教手册

在那些取得辉煌成绩、奉献高质量和精彩足球比赛的伟大球队背后，你都能够发现一名具有人格魅力、通常被视为俱乐部或本国球队象征性人物的经理或教练员（如贝肯鲍尔、克鲁伊夫、弗格森、希斯菲尔德、雅凯、里皮、普拉蒂尼、佩雷拉、罗斯、特拉帕托尼或扎加洛）。

目前尚没有旨在提高青少年运动员高水平运动表现或改变其自身行为的具体方案；同时我们也看到，如果没有教练员或资深导师全身心地投入，也无法达到上述目的。如佩克曼（阿根廷）、普阿（乌拉圭）、奎罗斯（葡萄牙）、苏奥德（法国），或具有教育工作背景的其他导师。

当前，足球教练员的职责已大大延伸，不仅涉及足球的各个方面，而且还包括心理学、教育学等方面，尤其体现在处理日益增加的现代足球比赛和对待运动员的需求方面更显得突出。除了组织和安排训练任务，监督运动员技术、战术和身体方面外，教练员的工作和责任已扩大到包括与他人交流、队伍的日常管理、有关运动员健康和卫生的问题，以及运动员的训练和教育问题——更不用说，那些执教最高水平的教练员还要应对各大媒体。

在顶级俱乐部，教练员的职责已进一步扩大到包括队伍的行政管理，甚至包括与俱乐部建设相关的工作，如财务管理、运动员转会和运动员合同、俱乐部的推广、与外部机构的交往以及确定俱乐部的结构。教练员的工作等同于公司的首席执行官（CEO），所涉及到的责任已超越单纯的足球知识。

面对教练员的职责范围和责任，以及其多样化的活动，教练员必须作为团队（教练团队）的一员与他人共同工作，与此同时他人在各自特定的领域内开展各自的工作。这种建立在团队合作和沟通基础之上的新的执教方式，进一步加强了主教练的领导职能。在一些说英语的国家，主教练有时被称之为"老板""雇主"或"领班"。

教练员的工作不仅是一项艰辛而复杂的职业，同时其所展现的教育性和创造性活动以及不断的创新，也使得这项工作成为一个令人激动和极为不同的职业。

本章节有关执教的内容分以下四个部分：

1. 教练员的工作
2. 指导训练课
3. 教练团队
4. 培养年轻运动员

> "教练员对其工作越熟知和精通，必将获得运动员更多的理解和尊重。"

1. 教练员的工作

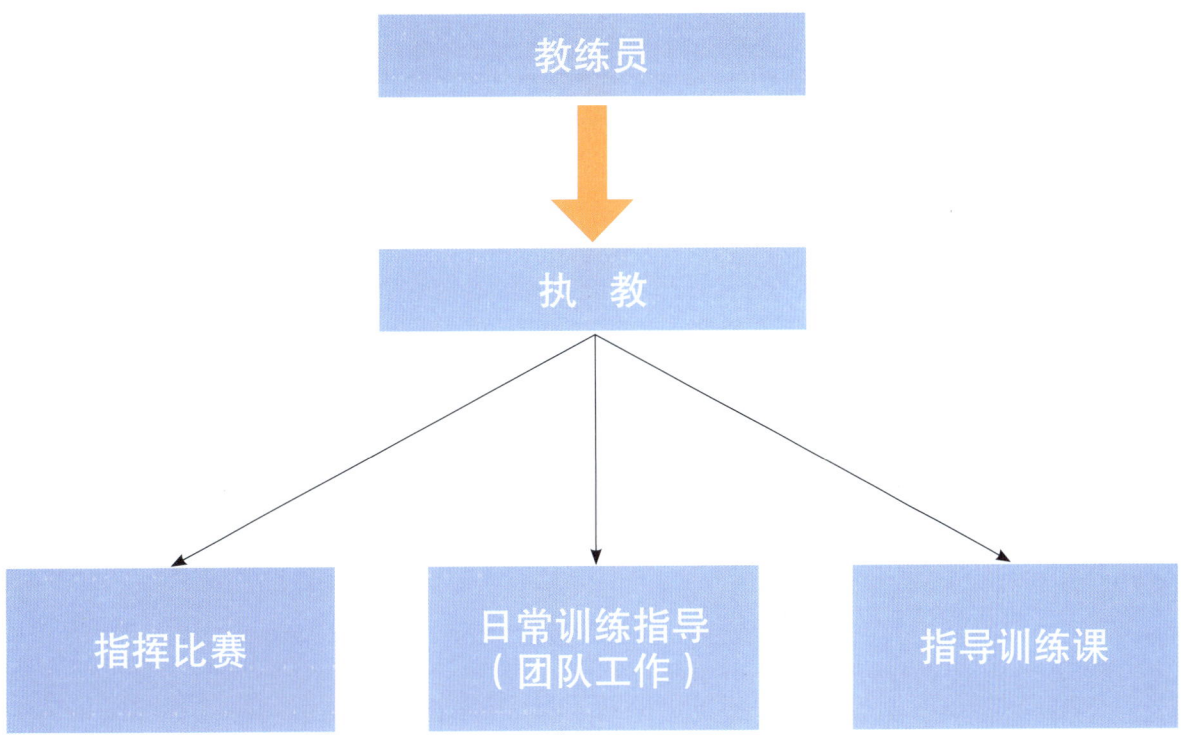

定义

教练员：负责球队的执教和训练工作，同时为运动员和球队的表现负责，如实现目标。教练员应是在技术和战术训练方面，以及在心理和体能发展方面的专家。根据个人能力，其职能还可拓展。

执　教：这个词涵盖了教练员所参与的每一项工作事宜：训练、发展、指导、建议和纠正运动员的错误，以帮助运动员取得进步。优秀的教练员凭借全面的心理学和教育学知识，可以优化团队运动表现和充分挖掘每位运动员的潜能。

经　理：其职责就是为实现既定目标来管理和组织俱乐部事务。此外，经理还对全队的绩效负责，必须就自己的行为及时向俱乐部董事或高级管理人员进行说明。

作为一名教练员和行政经理在履行其职能时，必须具备良好的教育背景和坚实的执教经验。为了行使教练员和球队经理这一双重职能，仅凭借作为运动员时所获得的经验和学到的知识还远远不够。在某些俱乐部，一个人可能同时承担教练员和经理这两个职务。

图1

```
                    教练员
        ┌─────────────┼─────────────┐
       人格          素质         管理风格
```

人格
- 全身心地投入
- 可通过个人和团队协作来实现目标
- 积极的人生观
- 具有感召力的领导者
- 天性好学
- 良好的自控力和应对压力的能力

公认的素质
- 有序和有组织力
- 可爱与热情的个性
- 表达清晰，条理清楚
- 尊重他人的价值观
- 坚持自我的主见
- 开放，信任
- 有毅力
- 个性很强
- 忠诚、诚实、坦率
- 充满活力，自信
- 具有幽默感

素质

个人
- 智能
- 为人正直
- 良好的组织者
- 良好的管理者

社会
- 沟通和倾听
- 营造良好的团队氛围
- 与他人协作
- 处理冲突
- 受人尊重和喜爱

认知能力
- 熟知所采用的打法体系和战术
- 具备以下学科的基本知识 解剖学、生理学、心理学、教育学、管理团队的方法学

管理风格
- 确定系列目标
- 组织选拔最佳人选（运动员和教练员）
- 熟知如何向他人灌输自我理念
- 胜任训练和指导工作
- 无论任何情况，是否能够权威地领导团队
- 通过领导力，确保团队的一致性
- 明确和公正的决策
- 深思熟虑后给予处罚

教练员应该努力而非必须的事宜：
- **愿意倾听他人心声**
  - 不应表现出对他人缺乏兴趣，无意愿倾听他人的心声及个人的心理问题
  - 甘心做一个"知心大姐/导师"。
- **开放的态度**
  - 绝不能惧怕改变或创新。
  - 经历一系列的失败或在冲突性情景之下，绝不能自疑。
  - 坦诚面对所有建设性的建议。
- **关注时间管理**
  - 不应过于关注足球。
  - 不应没有时间来提高自我和扩大自身知识面。
  - 不应没有自我支配的时间。
- **强化自我理念和观点（外部反馈）**
  - 多鼓励、多表扬（尤其对待年轻的运动员）。
  - 必须确保给予积极的反馈。
  - 不宜言多。

主教练或助理教练的一般任务

- 队伍的训练和备战。
- 组织。
- 交流。
  - 内部（队伍）
  - 外部（队伍和俱乐部之外，等等）
- 监测和监督。
- 选拔（考察）。
- 指挥比赛，指导训练。
- 团队协作（日常工作）。

指导日常工作（团队协作）

（涉及各种技术会议、医务会议、俱乐部会议、个人谈话）

任务
- 创造一个良好的工作氛围，愿意倾听意见和寻求解决问题的办法。
- 与媒体沟通。
- 与俱乐部高层、体育机构、赞助商、教育机构、年轻运动员的家长以及训练监督部门保持联系。
- 与运动员进行单独或集体性的谈话。
- 实施训练。
- 制订比赛预案。

临场指挥

任务

- **赛前**
  - 制订比赛预案。
  - 决定队伍行程安排和是否在外过夜。
  - 通过与运动员单独谈话了解其生理和心理状态。
  - 决定主力阵容,考虑所有的制约因素。
  - 分析对手(利用视频)。
  - 强调团队合作精神。

- **比赛日**
  - 赛前准备会(事先确定时间、地点、会议持续时间及参加人员)。
  > 提醒或强调参加准备会的全体运动员的各自职责和整体比赛要求。
  > 宣布比赛首发阵容。
  > 简要地介绍对手的优缺点(这也可以在赛前的一周内讲解)。
  > 考虑天气和场地情况。
  > 提防对手球迷(队伍的第12名运动员)的影响。
  > 提供裁判员的相关信息。
  > 激励团队,尤其是某些运动员。
  > 提醒上场运动员进行赛前充分准备活动的重要性。
  - 如今通常的做法是在赛前的上午进行"唤醒式"训练(生理和心理的唤醒)。
  - 在此需要重点强调的是:为了达到赛前准备会的目的和高效性,不宜讲解太多,应简洁、明确;反之,亦不利。
  - 牢记"小即是美"。

- **中场休息**
  - 营造平和的更衣室氛围,以利于运动员恢复。
  - 简要地强调下半时需要重点改变的方面或基于上半时所出现的问题进行纠正,尤其在战术性和个人错误上。
  - 不宜过多地强调上半时的情况,过去的就让它过去。但是,如有必要应采取如下措施:
  > 改变某些战术安排。
  > 改变原定的比赛预案。
  > 通过换人改变阵型。
  > 给予简单、清楚、简要和明确的要求。
  > 强调积极面。
  > 激发运动员的意志力和信心。
  > 鼓励和激励运动员。
  > 强调纪律。
  - 呼应时应直呼队友的姓名而不是姓。

– 提高运动员的参与感，包括替补运动员。
– 临场指挥时应自信。

请注意！
因为中场休息时间很有限，所以教练员应指出关键性问题。当再次回到比赛场时，运动员必须明确地知道自己需要做什么，且无任何疑虑。
所有的战术设想或基于上半时情况而对比赛计划所作出的改变，都应在事先的训练中进行过演练。

● **赛后**
– 赛后不宜过多地评论，不要安排全队会（运动员已很疲劳、很紧张、很情绪化）。
– 以积极的方式进行评价。
– 如果比赛失利，在面对媒体和高管/董事之前，应先寻求其他教练员的支持并共同稳定队伍；不要寻找任何借口推卸责任，不要批评运动员、指责裁判员或球迷。
– 应承担责任。

● **赛后总结会（赛后次日）**
– 要求所有运动员参加会议，并选择一个比较安静的地点。如有可能，最好不要在赛地。
> 阐述比赛整体印象和对比赛的评价。
> 鼓励运动员自我思考自己的比赛行为。
> 自我总结并努力寻找解决方案。
> 咨询运动员意见（这是培养运动员自我责任感的一种方式）。
– 在总结会结束前，任何运动员都可以提出自己的建设性意见。会议后，全体运动员必须明知：
> 无论在个体上还是在整体上（心理、技术和战术方面），了解需要改进的关键点和所要达到的目标，以及采取何种实际措施来实现。
> 自我改进的方面。
– 强烈建议利用比赛视频分析，因为这已被证实对运动员具有特别的强化作用。
– 基于议事日程各项事宜的重要性，如果球队失利了，赛后总结可分为两个会议：
> 赛后次日，教练员对比赛的整体评价以及可能采取的改进步骤。
> 赛后第二天，如何应对下一场比赛。
– 如果针对个别运动员提出批评，可以非公开的方式进行，而且只对事不对人。如果有必要，也可以采取当众批评的形式。

> "一名教练员必须有能力让运动员相信他所采用的战术和策略。因为教练员持有这种战术和策略，所以他能够让运动员相信自己。"

图2 当今全能教练员的综合能力

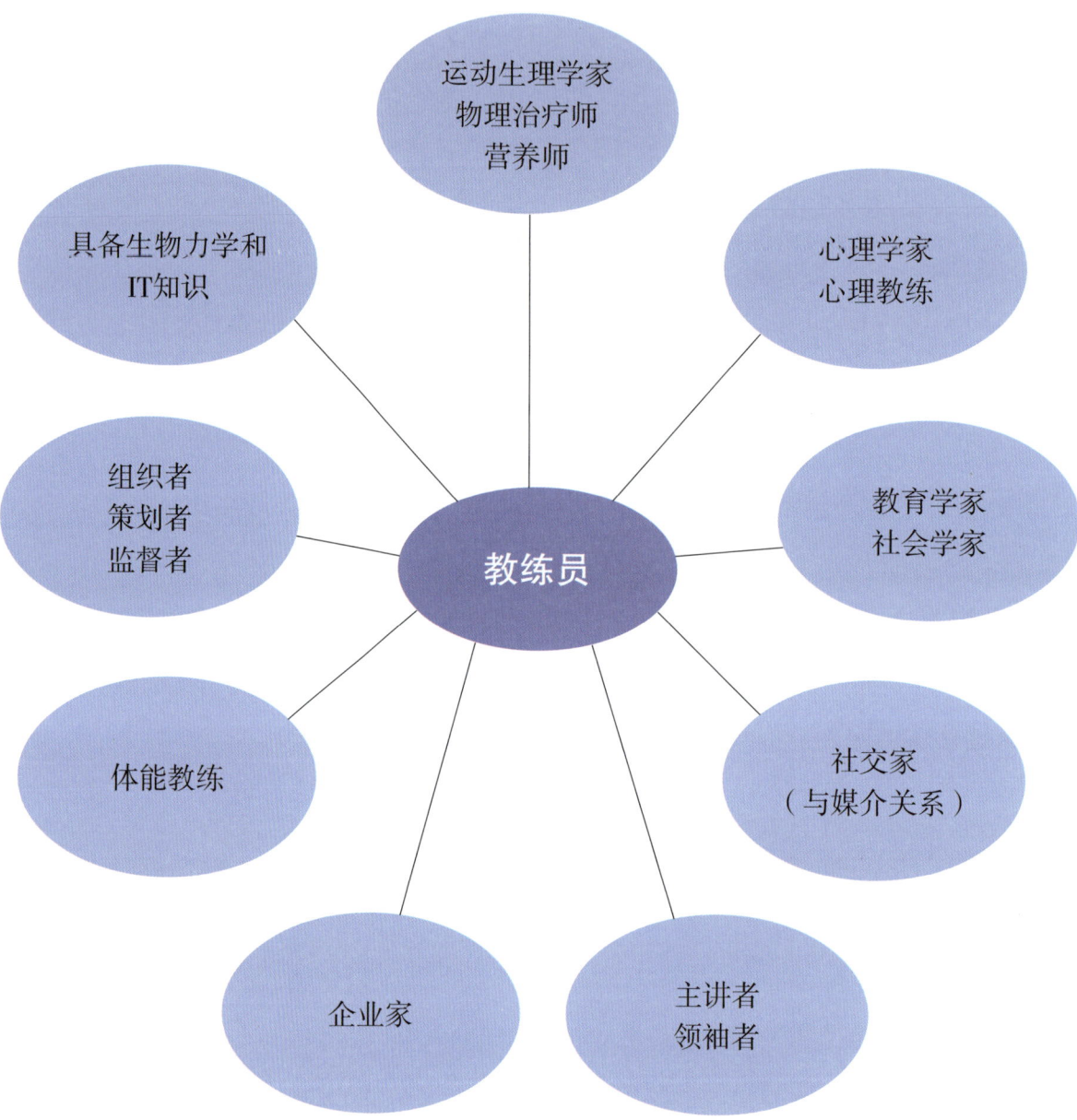

2. 指导训练课

教练员与运动员在一起相处的大部分时间是在足球场上。

训练期间，足球场如同剧院舞台，是进行精彩演练的特殊场所；同时，这也是运动员实施大强度训练获取专业足球技能，不断提升自己职业生涯水平的地方。

训练是教学过程的全部。不论运动员水平高低或有无经验，**训练就是学习、实践和纠正自我错误的过程**。训练涉及学习（获取新的技术和战术技能或完善应对比赛对手的战术），因而总是分阶段的。鉴于此，为确保训练的高效性，重点如下：
– 制订训练内容和组织安排；
– 遵循教学法原则；
– 强调"教练员 — 运动员 — 队伍"之间的关系；
– 执教方式；
– 教练员自身素质。

训练准备和组织

必须考虑的方面
– 训练目标；
– 选择训练类型（以技术训练为主，结合技战术或身体训练）；
– 训练课的结构（三个阶段）；
– 选择学习方法（整体式或分解式）和训练方法（持续性、间歇性、循环性等）；
– 寻求最佳的"运动 — 间歇"比率；
– 训练时应考虑运动员的个体需要；
– 选择训练器材和装备；
– 训练场地的组织和安排；
– 评估和监测训练进展。

如何组织训练课

这取决于教练员的领导风格、执教方式和投入程度。教练员的角色如同戏剧导演，负责指导、观察、建议、倾听、演示、强化和决策等。

训练课的教学目标

> "教练员不仅要为运动员安排旨在提高比赛所需要的各项技能及素质的训练和学习活动，而且还要尽力使这一过程的效率更高。"
>
> 米歇尔·理查德 1982

这意味着在任何训练和比赛中，运动员无论在心理上还是在生理上，都必须高度地动员起来。例如：3人边路传中配合，如果传中球不准确，则练习是低效率的。

图3 确保运动员承担义务和成功执行的必要条件

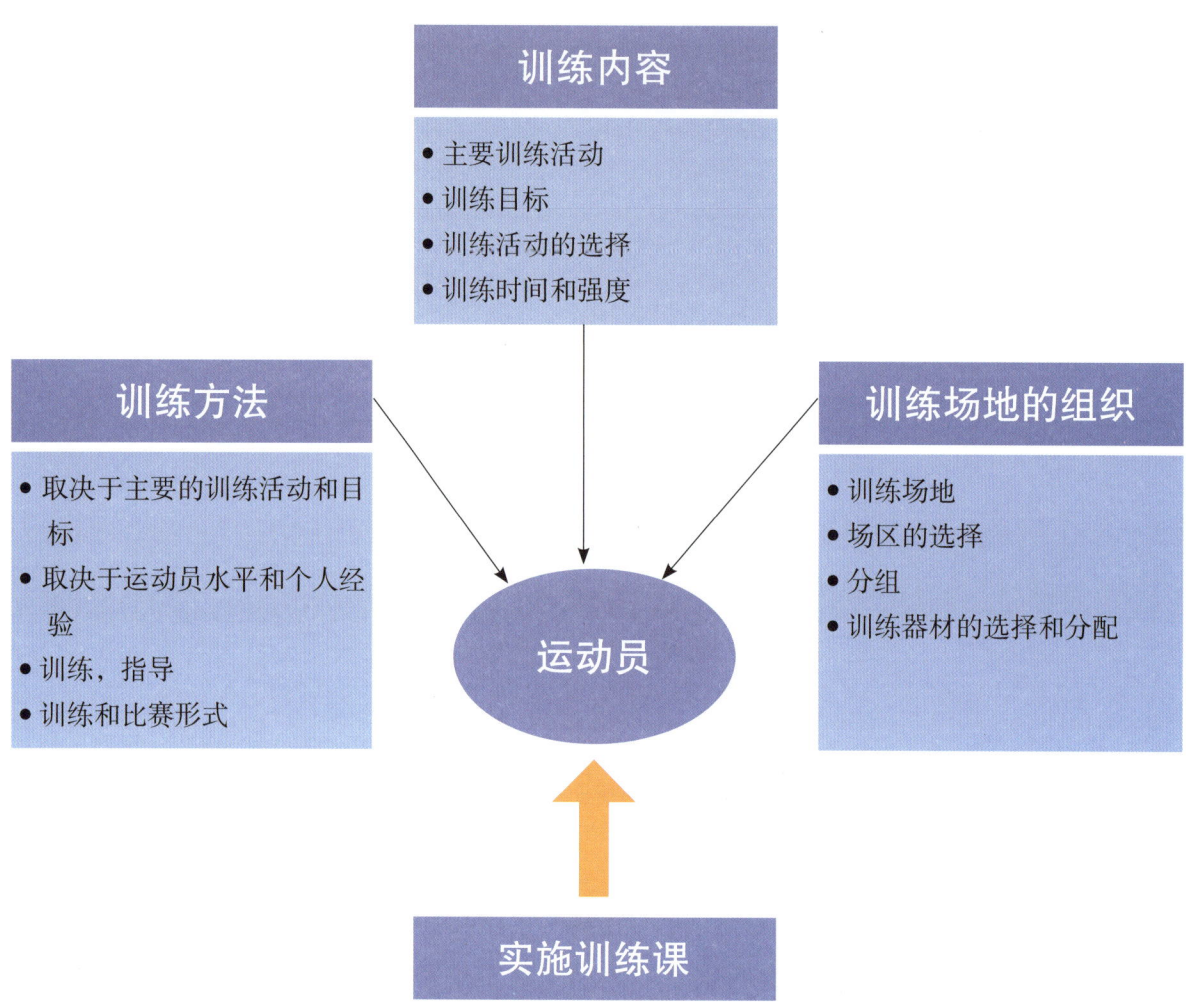

图4 实施训练课的八项基本法则

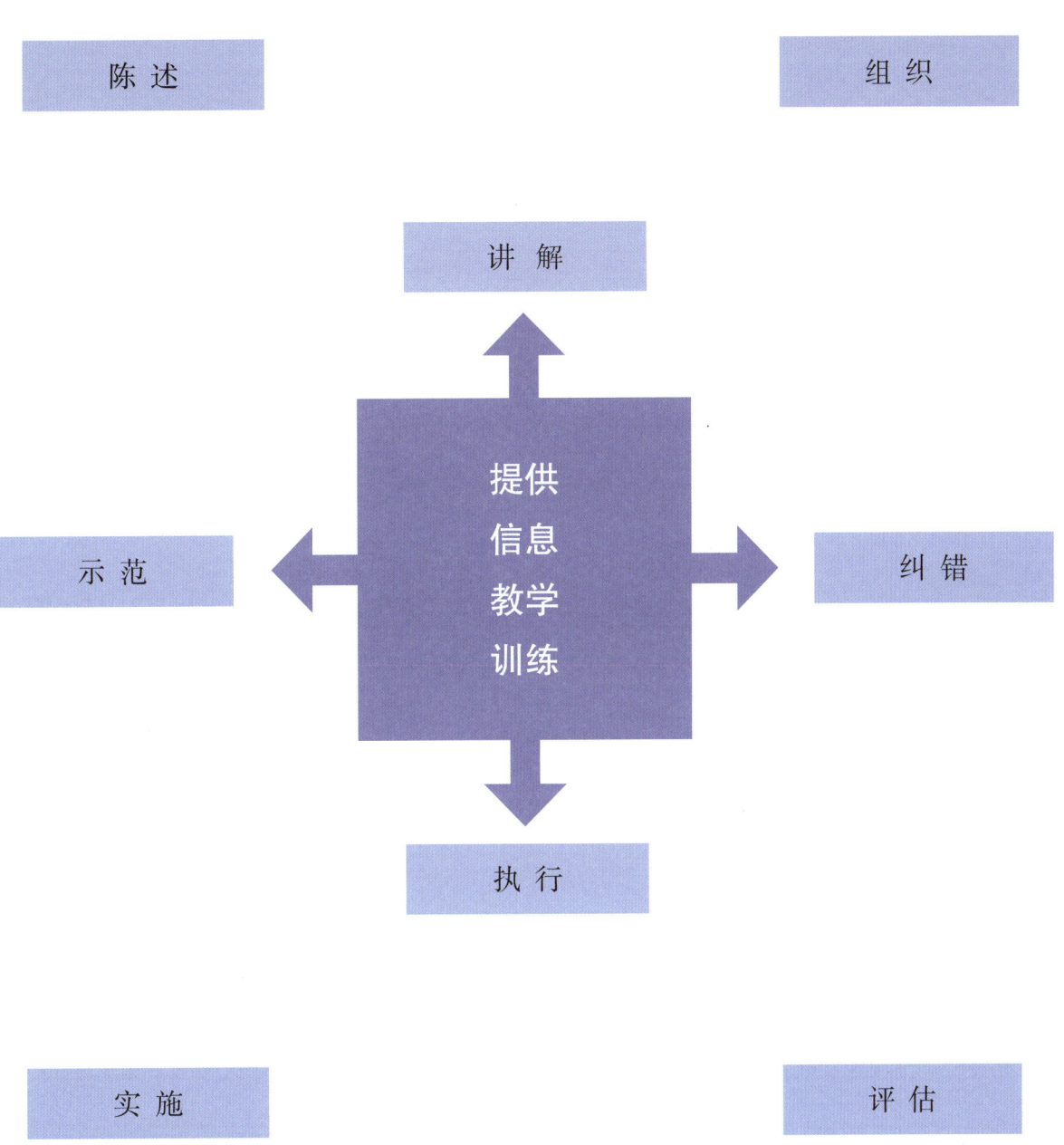

有助于纠错的关键点

- **教练员应做到：**
– 留心
– 专注于选定的目标。
例如，目标是整体防守，教练员必须将纠错重点放在防守方面。
– 再现场地内的情景（发生错误行为的地方）。
– 正确引导和激励运动员。
– 观察
– 激励
– 纠正

- **指导**
– 何时及如何指导（先谈总体看法，再采取具体行动）？
– 何时纠正（即刻或观察期之后）？
– 以何种方式纠错？
> 语言
> 手势
> 亲自演示
– 走近运动员同时
> 提醒他们所既定的目标
> 突出问题
> 提问和倾听
> 鼓励合作
– 重复地讲解，示范和实施训练（配合，比赛或其他训练）。

- **纠正**
– 不要同时突出太多的错误。
– 关注要点（例如，可促使直接成功的因素）。
– 不要急于求成，尤其在心理技能（技术）训练时。
– 提出全队或个别运动员所关注的问题。
– 具有说服力、公正和准确。
– 进行积极的强化。
– 通过说服激发运动员信心。
– 在信息反馈时，注意语音语调的变化。
– 鼓励内部反馈（部分运动员的自我评估）。
– 从"小即是美"中得以启示。

实施训练课时，提倡即兴发挥和想象。

> "实现高质量训练课、积极心态和成功的训练活动，关键在于教练员的尽心尽职程度。"

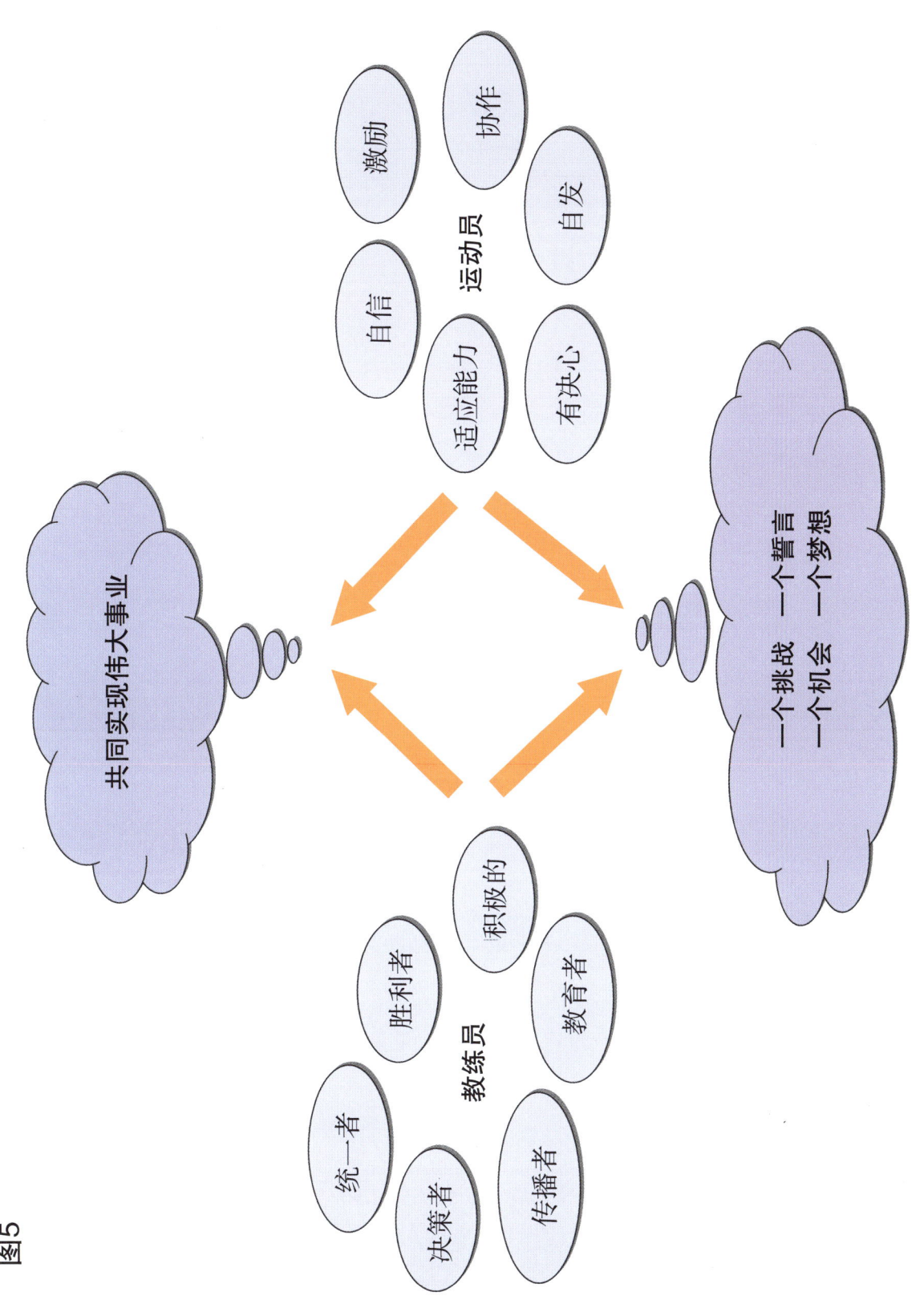

图5

3. 教练团队

如今教练员需要完成大量的、复杂的任务，同时对运动员的期望值也在不断增加，从而随之产生了"技术组"或"教练团队"这一概念。如果不是全部的话，至少绝大多数的职业队伍现在正是以技术组的方式开展工作。

汇集一组各自领域的专家与教练员共同工作，无论对运动员个体还是对整个队伍，都将产生直接的影响。

教练团队模式

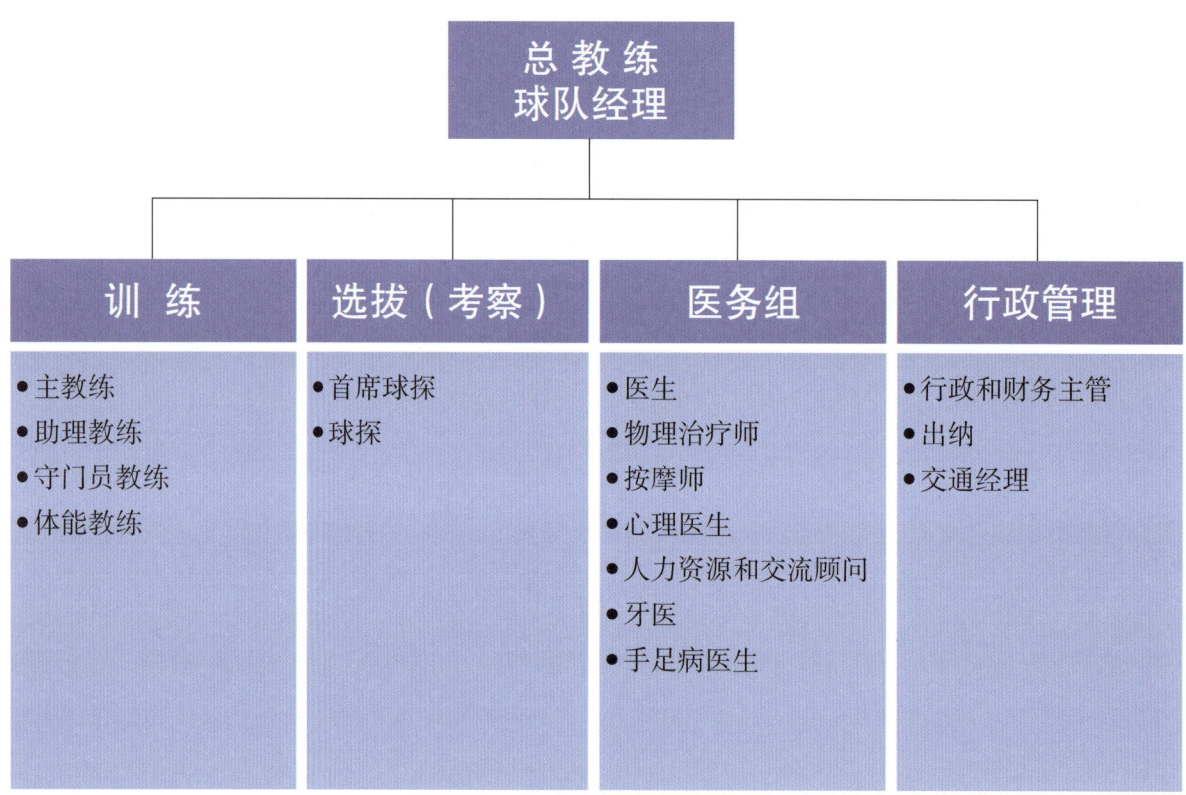

在这种最佳教练团队模式中，所有人或多或少地都对比赛相关的因素和运动表现产生直接的影响。

如果为了尽可能地获得成功，业已证实，在俱乐部各部门中拥有这些保障性团队成员是必不可少的。然而，被招募的人数取决于俱乐部，队伍的威望，竞技水平，以及所追求的目标；当然，这种组织设置还涉及财务开支方面。

如今，最常见的是3名或4名教练员同时实施训练课，具体为主教练、助理教练、体能教练和守门员教练。

当然，这种模式对于整个训练过程而言是一种较好的方法，不仅能够针对训练中所需要关注的问题以更大的视野进行决策，而且还能更好地管理球队和运动员，减轻主教练的压力。

尽管教练组的设置是以团队协作的原则为基础，但是主要的教练员或主教练仍是核心，并且所有的行动和决策均以他们为中心。

虽然团队协作具有无可争议的较大优势，但同时还应当看到，团队协作的成果并非都可以立竿见影，特别在以下情况时就更为突出。

– 主教练不积极参与其同事或合作者的活动；
– 任务不明确；
– 所选拔的人才令人质疑；
– 目标选择、采取的策略或比赛策略存在分歧；
– 主教练、教练组其他成员与工作人员之间的沟通仅仅是单向的；
– 其他教练员试图取代主教练。

> "学会施令也就意味着，知道如何让那些有才能、诚实的人团结在自己的周围，同时他们愿意为了俱乐部的成功精诚合作。"

教练团队技术会议

在实践中，如果没有真正的团队协作和细密的运作方案，教练团队将无法以最佳方式进行工作。这涉及每周至少召开一次技术会，让大家共同规划必须完成的工作事项。

一般而言，周例会在每周之初召开。会议首先分析近期的比赛情况，并介绍下一个比赛对手；随后进入评估阶段：对足球比赛活动的快速评价，了解运动员个人状态和伤病运动员情况。之后，明确工作目标，制订详尽的训练计划。如此，每个人都知道各自任务和工作日程。最后，在实施各项训练之前，相关的直接负责人再次核实各自工作内容。

教练团队的协作其中一个最大的优势就是可优化队伍监管：更有效地发挥运动员的技能，更好地进行彼此之间沟通与交流。

最重要的是，教练团队的优势取决于团队的氛围、对团队的归属感以及团队成员之间彼此的信任和尊重。作为主教练，其领导职责就是营造一个健康、友好的工作氛围。

教练团队是指团结在团队领导者周围、密切合作的成员，旨在确保赢得运动员对所执教风格的大力支持。

> "任何期望实现伟大事业的人必须首先考虑细节。"
>
> 保罗·瓦列里

图6　技术组

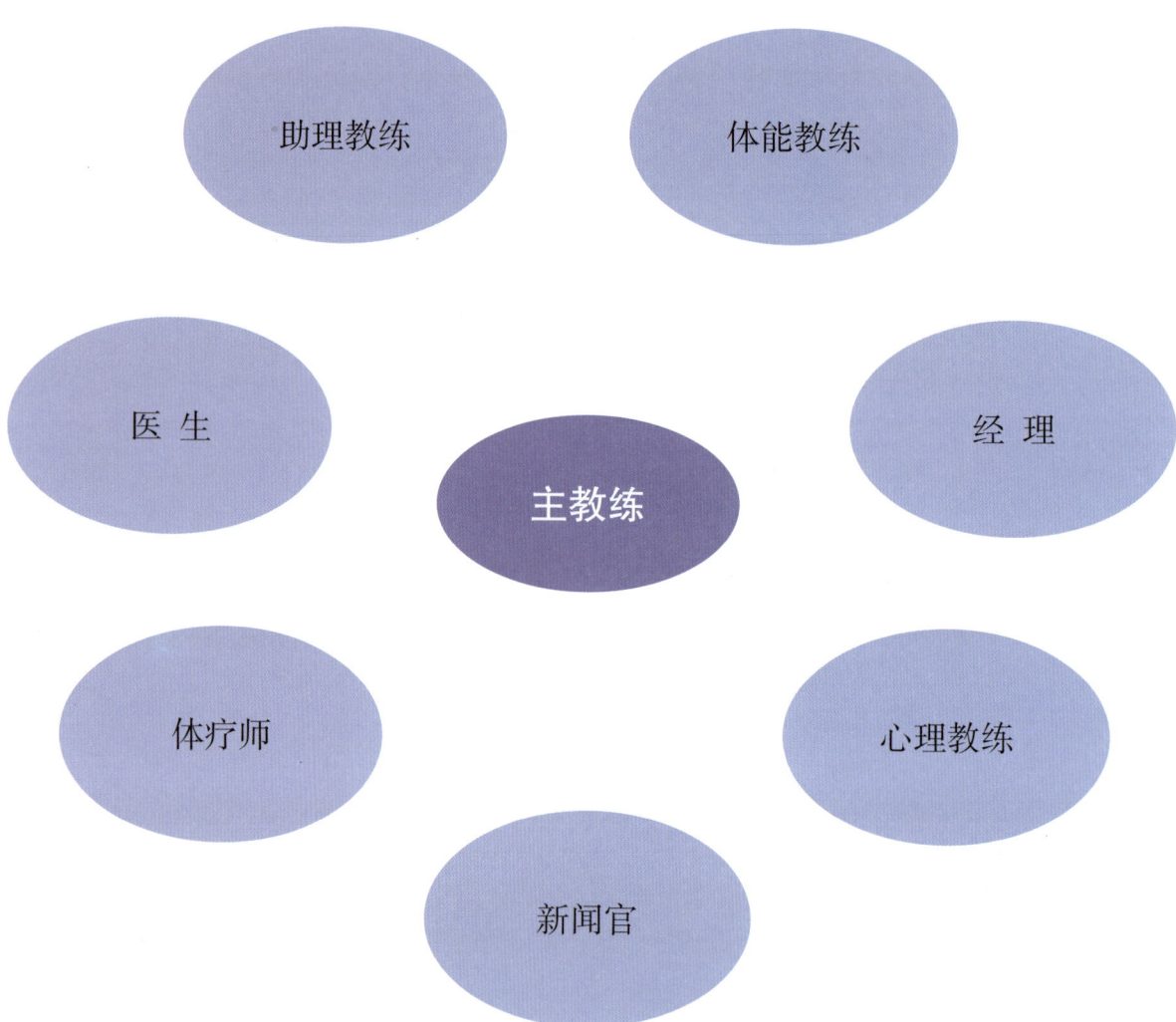

4. 培养年轻运动员：执教与育人的双重作用

最高水平的教练员和一般教练员/指导者之区别

● **最高水平的教练员**
- 主要任务是针对一线队伍的比赛进行塑造和备战。
- 必须取得成绩。
- 训练最高级别的运动员。
- 作为教练团队的一员与助手和其他工作人员协同工作。
- 在训练中主要是与整个团队共同工作。
- 处理尤其涉及到战术和心理方面的所有问题。
- 常常在相对较短的时期内、紧张压力和高要求环境之下工作。

主要职责
- 训练；
- 组织、规划、安排和评估；
- 训练和指导队伍；
- 保持与媒体、运动员经纪人、赞助商和球迷……的关系；
- 与球探一起进行考察/选拔；
- 其他职责（取决于俱乐部要求）。

● **教练员/教育者**
- 关键任务是依据青少年运动员的发展水平进行塑造和发展青少年，以助于青少年将自身打造成为运动员和男人。
- 以比赛为手段塑造和发展运动员。虽然以赢得比赛为目的，但不能不惜一切代价地追求。胜利确实可以带来满足感，但真正意义上的胜利是让青少年运动员更好地融入一线队伍并参加国际赛事。
- 往往独立工作或与一个或两个同事协同工作。
- 集体训练虽以全队形式进行，但大量工作仍关注于个人和小组训练。
- 处理各项训练事宜（技术、技术/战术、身体和心理）以及与运动员家庭、学校甚至私生活的相关事宜。
- 必须面对责任和压力，这点与执教最高水平队伍的教练员一样。
- 所面对的是有着家庭生活、学校生活或可能甚至还远离职业足球生涯的青少年。
- 教练员/教育者应是一名要求严格、积极向上的人，愿意倾听青少年运动员的心声，其角色就是支持者、引导者、导师甚至父亲。

主要职责
- 培养青少年运动员。
- 组织、计划、安排和评估（中期和长期）。
- 个别训练和全队指导。
- 保持与俱乐部技术指导和主教练的关系。
- 保持与运动员的学校、家长和运动员的经纪人之间的关系。
- 与运动员交流（了解动态，倾听诉说，理解并给予建议）。

图7 青少年运动员需要提高的领域

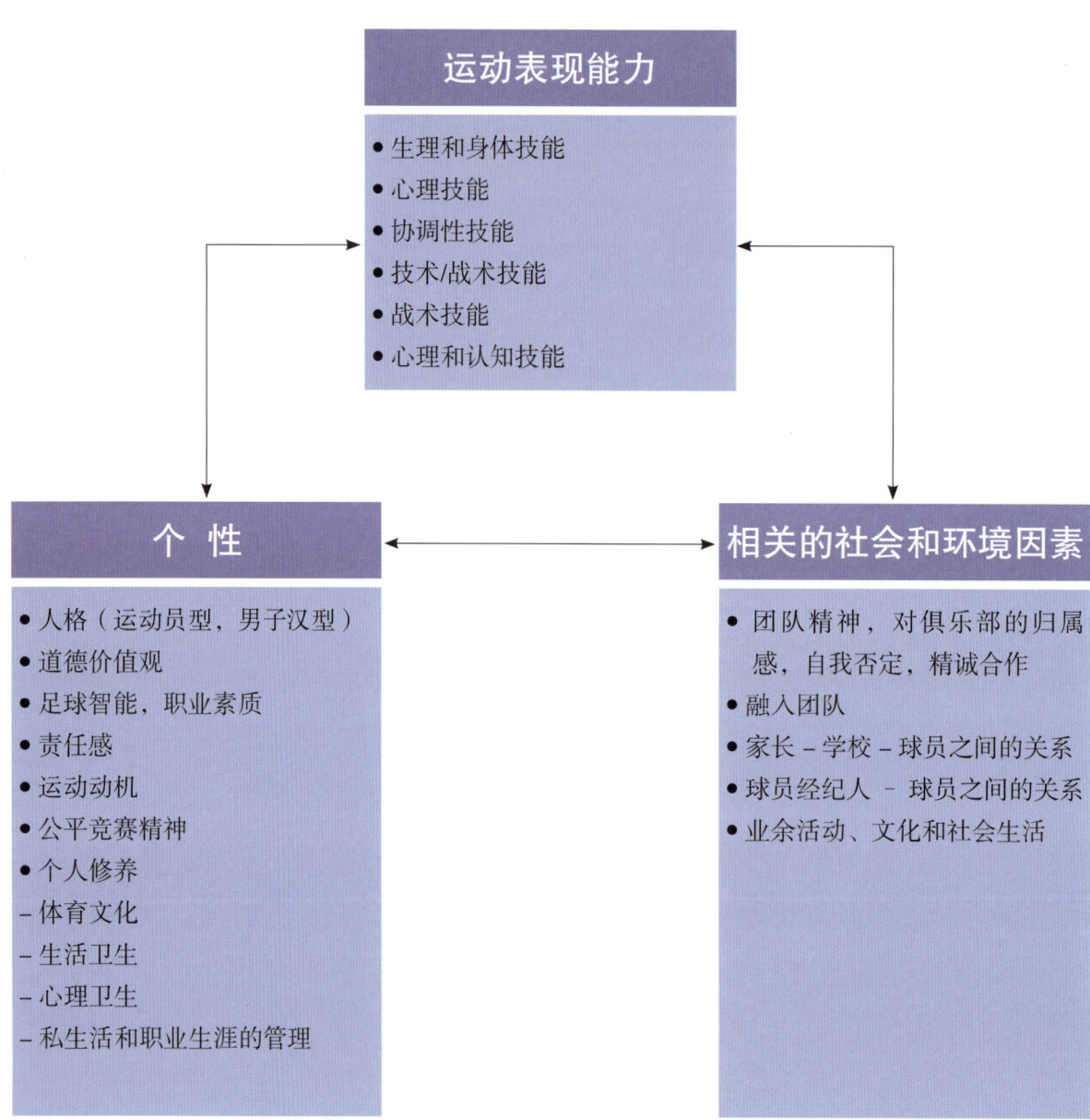

教练员的角色/教育者

教练员/教育者的训练和指导职能与顶级教练员相比并无差异性，事实上比人们所想象的要小。但是我们可以说，青少年教练员也需要具备一定的灵活性和高效性。

虽然其主要职能是培养年轻运动员成为未来的职业运动员，但不应过分强调竞争，从而损害运动员自身运动表现相关技能的训练和发展。运动员与教练员的关系必须以教练员/指导者的活动为中心，从而确保在青少年成型阶段能够承担起导师或者甚至父亲的作用。他们需要得到正确的引导和情感上的寄托，需要被理解和赞赏，需要得到鼓励和激励来超越自我。如果教练员/指导者自身素质不被运动员认可和接受，那么将无法履行其执教育人的职责。

教练员/教育者必须与运动员家长和学校之间保持一种默契和彼此信任的关系，没有这种关系任何成绩都无法实现。不言自明，良好的执教技能是训练和监护青少年必不可少的，也是特别有助于他们个性全面发展的。尽管如此，教练员/指导者还是应将大量的时间花费在足球场上。

具有奉献精神、充满活力和精通业务的教练员在于能够选择适合运动员自身发展的训练目标，设计具有学习价值的活动，富于激情地指导比赛和训练，鼓励运动员自我纠错，对于运动员的成功给予赞扬，并通过准确讲解和示范促进运动员的创新力和洞察力。

- **青少年运动员如何看待教练员/教育者**

通常的教育者是支持者、指导者和建议者：
– 公正、忠诚，富有同情心；
– 知道如何倾听和理解青少年；
– 鼓励和激励青少年，同时知道如何获得最佳人选；
– 以必要的权威来管理每位运动员和队伍。

- **在青少年训练和发展过程中，教练员/指导者与运动员相互间关系的目标是什么（引自曾三次获得世青赛冠军的阿根廷前青年队教练及技术顾问佩克尔曼）**

– 永远不要忽视这样一个事实，即这些有前途的青少年运动员还未成人，其个性和情感仍处于发展之中。
– 帮助青少年运动员发展和完善技术技能和战术意识。
– 换位思考，以利于更好地了解青少年问题及其情感，让青少年形成更好的自身感觉。
– 不带任何偏见地促进青少年的发展。
– 形成自我责任意识。
– 为了实现上述目标，教练员无疑必须具备教学技能。

图8 一般教练员/指导者所需的关键技能

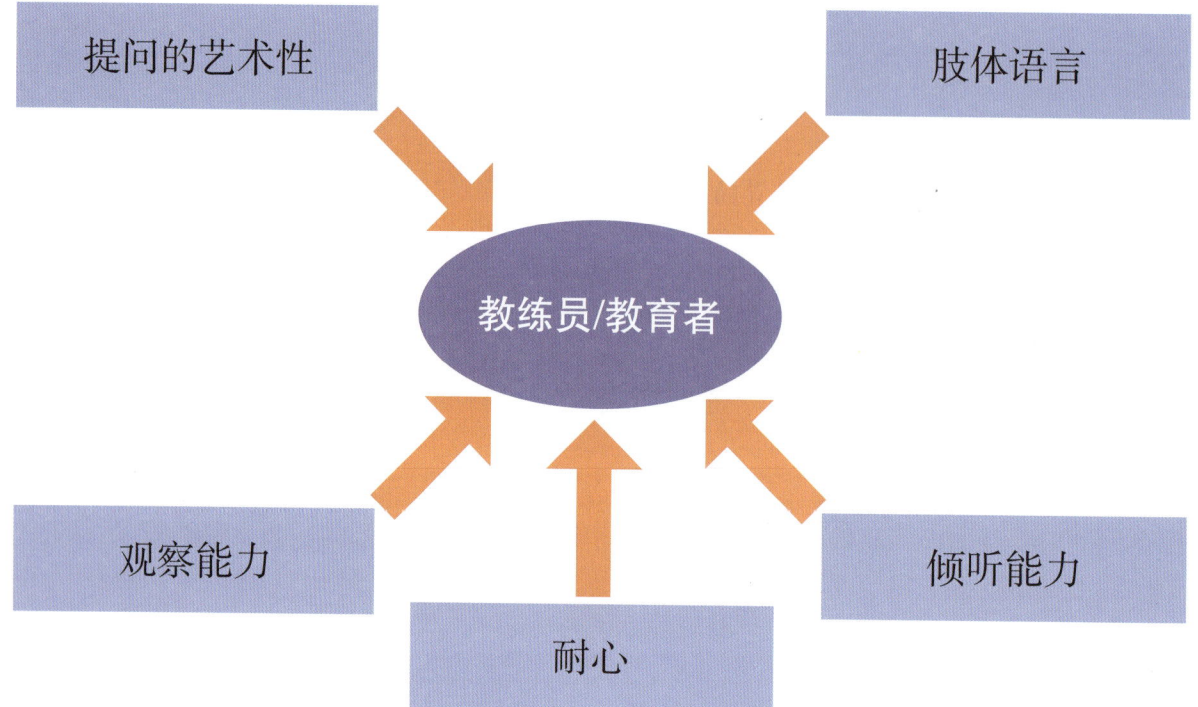

教练员/指导者的十个建议

1. 享受与青少年一同工作的乐趣
2. 了解运动员
3. 为运动员树立榜样
4. 严以律己，宽以待人
5. 愿意倾听运动员的心声
6. 倡导与全体运动员进行真正的沟通
7. 表明自己与运动员处于同一"联盟"
8. 确保运动员拥有自我的自由空间
9. 给予运动员信心并让他们恢复信心
10. 视运动员为平等的同伴

教练员/指导者严禁

1. 不断大声喊叫或过于严厉
2. 以成人的标准进行训练和比赛
3. 忽视青少年学习的主要动机，即玩耍
4. 不要忘记比赛的技术性基础知识
5. 确定不适合运动员年龄段的目标
6. 指导训练课仅仅是例行公事
7. 同一练习时间过长
8. 示范和讲解太长，过于频繁地中断训练
9. 在队伍其他人面前批评运动员
10. 降低运动员学习标准或接受足球环境的恶化

"在执教青少年时，教练员不应该将大部分的注意力集中在运动员的技术上，而应关注运动员对待比赛的态度，即如何参与比赛，是否打法成熟和富有竞争精神以及享受比赛所带来的快乐。"

荷兰前国家队主教练 里努斯·米歇尔斯

5

技术准备与结合技术/战术的准备

1. 技术准备	54
1.1 基本技术技能	57
1.2 进攻技能	60
1.3 防守技能	62
1.4 对抗	65
1.5 提高技术能力的一些方法建议	66
2. 结合技术和战术的准备	68
2.1 结合技术和战术的训练	69
2.2 进攻的主要类型	70
2.3 防守打法	73
2.4 压迫式打法	76
3. 常规训练和比赛	82
训练内容	84

1. 技术准备

协调机制是运动员学习技术的关键。

协调性是一种神经运动功能，在12～14岁完全成熟，与青春期开始同时间；然而功能性的运动表现技能达到成熟期要在16～18岁，比如速度、爆发力、耐力。

神经发动性兴奋要早于神经活动的执行。神经发动性兴奋与看不见的肌肉运动活动相关联。一个仅注重外在动力性运动的教练员将事倍功半。因此，控制运动执行的心智机制必须在少年儿童足球训练的早期阶段被激发和激活，特别是处于早期训练和早期发展水平的青少年运动员更要给予关注。在当今的足球运动中，除非运动员的协调技能被首先优化，否则个人技术无法提高。

协调技能在第八章有叙述——训练和身体准备

技术（结合球的技术）

基础技术主要就是如何将身体和球更好地结合。运动员应该控制球，而不是被球控制。
在这个章节中，主要学习技术，重点内容如下。

- 基本要素
  └─▶ 身体与球的接触

- 技术动作
  └─▶ 防守技术 – 进攻技术

- 对抗
  └─▶ 技术的目的/防守技术和进攻技术的对抗

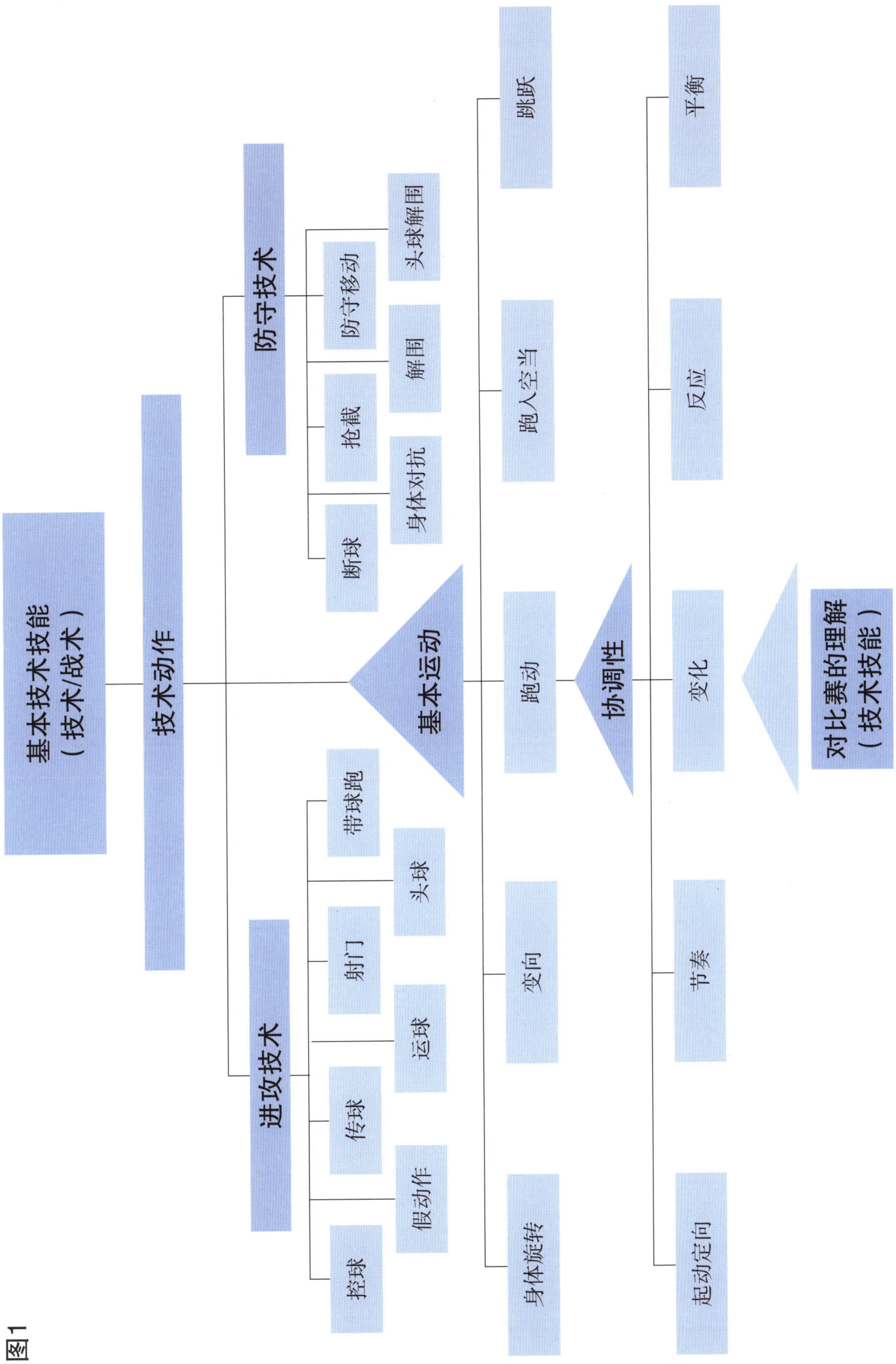

5 技术准备与结合技术/战术的准备

图1

基本技术技能（技术/战术）

技术动作

防守技术
- 断球
- 身体对抗
- 抢截
- 解围
- 防守移动
- 头球解围

进攻技术
- 控球
- 假动作
- 传球
- 运球
- 射门
- 头球
- 带球跑

基本运动
- 跑动
- 变向
- 身体旋转
- 起动定向

协调性
- 跳跃
- 跑入空当
- 变化
- 反应
- 节奏
- 平衡

对比赛的理解（技术技能）

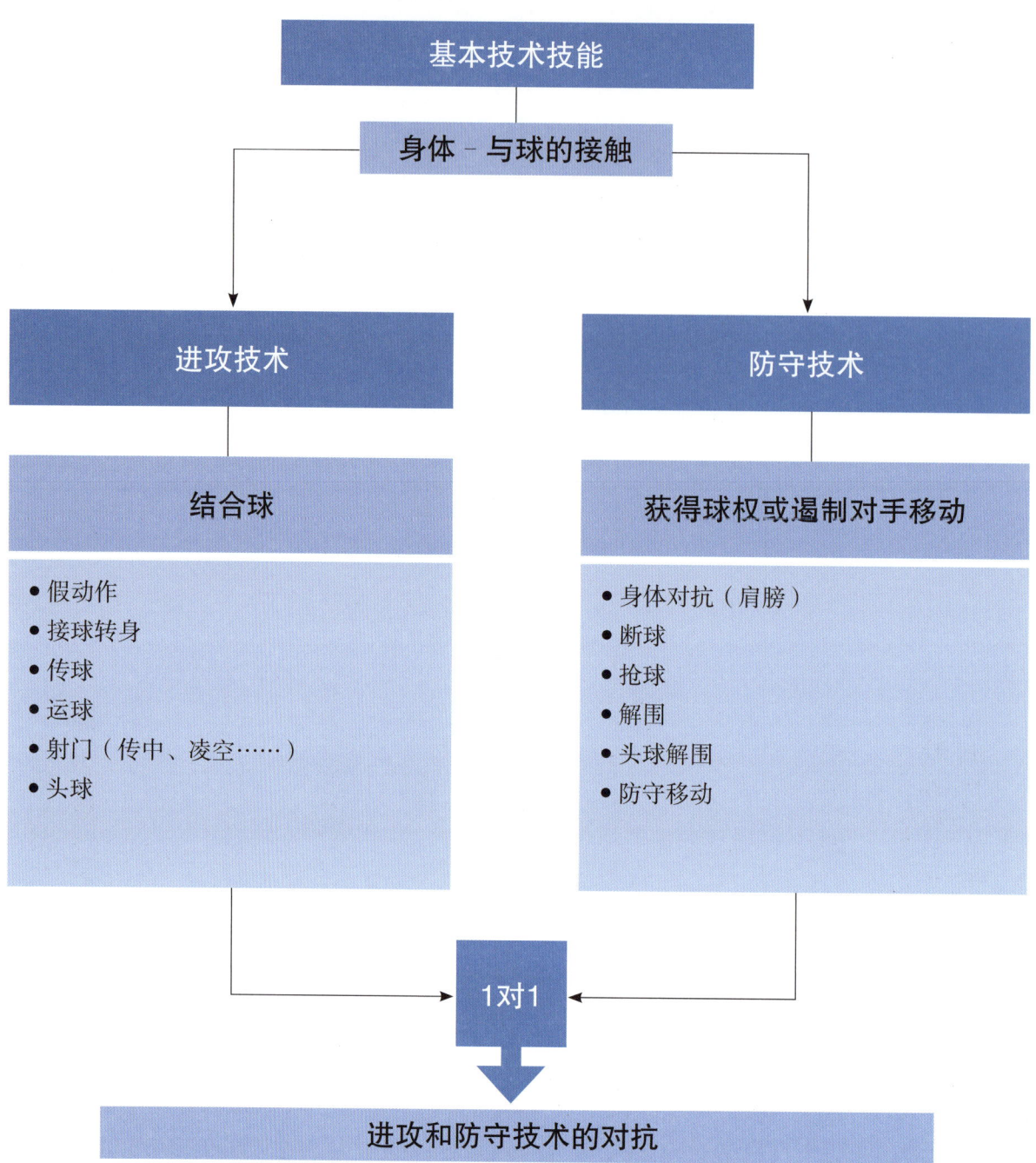

注意，1对1讲解后，我们将介绍结合比赛的训练方法：
- 从简单的形式开始
  └─▶ 人数较少，小场地（2对1、2对2、3对2……）
- 增加复杂性
  └─▶ 增加人数，扩大场区（4对4、7对5、8对8……）
- 最后是两队的对抗（11对11），旨在结合实战

运用结合比赛实战的对抗时，可以主要针对进攻和防守的战术练习。现在，我们将从纯技术层面讲解技战术相结合的内容。

1.1 基本技术技能

就像是初学者或者音乐家一样，足球运动员必须在每个训练期的开始阶段平衡发展自身能力。
钢琴家利用其手指作为与乐器的主要接触面，换言之，当球在地面时足球运动员用其脚和大腿，当球在空中时用其头和胸部。
以下讲解在不同情况下触球部位和球的关系：
– 在场地上带球跑；
– 控制高空球；
– 学会处理队友的直传球；
– 学会处理队友的高空球。

永远都要先从最简单的形式开始（只有一个接触点），其后是最复杂的形式（两个不同的接触部位——开始先用一只脚然后用双脚）。

- 控制地面球

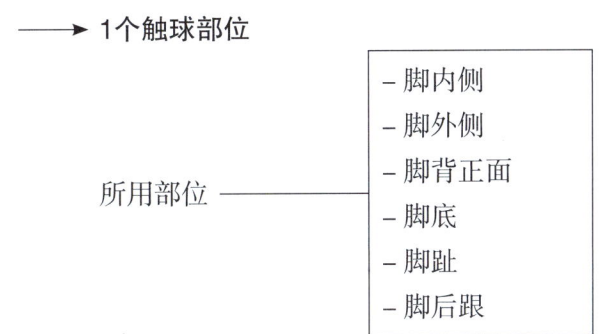

例如：运动员每一次仅使用一个部位进行慢速的运球跑，同时将球控制在脚下。

⟶ 2个触球部位（用同一只脚）

例如：脚内侧–脚内侧
　　　脚内侧–脚外侧
　　　脚底–脚外侧

运动员必须转变方向和节奏，通过改变节奏和方向从而摆脱防守队员。

⟶ 2个触球部位（用双脚）

例如：脚内侧–脚内侧
　　　脚外侧–脚外侧
　　　脚底–脚外侧

当用脚外侧运球的时候，要求运动员做假动作。

- 控制空中球

例如：仅用右脚100次
　　　仅用左脚100次
　　　左右脚交替进行200次
　　　用头部50次

通过不同的接触部位来增加难度。

例如：左脚→左大腿→头部→右大腿→右脚，等，
　　　但是不要忘记也可使用胸部。

- 控制空中球→然后在地面上控制球

转身控球（用双脚）

例如：脚内侧—（在支撑腿前）
　　　脚外侧
　　　脚内侧—（在支撑腿后）

- 控制队友传来的地面球

目的是保护球或摆脱对手
（可运用脚上任何部位控球，同时利用上体和上肢护球）。

在接球前也可以做假动作。

- 接队友传来的空中球

同上，但可使用头部、胸部、大腿等接球。

接球前可以做假动作。

结论

掌握不同控球部位技术对于控制好球必不可少，并不仅仅只是控制球，而且能够更好地掩护球，以利于运动员更好地运用进攻技术（传球、射门、横传、凌空球、运球、头球……）。

5 技术准备与结合技术/战术的准备

比赛中应该包含的内容：时刻留意场上变化（引自米歇尔·普拉蒂尼）

在比赛进行中，应该考虑的其他因素：

- **竞技和身体的因素**
  └─▶ 在比赛中控制和处理球会产生很大的能量消耗（高脉搏）
  – 每分钟平均脉搏170～175次。

- **心智因素**
  └─▶ 面对对手的情况下
  我们知道某些运动员在训练中能够表现出高效率，但是在真正的比赛中却不是那样。教练员能够做些什么呢？那就是将比赛中的压力和对于队员的要求尽早地引入到训练之中。

– 竞技和身体的表现（提高完成动作的速度）。
– 心理方面的训练（来自于对手的压力、队友、比赛目标、甚至来自于观众的压力）。
教练员必须尊重每名运动员在训练中的个人发展。
当队员能更好地适应有压力的训练课并能达到很好的基本技术训练的效果时，就能更好地进行与实战比赛相结合并包括战术因素的训练。

几种训练练习

例如：– 移动的同时做出各种假动作。
– 移动的同时做出各种假动作并安排消极的防守队员；然后让其积极防守获得球权。
– 一名队员将球扔向一名坐在地上的队员（空中球）。坐在地上的队员在球被扔过来的同时，尽快地站起来并试图控制球（不要让球落地）。
– 重复以上练习，但是接球队员躺在地上。
– 重复以上练习，但是接球队员趴在地上。
– 两名运动员（A和B），头顶球或者脚踢球，互相传空中球。每名队员只允许1次触球，然后增加到2次、3次……一直到10次，然后再回到1次。

→练习目的：使运动员在有限制的条件下练习。

运动员必须对自己的技术动作能够完全地控制，尽管受迫于比赛的压力
（包括身体因素和对方防守队员的因素）。

1.2 进攻技能

进攻动作的定义

进攻动作或者进攻行动包括运球向对手球门的移动。良好的进攻有赖于运动员自身技术能力。

控制球权时试图：
– 持球向前（快速运球跑或运球）；
– 突破对手；
– 传给另一名队员（传球或传中）；
– 结束移动（射门或者头球攻门）；

角色
移动依赖于以下因素：
– 运动员可运用的技术技能；
– 比赛中的具体场景。

⟶ 根据比赛场景选择适宜的移动。

进攻动作和个人进攻技能

- **带球跑和运球**
  与其他技术技能一样，带球跑和运球，如运球变向，都需要经过练习的，这些技能并非天生就能掌握。
  运球的不同方式：
  – 摆脱防守；
  – 掩护球；
  – 远离防守。
  运动员必须牢记，球永远比人移动得更快。

- **假动作**（不改变球的方向，甚至不触球）
  假动作会导致防守队员的不安，从而给进攻队员在时间和空间上争取到了优势。假动作的表现方式很多（可以使用头、胸、腿、脚等）。

- **传球**
  传球是比赛的基本要素。传球意味着场上球员之间的关系，已远远超出了单纯的技术运用。运动员需要知道如何使用双脚不同的部位进行传球，以达到改变球的飞行路线。

- **第一脚传球**
  第一脚传球就是进攻的开始——无论是推进式组织还是快速反击。它决定了发起进攻的方式以及发展趋势。事实上，成功的进攻取决于第一传的质量。

- 最后一传

  最后一传必定与射门行为紧密关联。这可以让队友在"射门区域"内发挥致命一击的技术技能。

- 控制转身

  这是指在接球和处理球时的连贯动作。有时该动作类似运球，但是这只是一个一次触球的动作（背对或面对防守队员）。通常使用假动作欺骗防守队员。这会加快比赛的节奏。

- 射门

  这是团队比赛的终极目标。射门的队员需要掌握各种射门技巧（脚、头和身体的其他部位），从而掌握球的运行路线。

  他也需要勇气、信心，一点个人主义以及一些不可预见性。

- 头顶球，用身体其他部位接触球

  自足球运动创建之始，这些早已成为基本的技能。它为运动员在用双脚踢球的同时提供了完美的互补。

进攻技术指导要领

- 射门
  - 运用各种循环训练，旨在不断完善每一个射门部位的技能；
  - 强调小幅度"摆腿"的运用（像击打高尔夫球）即膝关节以下的摆动；
  - 脚趾–捅球：不需要摆腿（突出快速的技巧）；
  - 不要总是训练直对对方球门方向跑动的（应同时训练向球门两边方向奔跑的）练习；
  - 练习与对方球门平行的跑动路线；
  - 背对对方球门的跑动路线—转身射门。
- 运球

  快速带球跑、脚内、外侧运球、跨球盘带、向后拉球、假动作、颠球式运球、背对进攻方向有防守队员时的运球，等。

- 传球

  短传、长传、反弹球、斜传、横传、回传、直传，脚内侧传球、脚背传球、脚外侧传球等。

- 运用头部和身体

  冲顶、顶反弹球、头球回蹭，头传球等。

1.3 防守技能

防守动作的定义

通过运用一个动作（技术）或一种方法（战术）阻止对方将球向前推进。有时，防守方可以夺回球权，但有时不然。防守的目的就是重新夺回球权并向对方球门发起新一轮的进攻。

重新夺回球权需要勇气，体力和智慧。

教练员必须始终重点强调防守动作。真正的比赛是从获得球权开始的（以及第一脚传球的质量）。

重要的因素

a) 对方控球

> — 面对防守队员
> — 在防守队员两侧
> — 在防守队员身后

如果进攻队员远离球门： 防守队员必须阻止其加快进攻速度（例如，必须阻止对方突破自己）；

如果进攻队员靠近球门： 防守队员必须阻止其射门。

对方进攻队员试图：
– 带球向前推进（带球跑或运球）；
– 把球传给队友（传球或传中）；
– 完成进攻（射门）。

b) 对方进攻队员没有控制球权，但示意要球
– 传到脚下；
– 插入防守队员身后；
– 在两名防守队员中间；
– 在两条线之间；

5 技术准备与结合技术/战术的准备

c) 防守区域的活动
- 罚球区（在中路和边路）；
- 在罚球区外面（在中路和边路）；
- 远离球门（在球场中路和边路）；

防守队员所处在的区域决定其所要采取的防守行为。

防守动作或个人的防守技术

- **抢截**
  - 对方面对防守队员；
  - 对方试图从防守队员一侧突破（运球或反套）；
  - 不要从对方身后铲球，不要同时双脚离地去抢球。

  注意：最佳的抢截时机是在对方准备接球时，因为此时其注意力集中在来球上。但是防守队员也要提防对方接球转身。

  注意：当有保护时再上抢，否则会有被突破的危险……

- **防守解围**
  - 发起进攻（要求准确性）；
  - 解除危险。

- **防守头球**
  - 发起进攻（要求准确）；
  - 解除危险。

- **封堵**

  这是指当一名防守者的位置处于对方传球、传中或射门的路线上，从而达到封挡的效果。但要小心进攻队员使用佯装射门的假动作。

- **合理冲撞（身体冲撞）**

  用肩膀进行冲撞（如比赛规则允许范围内）。

- **断球**

    当对手传球、传中，或者掷界外球时，运用足球比赛规则内允许的身体任何部位去断球。

- **防守移动**

    在战术意图上有重要的作用：
    - 防守队员不要总是直对对方进攻队员方向奔跑；
    - 防守队员有时需要先占据对方进攻队员试图进入的区域，从而阻止对方占据此区域并阻止对方传中……

    注意：防守队员要保持冷静的头脑，从而对对方的假动作/佯装射门做出快速的反应。

防守技术指导要领

这些技术技能包括在为青少年运动员，尤其是那些在基础阶段的队员制订的训练计划当中。针对队员在防守中的具体位置以及局部防守小组进行训练（例如，全队的整体防守）。

1.4 对抗

对抗是在一场比赛中最经常出现的基本行为。它能经常起到决定性的作用，尤其是在接近对方罚球区附近的区域内。

存在的矛盾：
– 进攻技术；
– 防守技术。

足球比赛就是一系列的对抗：
– 在两队之间，11对11；
– 在后卫和进攻队员之间；
– 谁能在中场占据主动
– 一对一的较量

对抗获胜一方的因素：
– 身体优势（突破对手）；
– 心理优势（显示毅力，勇气和信心）；
– 技术优势（可以摆脱防守队员或者重新夺回球权）。

对抗情况下取胜的一方将为本方创造人数优势。

注意：当一对一的局面发生时，双方所采取的行动包括技术/技术行为（防守或进攻的行为）。

在本章中，我们只介绍简单的对抗形式，例如，1对1对抗，但是通过逐渐改变训练的目的，从而使进攻队员（控球队员）和防守队员处在紧张的状态下，因此迫使双方根据训练不同的主题采取适当的行为。

为对抗进行的训练（参见附件内容）

1.5 提高技术能力的一些方法建议

在每堂训练课中,强调增加接触球的次数——两脚、头和其他部位。

技术训练

- 一个星期至少两次:在每周集体训练计划中要有以技术为主的训练课。
- 每周一次:针对个人的技术训练应以小组为单位进行(2~6名运动员)。
  – 在基础/发展前阶段,重点是基本技术(技术基础);
  – 在训练/发展阶段,强调局部和个人位置技术。
- 根据竞技能力进行单独训练(1~2名运动员)。
例如:修正技术问题或强化技术特点(所学技术能力或天生的特点,像左脚)。
- 训练形式
  –技术研讨会,技术循环训练和结合实战的套路练习;
  – 配合练习,练习比赛;
  – 在不同大小场区的练习。

技术训练后的纠正

例如:传球
– 地滚球、长传、斜传;
– 大力传球或控制力度的传球;
– 传脚下或者传空当;
– 左右脚传球;
– 运动员应该以达到最佳传球时间为目的。

练习:传球和追逐 – 三角练习法

- A传球给B,然后跑到B的位置。

- B传球给C,然后跑到C的位置。

- C向B要身前球,接球后带球跑到起点位置。

这个练习要两个方向轮换进行。

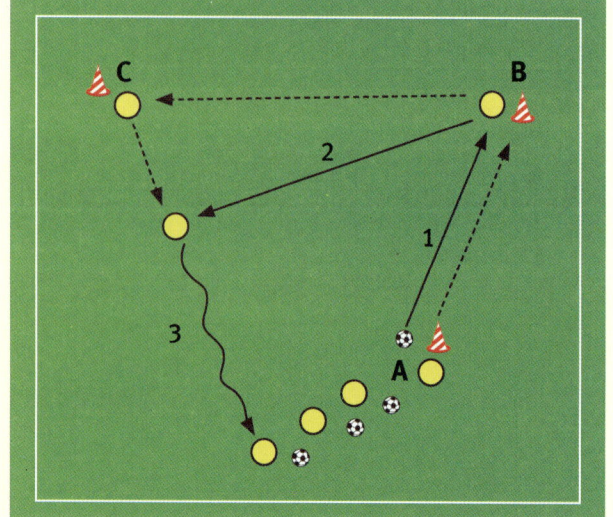

纠正要点：
- 传球的速度，传球的节奏，接球；
- 假动作（先牵扯）；
- 跑动中控球；
- 保持高节奏下进行练习以及三角传球的流畅性；
- 移动的灵活性。

- 在进行训练和练习比赛时，需要不断变化训练内容（不同大小的球场）。
- 训练目标一定要结合实际比赛情况和实战（例如，在拼抢激烈的比赛中）。
- 逐渐增加在有压力下如何合理使用技术动作的练习。
- 训练场地需要有序地布置准备，并有足够的训练用球。

⟶ 鼓励有潜质的运动员自我发挥，但前提是要合理有效。

指导技术（如何进行训练课）

- 制订明确训练目标。
- 示范并讲解训练内容（根据教练员的能力），也可让队员进行示范。
- 让队员进行练习，观察他们并予以纠正（练习并发现错误）。
- 准确地纠正他们的错误。
- 给予队员积极的反馈从而强化和鼓励。
- 在训练中融入趣味性从而调动队员的积极性，在此过程中，教练员要赋予积极的表现（灵活和充满激情的，但不要有攻击性）。
- 提高队员的注意力、毅力和敢于冒险的精神。
- 鼓励运动员敢于采取行动，并表现出创造能力。

注意：在第 10 章中的"未来之星"，我们会讲解如何更有效地培养青少年运动员的原则。

⟶ 在此手册的附件中包含技术训练的实例。

2. 结合技术和战术的准备

具备良好战术意识的球队，能够比对方更有效、更迅速地解决好比赛中出现的个别的（单个运动员）或集体的问题（整体）。

一支球队必须要具备根据比赛进程中在技术/战术上出现的问题，灵活地作出调整的能力。

这真正成为一个技术/战术的对峙。

在执行比赛计划的同时，个人和整体都会在进攻和防守中对比赛中出现的变化采取不同的应对方式。队员或者球队整体不仅需要找到最佳的应对场上变化的办法，而且还要比对手更快地采取相应的行动。

在训练开始阶段，要给队员创造面对简单比赛场景的练习（较少的队员在缩小的场地范围内），然后增加复杂性（增加队员人数并在扩大的区域以及增加使用技术上的限制），最后是两队双方的较量，这不仅是最接近实际比赛的场景，而且也有助于队员最大程度上为竞争激烈的比赛做准备。

运用这种训练方法将会提高运动员的技术/战术水平，因此，当比赛出现与训练中相似的场景时，不论是个体还是整体都能作出相应的反应。

在此内容的第一部分，为确保完整性，我们要同时说明两种重要的进攻方式，包括理论（要解决的问题）以及实际的训练内容（要在训练中进行的内容）。

– 快速进攻
– 阵地进攻

反击是快速进攻的一种形式。

在第二个部分中，我们将讲解防守，主要针对

– 区域防守
– 压迫式防守

注意：在这一章节中（结合技术和战术的准备），我们仅有非常简单的说明：
　　　– 比赛的组织，打法体系，打法风格；
　　　– 比赛计划（对单场比赛）。

有关内容将会在第6章的"打法风格"中进行更加详细的讲解。

2.1 结合技术和战术的训练

一支球队的进攻和防守的行动主要取决于：
- 队伍的能力和特点；
- 教练员对于本队打法的选择；
- 对手的能力（比赛计划）。

在本章节，我们只是采用比赛训练法去处理技术/战术问题（进攻 – 防守）。

运用此方法时，把进攻和防守分别开来去训练是不可取的。在训练中，教练员可能针对一方面的练习比另外一方面的练习更多，这完全取决于队伍的需要。将训练分为两个部分是明智的：

a）在第一部分，强调的重点是：球。

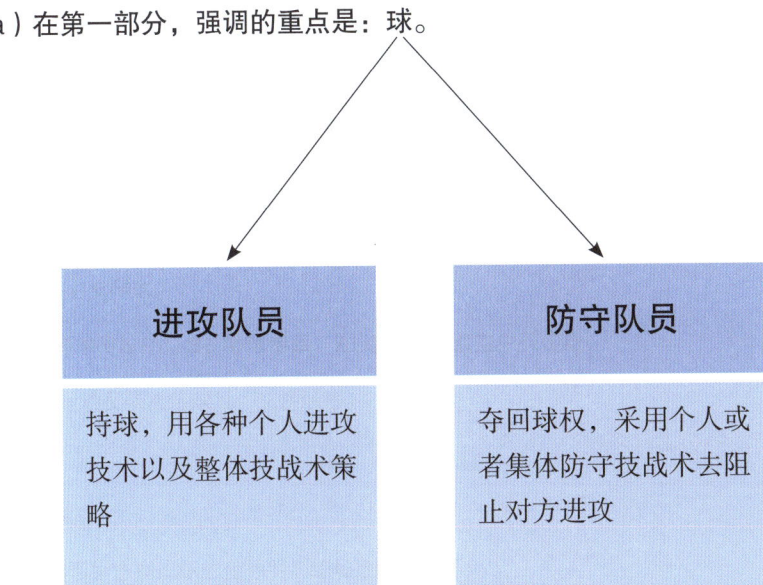

b）第二部分，哪儿有明确的目标（进攻方向）。
- "停球"（将球停在线后）；
- 寻找处于空当的运动员（例如，守门员）；
- 小球门；
- 正常球门。

2.2 进攻的主要类型

快速进攻

- 较少传球次数（最多3～4次传球）；
- 较少运动员参与（最多3～4名）；
- 时间少于10秒钟。

对方防守体系被一时瓦解。
主要是因为：
- 技术上的失误；
- 比赛策略的错误选择；
- 队友之间的误解；
- 断球；
- 等等……

一般来说，尽管不是最常见的，防守方在夺回控球权后第一脚传球都是长传（向对方球门方向）。

快速进攻和反击的区别

- 当快速进攻队伍失去球权的时候，并不选择立即回到本方半场；而尽可能地实施高位逼压并试图马上获得球权。
  例如：当进攻队员失去球权后，他必须马上防守并试图获得球权（表现出进攻的欲望）。

- 当快速反击时，球队在对方半场失去球权后；球队回撤至本方半场防守，并将对方吸引到本方半场从而在对方身后制造可以利用的空当。防守一方试图在位于距离本方球门较近，但又未形成威胁的区域夺回控球权，也可采取其他的防守形式，并由守转攻。
  例如，塞内加尔对丹麦，2002世界杯赛。

5 技术准备与结合技术/战术的准备

需要解决的两个问题

a）向前推进的球/阻止向前推进的球

一旦获得球权，对方的防守会在局部出现漏洞。在这瞬间就给了进攻一方可乘之机。

进攻方必须利用对方暂时的不平衡，快速向前推进。

　　→ 向前的进攻（进攻队员注意不要越位）

关键点：
- 无球向前跑动（运动员必须向前快速地观察）；
- 向前场第一次传球（传球质量至关重要）；
- 节奏的变化（二过一快速配合，墙式配合）；
- 尽可能少地触球；
- 进攻队员要长距离地向前奔跑（40米），但是当1对1的时候要摆脱防守；
- 穿透性运球；
- 快速移动球。

注意：进攻行为有赖于：
- 打法体系；
- 队员要去争夺球的落点以及争夺球的方式；
  ➢ 压迫区域（立即给予压力）；
  ➢ 回撤防守并对持球队员施压。

b）射门/护球

关键点：
- 预判球的飞行路线；
- 跑到适宜的位置接球；
- 时机的重要性；
- 协调跑动；
- 交叉跑动的重要性；
- 头球的重要性和利用身体控球；
- 脚趾捅球的重要性（加速的技巧）；
- 保持注意力；
- 速度技术

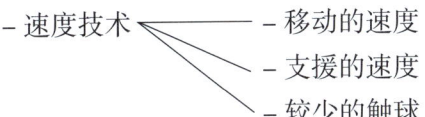

　　－ 移动的速度
　　－ 支援的速度
　　－ 较少的触球

阵地战

对方的防守体系已到位。通常情况下，获得球后的第一脚传球需要确保安全。其主要目的一是不要失去球权，二是无需马上进攻对方球门。因此，进攻进程相对较慢。

⟶ 间接性的打法
- 大量的安全性传球；
- 大部分运动员参与其中；
- 组织进攻的时间超过10秒钟。

需要解决的三个主要问题

a）保持球权及保证向前以及阻止向前

关键点：
- 占据空间（深度和宽度）
- 移动并将球传入空当（两个对手之间的空当以及两条线之间的空当）；
- 队伍的整体移动。

注意：队伍必须要作为一个整体向前移动，提高防守时的稳定性。

b）整体防守的不稳定性/重新获得球权

（一旦第一道防线被攻破）

关键点：
- 协同、支持、援助、示意要球和跑向空当；
- 短传以及准确的传球；
- 创造不确定的因素（改变节奏、运球、假动作、保护）；
- 进攻性"支点球员"的重要性。

c）射门/保护

（详见快速进攻）

青少年足球运动员的战术、技术训练和战术训练的方法详见第6章-"打法风格"。

2.3 防守打法

区域盯防

2002年韩日世界杯业已证实,区域盯防是最常用的防守体系,尤其在顶级球队中,不管是4-4-2,还是3-4-3阵型或其他阵型。
学习区域防守体系打法有助于运动员成长,特别是比赛意识(例如,分析和预判)、责任感、合作及与队员之间的交流。这是运动员提高阅读比赛能力的重要基础阶段。以下将重点介绍这一部分内容。

定义

每一名运动员负责一块防守区域。他的职责就是观察、盯防进入其区域的对手。当对方队员移动至另外一个区域,在此区域的防守队员负责盯防此队员。根据比赛场景,防守队员要么只负责其个人区域的防守(压缩空间或保护身后空当),或者专注于一名对方队员(紧盯)。

区域盯防的目的

- 减少对手可利用的空间。
- 减少对手进攻的可能性(传球、运球、射门)。
- 延缓对手,迫使对手犯错误。
- 增加有球区域的人数,鼓励1对1的防守。
- 争取夺回球权,并更好地利用和作为发动进攻的出发点。

区域盯防是压迫的基础。
对进入区域的对手实施贴身紧盯,可进一步提高防守效率。

需要解决的问题

- 让运动员回收防守(以确保有更多的防守球员位于球后)。
- 管理时空的要素(监控、拉开或压缩空间等)以及时间(减速和加速)。
- 根据球、对手、队友和球门的位置,运动员应该知道如何自我选择站位。

基本战术原则的应用

- 压缩两条线及局部队员之间的空间,包括边路及前场(30~35米)以及队员之间的距离(8~10米)。
- 防守时要尽可能多地移动。
- 占据人数优势并提供保护。
- 在对方的区域内压迫。
- 预判性(比赛意识)地进行比赛并重新获得球权。
  ⟶ 交流(互相呼应)

在当今的足球比赛中，区域防守主要有两种类型的行为方式：

预判的区域	压迫的区域
球队中具有高技术水平和认知技能的运动员	球队中具备高运动能力、良好身体素质、较高技术和心智技能的运动员

练习

无球盯人
- 向持球人上抢紧逼
- 压缩中路空当
- 横向移动保护

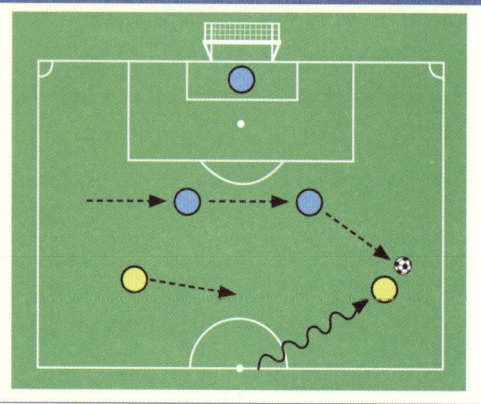

预判盯人
- 紧逼持球队员
- 增加盯人的人数（创造人数优势）
- 保护
- 防守队员通过紧逼来控制对方进攻方向

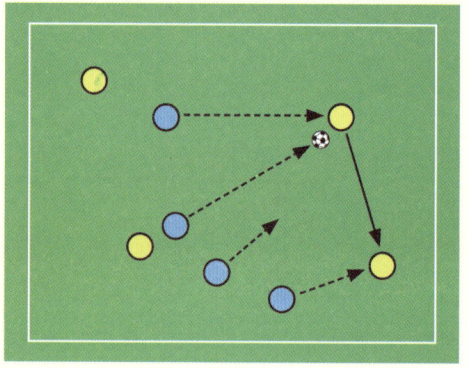

边路的小组盯防
- 保持紧凑队形以压缩空间
- 横向移动
- 相互保护
- 宽度（扇形）
- 阻止对方持球队员继续前进

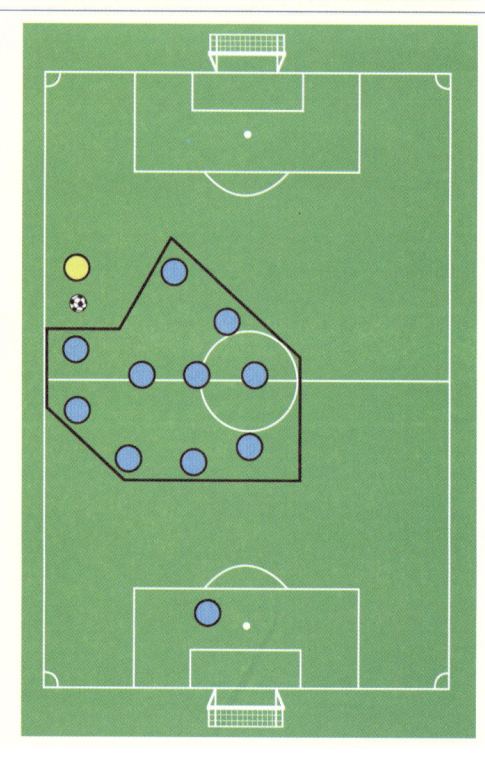

技术准备与结合技术/战术的准备

训练方法的进展

a）第一阶段，在运动员掌握1对1个人防守模式后，可以马上转向无人数优势的对抗练习（2对2、3对3、4对4），以帮助运动员运用1对1的防守。

提醒：

当采取4名防守队员进行区域防守而没有自由人保护时，2名中后卫要根据比赛中出现的状况随时做出反应并且：
- 始终保持对球、对手和队友的观察，同时警惕传向防线之后的高空长传球。
- 彼此沟通，以确保更好的组织。
- 盯防空当或区域。
- 保持耐心，在适宜的时间上抢和保护。
- 渴望进行1对1的对决。
- 不要轻易铲球，只有在确保可获得球权的前提下方可。

练习比赛是学习防守打法的最佳方式。一旦运动员在实际比赛采取行动，教练员就可以强调和纠正错误。在无对手情况下的小组防守移动，无论有球或者无球（队员根据教练员的指示移动）都有助于运动员掌握基本的个人和小组战术。

b）在第二阶段，针对整体防线（3~4名后卫加上守门员），以及与其他各条线的配合：中场和前场。

c）最后，是整体的防守。
　　　参见附件中的训练方法。

2.4 压迫式打法

定义

压迫是防守的一个重要手段，让持球方处于强大的压力下，迫使其犯错；这要求运动员具有较高的运动能力，一对一对决中的欲望（控制下的攻击欲望）和战术纪律。这也是心理武器，能使本方获得信心，使对方心理产生自我怀疑。

- 压迫，压缩空间，包围对手，向对方施加压力以获得球权，或者阻止对方进攻。压迫并不能作为一种特定的打法风格。鉴于风险和较大的体能消耗，并不是在所有的比赛中都能应用。压迫可对对方比赛节奏产生影响，因此可扰乱对方。压迫是反击的基础，从中场或本方的防守区域发起反击。

运用压迫式打法的一些基本原则

- 在防守区域人数占优的情况下方可实施压迫。
- 保持紧凑和紧密的队形，同时在对方的有球区域占据人数优势。
- 目的是控制对方，延缓对手的进攻，将其逼向能够更好地进行压迫的一些区域（比如边路）。
- 限制个人的发挥，使其处于压力之下，迫使其犯错误（逼迫他变向，逼迫他用其不擅长的脚踢球，失去对球的控制，扰乱对方），制造对抗的局面。
- 一旦开始实施压迫（要使持球队员处于压力之下），应该试图通过积极、凶狠、坚决和具有预判的盯防赢得球权。
- 阻止和限制向自由人或者守门员的回传球，那会使对手摆脱压迫的区域。

压迫的三种类型

– 在中场区域A实施压迫
– 在进攻三区区域B实施压迫
– 在防守三区区域C实施压迫

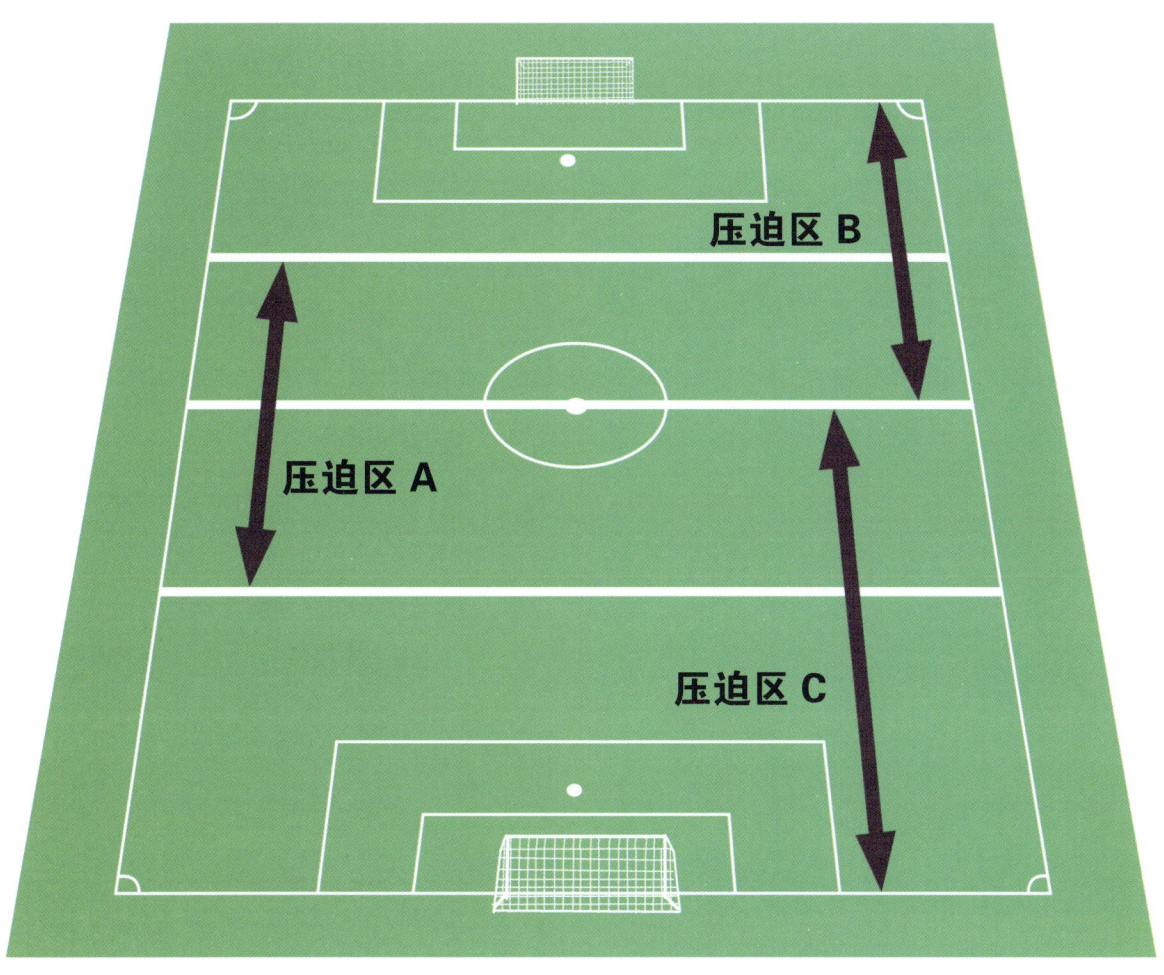

a）中场压迫

防守一方在中场向对方实施压迫，将其逼向边路或者逼迫他回到场地的中路，从而有机会赢得球权。

⟶ 根据赢得球权时的情况，防守一方可以发动阵地进攻或者快速进攻

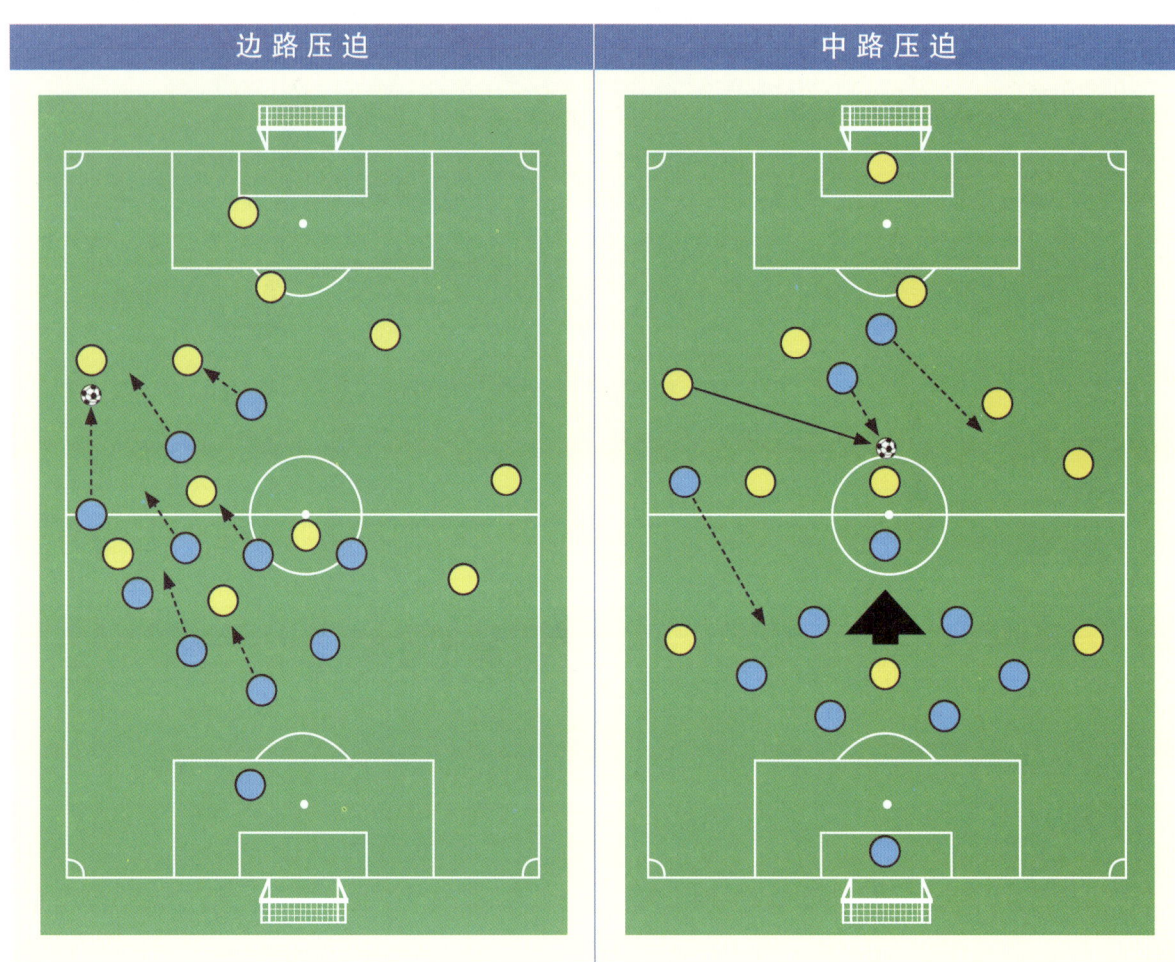

b）前场压迫

进攻一方必须让他们的对手在本方防守区域内处在强大的压力下；进攻一方需要不断干扰对手，阻止对方发起进攻，让他们失去信心从而夺回控球权。

⟶ 一旦在对方半场失去球权，进攻方必须马上变为防守方（由攻转守）；对持球队员进行防守并施压。一旦重新获得球权，那么就可以发动快速进攻。

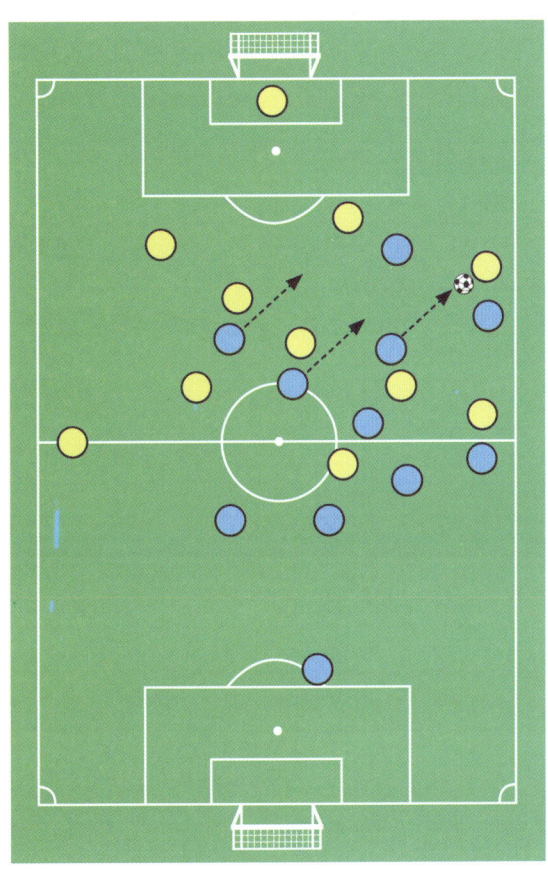

⟶ 如果压迫失败，防守方会发现自己寡不敌众。在这种情况下，防守方需要：

- 延缓比赛，获得时间，迫使对方在自己的半场活动；
- 尽快地重新组织队形；
- 甚至尽可能地试图使对方再次处于压力之下。

c）后场压迫

- 防守一方的队员必须退回来防守，等待进攻方进入防守的区域。防守方必须保持紧凑的防守队形，要对进攻方有人数的优势，压缩区域空当，特别是中路区域。防守人数必须注意力集中。
- 保证防守方在正确的时间上抢对手，防守方必须减慢对手的进攻速度，对持球队员进行不断的干扰，迫使对手失误（例如，迫使对方接球队员背对进攻方向接球）。

———→ 如果防守方重新获得球权，他们能快速发动反击（快速地由守转攻）。

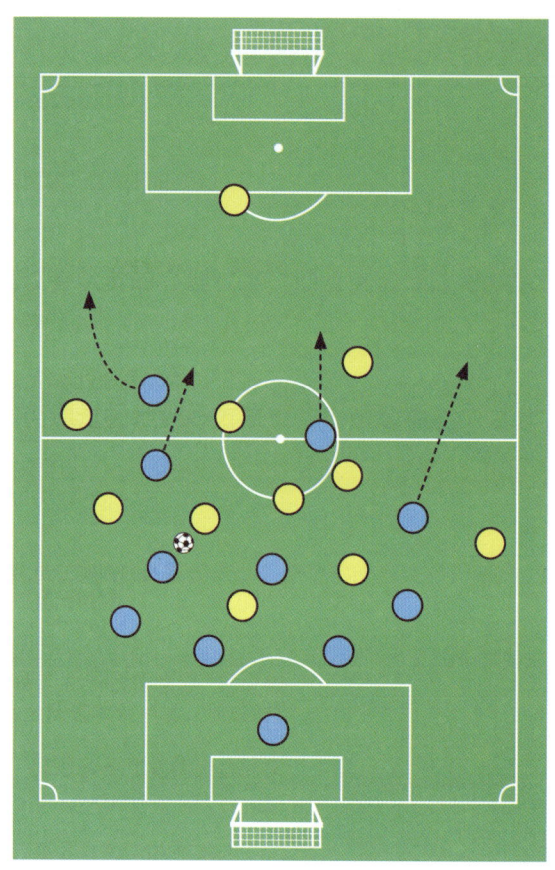

———→ 如果防守方成功获得球权，但不可能快速发动反击时，在不冒险的情况下，可以采取以下选择：
- 将球从防守区域解围，或者送出高质量的第一脚传球。
- 将球传向边路，向前传或者向后传给守门员，去缓解紧张局面。

以上防守的策略是进攻的武器：压缩中路区域，创造边路空当为快速反击创造空间（例如，2002年世界杯的巴西队）。

技战术训练在附加的训练方法中说明。

个人防守和区域防守的差异性

个人防守

- 队员的位置和选位取决于直接盯防的对手
- 对手具有主动性
- 不利于保持各条线之间的联系
- 队形欠紧凑、分布较松散且相互之间缺乏联系，以致出现更多的空当，同时利于对手实施更深、更宽的打法
- 创造空间有利于反击、个人发挥以及为攻方提供了更多的机会
- 运动员的行为更低调、更独立
- 需要相互的呼应，具有侵略性，对抗和个人责任感
- 更为冒险
- 限制了造越位和压迫的使用
- 要求运动员具有较高的个人能力

区域防守

- 队员的位置和选位取决于球的位置
- 防守方在有球区域占据人数优势，更易于逼压对手并寻求解决方案
- 防守方赢得球权之后，当队形保持紧凑并均匀分布于不同场区时，更易于控制球权
- 更易于防守方遏制对手的打法和延缓进攻速度
- 专人盯防对方队员需要反应和调整时间
- 区域防守要求更多的集体责任感，更大的自我牺牲和付出更多的关注
- 此战术需要创造力，更加安全稳妥地采取不同的行动
- 从整体来讲更安全
- 更易于球队各条线的发挥，而且利于越位陷阱和压迫的使用
- 要求有较高的整体能力

3. 常规训练和比赛

训练比赛（即结合小场地的专项对抗）是核心要素训练。

这种训练比赛无论进攻还是防守，均需要模拟实战或适应实战需求。这有助于对运动员的情绪行为发挥积极的影响作用；对运动员而言，不仅使训练活动具有吸引力，而且也更具活力和强度（通常会调动部分队员的积极性）。

大部分运动员在真实的比赛或在较大场地范围内进行练习时（9对9/10对10）触球的次数很少，所以在训练时要缩小球场的大小，这样运动员触球的次数能够增加。

组织

- 不结合训练课的目标而组织的训练比赛没有任何意义。因此，重点可以放在一个或几个要素上（如技术、技战术和心智），这些要素也已在最近的比赛中被证实是一些薄弱环节。

- 教练员在准备时，应考虑如下因素：
  - 球场的大小（小或中等范围）；
  - 有球门还是没有球门（标准的或小球门）；
  - 运动员人数（强调个体还是整体）；
  - 比赛的规则（如何进行练习，传球和触球次数的限制）；
  - 特殊的规定（技术或战术方面）；
  - 需要的器材（球、标志盘、标志桶、标志服）。

- 小场地演练增加了触球次数（运球、假动作、接球、短传、射门），简单的技术/战术行为，以及给予队员更大的压力。

例如：在正规球场的罚球区进行3对3有球门的练习。

- 在一个大小能够调整的球场训练（例如，半场或更大），有助于整体（控球、长传、传中、场上队员选位）技术/战术的练习，但是节奏可以缓慢。这样就可以做出更好的技术动作和战术选择。
运用此训练方法要求两次触球，可以对技术动作的使用（接球、传球、双脚技术）有更高的要求，同时加快比赛的速度。

- 6对4/8对5，加强队伍在具有人数优势时采取技术和战术行为的自信心。
  但是，与此相反，这给予人数劣势一方增加了难度，尤其在身体方面、心理方面和技术/战术运用方面。如果人数劣势一方被要求不进行全力防守，则有助于人数占优一方提高进攻质量。

例如：在训练中设置限制因素。

- 有球门的练习（大球门或者小球门）能够增加运动员练习的积极性，因为这接近真实的比赛场景。然而，没有球门的练习（重点是阵地进攻或控制球权）能够创造一个竞争的环境，比如，10次以上的传球或者连续二过一配合可以算作得1分。

例如：没有球门的练习，可以将球停在对手的防守线后，算作得1分。

- 训练中常用的几种比赛类型：
  – 不受限制的比赛（允许自由发挥，流畅，具有创造性）；
  – 受控制的比赛（允许暂停比赛，旨在强调和纠正错误）；
  – 具有主题的比赛（具有特定的主题，这种主题与本队在最近比赛中出现的问题相关联）。

例如：强调边路进攻，重点是传中以及中路包抄射门。

重点强调：在进行这些对抗练习时，要有相应的训练内容作为基础和辅助。

训练内容

第一部分　技术训练
第二部分　结合技术/战术的常规训练

图 例

----▶　无球队员跑动路线
∼∼▶　有球队员运球路线
——▶　球运行路线（传球或射门）
△　　教练员
A, B, C, D　所有队员的位置
A1, A2　队员A的不同位置

技术训练：1. 传球与控球（接球）

1. 地面传球与控球
组织形式：
5名运动员参与每次训练，标明训练场地，按顺序从1开始。
步骤：
- A1将球传于B，并代替其位置。
- B控球并传球给C，并代替其位置。
- C运球并传球给D后，跑到A2位置。
- 经过传球，位置互换，根据教练员的意图，传球路线也发生了改变。

变化：
- 变化传球和控球。
- 训练用2个球。
- 一脚直接传球（传–回传–传）组合传球示例，如🟡队。

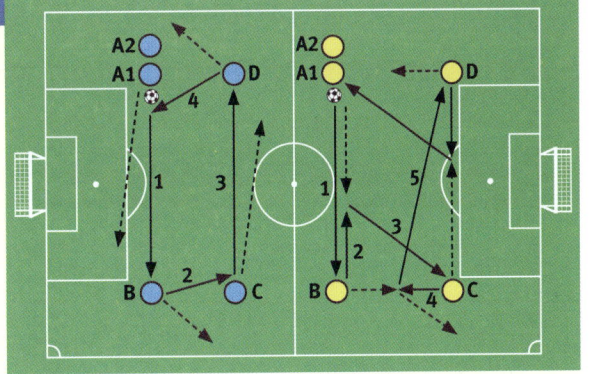

2. 短传与长传
组织形式：
- 4名运动员参与每次训练。
- 标明训练场地。

步骤：
- A队的运动员进行短而直的传球训练。
- 经过3～4次传球后，将球长传给B队的运动员。
- B队的运动员控球后，将球传给同伴。
- 用左右脚传球。

变化：
- A1将球传给B1，B1将球传回，A1地面长传或空中长传给A2。
- B队运动员依次传球后，交换顺序。

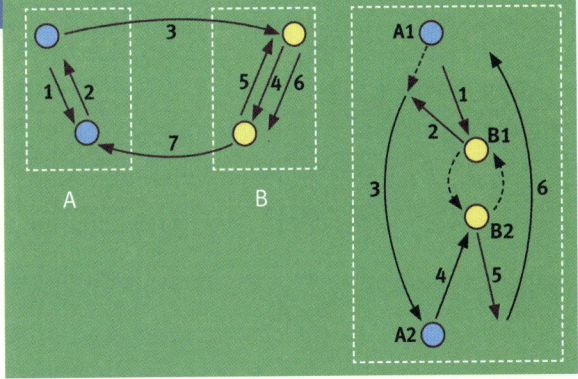

3. 变化传球和控球训练
组织形式：
- 2组6～8人。
- 用锥形标志桶或标志盘标明训练场地。
- 每组一球。

步骤：
- 小组内传球，每人两次触球，随后每人一次触球，依情况而定。
- 运动员充分利用场地，保持移动。
- 试图完成三角传球训练。
- 一个长传之后，紧接着3个短传。

变化：
- 2队同时训练。
- 持球者将球传给同组穿不同号码衣者。
- 用1个、2个或3个球。

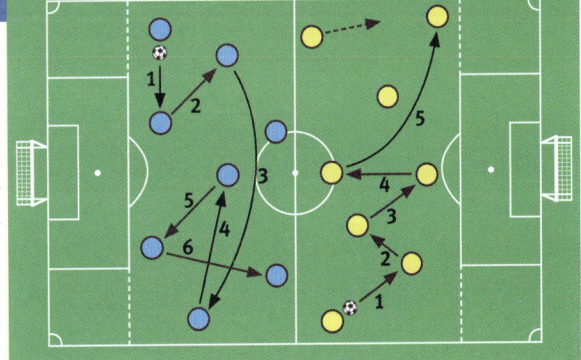

4. 8对8或6对6有守门员比赛
组织形式：
- 2队各8人。
- 用标志桶或标志盘等训练器材标明场地。
- 2名守门员在线后。

步骤：
- 训练目的是保持控球权，学会利用场上的空间。
- 每人最多触球3次。
- 在连续传球5次之后可以射门得分，之后，另一队的守门员接对方半场传过来的高空球。

变化：
- 每人最多2次触球。
- 同样训练模式，利用2个球门。
- 5次传球后，可以在任何一个球门射门得分。

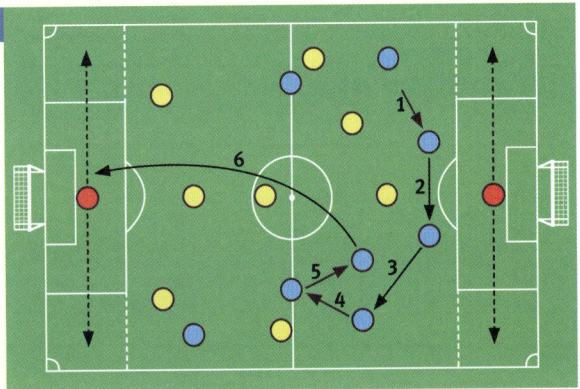

技术训练：2. 传球与控球（接球）

1. 接球后长传或短传球
组织形式：
- 2队各8人进行训练，2人1个球。
- 标明场地（A和B）。
- 经过一段时间，运动员迅速移动。

步骤：
- 脚传球，运动员用脚内侧、外侧接球。
- 脚内侧传球，右脚控球左脚传球。
- 运动员场内移动。
- 交换搭档。

变化：
- 变换传接路线。
- 胸部接球练习。

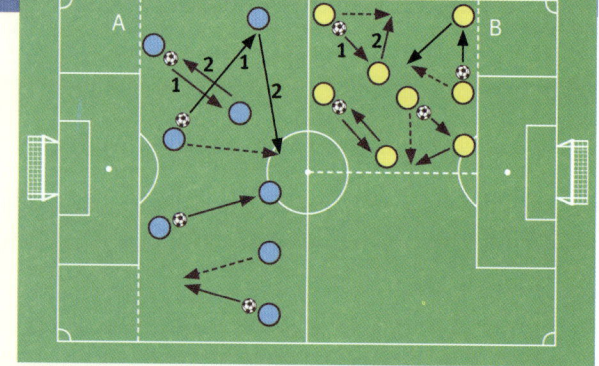

2. 跑动中的传接球练习
组织形式：
- 2组各7～8人，每组1个球练习。
- 5～6个锥形标志桶。

步骤：
- 运动员站好位。
- 将球传至搭档脚下，搭档面对来球。
- 当其接到球后，迅速转向，用脚内侧或者外侧运球。
- 传球结束后，传球者迅速移动到其同伴位置。

变化：
- 加快练习的节奏。
- 在B场的运动员一次触球或者二次触球。
- 运动员可以呆在自己的位置上，但脚下要不停地保持移动。

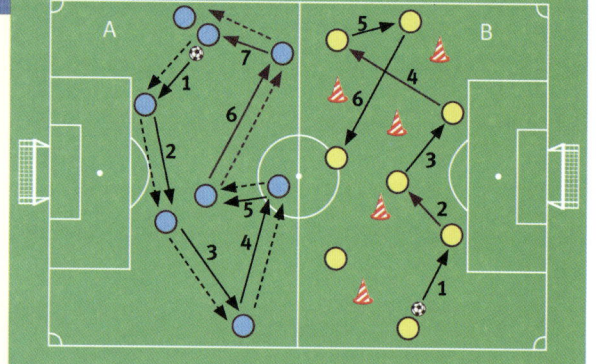

3. 同队队员在移动中的传接球练习
组织形式：
- 每队11人，根据选择的比赛阵型站位。设置2～3名守门员。练习开始或重新开始都由守门员发球。－5～6个锥形标志桶。

步骤：
- 守门员在前场接球，之后把球再传给后场的后卫队员；其余队员可通过连续传接球（1～2次触球）后，向前场推进，前面的队员可以得分，传接球的次数与进攻线路可以自己掌握。整体队形要跟上球的发展，在练习中要学会利用空间接应队友，不断移动。
- 可以改变传接球、推进的路线与节奏。
→ 教练员可直接指挥比赛。

变化：
- 放置锥形标志桶，使运动员难以持续控球，增加被动对抗者。－严格限制传球次数及传球时间。
- 这一程序也可以由7～9人的队伍完成。

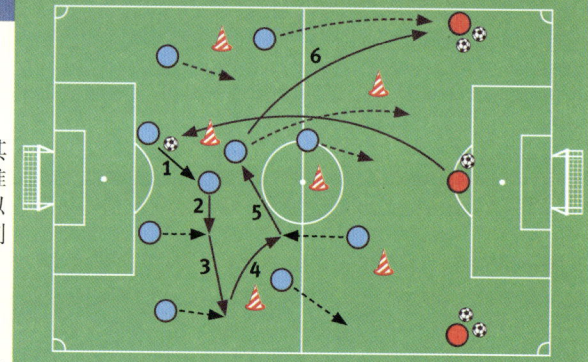

4. 4对4及8对8 +2个自由人
组织形式：
- 2个队各8名运动员外加2名自由人。
- 场地分为A、B区，四角设4个小球门。

步骤：
- 4对4比赛，自由人只能触球一次，经过6次传球后，本队得1分（不能通过自由人得分）。
- 之后队员在整个场区进行8对8比赛，每个小场区留一自由人，经过10次传球后可得1分。

变化：
- 利用小球门进行训练，传球6次后，可以进攻任何一个小球门得分。每队防守2个小球门，进攻另外2个球门。

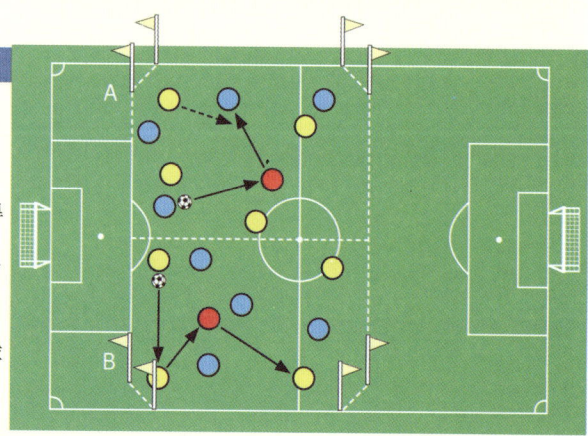

5 技术准备与结合技术/战术的准备

技术训练：3. 射门

1. 带球跑射门练习（脚背正面）
组织形式：
- 6~8名队员一组，每组进行不同的练习，另加2名守门员。
- 2个大球门，2~3个小球门。 – 准备好球与标志桶。

步骤：
A场地练习 – 直线运球，折线运球之后射门（左右脚都要练习）。
- 射门之后，捡球回到位置，准备第二次练习。
B场地练习 – 队员朝着无守门员把守的球门带球跑，之后射门。
- 队员颠几次球之后射门。

变化：
- 不同的射门形式（用脚内侧射门，推射等）。
- 在B场地中，4人持球，无球的两名队员为其他人做球。
- 队员在做完墙式配合之后射门。

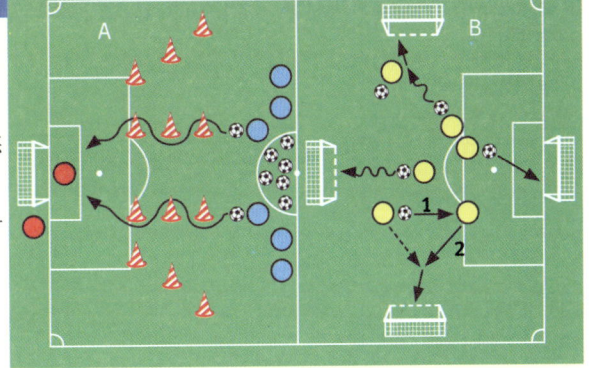

2. 跑动中接球后直接射门
组织形式：
- 6~8名队员一组，每组进行不同的练习，另加1名守门员。
- 设置2个球门；准备好球和标志桶。

步骤（A场地）：
- A带球移动，同时B向罚球弧跑动接A的传球，之后射门。
- 每轮练习结束后，2名队员交换位置。
- 做完几轮练习后，双方互换角色，一侧队员传球，另侧的队员接球射门。

变化：
- A带球移动，传球给B，B再将球回敲给A，A跑动接球射门。
- B场地，教练员把球传到标志桶中间，队员A或者队员B接球射门。

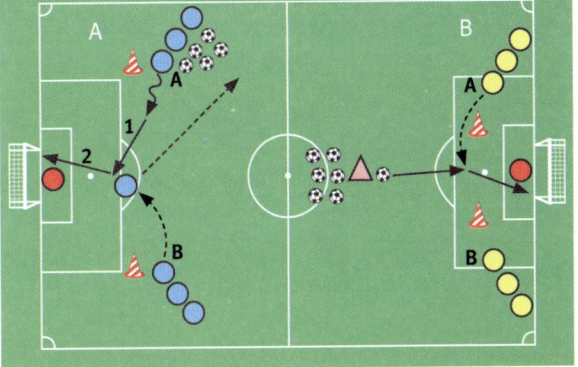

3. 对抗中射门练习
组织形式：
- 队员分成两组，每组3~5人，穿号码衣，另加2名守门员。
- 标出场区，每人1球，备好标志桶。

步骤：
- 每名队员带球跑。
- 当叫到号码时，运动员 🔵/🟡 跑进罚球区射门。
- 可用任何一只脚射门。
- 教练员任意传出地滚球或是空中球。

变化：
→运动员带球进入罚球区，将球传给另一名运动员，运动员接球后，将球回传，然后射门。
- 场外队员将球扔给场内队员，后者凌空射门或是踢反弹球射门。

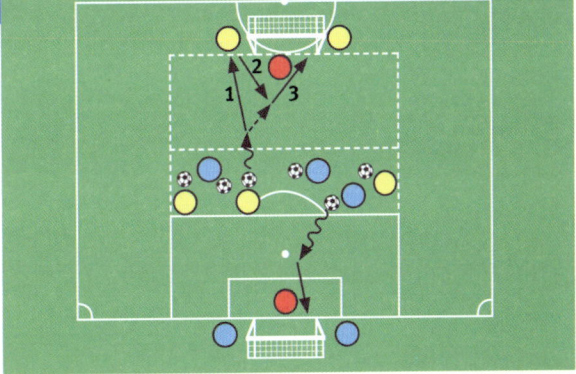

4. 4对4或3对3比赛+守门员
组织形式：
- 2队各4名运动员，2名守门员，每队加4名场外队员。
- 标出场区。
- 2个球门。

步骤：
- 无限制条件的自由比赛。
- 场外队员一次或两次触球，不能相互传球。
- 队员相互之间可交换位置。

变化：
- 在进攻区要直接射门。
- 接场外队员传球后直接射门。
- 接本队队员的后场传球后直接射门。

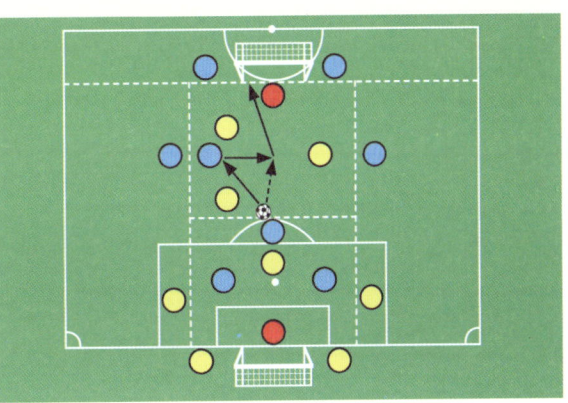

技术训练：4. 传接球射门

1. 两人之间传接球射门
组织形式：
- 每组6~8人，两组做不同的练习，准备好球和标志桶。
- 2个球门，并设守门员。

步骤（A场地）：
- A和B做墙式配合后传球给C，C再将球传给A，A射门。
- A射门后，慢跑回位。
- 队员之间依次循环练习。
- 所有人在左边练习完后转换到右边，继续这项练习。
- 射门距离和位置要不断变化。

变化（B场地）：
- A传球给B，B回传，A与靠近边路的C做墙式配合后跟进射门。
- 当一轮练习完后，运动员迅速变换位置。

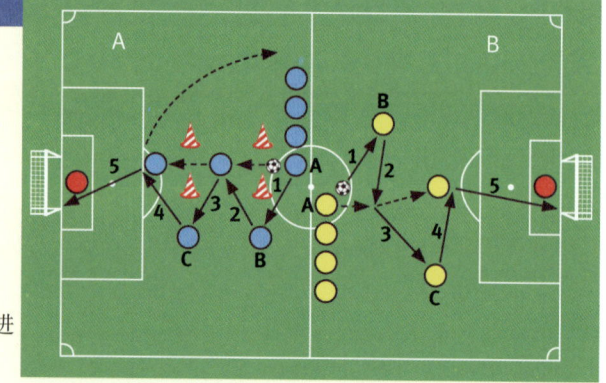

2. 接回传球射门练习
组织形式：
- 每组6~8人，设守门员。
- 准备球。
- 该练习可用2个球门。

步骤：
- A将球传给B，B再传给C。
- C将球回传给A，A直接射门。
- 队员A与C之间互换位置。
- 下一轮练习换到D这一边。

变化：
- B把球传给C后迅速转变为防守者，追赶A，A射门。

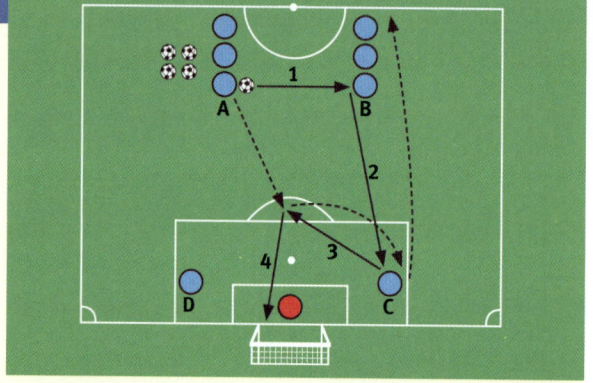

3. 快速跑动中传接球射门
组织形式：
- 2组各4~5人，2名守门员。
- 标出场区大小，2个球门。
- 准备球

步骤：
- A与B分别向前跑动带球，至场地中央后，交叉传球（地面球）。
- B传球给A，A接球后射门。
- A传球给B，B接球后射门。
- 队员直接射门或者接球调整后射门。
- 之后两名队员互换位置。

变化：
- 变换传球路线。
- 两队之间比赛，6次射门之后，看哪一队进球最多。

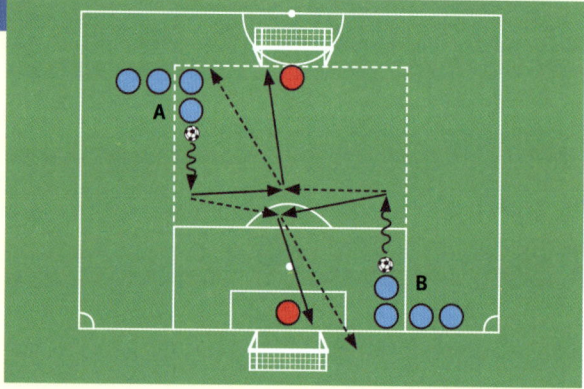

4. 4对4或3对3比赛
组织形式：
- 2组各4人，每组加4名场外队员，2名守门员。
- 标出场区，2个球门。
- 准备球。

步骤：
- 无限制条件的自由比赛，尽快完成射门。
- 每队最多5次传接球（包括与同队场外队员之间的传球），场外队员只能一次触球。
- 始终有1名队员要留在本方半场（防守区域）内。
- 进1球得1分，在本方半场射门进球可得3分。

变化：
- 在3次传球之内射门进球，可得2分，每队至少要有一次传球后才可射门。

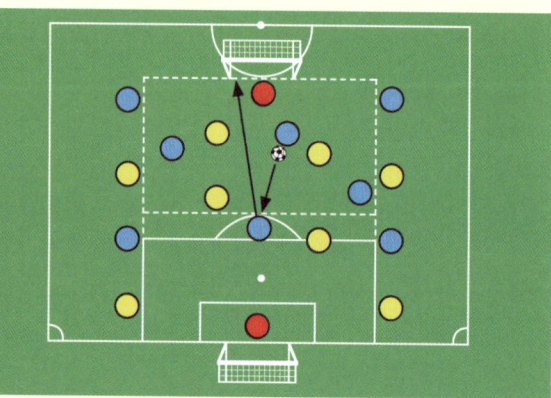

5 技术准备与结合技术/战术的准备

技术训练：5. 接传中球射门

1. 接低平传中球射门

组织形式：
- 4~8名队员，设守门员。
- 足球，标志桶。
- 训练可使用2个球门。

步骤：
- A将球踢向底线，追上球后低平球传中给B，B射门。做5次后，A再将球传给C。
- D在另一边做相同练习。
- 完成10次练习后，队员之间交换位置。

变化：
- 传向后点的球为高球，传向前点的球为低平球，在球门前包抄的B和C互换位置。

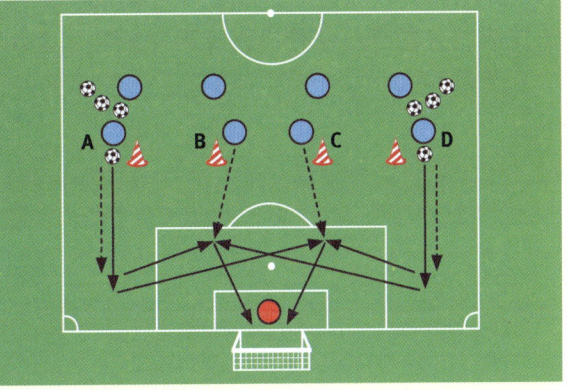

2. 接下底回传球射门

组织形式：
- 4~6名运动员，设守门员。
- 足球和标志桶。
- 此练习可使用2个球门。

步骤：
- B背对球门接A的传球。
- B向外侧接球转身，运球至底线后回传给A，A跟进射门。
- 做完后A与B互换位置。
- C与D在场地另一侧做相同练习。
- 传球路线可以变换，下底的传中球可是低平球，也可传高空球，包抄队员可直接射门，也可调整后再射门。
→ 接球队员可采用折线运球至底线后传中。

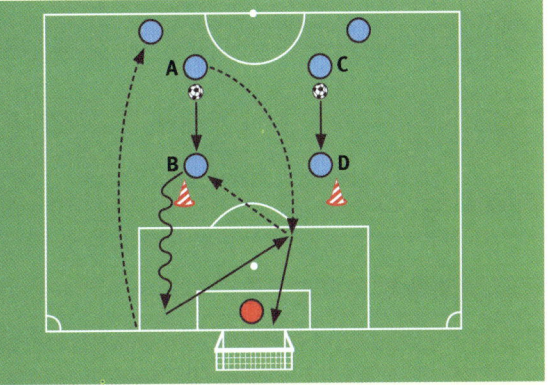

3. 接过顶传中球射门

组织形式：
- 8~10人，设守门员。
- 足球和标志桶。

步骤：
- A运球并传地滚球给B，B传球给C。
- C直接将球传给D或E。
- D或E根据传中球质量，直接射门或者调整后射门。
- D和E交换位置。

变化：
- 在场地中间设置一名防守队员（积极防守或消极防守）。

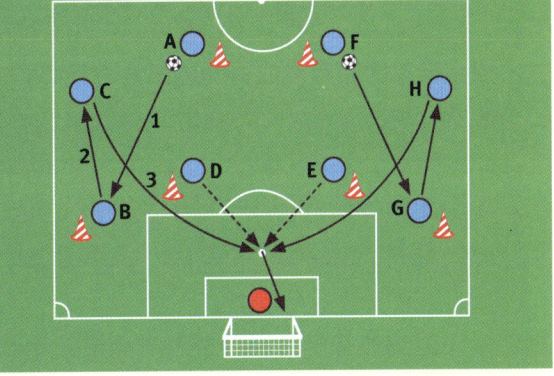

4. 5对5或 6对6比赛设守门员

组织形式：
- 2队各5人，2名中立队员●，2名守门员。
- 标出场区，2名中立队员在两个边路活动，2名守门员。
- 足球。

步骤：
- 自由比赛，队员接传中球射门。
- 接传中球射门进球可得2分；接直接传中球（队员在传中前不能调整）射门进球可得3分；正常射门进球得1分。

变化：
- 5对5，最多3次触球。
- 不固定中立队员，球发展到边路，任何一名队员都可进入到边路区域传中。

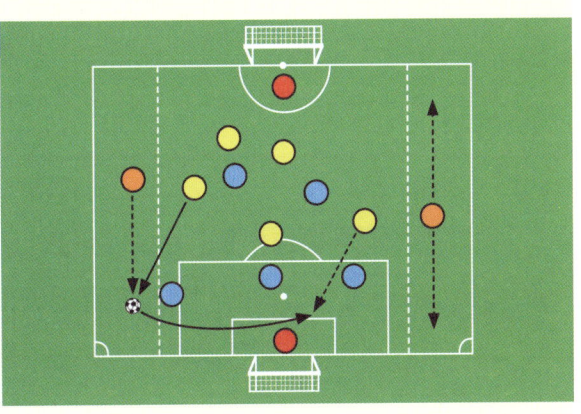

技术训练：6. 结合守门员1对1射门

1. 控球并直奔守门员
组织形式：
- 6～9人，设守门员。
- 6名进攻队员，3名防守队员。
- 球。

步骤：
- B背对球门接A的传球。
- B接球后向守门员带球，形成1对1局面（选择射门或运球守门员）。
- 每次练习后A与B互换角色。

变化：
- 进攻队员得球后，防守者🟡快速追赶进攻队员，给其施加压力。
- 进攻队员从中场开始带球跑，长驱直入，可触球6～8次，之后射门得分。

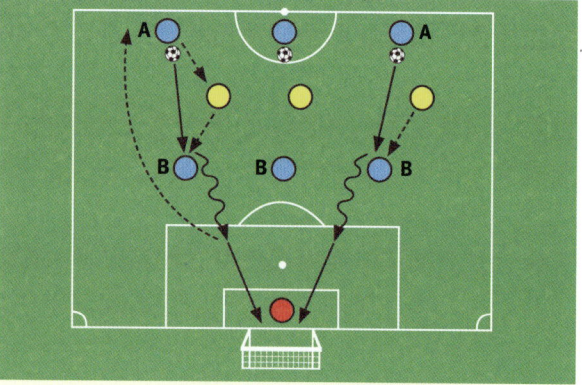

2. 快速完成射门
组织形式：
- 4～6人，2名守门员，足球。

步骤：
- 一名守门员把守球门，另一名守门员在球门附近采用反弹球，踢球门球或是手抛球的形式将球传给A。
- A控球后将球传给B或者C。
- B或者C将球传给A，A直接射门或者1对1过守门员后射门。
- 射门后A与传其球者互换位置，重复练习。
- 应该逐渐加快训练节奏。

变化：
- 做球队员可采用多种形式的传球（墙式配合，交接配合，回传球，过顶传中球）。
- 守门员传球后迅速变为防守队员，防止队员射门。

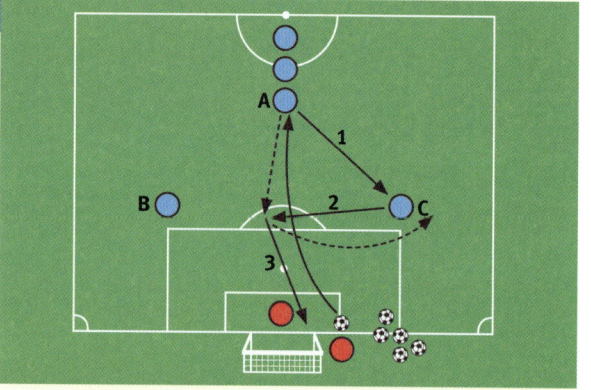

3. 模拟实际比赛场景中面对守门员的情况
组织形式：
- 队员分为2组，每组2人，2名守门员。
- 标出训练场地。

步骤：
- 队员🟡斜传球（对角线）给A，A接球后与守门员形成1对1射门。
- 射门前最多触球1～2次。
- 之后B传球（对角线）给另外一名队员🟡。
- 完成一次练习后两人交换位置。
- 限制队员从接球到射门的时间。

变化：
- 进攻者试图过守门员，守门员敢于迎接挑战。
- 限制队员完成射门的时间（如4～5秒）。

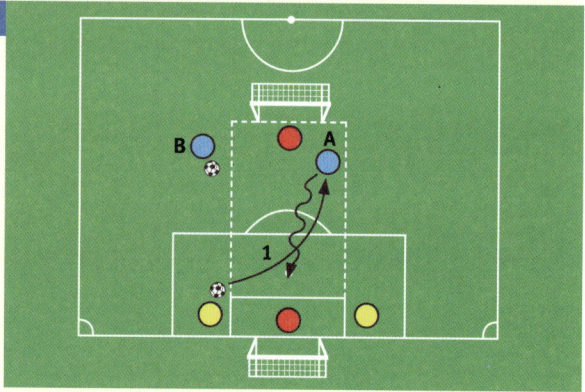

4. 4对4 或5对5，设守门员的练习
组织形式：
- 2组各5名运动员，2名守门员。
- 划定3个练习场地。
- 2个球门。

步骤：
- 在中间区域进行无限制条件的比赛。
- 队员必须运球通过对方防守线后方可射门。
- 运球通过对方防线得1分，之后射门进球另加2分。
- 守门员挡住对方的射门可得1分。

变化：
- 当进攻者突破防线，面对守门员时，防守者要追赶进攻者，给其施加压力。

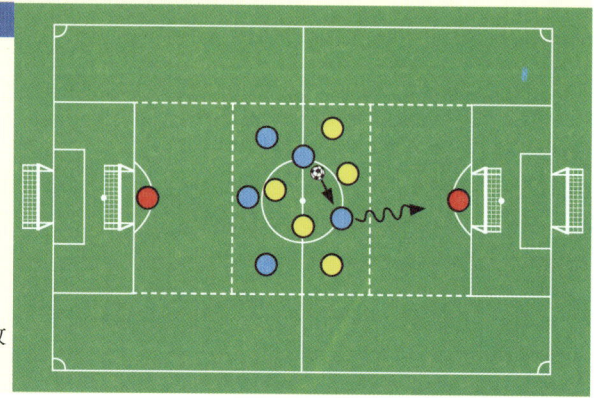

技术训练：7.1对1对抗练习

1. 重新获得控球权
组织形式：
- 分3组，每组2~3名队员。
- 在划定的区域进行1对1练习。
- 球放在两名运动员之间。
- 限定时间。

步骤：
- 一名队员控球（可以护球，做假动作）。
- 另一名队员尽力去夺球或者破坏对方的球。
- → 教练员首先指导进攻队员如何运球，然后指导防守队员（个人防守技能）。

变化：
- 进攻队员努力去通过防守队员的球门线。
- 教练员可以指导防守队员防守，指导进攻队员进攻。

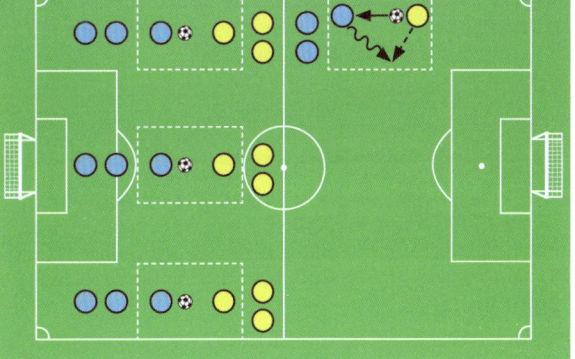

2. 进攻与防守
组织形式：
- 同练习1，在划定的区域内进行练习。
- 在规定的时间停止练习（比如1分钟）。

步骤：
- 队员尽力将球带过对方底线并将球停住。
- 得分的一队继续控球。
- → 教练员的指导同练习1。

变化：
- 练习时可设2~4个球门；每个队员都可以得分。
- 教练员将球传到练习场区的中间位置。

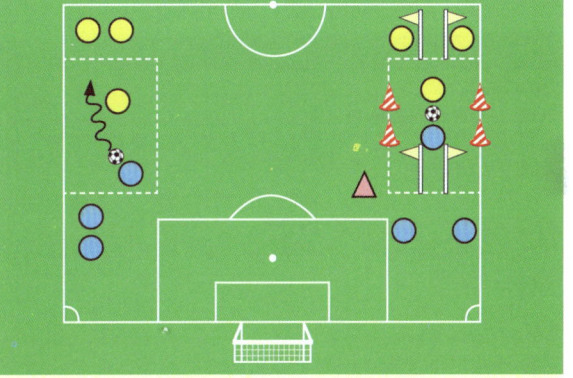

3. 重新获得球权后的进攻
组织形式：
- 分为3组，每组4名队员。
- 划出练习区域。
- 在限定时间内进行1对1练习（球出界即为结束）。

步骤：
- A将球传给B，B摆脱防守队员，带球通过对方的防守线。
- 如果防守队员得到球，就要将球传给防守线后面的防守队员。

变化：
- 如果防守队员触到球或是倒地铲到球，可以得1分。

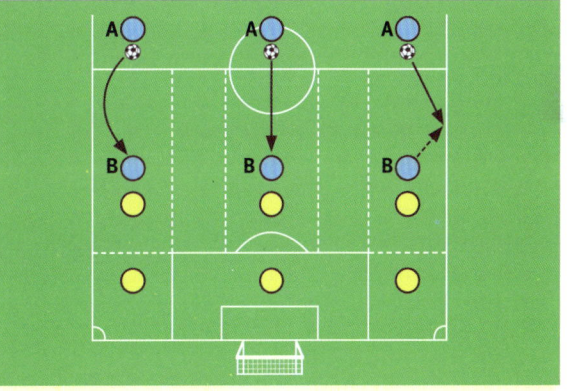

4. 设守门员的1对1练习
组织形式：
- 分为2组，每组3~4名队员，另加2名守门员。
- 划出练习区域，2个球门。
- 守门员站在线上。

步骤（A场地）：
- 在2个球门之间进行比赛，射门得分。
- 守门员把球传给场上的同队队员。
- 限定练习时间（比如1分钟）。

变化（B场地）：
- 设置2个球门和2个小球门，队员也可带球通过两个小球门线得分。

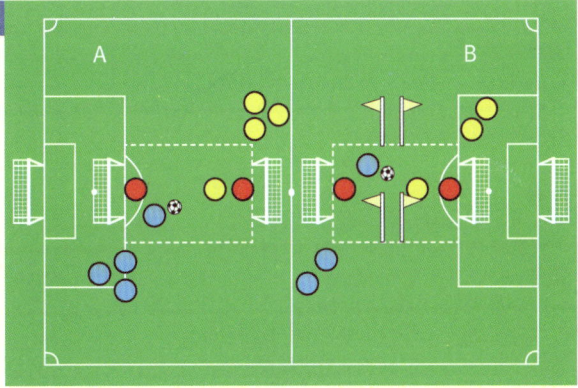

技术训练：8. 运球与假动作

1. 重复运球（假动作）
组织形式：
- 分为2组，每组6~8名队员。
- 划定练习区域。
- 每位队员1个球+一个锥形标志物。

步骤（A场地）：
- 在缩小练习区域内，队员带球跑。
- 队员到达标志物的地方时，运球绕过它，并继续运球。
- 每名队员要在规定区域内运球。
- 当教练员给出信号时，队员在两个标志物之间运球（用不同的运球方式）。

变化（B场地）：
- 5名队员带球跑。
- 3名无球者"追赶"运球者，在对抗下练习运球。
- 这3名"追击者"要尽力破坏其他队员的球（持球者必须护住球并且运球摆脱追逐者）。

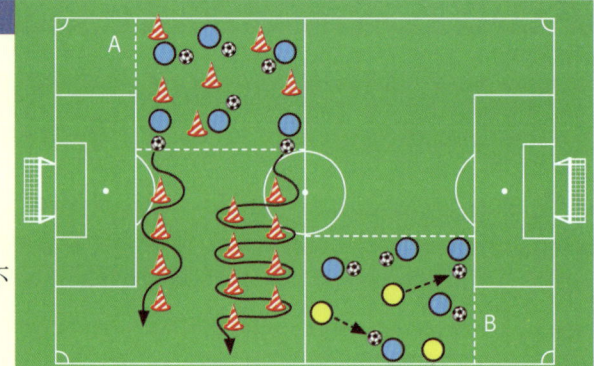

2. 连续运球
组织形式：
- 每个区域3~4名队员。
- 划定练习区域，每名队员1个球（或者2名队员1个球）。

步骤（A场地）：
- 队员带球跑，在到达得分线之前连续运球。
- 两侧来回运球（用脚的内外侧），来回拉球等。
- 左右脚交替运球练习；控制空中球（颠球以及各种结合球的协调性练习）。
- 变换运球节奏。

变化（B场地）：
- 持球队员带球跑，摆脱防守队员（通过假动作、运球或者改变速度）。

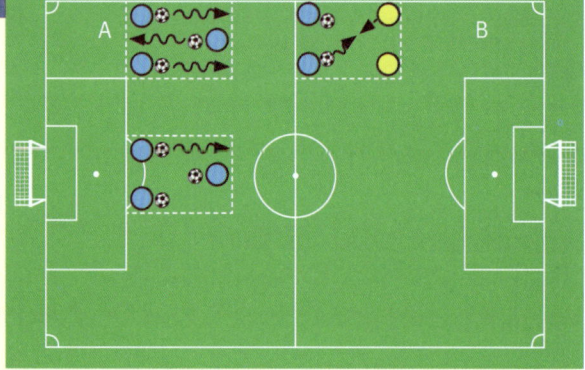

3. 运球结合假动作射门
组织形式：
- 每个练习4~8名队员，加1名守门员。
- 每名队员1个球（或者2名队员1个球）。

步骤（A场地）：
- 队员在跑动中运球（两侧来回运球，前后拉球，交替运球等），完成射门。
- 增加运球速度。
- 变换带球跑的路线。

变化（B场地）：
- 队员运球通过方形区域后射门。
- 防守队员对运球者进行防守。
- 防守队员改变跑动方向，让进攻者改变运球方向。

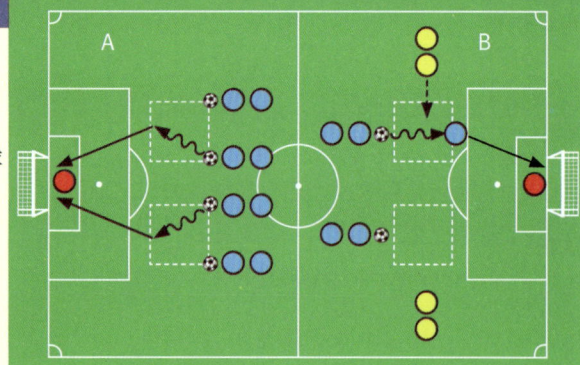

4. 1对1比赛
组织形式：
- 分为2组，每组4名队员，另加2名守门员。
- 划定4块练习区域（1号和2号在左右两边的条形区域，3号和4号在中央的区域）。
- 2个球门。

步骤：
- 队员不受限制比赛，尝试快速得分。
- 队员在各自的区域内练习（1对1对抗形式）。

变化：
- 限制在各自区域内练习的时间（比如最多10秒）。之后，教练员再传另外一个球给队员进行练习。

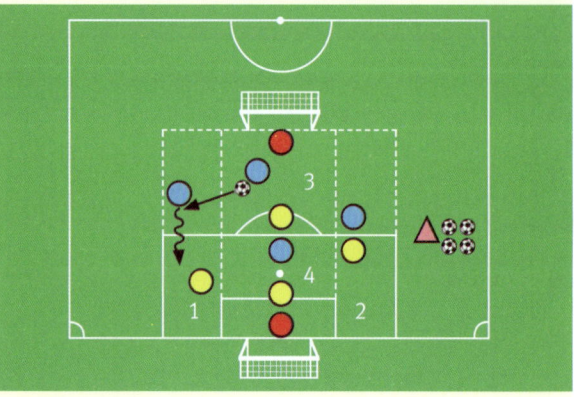

技术训练：9. 头顶球练习

1. 头顶球基本技术
组织形式：
- 每个练习项目安排4~6名队员，把场地分为4个区域（1、2、3、4号），需要2名守门员，备好球和标志桶。

步骤：
- 1号场地：2人1组，1人抛球，另一人在移动中将球顶给同伴（不加起跳的头顶球，双脚起跳头顶球，跑动中跳起头顶球）；2号场地：将球抛给标志桶后的队员，后者在左右移动中将球顶回（不断变化队员头顶球的方式）；3号场地：C为消极防守队员，抛球者将球抛过C的头顶，身后的同伴做原地头顶球练习，也可变换其他头顶球方式（半高球鱼跃顶球，解围头顶球等等）；4号场地：4对4比赛，附加场外队员与2名守门员（也可不设守门员），比赛用手传球（将球顶到同伴队员或场外同伴的手上得一分，顶进球门得2分）。

变化：
- 可以将所有练习的手抛球改为脚踢球。

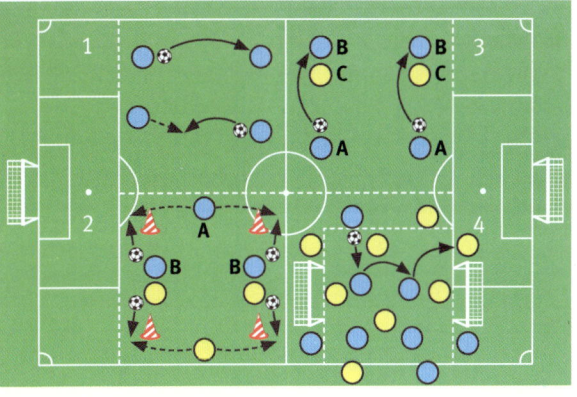

2. 防守式头顶球技术
组织形式：
- 6~8名队员（3名防守队员，3名传球队员），球。

步骤：
- 3名防守队员站在自己的区域中。
- 进攻队员轮流把球踢给每一名防守者，后者头顶球传回。
- 传球路线要不断变化，头顶球的方向也要改变。
- 传球队员可踢凌空球，之后也可运用长传球方式。

变化：
- 用一名防守者作为对手，两人进行1对1的比赛。
- 3名防守人之间可变换头顶球的传球方式，同时，这6人都要在不断移动中进行练习。

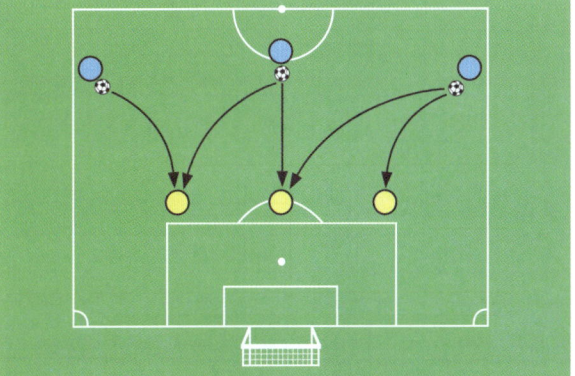

3. 进攻式头顶球技术
组织形式：
- 每项练习安排5~6名队员，设守门员。
- 备好球和标志桶。

步骤（A场地）：
- 一名队员抛球，另一名队员头顶球射门。
- 变换抛球的路线。
- 用脚横传。
- 设置一名防守队员○，进行消极防守。

变化（B场地）：
- A横传球给B，B抢点头顶球攻门；同样，在另一边C横传给D，D攻门。
- B和D同时跑动，前后点包抄射门。
- 设置一名防守队员○，进行消极防守。

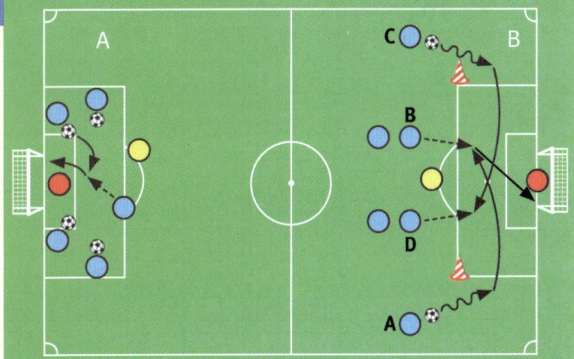

4. 3对3或4对4比赛，增加两名中立传球队员
组织形式：
- 3人一组，分成2组，设2名守门员（消极/积极）。
- 设置2名中立队员负责传中。
- 标出场区范围。

步骤：
- 守门员只能把球传给中立队员○，后者在规定区域内传中（轮流传向不同的球门）。进攻队员用头顶球射门得分。
- 如果防守队员将球解围，由守门员重新发球。

变化：
- 守门员入场守门。
- 接传中球头顶球攻门后，若球没有进，比赛继续进行。
- 可以增大场区的范围。

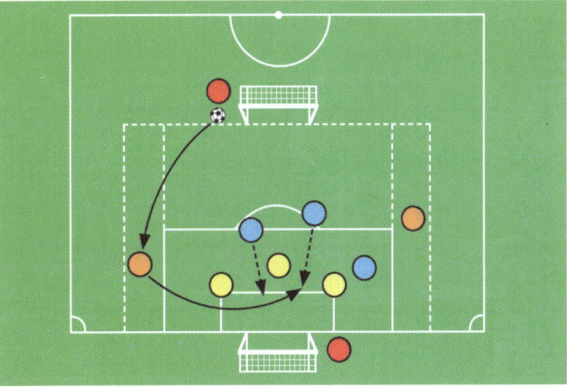

技战术配合训练：1. 基础性练习

1. 附加中立队员的1对1或2对2练习
组织形式：
- 每个场区安排6~8名队员。
- 标出训练场区。
- 1对1比赛和附加中立队员的2对2比赛。

步骤：
- 队员进行1对1和2对2比赛。中立队员1次或两次触球，但不能相互间传球。
- 训练目的是保持控球权，无球队员一定要对持球队员形成支援。
- 练习要有时间限制，到时间后双方队员交换控球权。

变化：
- 当进攻队员带球过防守线后即可得分，或是打进角落中的球门也可得分。

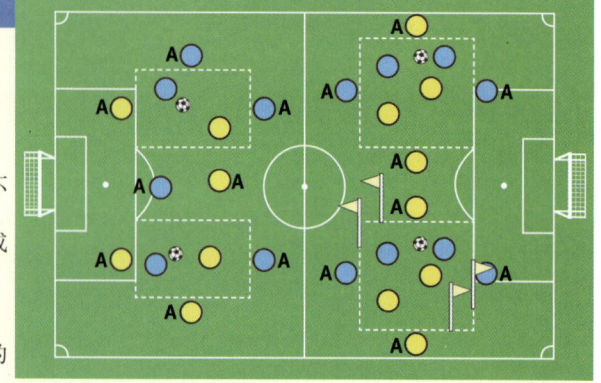

2. 2对2/3对2/4对4练习
组织形式：
- 每个场地8名队员，进行2对2和3对2比赛。
- 标出训练场区，设置4个小球门。
- 限制练习时间，时间到后双方交互角色。

步骤（A场地）：
- ○队进攻，攻2个小球门得分。
- ○队防守，当抢下球后，把球传到前场的同队进攻队员○（在前场等待接应）。
- 练习始终从○队开始进攻。

变化（B场地）：
- 设守门员，进行4对4比赛。在每个小场区进行2对2，尽快得分。
- 到进攻区域后，攻方可增加一人，形成3对2。

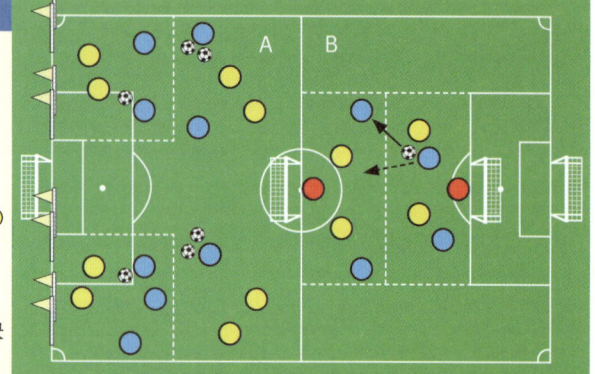

3. 6对4/6对6比赛
组织形式：
- 6人一组，分成两组；6对4比赛。
- 标出训练场区，每个场区放置2个小球门。

步骤（A场地）：
- ○队控球（每名队员限制1~2次触球），同队之间尝试5~6次连续传递。 – 连续传球5~6次后，一名队员直接把球传进对方小球门即得1分。
- ○队防守，当抢下球后，防守队员可以把球传给在另一边接应的本方队员，同时4名○队队员跑进另一边场地转为进攻，○队留在自己场区内2人，其余4人过去防守。
- 如果攻守转换成功，在另一边场地继续进行○6对4○练习。

变化（B场地）：
- 无任何条件限制的6对6比赛，另加守门员。
- 限制触球次数，在防守区可两脚触球。

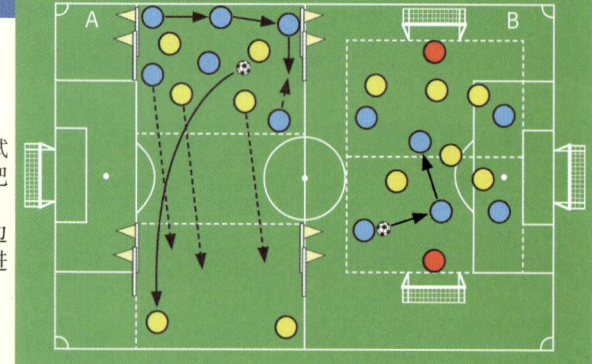

4. 7对7加守门员练习
组织形式：
- 7人一组，分为2组，加2名守门员。
- 把训练场区分成3个区域。
- 在不同的场区中进行2对2和3对3比赛。

步骤：
- 守门员大脚发球，把球踢到中场区进行2对2比赛。
- ○队要尽可能把球传给○队进攻队员，后者要摆脱盯防的对手。
- 如果摆脱后成功接到球，中场区可以有一名进攻队员进入前场，进行3对3比赛。

变化：
- 2名中场队员都可以进入到前场进攻区域。
- 1或2名防守队员可以加入进中场区域。

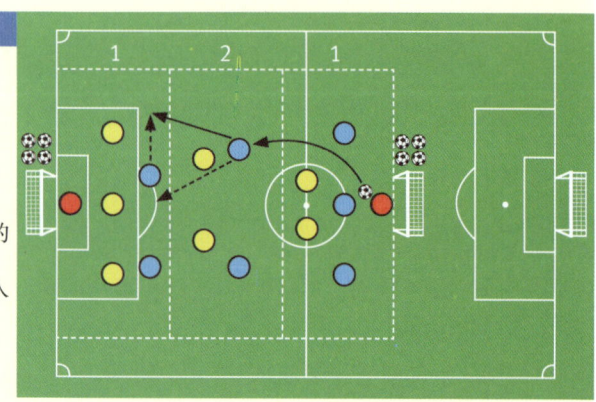

技战术配合训练：2. 不同半场内的对抗练习

1. 7对7（或8对8）比赛，提高队员移动和位置感的练习
组织形式：
- 2支球队，每队7名队员，4名中立的传球队员。
- 划分练习区域及4个正方形的传球区域，准备球。
- 1对1或2对2及中立辅助队员。

步骤（A场区）：
- 无限制或者限制触球次数（2～3次）。传球者允许1～2次触球。
运动员必须保持球权，转移进攻区域以及传球队员相互传递。
当传球队员把球传给本队即得1分。

变化（B场区）：
- 一支队伍仅有2名传球队员。-变换传球队员。-缩小练习的场地。

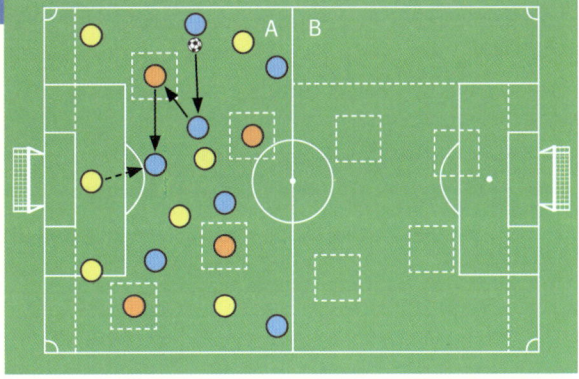

2. 7对7或6对6提高争夺空间能力的对抗练习
组织形式：
- 2支球队，每队7名队员。- 将练习场地划分为6个区域，设有4个球门（球门带有立柱）。
- 当球出界后，教练员发球重新开始比赛。

步骤：
- 限制触球次数（1～2次，最多3次）。
- 互相传球，尽力得分，直接射门得1分。
- 球必须在4个区域传送后得分才有效。
- 每一个区域最多不能同时出现3名队员。

变化：
- 在防守区域限制1～2次传球，但是进攻区域不受限制。
- 以上条件相同，但是只在AB区域内进行。

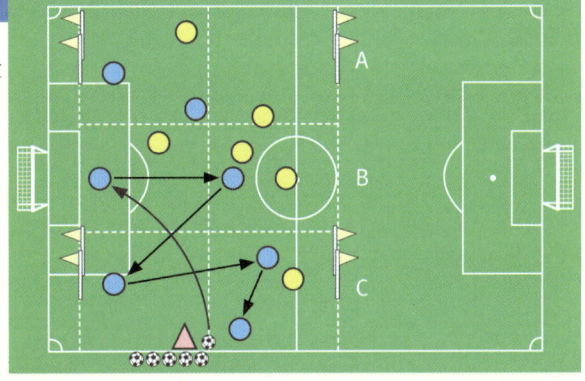

3. 7对7比赛+1名中立队员在得分区域
组织形式：
- 2支球队，每队7名队员+2名中立队员及2名守门员。
- 比赛场分为3个区域+6个小球门。
- 设有标志桶或标志杆。

步骤：
- 无限制的比赛或者在中央区域限制触球次数（2～3次）。
- 在进入球门区前需要穿过任何一个小门（传过或带球穿过），然后与守门员形成1对1的局面。中立队员协助进攻队员，球通过小球门得1分，射门得2分。

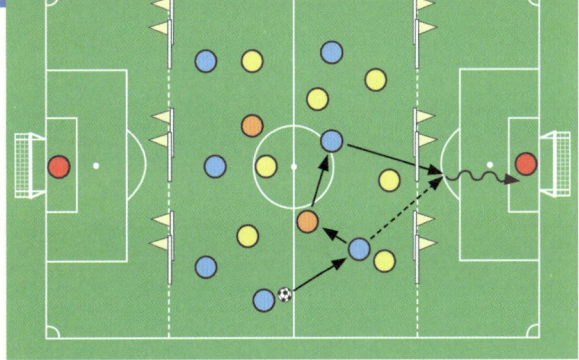

4. 8对8或9对9的攻防练习
组织形式：
- 2支球队，每队8名队员+2名守门员。
- 划分区域，+设2个大球门+2个小球门。
- 比赛永远由🔵队发起。

步骤：
- 防守方🟡队用4-4阵型，进攻方3-3-2阵型（或其他阵型）。
- 无特殊要求，进攻方受规则限制。
- 进攻方要力争得分，如果防守方🟡队得到球，5～6次传球后得1分。
- 10次进攻后互换攻防。

变化：
- 防守方🟡队得球后可以进攻大球门或小球门，射门得分。
- 练习区域可以扩大或者缩小。

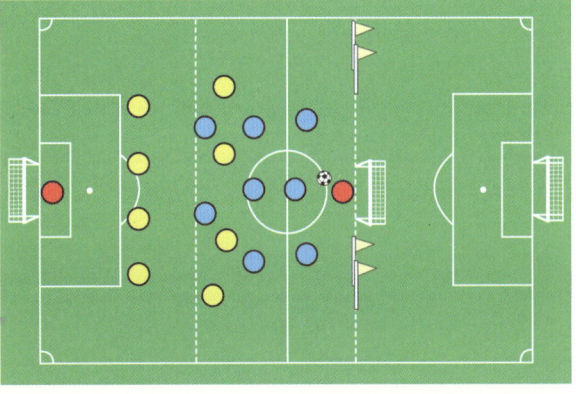

技战术配合训练：3. 利用人数优势提高推进式进攻练习（控制球权）

1. 7对5或7对6比赛（8对6）
组织形式：
- 🔵队7名队员+1名守门员，🟡队5名队员+1名守门员，守门员只能用脚。– 划分比赛区域。

步骤：
- 🔵队2次（1次或3次）触球，尽可能长地控制球权，传球10次得1分。
- 当球出界后，🔵队守门员重新开始比赛。
- 🟡队获得球权后，在无任何规则限制下长传球给位于边路的🟠队队员。
- 🔵队要积极移动，运用三角传球线路、转移、二过一等。

变化：
- 如果🟡队得球，传球5次后再将球传给🟠队队员。
- 角色互换。

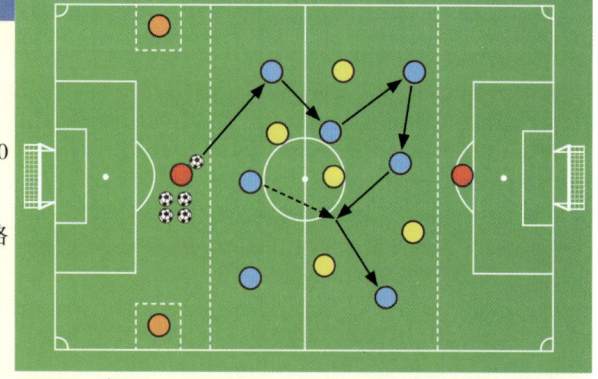

2. 8对6（7对5 / 9对7）比赛及中立守门员
组织形式：
- 🔵队8名队员，🟡队6名队员。
- 比赛场地划分为3个区域（中路区域，区域1和区域2）。
- 2名中立守门员。

步骤：
- 🔵队持球（在中路区域和中立区域2 1~2次触球）。8次成功传球后，互换场地，重新开始。
- 当🟡队获得球后，可以进攻2个球门。
- 每次转移得1分，进球得2分。
- 当🔵队防守时，要尽力获得球，然后传给守门员。

变化：
- 如果长传球或者比赛转换没有成功，球要传给守门员，然后守门员传给🔵队队员。

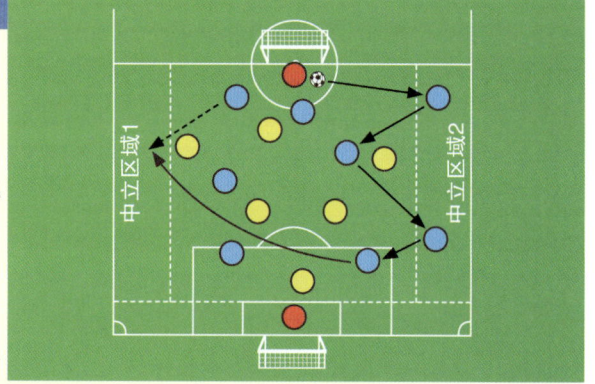

3. 从7对5到9对7（半场转换）
组织形式：
- 🔵队7名队员在狭窄区域，9名队员在宽阔的区域。
- 🟡队5名队员在狭窄区域，7名在宽阔区域。
- 划分出比赛区域。

步骤：
- 🔵队相互传球，限制2~3次触球，5~6次传球后，球应传到宽阔区域的🔵队队员，然后全队进攻到半场，形成9打7，并且1次触球。
- 如果🟡队获得球权，争取第一脚球传给在宽阔区域的队友。

变化：
- 如果🟡队8打7情况下获得球权，要尽力完成5次传球。
- 🔵队要尽力将球抢回，把球传给留在本方半场的队友。

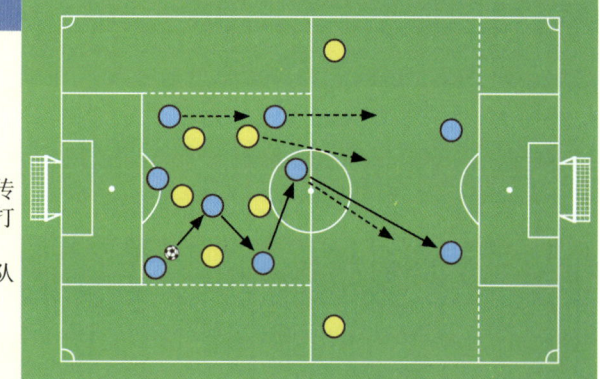

4. 6对4比赛，（7对7）（长传球）
组织形式：
- 🔵队7名队员；🟡队6名队员+1名守门员。
- 划分比赛区域+1个标准球门

步骤：
- 🔵队在本方半场相互传球，限制1~2次触球。8~10次传球后，球传给位于前场罚球区边路的队友。🔵队队员除一人留在本方半场内，🔵队其余队员进入前场进攻。所有的🟡队队员回撤防守。→由攻转守需要用多少时间。如果🟡队获得球，直接将球传给边路的队友。然后这名队员将球传给🔵队，比赛继续进行。

变化：
- 在进攻区域4次传球后可以射门。
- 球也可传向进攻区域的边路（由阵地战转向快速进攻）。

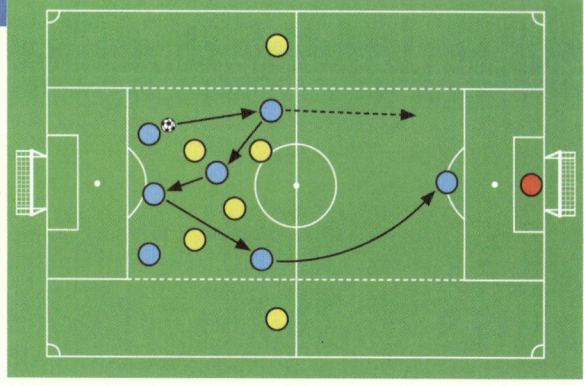

技战术配合训练：4. 小场地射门训练

1. 6对3+守门员
组织形式：
- 2支球队，每队6名队员+守门员。形成6打3。
- 划分练习区域，-设1个大球门，2个小球门。

步骤：
- 🔵队6名队员，进攻大门。
- 射门得分或者被守门员封堵，🔵队在本方半场重新开始比赛。
- 如果防守队员获得球，可立即进攻2个小球门（第一传）。
- 练习一段时间后，更换防守队员。
- 限制比赛时间。

变化：
- 如果防守队员在一个小球门得分，立即转换攻防角色：守方变为6名进攻队员，之前进攻的3名队员作为防守方。

2. 3对3对3，4对4对4，+2个守门员
组织形式：
- 3支球队，每队3人（或者4人）+2名守门员。
- 划分练习区域-设2个大球门。

步骤：
- 🔵队试图得分，如果失去球权，🟡队进攻由🟠队防守的球门，🔵队退出练习区域。
- 得分的一方继续控制球权，再进攻其他球门。
- 无任何特殊限制的比赛。

变化：
- 如果进攻队员在进攻区域失去球权，可通过逼压和盯防重新获得球权。

3. 5对5，6对6+守门员
组织形式：
- 2支球队，每队6名队员+2名守门员。
- 划分比赛区域+2个大球门。

步骤：
- 不受限制。两队形成4打4，双方各有2名协助队员。
- 如果位于边路队员得到球，只允许2次触球或带球进入中路参与进攻。
- 将球传向边路的队员与边路接球队员互换角色。

变化：
- 限制触球次数。
- 接到边路队员的传中球后得2分。

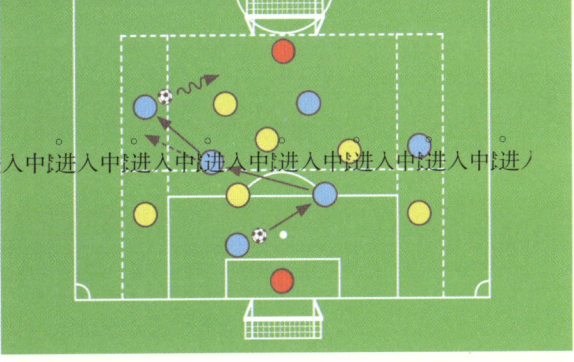

4. 7对7（2对2/2对2/2对2）+守门员
组织形式：
- 2支球队，每队7人，+2名守门员。
- 比赛区域分为3部分+2个球门。

步骤：
- 不受限制练习5对5，2名边路协助队员。
- 中路2对2开始进攻。
- 持球方要将球传给进攻队员，或者传给边路队员。
- 中场1名队员可以进入进攻区域形成2打2。
- 边路运动员限制2次触球。
- 如果防守队员获得球，必须传给中场队员。
- 接到传中球得2分；其他传球得1分。

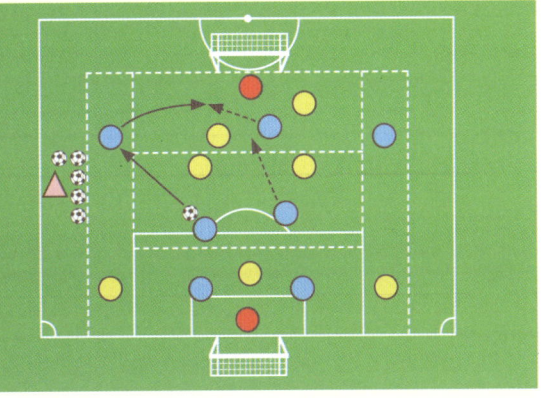

技战术配合训练：5.逐步推进式进攻

1. 4名进攻队员对4名防守队员

组织形式：
- 4名🔵队进攻队员，4名🟡队防守队员+守门员。
- 划分比赛区域。
- 设1个大球门和2个小球门。

步骤：
- 进攻队员通过互相传递寻找突破防守的方法。
- 如果🟡防守队员得到球，应快速传球给站在中圈的教练员。
- 教练员发球开始进攻。

变化：
- 如果🟡防守队员获得球权，可以进攻2个小球门。
- 球队在射门前必须要有足够次数的传球。

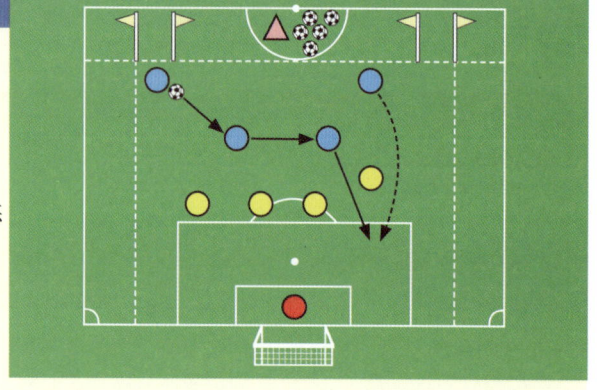

2. 7名进攻队员对5名防守队员

组织形式：
- 7名🔵队进攻队员（3名前锋+4名中场队员）。
- 5名🟡队防守队员4-1 + 1名守门员-划分比赛区域。
- 设1个大球门和2个小球门。

步骤：
- 进攻方🔵队有人数的优势，通过相互传递和队员。
- 积极移动拉开空当突破防守。
- 如果防守队员得到球，可以进攻2个小球门。
- →队员要试着使用边路进攻。

变化：
- 当球在边路推进时，可以斜传，只有前锋队员允许在禁区内包抄射门。

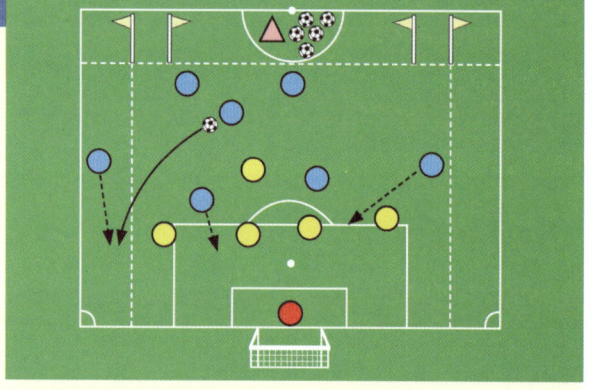

3. 7名进攻队员对6名防守队员

组织形式：
- 🔵队7名进攻队员，🟡队6名防守队员+1名守门员
- 划分比赛区域-设2名后备防守队员。

步骤：
- 🔵队进攻队具有人数的优势，通过多次传球后突破，进攻从边路开始（🟡队一名防守队员在此送球，踢入或掷入）。
- 🟡队3-3防守阵型，得到球后，争取传球给要求接应的2名队员。
- →教练员给予指导和口令。

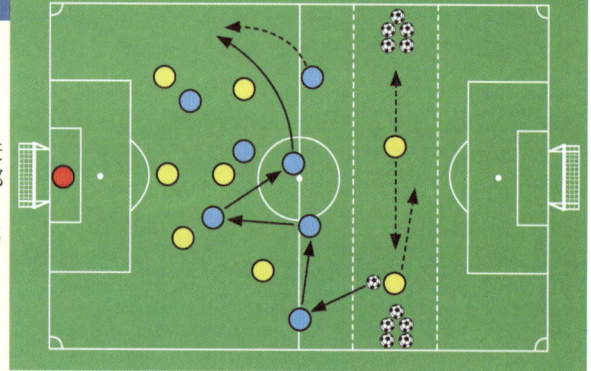

4. 8名进攻队员和5名防守队员

组织形式：
- 进攻方🔵队8名队员（5名🔵队员+3名🟠队员）
- 防守🟡队5名+1名守门员。划分球场 + 球门。

步骤：
- 进攻🔵队从主场寻找进攻前场机会。
- 5名🔵队进攻队员在中场面对3名🟡队防守队员，必须经过6次传球将球传到位于进攻区域的🟠队进攻队员（这些队员不允许回到中场区域）。
- 🟠队进攻队员（3对2人数优势）尽可能快地射门得分。
- 如果🟡队在中场区域防守得到球，长传给教练员得1分。如果🟡队在防守区域得到球，可回传给守门员。
- 进攻由教练员开始，教练员作为一名🔵队进攻队员。

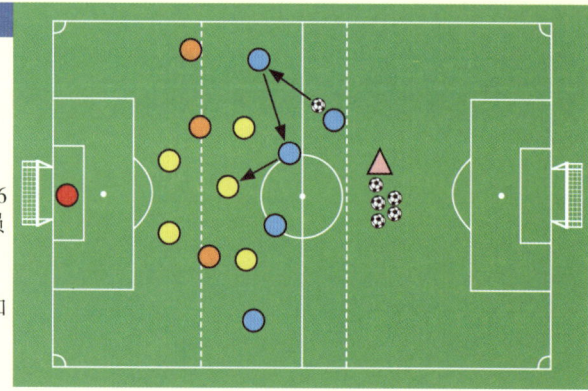

技战术配合训练：6.快速进攻

1. 中路进攻（接长传球后）
组织形式：
- 每次练习8名队员+2名守门员——划分场区——设2个球门。
- 一轮进攻结束后，向另一侧进攻。

步骤（A场区）：
- 3名🔵队和3名🟡队队员互相传球，每次传球，只允许一次触球。当教练员发出信号后，持球队员长传给前锋队员A，后者呼应要球。
- 控球后，经过2～3次传球，从中路方块区域内参与进攻的队员才能射门。
- 进攻后更换3名进攻队员。

变化（B场区）：
- 黄队防守队员A可以防守前锋队员。

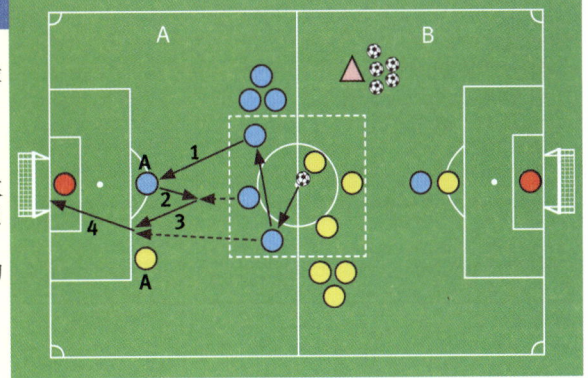

2. 获得球权后中路进攻
组织形式：
- 6～8名🔵队进攻队员；8～9名🟡队防守队员+2名守门员
- 设2个标准球门 –划分场区。

步骤：
- 4对2一次性触球在划分的区域里进行。
- 当🔵队进攻队员获得球权时，可将球传向🔵A或B。
- 2名🔵队进攻队员传球给前锋后上前助攻形成3对1或4对2。
- 4名🟡队队员留在中间的方块区域内。

变化：
- 10秒内必须完成射门。
- 🟡队队员参与防守。

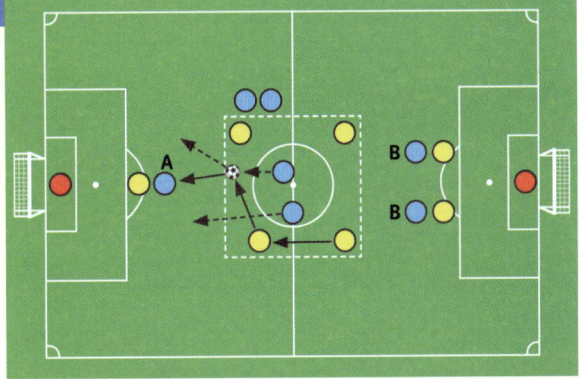

3. 在中场获得球权后边路进攻
组织形式：
- 6名🔵队进攻队员，4～5名🟡队防守队员+1名守门员
- 划分场区。

步骤：
- 在中场划分的区域练习4对4。
- 🟡队防守队员射2个小门（可以限制触球次数）。
- 当🔵队进攻队员得到球后，传球（第一传）给边路🔵队员，边路队员在传中前最多只能触球3次。
- 中场区域的🔵队2名进攻队员及另一侧边路的队员参与进攻，并试图射门得分。1～2名🟡队员防守。

变化：
- 1～2名🔵队防守队员可在防守区域等待。

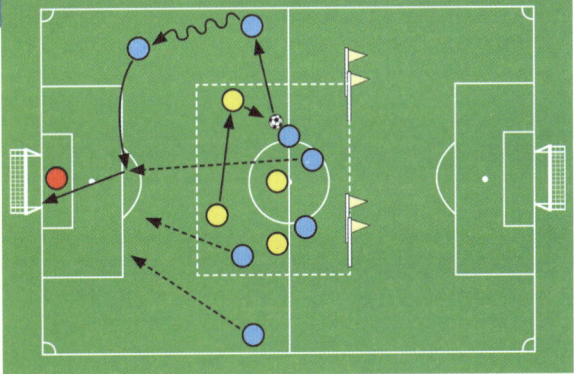

4. 快速进攻比赛8对8
组织形式：
- 2队各8名队员+2名守门员和🟠队2名自由人。
- 4对4，🟠队2名自由人在中路划分的区域内。
- 教练员给队员送球。

步骤：
- 球传给🟡队4名队员，相互间传球5～6次。🔵队和2名🟠自由人试图夺回球权。
- 🔵队夺回球权，传给2名🔵队前锋A（第一传），或带球入进攻区域形成🔵队4对2并试图得分。
- 进攻完成，教练员发球给另外一方。

变化：
- 🟡队可回撤防守。
- 可以采用9对9 / 10对10。

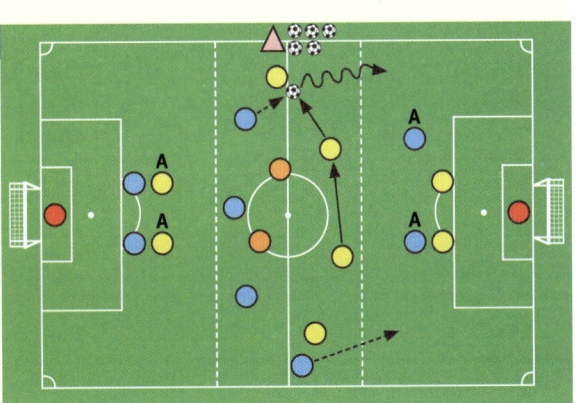

技战术配合训练：7. 反击

1. 得到球权后快速处理球

组织形式：
- 8名队员，划分练习区域+标志桶。
- 练习在两个场地上开始
- 5对3（或者6对4）。

步骤：
- 🔵队试图控制球权，限制一次触球。
- 🟡队要争取获得球权。如果🟡队员获得球权，要尽快离开方块区域。
- 夺回球权的队员，可以在离开方块区域前再和队友配合双方角色互换。

变化：
- 防守队员得球后离开方块区域，并将球传给在标志桶之间的同伴。

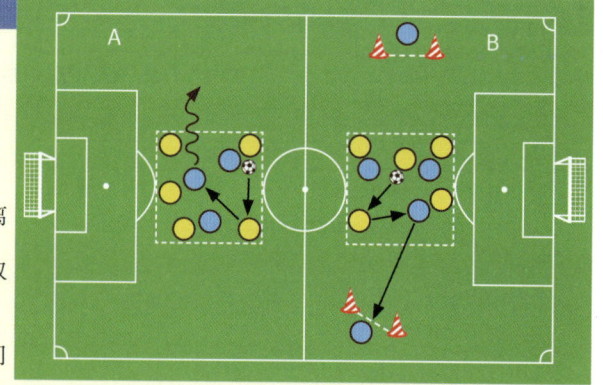

2. 发动快速反击

组织形式：
- 6名队员位于划分区域内（场区1和2）🟡队4~6名队员等待。
- 2名守门员。- 4个旗杆或标志桶作为防守队员。
- 4对2。- 2名防守队员不断交换。

步骤：
- 当教练员发出信号后，🔵队控球队员和其他2名队友带球跑出方形区域，跑向旗杆并把球留给另一名队友后者完成射门（最多3次传球）。
- 2名🟡队防守队员跑向近门柱进行防守（例如：方形区域2内🟡队防守队员可以对方形区域1🔵队进攻队员进行防守）。

变化：
- 可限制快速反击时间。
- 2名🟡队靠近球门的防守队员A可以对进攻队员进行防守。

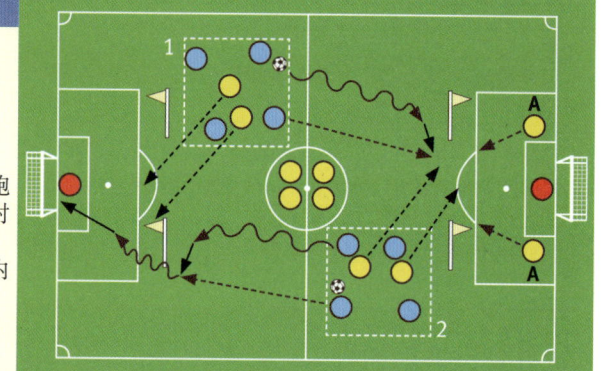

3. 摆脱逼压，快速反击

组织形式：
- 每个方形区域内5名队员，较大区域内5名队员 + 守门员 - 划分区域 + 方形区域1和2 + 小球门。
- 🔵队为进攻方；🟡队为防守方。

步骤：
- 在方形区域内进行3对2。先从区域1开始到区域2。
- 2名🟡队防守队员进攻小门
- 3名🔵队进攻队员防守。当夺回球权，传球给前锋B，其回传给中路的A。A长传给方形区域的队友或者前锋C。前锋队员需要闯过球门后射门。
- 只有在方形区域内的队员以及C和B参与反击。

变化：
- 方形区域内的🟡队队员参与防守。

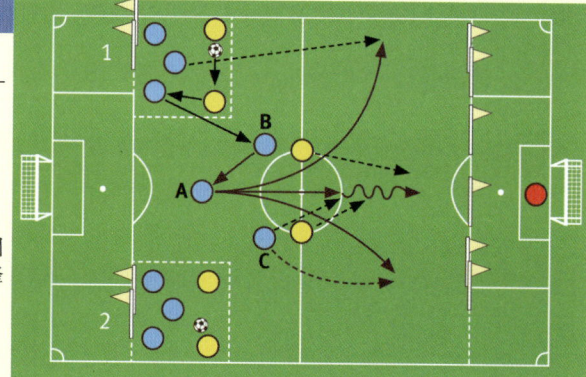

4. 快速反击 8对8

组织形式：
2支队伍，每队8名队员+2名守门员。
- 划分练习区域+2个大球门。
- 练习从划分的区域内开始。

步骤：
- 🟡队队员将球互传，2~3次触球，试图得分。
- 当🔵队队员获得球后，通过快速传球或者运球离开这个区域迅速发动反击。
- 3~4名🔵队队员发起反击。
- 🟡队队员回撤进行防守。
- 可以限制反击时间及射门前的传球次数。

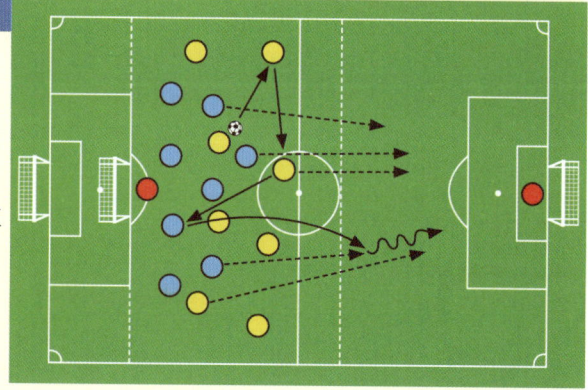

技战术配合训练：8.区域防守（防守小组）

1. 2对1的基本情况
组织形式：
每一站6名队员。
　队员在划分的区域形成2对1。
　5～6次练习后，互换位置。
步骤：
- 2名🔵队进攻队员试图突破防守，将球停在线后。
→ 队员要学习如何根据情况的变化去防守。
- 🟡队防守队员要把自己放在2名进攻队员之间，延缓进攻速度，但是不要猛扑，试图去让对方运动员犯错误。
变化：
- 一旦🔵队进攻队员突破防守，尝试射门。

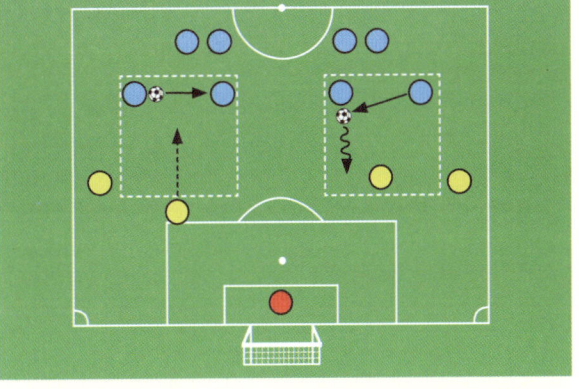

2. 从1对1到2对2
组织形式：
- 每一站6～8名队员+2个小球门。
- 进行1对1，2对2练习。
- 划分练习区域（场地A和场地B）。
- 队员轮换，限制练习时间。
步骤：
- 场地A：1对1，🔵队队员进攻小球门。🟡队队员要对其对手施加压力，逼向边路区域，并试图夺回球权。进攻结束后互换运动员。
- 场地B：2对2。队员试图进攻小球门。
→ 防守队员进行防守，封挡角度并相互保护。

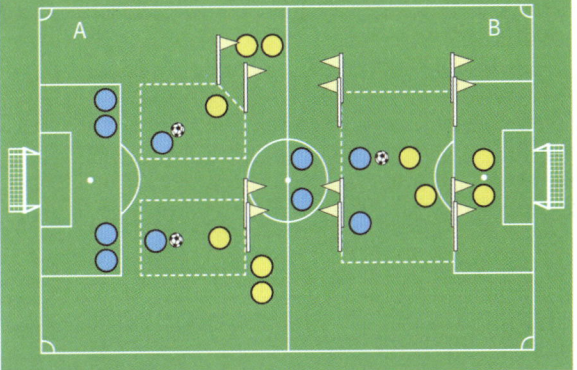

3. 从2对2到4对4（或者3对3）
组织形式：
- 每站8名队员。- 在划分的区域内练习（场地A和场地B）。
- 2对2开始，一旦教练给信号后进行4对4练习（或3对3练习）。
步骤：
- 场地A：- 🔵队2对2时进攻2个小球门，4对4时4个小球门。
- 如果🟡队获得球，突破防守过线（停球）算作得分。
- 球队在由2名防守队员（在一个区域内）到4名防守队员（两个区域内）转变时，使用区域防守原则。
- 场地B：分析能力。4名🟡队防守队员根据🔵队持球进攻队员的位置进行防守（攻守双方互换角色）。
→ 教练员指挥并纠正练习。

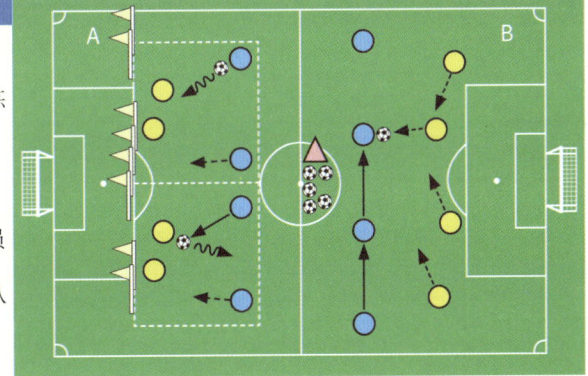

4. 4对4或者5对5的比赛
组织形式：
- 2支球队，每队5名队员+1名守门员。
- 进行4对4练习+1名守门员及2名辅助队员。划分练习区域（A+B）+2个标准球门和小球门。3分钟互换角色。
步骤（场地A）：
- 🔵队队员进攻标准球门。
- 🟡队进行区域防守，进攻小球门。
- 当球出界后，辅助队员将球传回继续比赛。
变化（场地B）：
- 5名🟡队防守队员（4+1名中场队员）防守3个小球门，进攻标准球门。
- 4名🔵队队员进攻小球门。
→ 队员运用区域防守原则。

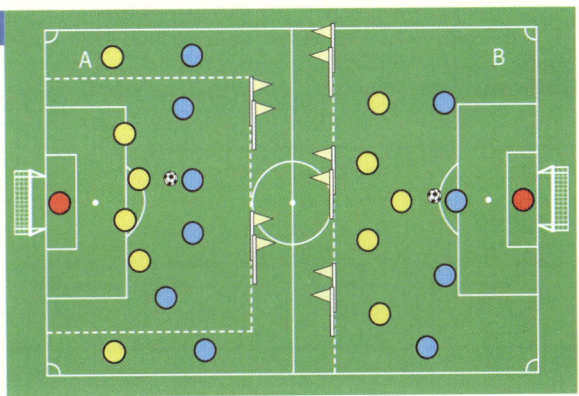

技战术配合训练：9. 区域防守（后卫和前卫）

1. 引导式6对6（7对7）比赛
组织形式：
- 2支球队进行6对6练习。
- 在划分的练习区域不受限制的比赛，设7个球门。
- 可以头顶球。

步骤：
- ○队得到球进攻，传球或带球，穿过球门，得1分。
- 当○队队员封挡球门路线，是不可以得分的。
- 时间：1～2分钟，互换角色。记录哪支球队得分最高。
- →强调配合和交流。

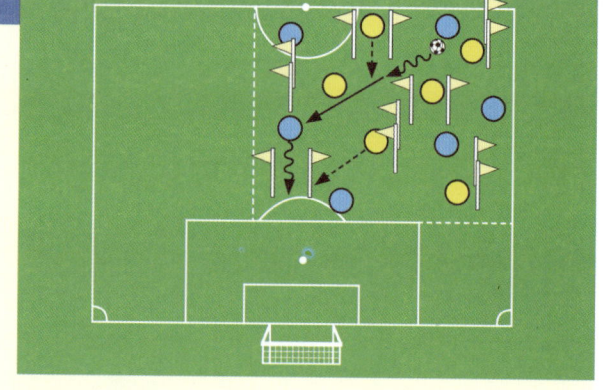

2. 密集队形的防守
组织形式：
- ○队队员7名（或6～8名），分成2支紧凑的防守小组。
- 7个立柱（不同颜色）及7名○队员。
- →练习重点为防守小组的移动。

步骤：
- 教练员给○队指示将球传向不同颜色的旗杆（开始速度较慢，然后是正常速度）。
- ○队员根据球的位置移动，采用区域防守原则。

变化：（由守转攻）
- 练习可在无立柱下进行。○队队员相互传球。当○队获得球后，队员快速拉开，并力争连续传球10次。
- ○队队员开始时被动防守，然后进行正常防守。

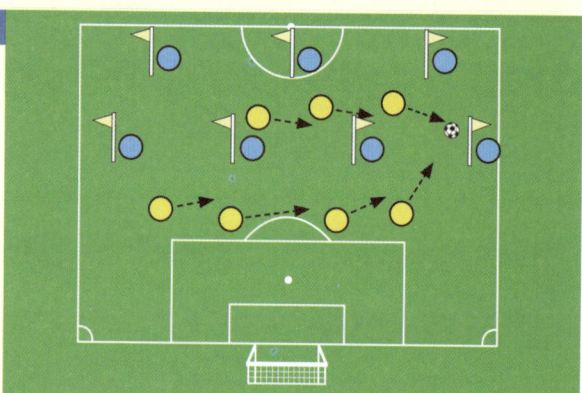

3. 6对8（5对7）：后卫和前卫线的协同配合
组织形式：
- 2支球队。○队6名队员+守门员防守；○队8名队员进攻。
- 不受限制的比赛。设1个大球门，5个小球门。

步骤：
- ○队，不受限制的比赛，必须要将球带过或传过球门。
- ○队进行区域盯防，并阻止○队得分。获得球后，○队将球准确传到○队员脚下。
- 如果○队队员穿过球门，其他队员可以到球门后的防守区域。
- 如果○队进攻队员带球穿过球门，则得1分；如果射大门得2分。○队将球长传至○队员可得1分。

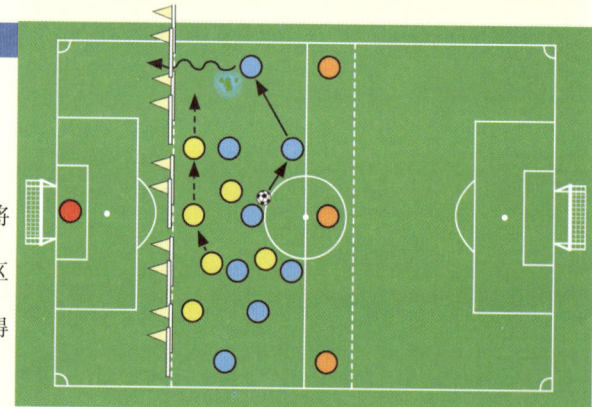

4. 7对6（8对6）重新获得球权
组织形式：
- ○7名队员在前场防护，并试图重新获得球权。
- ○6名队员+守门员。—练习分为4个区域。
- 进攻由○队开始。

步骤：
- ○队试着将球传给○队辅助队员，每传一次球后得1分。
- ○队防守队员要阻止并夺回球权。
- 如果○队获得球权，可以控制球权或快速完成射门（由守转攻）。

变化：
- 当控制球后，○队队员可进攻由○队防守的球门。
- ○队全部队员进行防守。

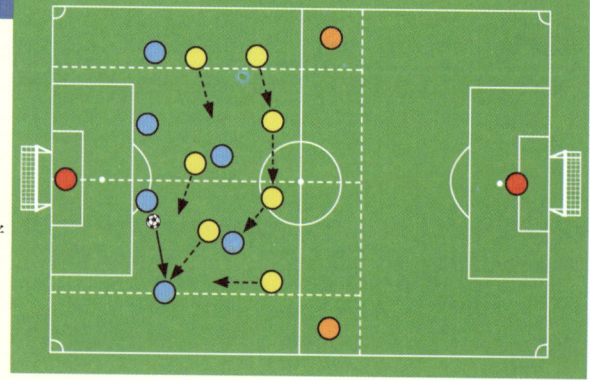

技战术配合训练：10. 基本压迫练习

1. 3对4的练习比赛
组织形式：
- 7~8名队员在划分区域里。
- 形成4对3（B场区设1名辅助队员）。
- 规定时间结束后互换角色。
- 黄队开始进攻。

步骤（A场区）：
- 4名🟡队队员相互传球，限制2~3次触球。
- 3名处于中间的🔵队队员断球。在最恰当的时间，其中2名队员逼上。第3名队员保护。
- → 选择恰当的时机，使持球队员处于压力之下，创造人数的优势，表现出防守的攻击性。

变化（B场区）：
- 当🔵队队员获得球权时，试着将球传给场外的辅助队员。

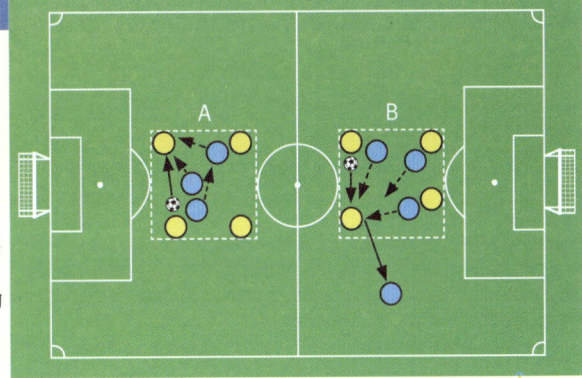

2. 3对4（3对2）的练习比赛
组织形式：
- 进行4对3（A场地）和3对2（B场地）的练习。
- 3名🔵队队员进攻2个小球门（A场地），🟡队队员进攻1个小球门。在B场地每个队伍进攻1个小球门。
- 当规定时间结束后，角色和场地互换。

步骤：
- 🟡队开始比赛，并试图得分。
- 当🟡队传球开始后，🔵队队员试着抢回球（紧逼），
- → 🔵队队员在有球一侧利用人数的优势，迫使对方向内侧或外侧移动。根据场景组织压迫。

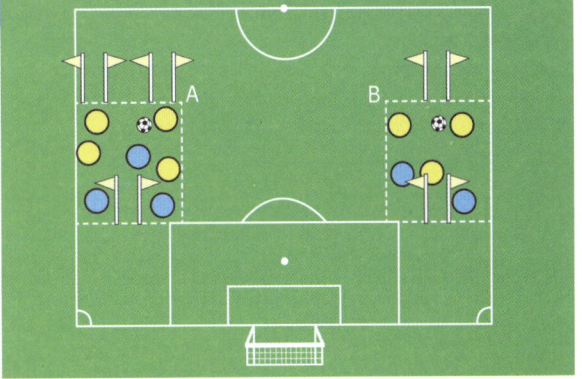

3. 1对2的练习 当进攻时进行压迫
组织形式：
- 3名队员在划分的场地内，+3名传球队员A。
- 队伍进行2对1+1名传球者，以及1名守门员。
- 3块场地上同时进行。
- 队员互换角色和场地。

步骤：
- 🟡队队员A将球传到🟡队友脚下，队友控制球。
- 2名🔵队队员逼抢🟡队队员，试图夺回球权并快速完成射门。
- → 重点是反击，给予队友支援和创造1对2局面。

变化：
- 当🔵队队员发动进攻并试图得分时，🟡队队员A参与防守并给队友创造回防时间（造成2对2的局面）。

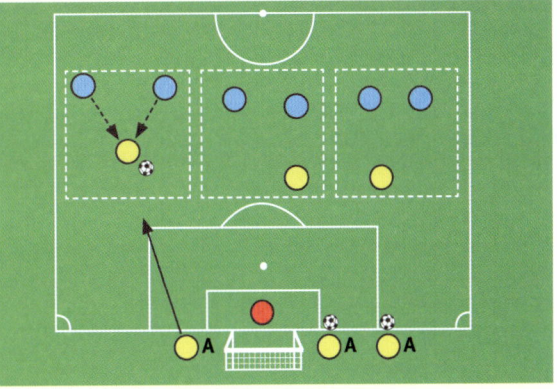

4. 3对4 或6对4的练习 压迫和反击
组织形式：
- 10名队员+守门员。— 队员在划分的场地内进行4对3练习。
- 3名辅助的🔵队队员在场区外。
- 🔵队队员的位置在进行几次攻防后可以改变。
- 双方的角色也可以改变。

步骤：
- 4名🟡队队员限制2~3次触球。
- 3名🔵队队员试着去断球。一旦得到球权，6名进攻队员攻击大门，4名🟡队队员退回防守（6对4）。
- → 重点在于在合适的时间去开始紧逼。自由进攻；个人移动或传球比赛。

变化：
练习的区域可以变换，例如可以在两个边路进行。

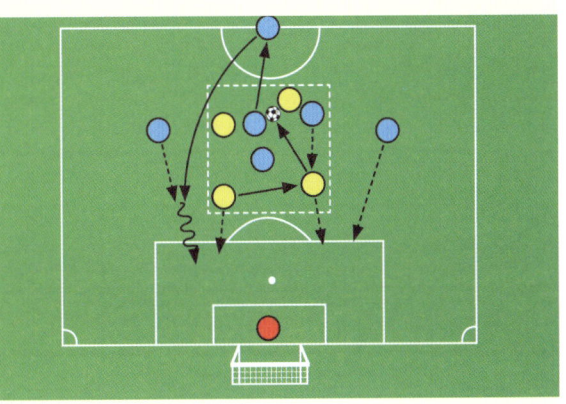

技战术配合训练：11. 压迫

1. 常规6对4的练习：前场压迫
组织形式：
- 11名队员在16码的禁区内。
- 6对4+守门员（大球门）+3个小球门。
- 在规定时间结束后互换角色。
- 4对4的练习，比赛由守门员发球，传球给🟡队队员。

步骤：
- 4对4进行比赛。
- 🔵队队员试着射大球门得分。
- 🟡队防守队员防守大球门，同时也可以进攻3个小球门。
- 🔵队进攻队员与2名辅助队员一起逼压（造成人数上的优势），进行压迫式进攻并试图得分。
→ 重点在于防守的组织，争夺空间，创造人数上的优势，迫使对手犯错误，表现出防守中的攻击性。

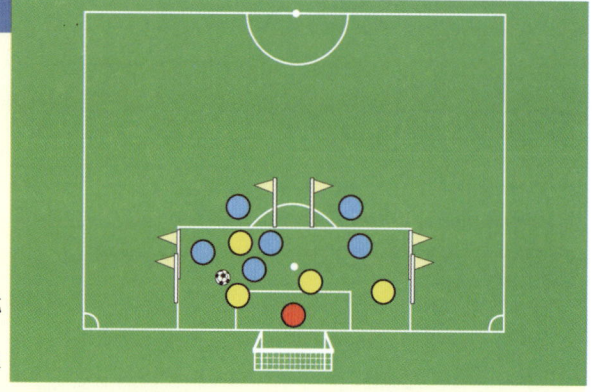

2. 5对5对5 的比赛：前场压迫
组织形式：
- 3支球队，每队5人，2名守门员。—比赛场地划分为3个区域（A、B、C）。
- 在A、B区内进行5对5 的比赛，区域C为中立区。
- 教练员决定练习的时间。

步骤：
- 🟡队要将球从A区传到C区。
- 🔵队队员在A区进行逼抢，一旦获得球权后尽快射门得分。
- 当🟡队试图将球从A区带到C区时，进攻🟠队防守在B区内的大球门。当🟠队获得球权，🟡队在B区进行紧逼。
- 🔵队得分，进攻A区由🟡队重新开始。

变化：
- 在A区和B区内可以限制触球次数。

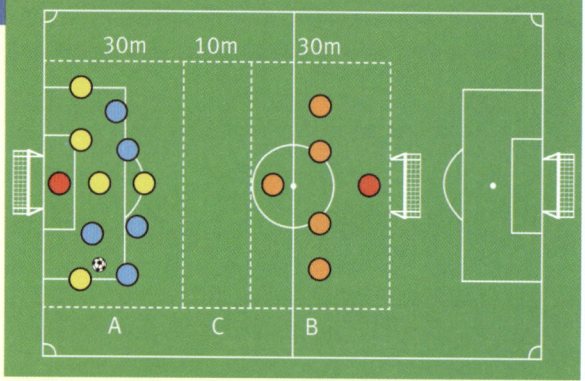

3. 8对6的比赛：中场压迫（由守转攻）
组织形式：
- 🟡队6名队员+守门员
- 🔵队8名队员，防守无守门员的标准球门。
- 划分场区并标识紧逼区域。

步骤：
- 🟡队队员在紧逼区域直接射门，攻击无守门员的球门。
- 🟡队队员在紧逼区域争夺球权，发动快速反击。
→ 队伍根据形势选择紧逼的时机。

变化：
- 限制🔵队的触球次数。
- 一旦🟡队获得球权，限制进攻时间（少于10秒）。

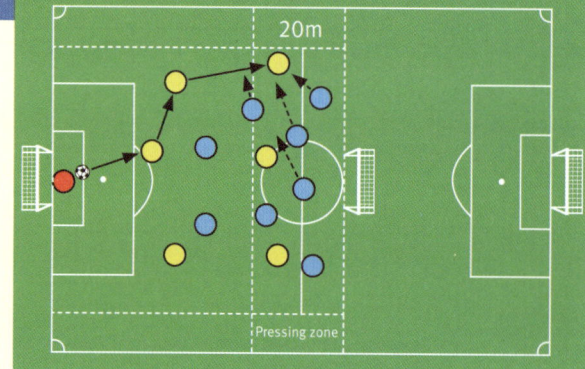

4. 8对6的比赛：中场压迫（由守转攻）
组织形式：
- 🟡队6名队员，+守门员。
- 🔵队8名队员，+1名守门员，比赛场地划分为3个区（A、B、C）。

步骤：
- 🟡队在A区和C区通过运球和传球到🔵队防守队员的防守线后，🟡队与守门员进行1对1。
- 🔵队根据使用的阵形选择防守站位，在C区内逼抢对手，一旦获得球权，发动快速反击或者进行阵地进攻。
- 根据发展事态选择紧逼的时机和最有利的区域（边路）。

变化：
- 一旦🔵队在B区内进攻，🟡队队员要回撤防守。

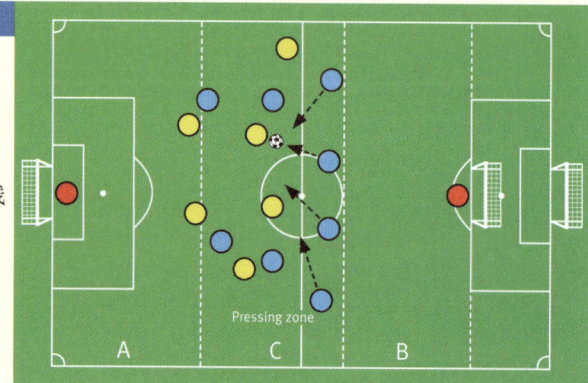

6 打法风格

1. 打法体系	108
2. 比赛及战术策略	109
3. 战术策略	111
4. 整体训练	118
5. 青少年运动员的战术训练	121
6. 不同位置运动员的要求	122
7. 比赛观察报告表	123
8. 标准情景 — 定位球配合的应用	131
训练内容	139

一支球队的打法风格取决于场上球员的行为方式。从某种程度上来说，它可以被看作是一支球队的"商标"。我们甚至可以将其称之为基于教练员自身经验或者受其特有的足球文化影响（例如，斯科拉里、希丁科、温格、萨奇、克鲁伊夫……），以及教练员所能运用的运动员而形成的一种思想倾向。

但这种打法风格也可能源于其俱乐部正在追求并一直延续的发展策略（例如，阿贾克斯、欧塞尔、南特或者AC米兰）或者源于某些特定国家的足球文化（例如，巴西、德国、英国、瑞典或喀麦隆）。

打法风格来自打法体系和具体的团队组织；换句话说，所采用的打法风格取决于运动员的行为。在高水平的比赛中，每场比赛，甚至同一场比赛的打法风格和战术行动都会有所不同。

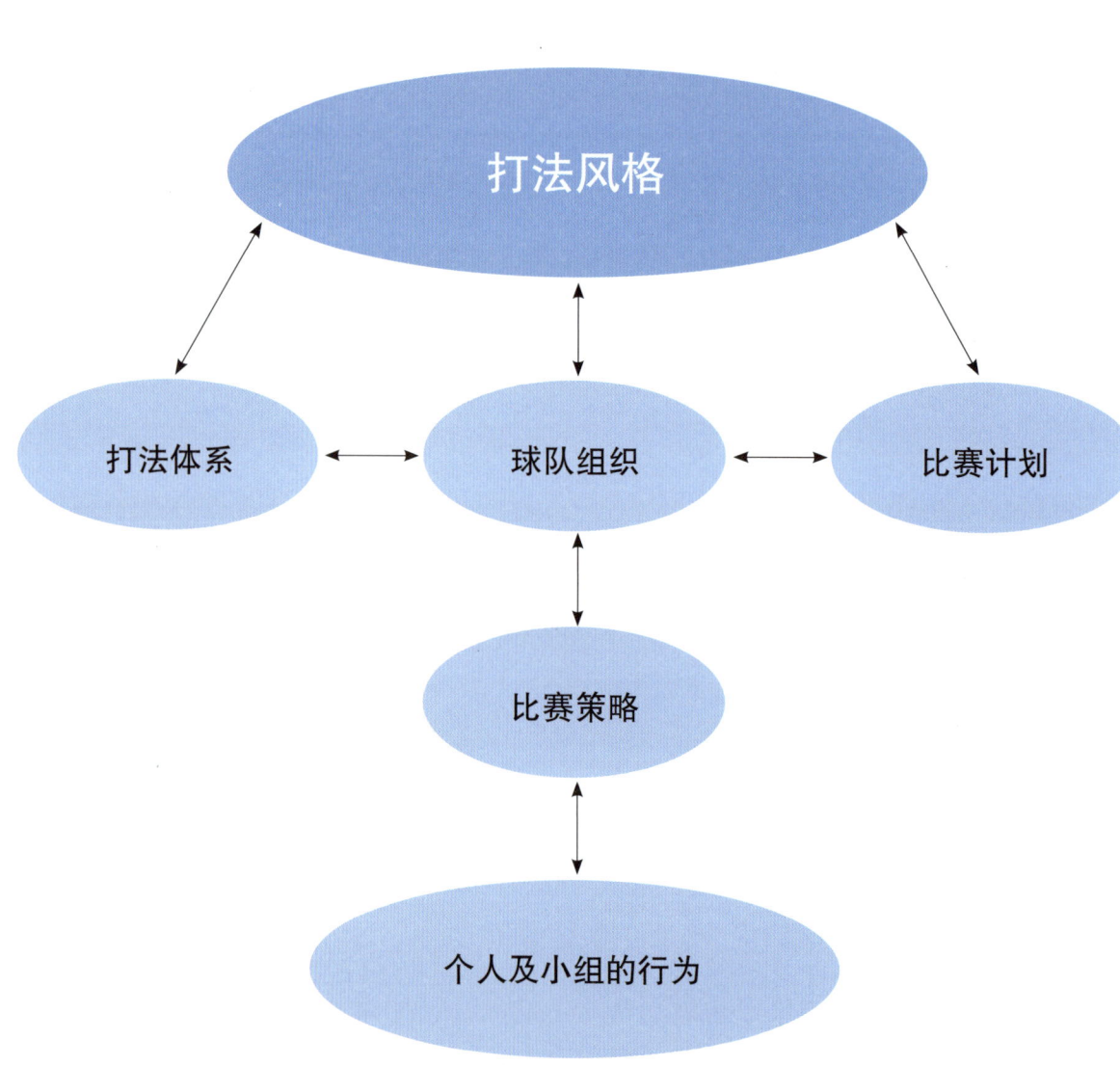

6 打法风格

运动员

- 打法风格的选择和实施在很大程度上取决于队员的能力及其足球智力水平，所掌握的技术和适应能力。教练员的信念，队员在训练中勤奋的表现以及他们对于学习和进步的渴望，在队员战术能力发展中同样也是重要的因素。

定义

打法体系

- 这是指教练员对于运动员在场上位置的选择，也可根据所采用的运动员而相应调整。换句话说，就是各条线上的人数（后场、中场和前场）及其所在位置的变化，例如，4-4-2/4-3-3/4-3-1-2，4-1-3-2等。

球队组织

- 这是指对不同位置的队员和各条线在进攻和防守中所要担当的责任及其之间的关系。

比赛计划

- 这是指对特定比赛所采取的策略（小组和个人方面的要求）。
  例如：当对方在其后场控球时，紧跟对方队员并同时给予压迫；紧盯对方中场队员，尤其是组织进攻的队员。

比赛策略

- 这是指在比赛中特定的战术要求。它决定了在比赛进攻防守阶段的打法体系及球队的组织。针对个人和小组的实施要求取决于场上运动员的位置和比赛情况。
  进攻策略：– 长传给2名前锋，前卫同时给予支援；
  – 利用边路和对方身后的空当；
  – 等等。
  防守策略：– 在中场进行逼压；
  – 后卫队员上抢进攻队员从而阻止对方进攻；
  – 等等。

行为

- 这是指球队作为一个整体所采取的行动和场上队员基于进攻和防守的比赛策略所进行的协调交叉换位。这种行为可随着比赛发展和球队组织而随之变化，例如，当球队处于进攻阶段时由4-4-2转变为3-4-3。
  时间和空间的运用以及持球队员，都决定着比赛时队员所采取的行动。
  而正是由于球队这样的整体行为，使得足球比赛千变万化。

1. 打法体系

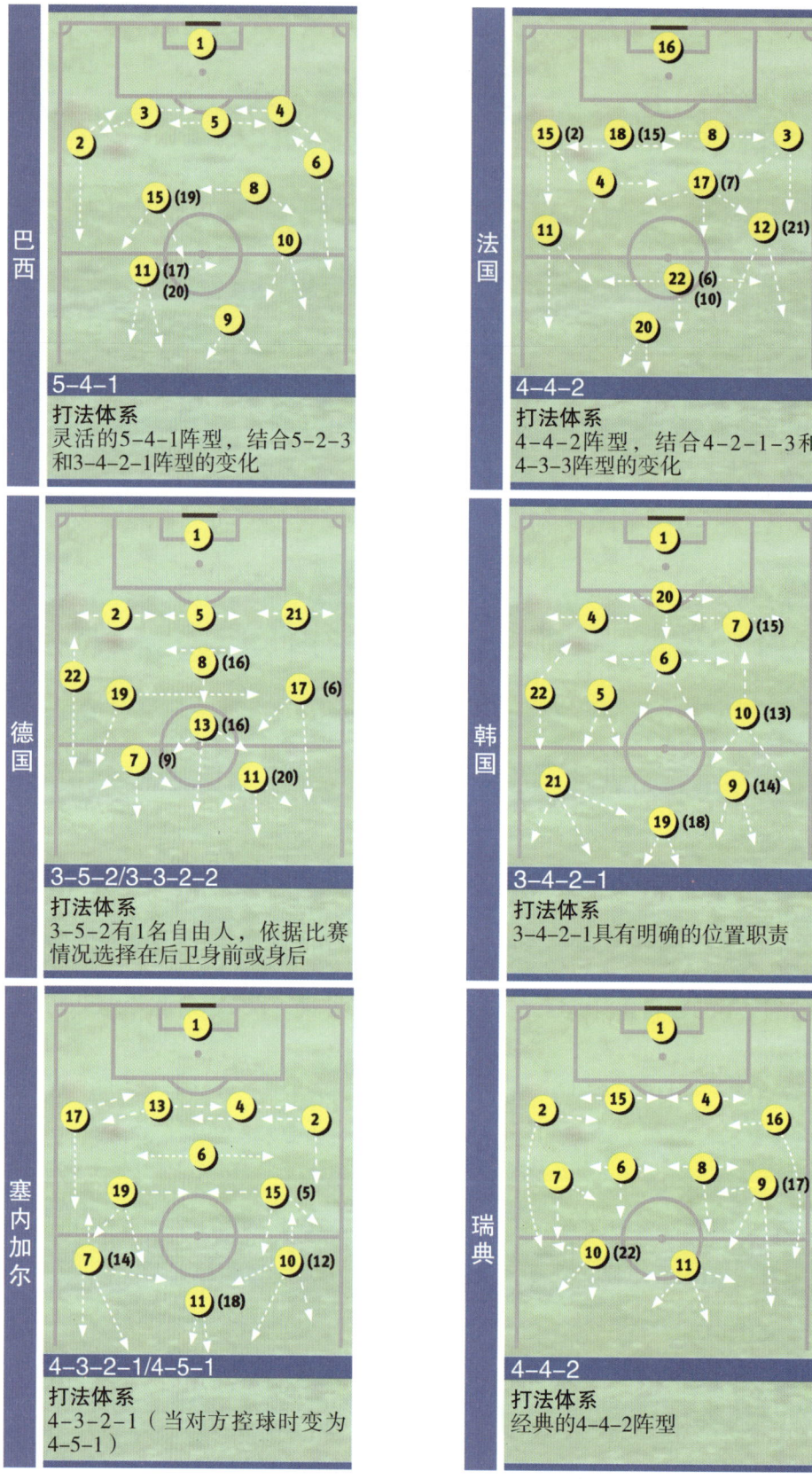

2. 比赛及战术策略

○队失去控球权；○队队员阻断了对方的传球，并获得球权。

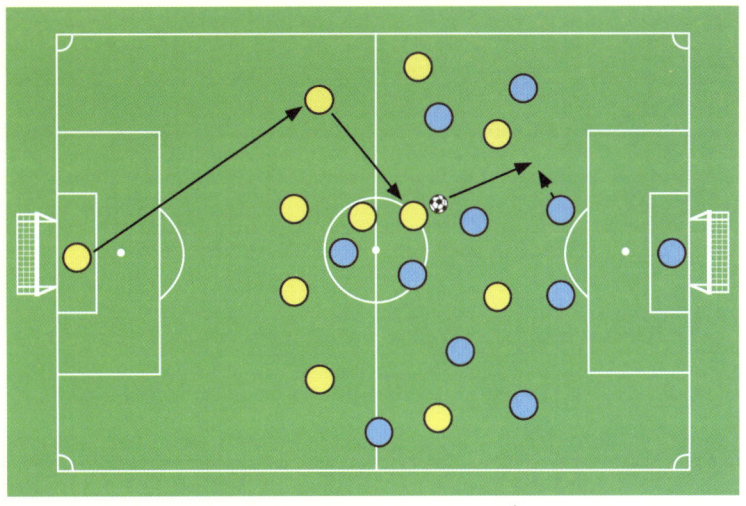

战术策略

○ 球队（进攻）

控球方
→要拉开空当
- 持球队员周围的个人行为
- 摆脱防守队员的盯防和其他球员的移动

- 快速进攻
- 阵地战推进进攻
- 反击

➡ 不要丢失球权，争取得分

○ 球队（防守）

无球方
→要压缩空间
- 个体防守队员的回防或整体防守
- 个人和小组盯防，取决于比赛场景和有球区域

- 混合防守
- 区域防守
- 个人防守
  - 压迫
  - 越位

➡ 重新获得球权，不要失分

这些进攻和防守的比赛策略的应用取决于：

- 控球队员
  - 哪名队员控球？
  - 他采取什么行动？
  - 他在哪一区域？

- 有球区域
  - 持球队员在哪一区域？
  - 在这一区域有多少名队员？

- 球队其他队员在做什么
  - 他们处于场上什么位置？
  - 他们占据了哪些区域？
  - 运动员的身体状况如何？
  - 在那里有多少运动员
  - 是否球队已到位，各小组相互协作进行防守，同时较好地覆盖各场区以司进攻？如果是这样，即可实施小组战术策略。
  - 但是如果球队遇到麻烦（在中场或后场丢了球），就需要依靠运动员的智慧及其经验了。

- 对手在做什么
  - 对方队员处于什么位置？
  - 对方有多少名队员处于这一区域？
  - 对方队员有什么能力特点？
  - 对方的身体和心理状况如何？

- 射门
  - 就射门而言，需要考虑距离、位置和角度？

- 得分
  - 有得分机会吗？
  - 或者最后的进球是可以预知的结果？

3. 战术策略

防守型打法		进攻型打法	
→防守型打法始于失去球权即刻，全队快速由攻转守。 • 对方半场＞中场＞防守三区		→进攻型打法始于赢得球权即刻，全队快速由守转攻。 • 防守区域＞中场＞对方半场	
1. 个人的行动 通过整体回防，形成整体防守队形。或者通过队员回防，占据人数上的优势	队员必须做到： – 一对一的能力 – 预判 – 给予持球者阻碍和限制 – 不断给对方以干扰和逼压（可以让其他队员重新获得球权） – 抢断	1. 个人的行动 通过队友（至少2~3人）摆脱对方防守或者运用恰当的技术技能	要点 – 战术运用和技术动作的选择 – 第一传，运球 – 吸引对方防守队员 – 利用假动作摆脱对手 – 给予支援 – 变换节奏
2. 整体的行动 通过运动员整体迅速回位和压缩队形	要点 – 要整体回防 – 要对球门前各区域、角度以及两侧的空当加以限制 – 局部盯人 – 限制对方 – 横向移动 – 将对方逼到本方人员多的地方 – 保护	2. 整体的行动 通过整体的行动，无球队员在无人盯防时的移动	要点 – 拉开进攻空间 – 深入对方防线身后 – 占据不同区域 – 变换节奏 – 无球的移动 • 跑入空当 • 斜线跑，吸引防守 • 队员的跑动，交叉换位 • 利用边路
→迫使对方出现失误而获得球权	要点 – 梯形和三角形的队形 – 横向移动 – 相互保护（防守方要占有人数优势） – 围抢对手 – 逼压	→避免丢球，尤其是在对方防守区域和中场区域	要点 – 人数优势 – 长传、短传的变化 – 墙式配合等 – 改变战术打法

主要的基本战术性策略的定义

进攻

摆脱防守队员	摆脱防守队员所采取的行动，通过跑动寻找空当或者利用假动作牵扯对手再去接球。
整体压上进攻	一个积极的进攻阶段，通过几名队员拉开制造空当（包括边路和前场区域）。
无球的移动	通过跑入空当，吸引对方防守队员等行动，为队友制造空当。
三角进攻	3名队员采取的进攻，其中2名队员自动地给位于他们前面或后面的持球者支援。
控制球权	通过从左至右，从右至左来回传递控制球权。
变换节奏	通过利用特定的技战术行动加快或减慢进攻速度（球的移动）。
调动转移	利用长传球将先前采取进攻的地方，转移到场地的另一侧。
引诱对方	控球队员向防守队员带球致使其上前抢断，然后利用运球或传球摆脱对手。
接应	给予持球队员支援，供其选择的行动。
位置交换	与其他队员互相交换位置或所在区域。
吸引对方防守队员或没有接球意图的跑动	跑入空当从而分散对方防守的注意力，但是没有接球的意图（从而有意识地为队友创造空当）。
后套跑	利用绕过控球队员的跑动在边路形成人数上的优势（形成2对1的局面）。
核心队员/进攻组织者	这名运动员在接到球时通常背对球门，然后传球给支援的前锋队员。

6 打法风格

防守

盯人	防守队员应选择防守位置来阻止对方接球或有机会抢到球。
预判	在防守过程中选择移动位置的行为，提前判断对方的反应行动，并因此改变防守的位置。
回位	在快速或阵地战的进攻阶段结束后，整体或个人重新回到应该所在的防守位置。
压缩空间（紧凑的整体队形）	通过整体压缩空间，尽可能地减小各条防守线之间的距离。
横向移动	整体或某条线横向移动，并同时保持紧凑的队形。
压缩球门前的空当	紧密压缩队形且集中在中路区域，缩小这一区域的空间。
压迫 • 进攻性压迫 • 防守性压迫	破坏或者在占有人数优势的情况下围抢对手，从而获得球权。 队员采取压迫行动的区域。
相互保护	所有队员要选择能够给予队友接应的位置。队员相互之间形成保护。
三角形的防守队形	以三角形的防守队形面对对方的持球队员。
梯形状的队形	防守队员或中场队员根据球所在的位置，运用梯形或斜线形并能相互保护的队形。
阻止对方	以阻止对方前进为目的去接近对方，致使其采取行动或者将其逼入利于防守的区域内。
抢断	以迫使对方失去球权为目的的对抗。

运动员在本方获得球权和控制球权时，所运用技术动作的效果及效率决定了一支球队的战术行为。娴熟的接球和控球能力以及第一传的质量，在发动进攻和改变比赛节奏中都是十分重要的因素。

但是，运动员最终所采取的战术行为是依靠他们的认知水平（理解力和预判能力），注意力，自信心以及比赛中的交流。运动员在训练中，在所有对抗状态下以及通过其阅读比赛的能力而获得的经验决定了战术行动的质量。阅读比赛的能力可以通过观察和分析来提高（观看录像和高水平比赛）。为了确保当今的年轻队员提高目前可能缺乏的从战术角度阅读比赛的能力，他们应该更多地观看高水平球队的比赛（例如，巴西、法国、荷兰，或者皇家马德里、阿森纳和AC米兰等），从而使其能够更好地理解战术打法并从中获益。

灵感，即兴发挥和采取冒险性的行动，这些都来源于对比赛良好的理解。这些会在比赛中产生不同的效果，甚至可以逆转比赛局面。所有伟大的运动员都拥有这些能力。

比赛战略的运用并不是依据比赛阵型的选择及战术体系的应用。一支运用3-5-2或3-4-3阵型的球队，同样可以通过逐步推进式进攻，通过定位球或者快速突破来发起进攻。进攻方法的选择是依据比赛形势，获得球权的区域，能够参与进攻队员的人数以及对方防守中可能存在的问题，而不是依据战术体系。

但是每名队员的能力，对足球的理解以及运用其经验的能力，都会在选择适宜的战术时产生不同的影响。

战术安排的基本要求

- 队员之间的交流（语言交流，肢体语言和手势）。
- 区域的占据（区域打法）。
- 紧密地逼压，各条线保持紧凑的队形。
- 拉开队形，整体的移动和无球情况下的移动。
- 人数上的优势。
- 球队沉着，自信的状态，同时有足够的求胜欲能战胜对手。
- 球队中的核心队员以及有强烈个性的队员。
- 队员能够展示其球队的风格和打法。
- 球队的精神状态。
- 执教能力。

> "从长远的角度来说，我认为对于一支球队来说，如果没有高质量的训练和比赛，它是不可能取得胜利和保持胜利的。要想有好的表现，所必须要做的就是实践。"
>
> 波尔多队前任主教练 — 埃利耶·鲍普

6 打法风格

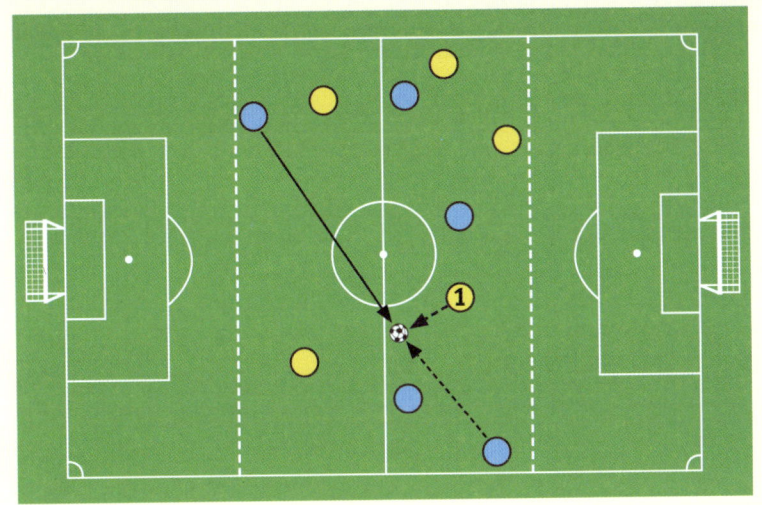

5对5对抗训练防守战术行为示例

- 🔵队在前场失去球权。
- ①号队员截断对方传球；🟡队现在转入进攻阶段。

🟡 队的防守行动

这取决于：
- 持球的①位置与其所面对的方向
- 对方获得球权的区域
- 🔵队队员所在的位置以及防守队员的人数
- 对方队员所在的位置与人数

🔵 队的战术行动

- 快速地由攻转守
- 防守队员整体回防，保持紧凑队形，压缩门前空当同时限制对方的行动
- 通过下列行动阻止对方快速反击：
  - 防守队员回防到位
  - 立即对持球者施压
  - 阻断对方的行动
  - 压缩中路空间
  - 加快行动和盯人
  - 将对方逼向边路，队员及时从丢球的区域回到本方半场参与防守

几种战术对策：

针对区域防守的进攻

→ 拉开对方防线，在各条线和队员间制造空当；变换进攻的节奏。
- 利用整个场地以及边路的空间拉开进攻。
- 在一侧边路进攻不利时，试图转移到另一侧。
- 尽量在中场组织进攻。
- 使球快速移动（1～2次触球），在比赛中改变进攻的节奏。
- 在进攻中寻找人数上的优势，中场队员也要积极向前，尤其是在边路。
- 前锋队员要在罚球区里积极地移动。
- 利用对方防守队员身后的空当（防守队员身后）。
- 运用个人技术：—— 吸引防守队员的跑动，横向移动；
　　　　　　　　—— 快速运球和运用假动作；
　　　　　　　　—— 传切配合；
　　　　　　　　—— 利用空当接应。

针对加强防守的进攻

→ 进攻一方要避免以漏斗型的阵型采取进攻，也不要只想利用中路渗透进攻；应该利用进攻的速度和取胜的欲望给对方制造很大压力。
- 前锋队员要摆脱防守队员并为中场队员制造空当。
- 变换和交换位置。
- 高质量的长距离转移，从而利用边路的空间或者后卫横向传球转移。
- 引诱防守队员离开防守区域，迫使其移动。
- 寻找与接应队员直接配合的机会（1次触球）；射门，即使在罚球区外。
- 保持冷静，回传球，从一侧转移到另一侧，在恰当的时机加快节奏，展开进攻。
- 远射。
- 迫使对方队员犯错。
- 吸引对方的自由中卫离开其所在区域。

→ 针对加强防守的球队，需要全面发展的技术能力，从而能保证队员在有限的空间里采取行动，整体也需要不断地移动。
　要集中注意力避免失去球权！

针对混合型防守的进攻（紧盯进攻队员）
→吸引防守队员到未被其占领的区域。
- 改变进攻区域，利用边路空当，拉开整体队形。
- 持球的进攻队员回撤以吸引防守队员离开其所在位置。
- 进攻队员背身接球时，回传，降低重心控球，改变位置和方向。
- 持球的进攻队员向防守队员带球并摆脱对手。
- 创造2对1的机会。
- 一对一突破（运球或假动作）。
- 对控球的防守队员施加压力。
- 要以集体利益为重，不要受对方任何挑衅行为的影响。

针对对方采取紧逼时的打法
→清楚对方如何采取紧逼（采取紧逼的区域以及紧逼的方式方法），当对方抢到球时如何采取进攻，还有对方队员的能力特点（他们的优缺点）。
- 避免在其采取紧逼的区域进攻。
- 当失去球权的时候，立刻在此区域形成人数上的优势。
- 利用长传球越过对方的防线，争抢第二落点（守门员的破坏）。
- 耐心组织进攻（利用移动中的短传，制造空当来扩大对方各条线间的距离）。
- 长传球（斜长传打对方身后）。
- 不要挑衅对手；保持冷静。
- 反逼压（通过逼压对手来抵制对方的逼压）。

> "在战术上赢取比赛胜利的关键因素是要占据人数上的优势，以及拥有1对1能力很强的队员。"

4. 整体训练

个人及整体的战术战略打法已经应用在技战术混合的训练内容当中,如1对1、2对1、3对2以及模拟实战的训练。
→ 我们现在谈论整体的技术训练。
当我们说到整体时,我们需要关注所有队员相互之间的关系以及构成整体的每个独立的因素(防守、中场、进攻)。

整体训练的方法(战术)

以实际比赛情况为出发点,运用教练员所指定的阵型和战术安排。
采用所有可能使一方占有人数上优势的模拟实战训练,或者其他的方法。
在模拟实战的训练中,教练员可以着重于其中一方或双方。

• 模拟实战的训练:	— 8对8 / 9对9 / 11对11,有守门员。 — 没有任何的特殊限制,或者可对防守或进攻一方给予指示。
• 分析实际训练惯例:	— 9对7 / 8对6 / 10对8或7对9 / 6对8 / 8对10,一方或双方都有守门员。 — 人数优势。 — 比赛中的攻防情况。 — 没有特殊限制或者带有指示以及目的性,设球门。 — 要始终在固定的位置开始练习(由教练员或守门员发球或者由掷界外球开始)。
• 用以分析战术的练习:	— 11对1 / 11对4 / 11对6。 — 5对6 / 6对7 / 8对6。 — 着重于移动和选位。 — 整体根据球所在位置的移动并且采用防守战略。 — 整体之间相互传球,积极跑动,组织进攻或反击来破门得分。 — 进攻方7名队员进攻防守方6队员(4名后卫、2名前锋)。当攻方抢到球后从中场开始组织进攻。 — 另一方扮演较弱的对手,然后扮演较强的对手。
• 最后模拟比赛的训练方法: — 具体规定的训练 — 无特殊限制的训练	— 8对8 / 9对9 / 11对11的比赛 例如:9对9比赛 + 2名守门员。 — 双方阵型:3-3-3 对 4-4-1 — 采用3-3-3的一方在本方后场只能2次触球,利用边路进攻争取得分。

→ 这种方法可以同样应用于技战术混合的训练当中(3对3 / 4对3 / 4对4 / 6对4 / 5对7等)。

整体训练示例：防守

1. 9对9+2名守门员的比赛
- 没有特殊的限制；对 🟡 队设置或不设置具体的要求。
- 🔵 队采用4-4-1的阵型；🟡 队采用3-3-3阵型。

指导：
- 观察训练的进程以及 🔵 队个人和整体的行动。
- 解决 🔵 队在防守中遇到的任何问题。

→ – 谁上抢持球队员？
  – 其他队员做什么？
  – 当抢到球后哪名队员能立即给予支援?

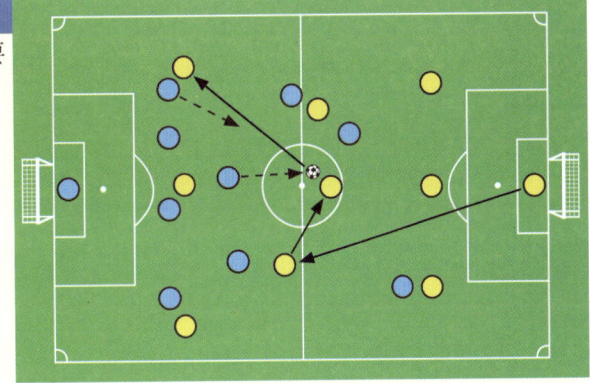

2. 防守训练（8名防守队员+1名守门员，6名进攻队员）
- 🟡 队队员之间相互缓慢的、横向的、斜线的和直线的传球。
- 🔵 队队员根据球的位置移动。

指导：
- 鼓励防守队员积极地移动。
- 要求防守队员采用防守战略。
- 纠正队员的位置和态度以及他们之间的交流。
- 设置新的情况；加快传球的节奏。
- 将球传至于各条线之间的空当。

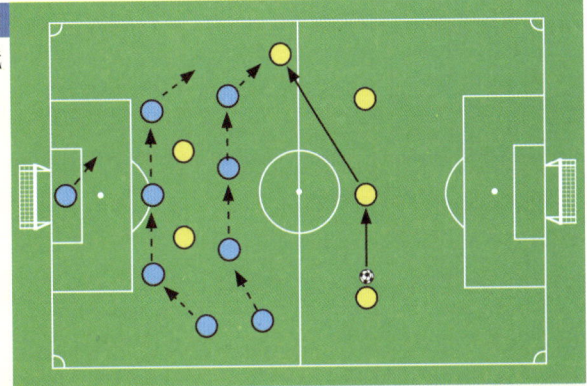

3. 实战训练（🔵 队8名队员+1名守门员，🟡 队9名队员）
- 🟡 队采用3-3-3阵型并争取破门得分。
- 🔵 队采用4-4阵型平均分成两条线防守；如果获得球权，可以利用任意一个小球门得分。
- 训练始终从中场开始，由教练员踢球或将球扔置于场内。

指导：
- 向队员进行指点并给予 🔵 队鼓励，在战术打法上给予指导。
- 停止训练并纠正错误。
- 要求队员相互之间进行呼应。

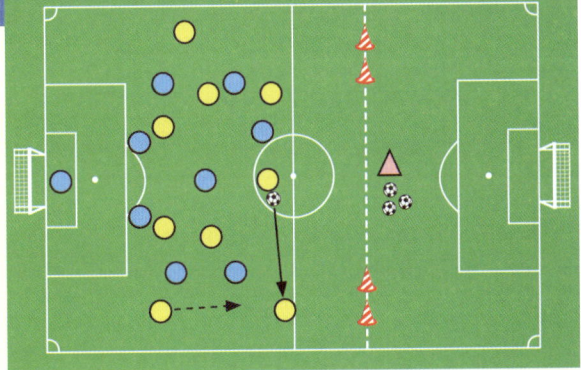

4. 最后的练习比赛：9对9+2名守门员
- 没有特殊限制和具体的指示。
- 应具有强烈的取胜欲望。

指导：
- 观察并给予 🔵 队评价。
- 鼓励 🟡 队在比赛中有所创新。
- 在训练结束时，给予队员积极的评价（鼓励）。
→ 确保训练（他们在训练中所做的）能使队员充满自信。

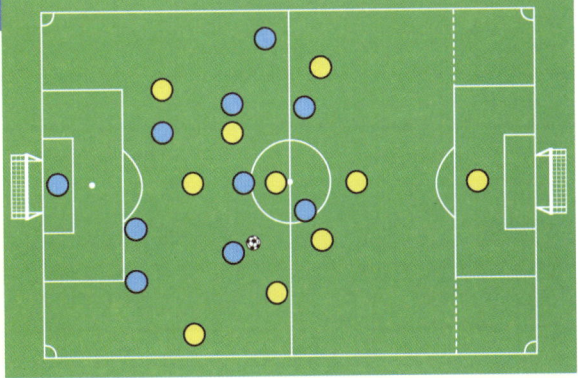

指导（组织 — 训练 — 传授）

教练员要负责其球队的战术打法安排以及确保其能运用到实战当中。

教练员能够真正地融入到比赛当中的一个重要时刻，就是让他的所有队员都必须清楚地认识到其对每一名队员以及整支球队的期待是什么。

— 我们想要打出什么样的水平？
— 我们如何占据场上的空间？
— 当防守队员抢到球后应采取什么样的行动？
— 在什么场区，我们以何种方式发动进攻？

与各种训练相比，教练员的行为及他如何指导队员显得更为重要。教练员的执教水平、讲解与示范的能力，尤其是他纠正队员出现的错误的能力，这些对于运动员理解和贯彻其战术意图起到至关重要的作用。

比如在防守训练中，教练员可以主要着重于防守的理念。但是根据训练中不同的情况，也可以同样选择解决进攻当中的问题。

因此在攻防训练当中（例如，7对6），对于攻守双方都有相同的要求。教练员可以着重于指导进攻或者防守，或者同时对双方予以指导。

在最高水平的训练中，应根据球队的战术风格和需要来选择训练的重心，以及所包含的内容、训练方法及要解决的问题。

> "军队的移动速度，快速的移动能力、力量、注意力、勤奋以及对于领导者的信任……这些因素造就了战术上的天才。"
>
> 拿破仑·波拿巴特

5. 青少年运动员的战术训练

进行针对青少年队员整体训练的目的是，通过提高其运用个人及整体战术行为的效果而使队员更好地融入到整体战术体系中，同时确保不同位置的队员（后卫、中场、前锋）能够共同将所学到的战术打法运用到实践当中。他们还需要学会在遵循整体要求的情况下，如何在进攻与防守中发挥自己的能力特点。

方法示例：
- 模拟实战练习→比赛，实战当中出现的情景。
- 以实际比赛情况为基础的训练：1对1、2对1、2对2或4对4。
  — 以1对1的个人练习开始，变化到2对1、2对2、2对3，然后着重于各条线的理念（防守、中场、进攻）。
- 以两条线为基础的训练：（3-3对3-3），逐渐过渡到三条线，3-2-2 / 4-3-2 / 4-3-3。
- 不同场地范围的模拟实战练习：小场地、中等场地和大场地。
  例：在40米×30米或60米×40米场地内的6对6。
  不带有特殊限制或带有指示和规则，以便更好地贯彻战术安排（比赛能力的提高）。
- 在训练中不同位置的队员：要令其在左右两边不同位置上参与到进攻与防守当中。队员不得不面对不同的情况以及如何运用相应的战术打法，从而提高他们的意识（比赛认知的能力）。
- 为了鼓励学习和完善比赛战略，要将分析训练方法运用到训练当中。教练员可以在结合比赛实际情况的练习中观察训练的效果。
- 高质量和精湛的技术动作是战术行动的保障。
- 可视化的教学工具，如黑板/白板和磁板或者用于分析的视频，这些都可用作提高青少年队员战术学习的辅助手段。另一个重要指导方法，就是观察优秀的运动员和高水平球队的比赛。教练员在图板上进行讲解，这会帮助队员理解比赛和战术打法。
  — 在场上，学习的过程从早期训练/发展阶段（13岁以前）就开始了。引入战术多元化的概念（不同位置的队员）。队员逐渐地对足球有了更深的理解，也集中于球队中的各条战线以及个人位置。
  — 在训练/发展阶段（16岁以前），战术能力的提高主要集中在关于球队各条战线和个人位置上，以及融会战术的多元化。
  — 对于青少年队员，训练是战术学习的主要手段：

  → 练是为了学；但不要只是为练而学！

 可以用几年的时间去掌握某些技术动作，但也可以在几周的时间内学习如何在比赛中运用战术行动。

6. 不同位置运动员的要求

运动员的位置	身体素质要求	技术能力要求	战术能力要求	心理素质要求
守门员 1	• 身材 • 灵敏 • 反应+爆发力 • 跳跃技术 • 柔韧	• 手法 • 良好地掌握地面与空中球的能力 • 良好的脚下移动技术	• 位置和移动的选择 • 预判 • 合理地选择传球路线	• 个性 • 自信 • 沉着和独特的性格特点 • 注意力 • 独特的性格特点
左右边后卫 2+3	• 速度耐力（有氧和无氧） • 爆发力	• 防守技术 • 抢断+铲断 • 接球技术和良好的传球技术 • 带球跑	• 选位和回位 • 时机 • 参与进攻 • 不同的进攻手段	• 进攻欲 • 意志力 • 自信
中后卫 4+5	• 身高 • 肌肉爆发力和弹跳技术 • 速度 • 机动性	• 抢断 • 对抗情况下的控球能力 • 头球 • 长传和短传的能力	• 预判 • 选位 • 盯人 • 保护和接应	• 具有领导气质 • 指挥 • 冷静，保持镇静的能力 • 勇气
防守型前卫 6	• 耐力（有氧） • 力量（对抗情况下） • 机动性	• 防守技术 • 传球能力 • 接球和良好的控球能力 • 运球突破向前传球	• 选位和回位 • 预判 • 压迫	• 战斗的欲望 • 谦逊 • 合作 • 意志力
左前卫 右前卫 7+8	• 耐力（有氧和无氧） • 速度	• 带球跑的能力 • 运球 • 传中 • 射门	• 回撤参与防守 • 参与进攻 • 压迫 • 制造对抗的情况并突破防守队员	• 勇气和乐于奉献 • 取胜欲望 • 注意力 • 敢于冒险的精神
前锋 9+11	• 爆发力（对抗情况下） • 速度 • 活泼好动 • 灵敏（根据队员的类型）	• 射门 • 控球 • 头球 • 运球，假动作	• 积极的移动 • 变换位置 • 利用空当和吸引防守队员 • 利用假动作 • 判断时机	• "自我" • 把握机会 • 运用计谋 • 坚韧
谋略家 （核心队员） 10	• 根据队员的类型（还有战术打法）	• 接球和合理处理球的能力 • 压迫 • 运球 • 射门	• 良好的足球意识 • 预判 • 战术意识 • 摆脱防守队员的能力	• 具有领导气质 • 创造力 • 敢于冒险的精神和清晰的思维能力 • 自信 • 沉着

7. 比赛观察报告表

观察赛事：　　　　　　　　　观察者：

球队（A/B）：　　　　　　　　：

场地名称：　　　　　　　日期：　　　　比赛时间：

天气情况/场地状况：

比赛结果：　　　　　　　（半场比分：　　　　）

比赛初始阵型/队员号码：

球队 A：

球队 B：

黄牌/红牌
（队员姓名，时间，处罚原因）
_____
_____
_____
_____
_____

比赛过程：进攻阶段，完成射门阶段，防守阶段
_____
_____
_____
_____
_____
_____
_____
_____
_____
_____

裁判员
_____

比赛中的特殊情况
_____
_____
_____
_____

比赛整体评价： ☐ 非常好　☐ 好　☐ 一般　☐ 差

6 打法风格

球队 A：_____

防守组织：　　　　　　　　　　说明：

进攻组织：　　　　　　　　　　说明：

个人特点/整体特点（战术）

_____
_____
_____
_____
_____
_____

球队 B：

防守组织：　　　　　　　　　　　　说明：

进攻组织：　　　　　　　　　　　　说明：

个人特点/整体特点（战术）

进球：比分，时间，进球队员，在哪里，进球方式（F = 脚　H = 头顶　OG =乌龙球）

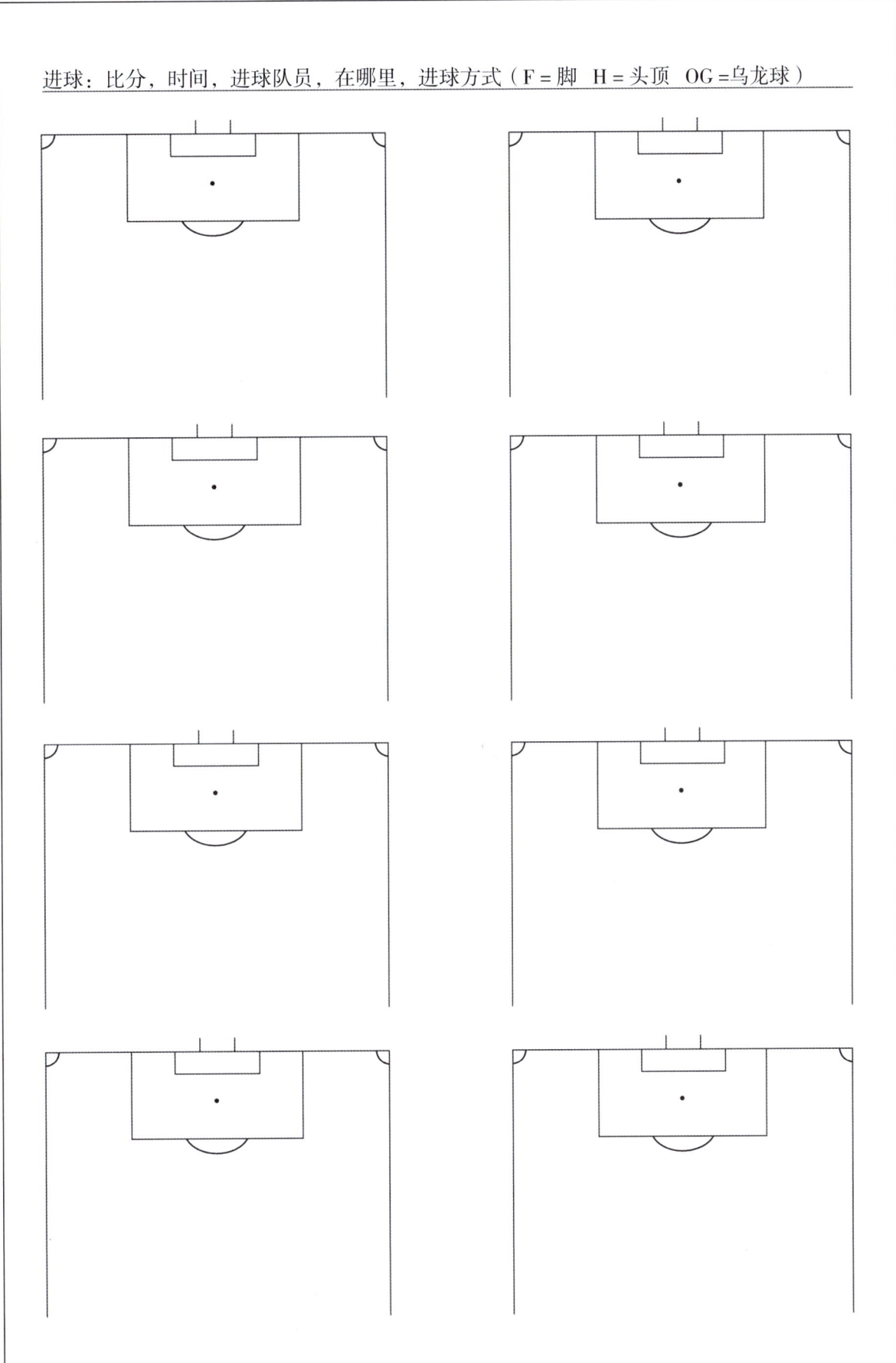

定位球：任意球，角球，界外球，罚球点球等

球队A队员的特点

1
2
3
4
5
6
7
8
9
10
11
12
13
14
15
16
17
18
19
20

球队B队员的特点

1.
2.
3.
4.
5.
6.
7.
8.
9.
10.
11.
12.
13.
14.
15.
16.
17.
18.
19.
20.

8. 标准情景 — 定位球配合的应用

在现代比赛中，定位球被全世界公认为是决定比赛胜负的重要因素。
在国际足联2002年和2003年这两年举办的比赛中（世界杯、世界青年锦标赛以及U-17世界锦标赛），30%的进球是通过定位球的方式取得的；而1998—1999年举行的相同的比赛中25%的进球来自定位球。这不断增长的比率，无疑是由于反复不断地对在比赛情况下定位球练习的结果。
对于青少年队员，关于比赛中这一特定时刻的指导早已开始进行。在训练周期中要有关于定位球的专门练习，甚至是个人的练习，以此来培养在比赛中主罚任意球的队员。这部分的训练内容通常设置在整体训练内容计划以外，在每周比赛的前一天进行。

关于定位球训练的方法提示

- 以技术练习和规定的跑动路线练习开始，并重复训练（使队员对射门和不同的射门方式形成条件反射）。
- 在练习中逐渐增加进攻队员的人数（或者射门或者传中）。
- 在练习中逐渐增加防守队员的人数（消极或积极的状态）。
- 最后模拟比赛中的情况和重现训练中的场景（增加处于准确位置的人墙）。

→ 主罚队员的自信心和注意力是定位球战术成功的重要因素。
在以下的内容中，我们用图解的方式介绍不同的基本进攻性的定位球配合。

A. 角球
B. 任意球

A. 角球

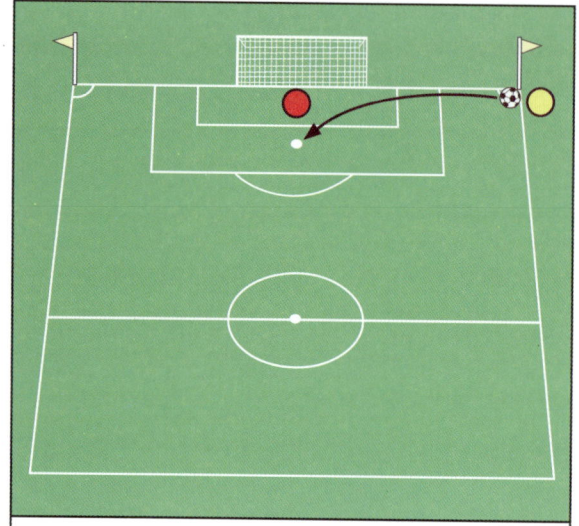

1. 向外旋转的角球，直接踢入禁区（在右侧用右脚主罚，在另一侧用相反的方式）。

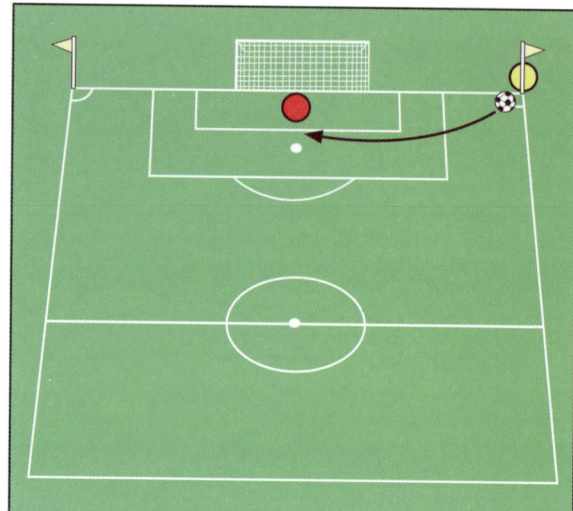

2. 向内旋转的角球，直接踢入禁区（在右侧用左脚主罚，在另一侧用相反的方式）。

3. 直接踢向近侧的门柱。

4. 直接踢向远侧的门柱。

6 打法风格

A. 角球

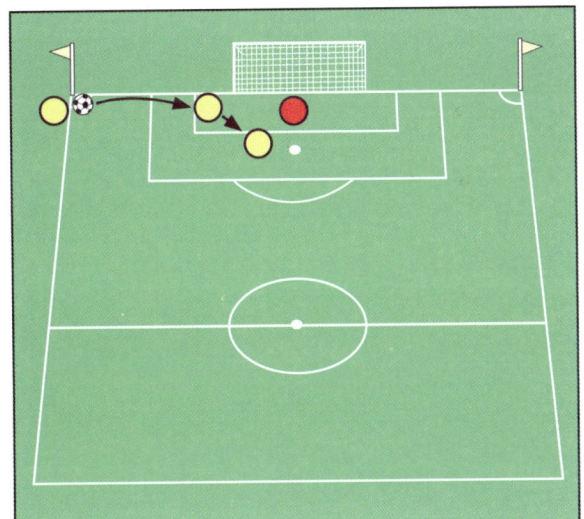

5. 角球传给近侧门柱的队员，其用头球再传给他身后的队友。

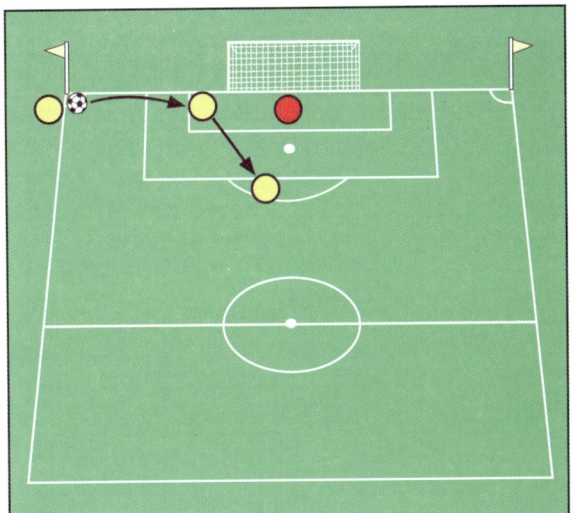

6. 角球传给近侧门柱的队员，其回传给处于罚球区弧内的队友。

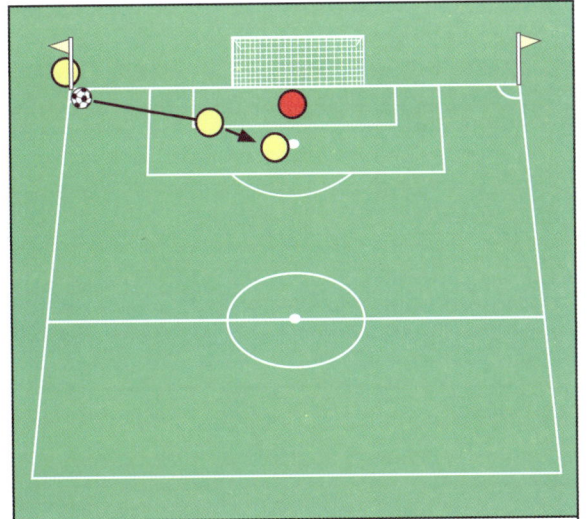

7. 角球以地滚球直接传至前点队员，其将球从双腿中间穿过至处于他身后的队友脚下。

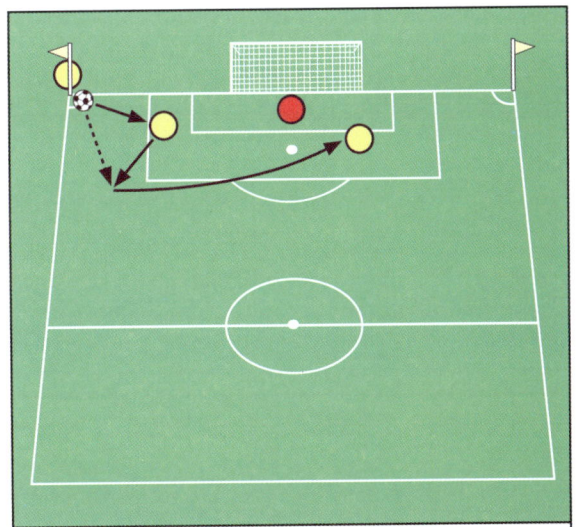

8. 2人的套路：接球队员回传球给罚角球的队员，后者传中。

A. 角球

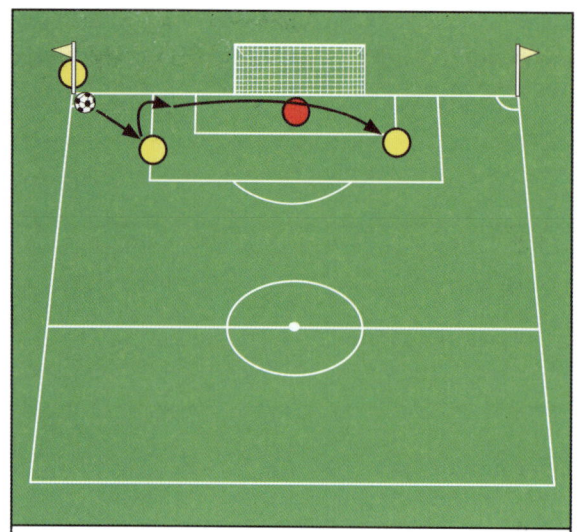 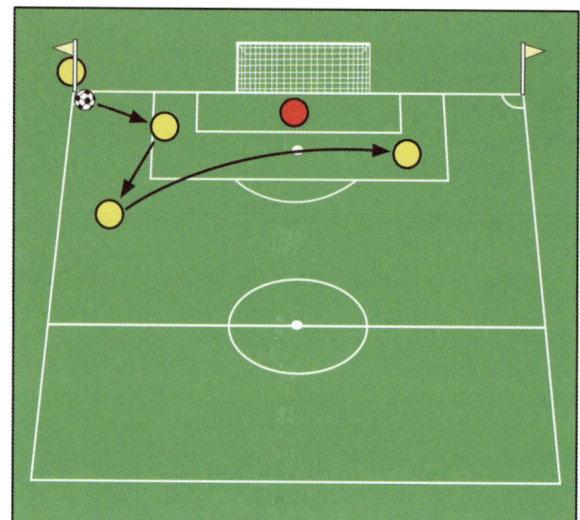

9. 2人的套路：接球队员佯装传球，然后变向，向内侧转身传中。

10. 3人的套路：接球队员回传球给上前接应的后卫队员，后者传中。

6 打法风格

变化

a）进攻队员前插，包抄射门。

b）当角球罚出后，进攻队员相互交叉。

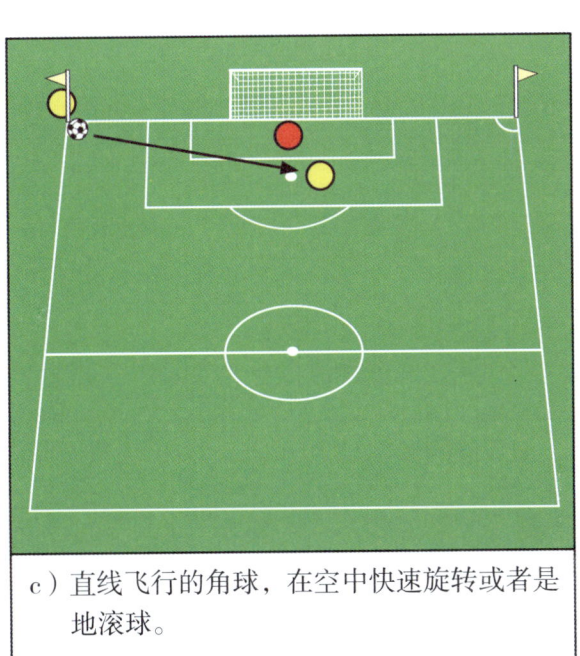

c）直线飞行的角球，在空中快速旋转或者是地滚球。

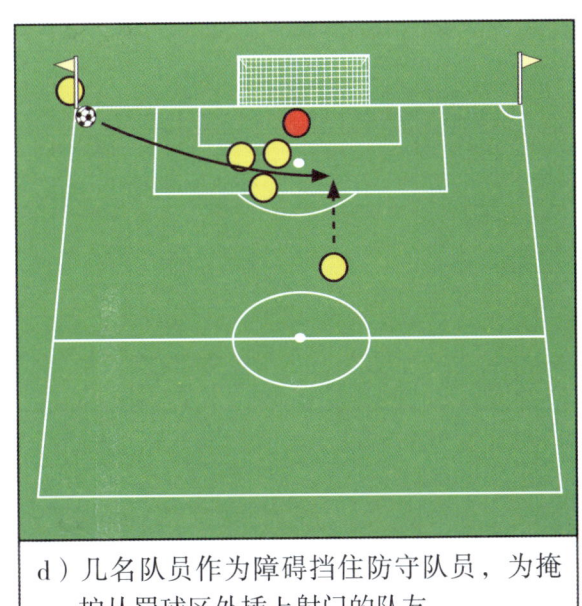

d）几名队员作为障碍挡住防守队员，为掩护从罚球区外插上射门的队友。

B. 任意球

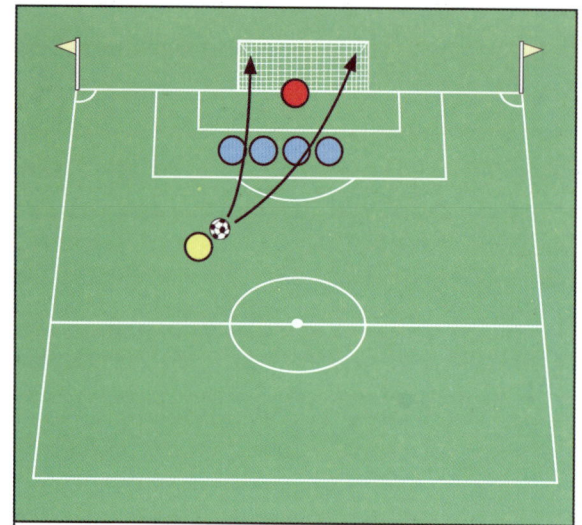

1. 在左侧用右脚，在右侧用左脚射出弧线球（向着近侧或远侧门柱）。

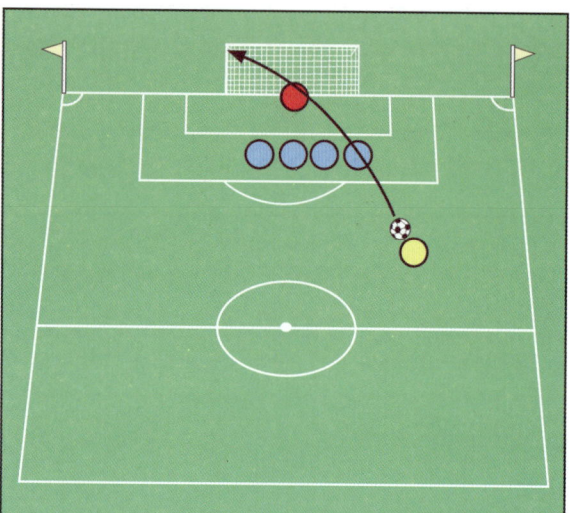

2. 用右脚外侧或者左脚内侧向远门柱上角踢出弧线球。

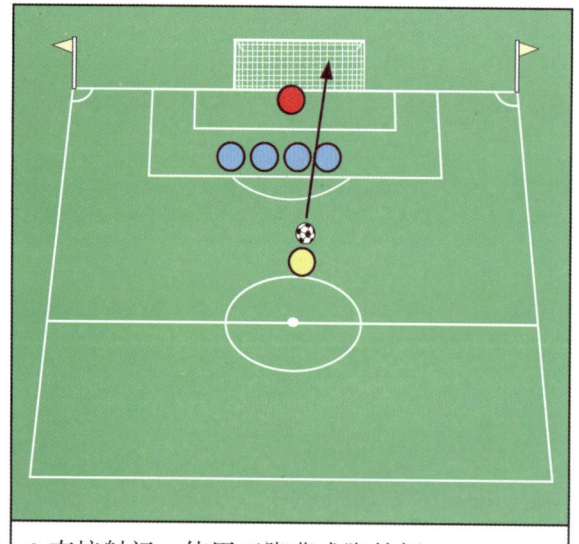

3. 直接射门，使用正脚背或脚外侧。

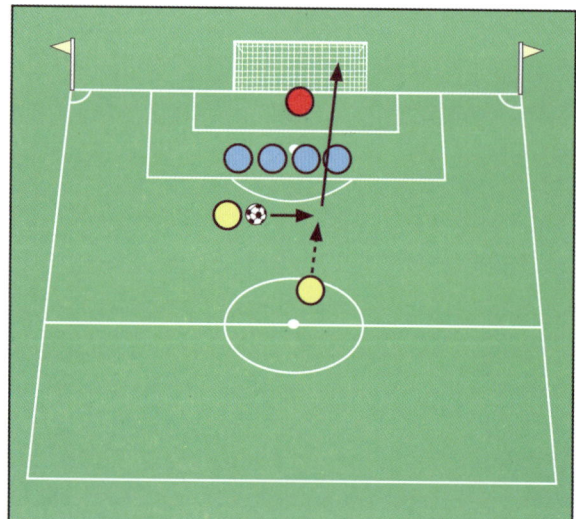

4. 2人的套路：主罚任意球的队员传球给向前跑动射门的队友。

B. 任意球

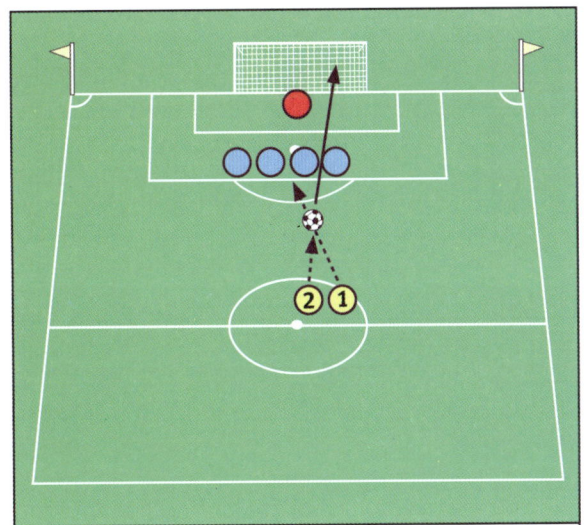

5. 2人的套路：队员1助跑，佯装要射门，但跨过球，由队员2射门。

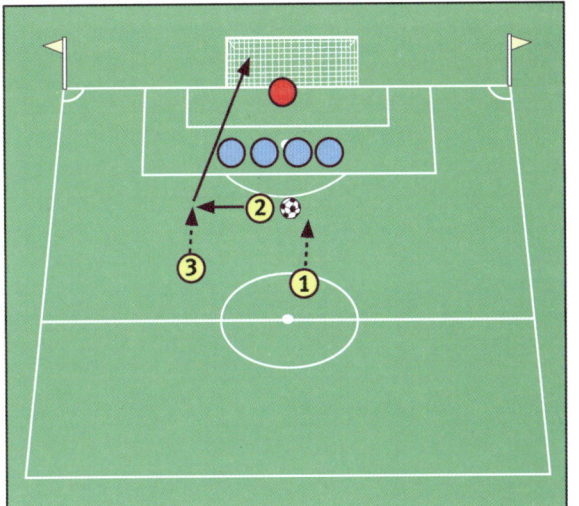

6. 3人的套路：队员1助跑，佯装要在传球队员（队员2）前面射门，但此时他用脚后跟传球给了队员3射门。

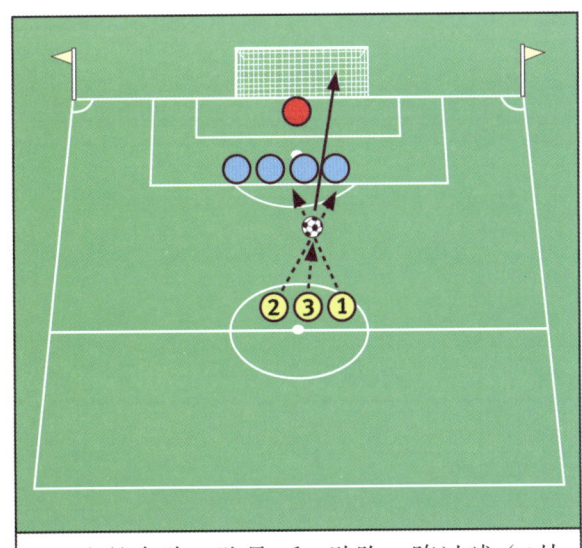

7. 3人的套路：队员1和2助跑，跨过球（1从右，2从左），队员3射门。

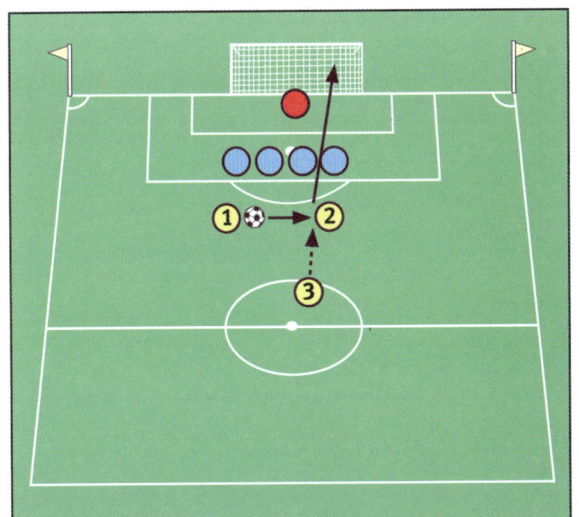

8. 3人的套路：队员1传球给2，2用脚将球停住，以便队员3射门。

B. 任意球

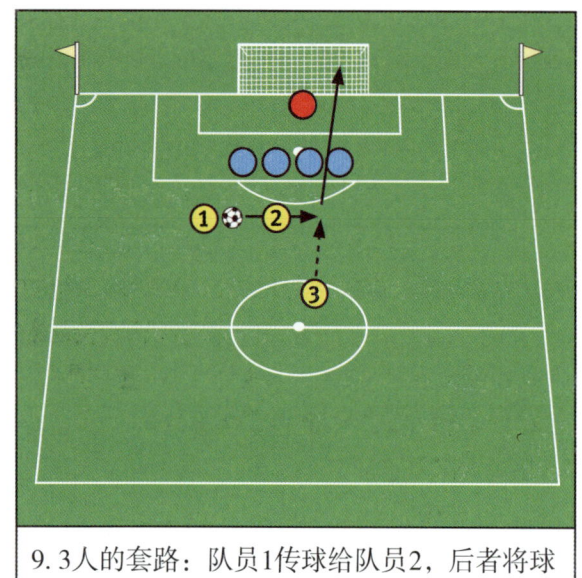

9. 3人的套路：队员1传球给队员2，后者将球从双腿间漏过，队员3射门。

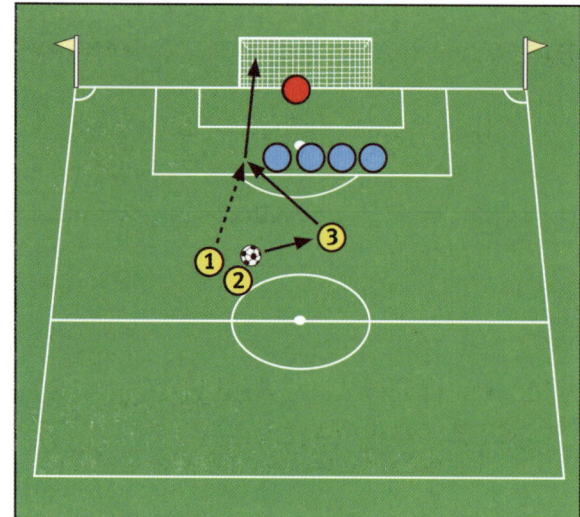

10. 3人的套路：队员1佯装射门，跑至人墙末尾，队员2传球给队员3，其将球再传给队员1，转身射门。

→ 当角球或进攻性任意球出现的时候，进攻方要利用转移对方注意力的战术迫使对方的人墙移动，并牵扯对方防守队员和守门员的注意力。

训练内容

整体训练

图 例

- ----▶ 无球队员跑动路线
- ∿▶ 有球队员运球路线
- ——▶ 球运行路线（传球或射门）
- △ 教练员
- A, B, C, D　所有队员的位置
- A1, A2　队员A的不同位置

整体训练：1. 进攻练习

1. 11对0 – 占据场地区域和控制球权
组织形式： – 球队运用其所选阵型（4-4-2 / 4-3-3 / 3-5-2 / 等）。
– 整个场地被划分成不同的区域用于此项训练（球队整体要占据这些所划分出来的区域）。
步骤： – 由守门员发球，其他队员相互传球（每人1～2次触球）；队员要保持移动并占据所标划出的区域（形成紧凑的阵型）。
– 队员可以在前场、后场和中路区域或者进攻位置上继续控制球权。
→ 教练员要给予指导，重点强调传球的质量，空间的占据以及整体的移动。
变化： – 教练员在每次进攻结束后将球传给不同位置的队员开始新的进攻。

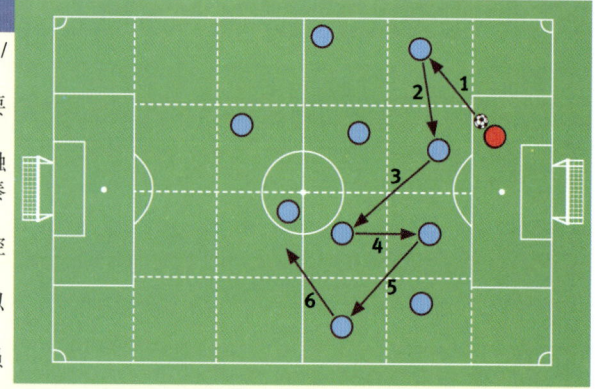

2. 11对1 – 控制球权和射门
组织形式：
– ○队运用其所选阵型。
– 整个场地被划分成不同的区域用于此项训练（球队整体要占据这些所划分出来的区域）。
– 进攻从守门员发起（当防守队员接到球后立即拉开）。
步骤：
– 队员间快速传递（每人1～2次触球），积极跑动接应，或者模拟比赛场景并完成射门。要限制射门前的传球次数。
→ 整体要不断移动，在跑动中传球，到空当处接球。
变化：
– 可以增加消极的防守队员（标志桶、假人、消极防守队员等）。使用没有划分出区域的场地。

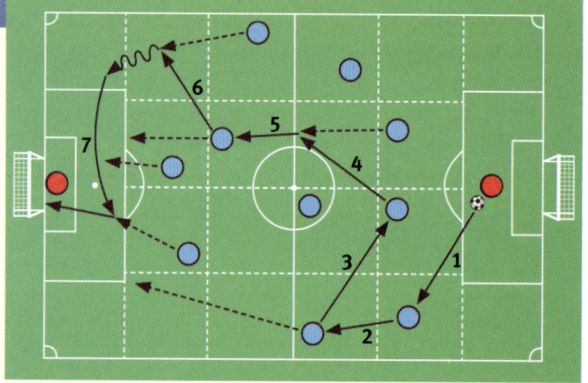

3. 11对6（7）+守门员；争取射门
组织形式：
– ○队是11名队员运用其所选择的阵型。
– ○队是6名队员在场地中间形成两道防线。
– 标准场地，但是限制防守区域。
步骤：
– 教练员始终将球交给○队，后者进攻争取射门得分。
– 如果○队获得球权，相互传递4次即得一分。当○队控制球时，○队要尽可能快速夺回球权。
→ 由攻转守再到进攻之间的相互转换。
变化：
– 如果○队获得球权，可以进攻○队的球门。

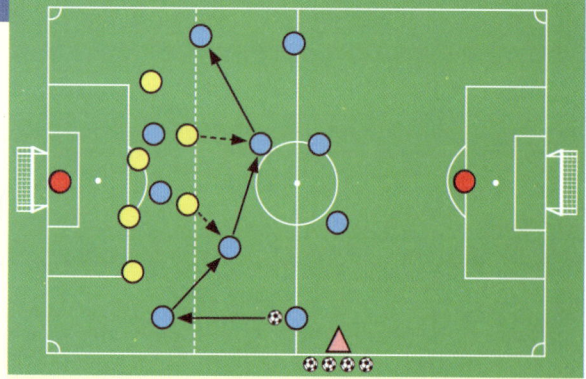

4. 10对7（8），阵地推进进攻和射门
组织形式：
– ○队占有人数优势（10名队员）。○队人数略少（7）。
– 2名中立的守门员参与双方进攻。
– 使用有区域划分的场地。
步骤：
– ○队要在射门之前，在没有特殊限制的情况下相互传递10次球。
– ○队要争取尽快夺得球权并射门得分。
– 进攻始终由守门员发起并交给○队。
→ 由攻转守（重点强调控制球权，节奏改变，逼压，夺回球权，射门）。

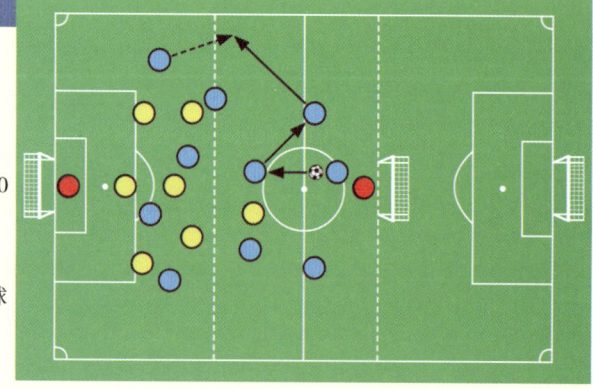

6 打法风格

整体训练：2. 防守练习

1. 0对11 – 想象中的比赛
组织形式：
- ●队运用4-4-2阵型（或4-3-3 / 3-5-2）。
- 整个场地被划分成不同区域用于此项训练（球队整体要占据这些所划分出来的区域）；防守队员可以是旗杆或者静止不动的队员。

步骤：
- ●队根据教练员的指示移动。
例如，全队形成一个防守整体向教练员所制定的旗杆移动（旗杆1、2、3等）。
→ 重点是快速并带有攻击性的移动；队员要遵从教练员的战术组织形式。

变化：
- 用6名队员代替旗杆，他们相互之间传球；球队要在保持紧凑的队形情况下移动。

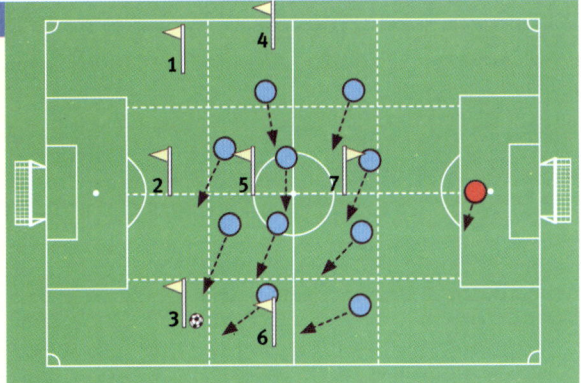

2. 5（6）对11 – 前场的防守
组织形式：
- ●队有人数优势，根据所运用的阵型组织防守。
- ○队6名队员+1名守门员以及2名处于对方半场的额外的队员。
- 整个场地被划分成不同的区域用于此项训练（球队整体要占据这些所划分出来的区域）。

步骤： – ○队要争取将球传出防守区域1；从接到守门员的传球后传递-2～3次至1区；可以长传至2名额外设置的○队员其中的1名。●队要阻止对方长传并夺回球权。一旦他们获得球权，可以回传并在中间的区域2控制球权。
→ 教练员给予指导并纠正训练中出现的错误。

变化： – 当●队队员接到球后，他可借助另一名●队员射门得分；○队防守队员要在区域3内积极防守。

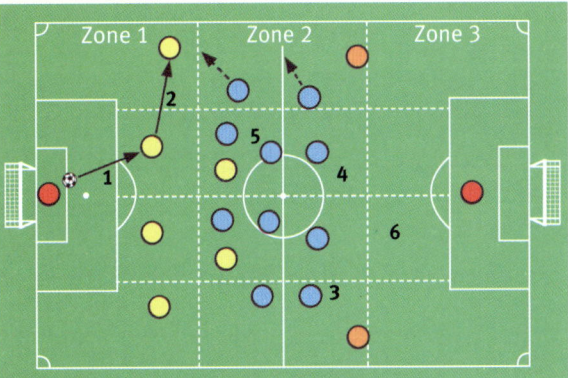

3. 8名防守队员+2名进攻队员防守对方10名进攻队员
组织形式：
- ●队10名队员防守（8人在区域2+3中）。
- ○队10名队员布满场地。
- 场地被划分成3个区域。没有任何特殊限制。
→ 由守转攻。

步骤：
- ○队由守门员发起进攻。在区域1中，只有2名●队员能参与防守。
- 在区域2和3中，●队有8名队员参与防守。○队正常采取进攻并争取射门得分。
- 当●队获得球权时，他们要快速利用2名处于区域1（5米的越位区）内的队员射门得分。在区域1内没有进攻上的限制：○队后卫防守，●队队员跟上给予前锋队员支援。

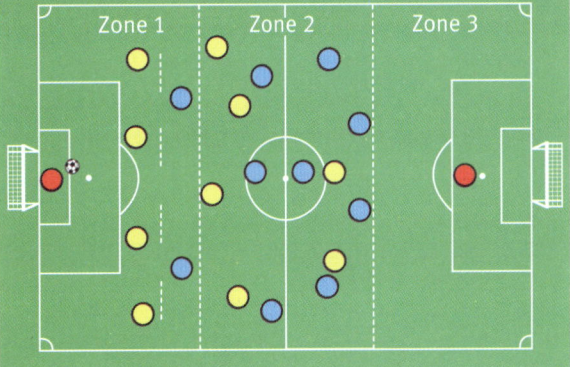

4. 11对11 – 由守转攻
组织形式：
- ●队采用教练员指定的阵型防守（4-4-2 / 4-3-3等）。
- ○队运用不同的阵型进攻。
- 球场被划分成3个区域。

步骤：
- ●队根据球所在区域采取相应的防守战术：
- 在区域1内，目标是破坏对方进攻。
- 在区域2内，目标是阻止对方通过中场。
- 在区域3内，目标是不能失分。
- 在区域2内，○队不能向前长传球。
- 当●队获得球权时，没有任何限制或者根据教练员的指示采取进攻。
→ 目的是拉开宽度，占据不同的区域并尝试进攻至前场。

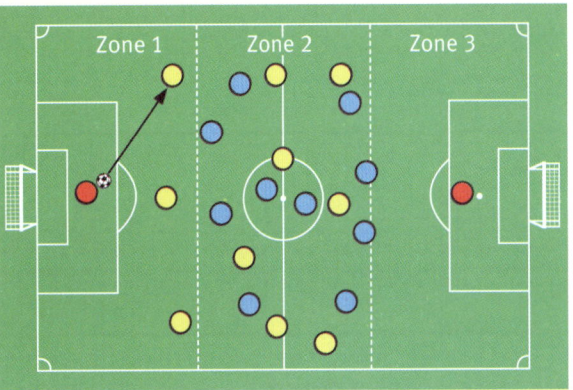

141

整体训练：3. 11对11比赛

1. 11对11 – 设置边路区域

组织形式：
- 双方在划分区域并空出边路空间的场地进行训练。双方运用各自指定的阵型（4-4-2 / 4-3-3 / 等）。

步骤：
- 在中路地区进行正常的比赛。
- 当队员因追球而进入所划分的边路区域时；他只有3次触球的机会，然后继续回到场地中路进行对抗（控球、传球、传中）。
- 其他队员也被限制2～3次触球。
- 通过正常配合进球得1分；传中射门得2分。

变化：
- 在球传给边路的进攻队员后，可以有1名防守队员跟进防守（形成1对1的情况）。
- 在边路设置2名防守队员（形成2对1的情况）。

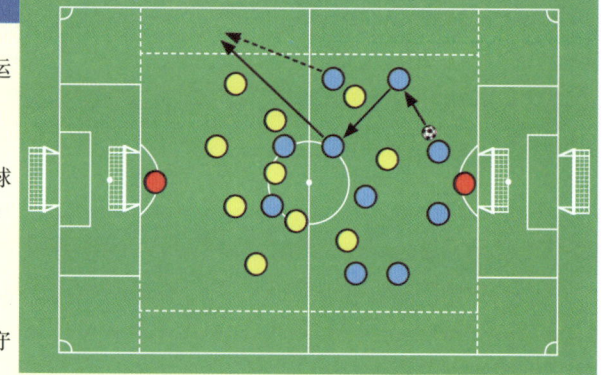

2. 11对11在中场区域

组织形式：
- ○队运用4-4-2阵型，○队运用4-3-3阵型。
- 在被划分出区域的场地进行训练。使用越位规则。

步骤：
- 守门员始终将球传给在中场区域的队友。有球一方的队员限制2次触球，争取越线进入防守区域后场（通过传球或带球）。
- 一旦一方进入对方防守区域，按正常的规则继续进行比赛。只有全体队员越过中线时进球有效（不包括守门员）。如果另一方夺回球权，在发起进攻前要回传守门员。
→ 由攻转守/由守转攻

变化：
- 防守方在抢到球后可以立刻发起进攻并争取射门得分（不用回撤或回传守门员）。

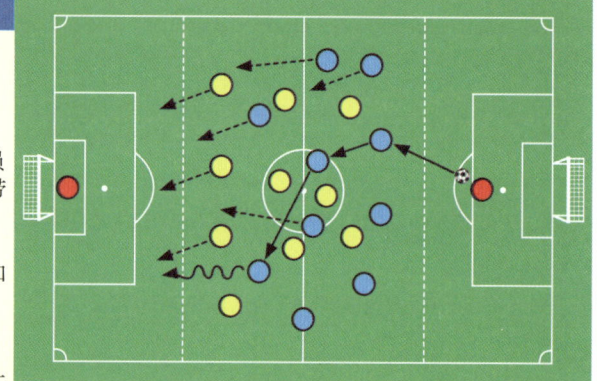

3. 11对11前场进攻

组织形式：
- ○队运用4-4-2阵型并进攻大门。
- ○队运用4-3-3阵型（或其他阵型）进行防守，可以发起快速反击。在划分区域的场地进行训练。

步骤：
- 训练始终从进攻大门一方的守门员开始。
- ○队要寻找射门得分的手段。
- ○队获得球权后，可以利用2个小球门中的任意一个得分（地滚球传过或带球穿过）。
带球穿过并射进大门（1对1面对守门员）时得第二分。

变化：
- 当○队队员带球得分后，○队队员可回追防守。

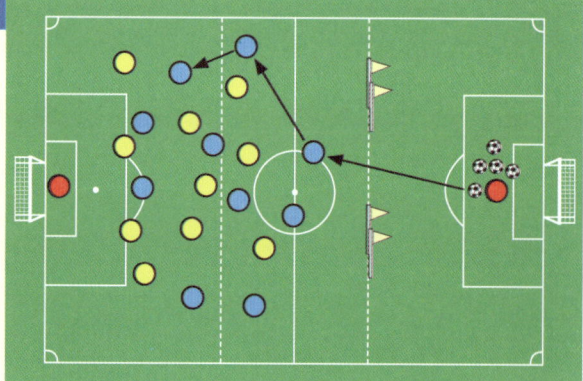

4. 11对11 – 实践比赛

组织形式： – 在标准场地进行无特殊规则的比赛。
- 教练员安排双方的阵型。
- 比赛时间：3×15（分）/ 3×20（分）/（或者根据教练员的决定）。

步骤：
- 没有任何限制或带有特殊的指示。
- 例如：15分钟的训练，○队运用4-4-2 阵型；○队运用3-5-2 阵型，在后场进行防守并组织防守反击的进攻。其后的15分钟○队运用4-3-3阵型。
- 最后的15分钟，教练员将比分设定为○队2：1领先，并且要保住胜果。○队要尽力去扳平比分。
→ 教练员可以给予指导也可让队员自由发挥。他可以调整阵型并纠正在战术上出现的错误。

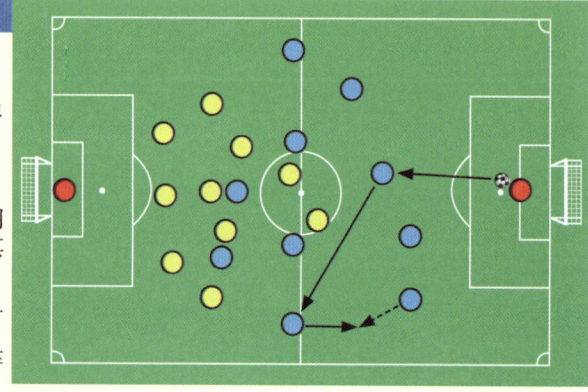

7 心理方面

1. 心智训练	144
2. 认知技能	149
训练内容	154

1. 心智训练

有决心、敢于冒险、展示进取和乐于奉献只是一些积极的心理态度，这些可见于运动员的比赛或训练之中。但运动员也会表现出消极的倾向，如比赛失利后队员会出现垂头丧气的表现，缺乏意志力，对自我能力的怀疑，不敢射门或者注意力不集中。这种负面思想状态会导致运动员竞技水平的下降，学习能力的降低以及限制自我水平的提升。顶级运动员能够区别于较高水平或者中等水平运动员的原因，就在于他们拥有解决自我心理问题的能力。良好的心理素质是成为顶级运动员一个必备的条件。

与其他竞技相关因素一样（技术、战术以及身体能力），运动员的心理能力可以通过平时训练以及具体的心理训练得到提高和巩固。

心理训练的目的

- 心理训练的目的不仅仅是改善队员的心理状态，而且同时通过激发大脑的潜质有助于其他竞技相关能力的提升。

这一章节中，在详细说明如何通过场地训练方法提高心理素质能力之前，先介绍可以影响运动员表现的心理因素。

心理素质表现在

集中力，注意力，准确性
- 运动员必须知道如何在恰当的时间处理正确的信息。
- 运动员必须有能力使自己精神集中并保持注意力。
- 运动员需要长时间内保持注意力集中。
- 运动员必须避免出现华而不实的技术失误。

自我控制
- 运动员必须以正确的方式处理对方队员的挑衅。
- 运动员在比赛困境中要自我克制。
- 运动员需要具备根据比赛中比分变化而随机应变的能力。
- 运动员必须能够自我解脱。

自信心
- 运动员要具备战胜一切的信心。
- 运动员必须头脑清醒。
- 运动员要清楚自己的价值。
- 运动员必须要有强烈的自尊心。

抵抗压力
- 运动员必须具备适应一切周围环境的能力。
- 运动员要在激烈的比赛中依然保持最佳状态。
- 运动员必须学会如何排除恐惧和控制自己的情绪。

攻击性
- 运动员在对抗中应表现出技能和力量。
- 运动员必须具有坚强的意志品质，通过比赛中的跑动或其他行为表现出来。
- 运动员要富有拼搏的精神。
- 运动员要勇猛顽强。

冒险精神
- 运动员要发挥想象力、创造力和自发能力。
- 运动员要具备摆脱困境的能力。
- 运动员要敢于尝试。

心理耐受力
- 运动员应能够不断努力，并能竭尽全力。
- 运动员要果断、顽强和坚韧。
- 运动员面对失败也要坚定不移。
- 运动员必须克服疲劳。
- 运动员必须超越自我。

竞争欲
- 运动员需要超越自我的能力—战斗欲。
- 运动员要具备在比赛中占据上风的强烈欲望。
- 运动员要具备强烈的求胜欲。
- 运动员需要具备对比赛的激情。
- 运动员必须表现出求战欲。

集体精神
- 运动员要排除任何利己的态度。
- 运动员要有奉献精神。
- 团队利益第一
- 运动员要表现出合作精神和集体精神。
- 交流沟通非常重要。

动机的提升，个人成就
- 运动员需要具备成功的决心和牺牲的精神。
- 运动员一定要对比赛充满激情。
- 运动员的竞技表现一定要充分体现他的竞技潜力。

力求上进
- 运动员要具备求知欲。
- 运动员要自我提问。
- 运动员要致力弥补自己的缺点。
- 运动员永远不要满足于现状。
- 运动员要勇于挑战自我极限。

心理素质训练

我们可以看到很多有潜质的青少年运动员或者未来之星,他们在比赛中普遍存在某种心理素质方面的问题。但是通过有规律性和重复性的训练方法,就像解决其他方面的问题一样,这类的问题在一定程度上能够得到改善。实际上,运动员在心理素质方面表现出来的不足(例如,缺乏进攻的欲望)多半是由于天生的个性原因所导致的,一般很难通过传统的训练方法去弥补,而需要运动心理学家的帮助。

训练中,根据训练的内容和周期,教练员可以将重点放在心理因素的训练上。将心理训练作为训练重点并与其他训练目标相结合,同时运用日常的训练方法是切实可行的。

例如:a)5对5的对抗练习加入2名中立队员,训练的重点是摆脱防守队员。教练员需要强调针对于心理素质的训练目标(集中注意力和沟通能力),同时融入具体的训练要求,从而使运动员注意力集中的程度提升,思维清晰,以及运动员彼此间沟通的能力的提高。

b)9对9的对抗训练,2个球门和2名守门员。训练持续时间30分钟。最后10分钟时,蓝队3比2领先。教练员此时要对黄队队员的思想态度进行训练(重点强调对抗性,自我控制和稳定性)。红队10名队员对抗8名队员,并竭力将比分扳平。蓝队队员要经受并化解压力,团结一心保持领先的优势。

c)有强度的身体训练中常常也可以着重强调心理素质的训练,如意志力,拼搏的精神,抗疲劳的能力以及超越自我极限的能力(心理承受力)。

其他可相结合的训练目标和对象:
- 技术训练可以与提高注意力、保持思维清晰和提升自信心的训练相结合。
- 战术训练可以与提高运动员的求知欲、团队精神以及严格遵守战术安排的训练相结合。
- 1对1的对抗训练可以与提高运动员的进攻欲望、攻击性以及意志力的训练相结合。
- 以提高运动员注意力为目的的训练比赛可以与提高运动员冒险精神、决策力、自我控制和创造力的训练相结合。
- 其他训练目标等。

所以训练的内容并不是最重要的,而教练员能够在正确的时间就运动员出现的失误或士气下降的原因给予指导才是更加重要的。

例如:
- 当运动员在训练比赛中缺乏责任感和实战性时
  - 教练员可以增加提高1对1对抗次数以及加快比赛节奏的规则。
  - 教练员可以重点强调得分的重要性。

- 当运动员注意力不集中时
  - 教练员可以增加训练内容的困难程度或者降低训练难度从而提高成功几率。
  - 教练员也可以改变训练的内容和方式。

心理训练的技巧

为确保教练员的工作效率最大化,也可运用直接的心理训练技巧,如强有力的词语或者选择更加实际和具体的目标。也可选择其他方法,例如放松、创造性视觉法以及对于运动员表现的评价等。

运用关键词语

有些词语对运动员的情绪有很大的影响作用(运用这些词语要比一段讲话更行之有效)。
例如:击球、灵活多变、攻击性、冒险、沉着冷静、控制、纪律。

思维表象

这是一种虚拟训练的技巧。运动员可以通过对情景创造性的想象技巧来启发自己的灵感,进而提高形成真实心理表象的能力,这种心理表象的形成可以是清晰的和可以控制的。
思维图像——➤ 豹子的心理意想有助于对于想要提高敏捷性的运动员。
　　　　　➤ 教练员希望他的队员能够模仿高水平运动员运用技巧的表象。

目标的确立

为确保有效性,目标的设立必须要清楚、具体、可行和可评性。
明确的目标能够确保所有学习和训练内容方法的成功。
➤ 目标由教练员来确定,但是也要汲取运动员的意见。
例如:在一个赛季中攻进15个球的队员,就意味着在一队中有10次首发出场比赛的机会。

积极的表述

大脑能够记忆感官和运动的行为经历。消极的表述只会增加教练员所担心事情发生的几率。
例如:你们今晚决不能输掉比赛——➤ 你们今晚必须赢!

运动表现的评价

有能力评价运动员的表现对于教练员来说是非常重要的,从而使教练员能够着重发展本队的技术优势,以及改变出现问题的原因和环节。

评价方式:

➤ 外界的反馈(教练员)
➤ 内在的反馈(自我评价)
例如:运动员可以通过观看上一场比赛的录像就自己的表现作出评价,同时教练员也给予评价,从而达到针对具体问题汲取经验的目的。

运动员的任务

教练员要相信自己的每一名队员都有能力将全队的表现最优化：
⟶ 这是运动员在场上的任务，同时也是场下的任务。
⟶ 教练员要融入运动员当中，同时提高他们的责任感。
例如：如果全队的表现不好，教练员可以指派队长和球队的核心队员组织全体队员召开队会，并让每名队员畅所欲言。

放松和兴奋的技巧

这些技巧可以帮助教练员调整强度水平：

放松 – 降低强度水平；
　　– 有助于身体和心理的恢复；
　　– 有助于运动员保持平和的心态，刺激心理状态和提高注意力。

兴奋 – 提高强度水平；
　　– 非常有助于训练。

自生性训练，冥想和瑜伽是广为所知的，它既是针对于高水平运动的放松方法，同时也是个人放松的方法。

结论

心理因素的发展和提升，可以从运动员从事训练阶段和发展阶段即开始进行。通过在训练中给予运动员具体的规则和指导，能够刺激运动员思维方式的发展。众所周知，思维方式的问题常常被看作个人原因，因此就要进行针对个人的一对一的训练来改变个人的问题。

> "集中注意力的艺术在我们所做的每件事当中都有着至关重要的作用：这就是集中于此时此地的事情。这就是我们应该持有的态度。"
>
> 雅尼克·诺阿

针对心理因素的训练方法会在本章最后的部分予以说明。

2. 认知技能

知道如何阅读比赛，拥有良好的全面观察、快速观察的能力以及快速采取正确行动的能力，都是优秀的战术意识的表现，这也是高水平队员和一般队员的差别。战术意识是运动员的认知能力、战术知识以及阅读比赛能力的体现。

定义

认知能力是一种本能的行为。积极的、有责任心的运动员，通过对比赛中信息（注意力/集中力/理解/预判）的收集对比赛的形式进行分析。所以这就涵盖了所有运动员根据自身能力所能理解的信息，并能够根据当时的情况采取最好的行动。我们可以说，就像运动员的协调能力是技术能力的根基一样，运动员的认知能力是其战术行为的基础。

> "智慧是成为高水平的现代足球运动员的重要一环，尤其是在针对当今多样性的战术打法要求以及整体配合的比赛当中。思维的速度、注意力的集中以及对于比赛的理解是足球比赛中的关键因素。"
>
> 法比奥·卡佩罗

认知能力的运用

运动员自身认知能力的实现以及对于认知能力的理解，是决定其是否能够最大限度地发挥自身的认知能力，也决定他的行为方式。

a）成功和理解

当运动员控制和管理其认知能力的时候，就预示着他有能力用不同的方法对自身的认知过程有清晰的了解。这就引出了这些知识如何从方法中提取出来的问题，因为任何的过程都从实际的行动开始。伟大的发展心理学家吉恩·皮亚杰提出了以下有关成功和理解的区别：

> "成功是对于具体情况的理解，并采取充分的行动，从而达到预期的目标；理解则是在相同的情况下能够成功地控制自己的思想。"
>
> 吉恩·皮亚杰

在儿童的发展时期，他们（皮亚杰称其"试运行阶段"）有能力完成具体的任务，尽管对这些任务没有完全的理解。之后（在"运行阶段"），他们可能会在自己的头脑中描绘自己的行为；可能会把他们每一个人相互联系在一起形成合作关系；同时，他们也可能会对所要采取行动的结果有简单的预测。在最后一个阶段（"正式阶段"），他们有能力将各个过程进行比较，作出各种因果关系的假设；在这个阶段，不再是有助于对于问题的理解，而是采取行动的原因。因此行动就会有计划地进行。只有达到了这个阶段，运动员才能够掌握在正式11对11人的比赛中的战术。这就是为什么比赛战术学习的过程要从青少年阶段开始的如此重要的原因。

b）元认知

元认知是用以形容关于某一主题拥有自我经验的知识，以及对于自我认知能力的控制；它可以与人相关（"我有很好的战术能力"），与任务相关（"做鱼跃头顶球对我来说太难了"），或者与战略相关（"我如何解决这个问题"）。

在元认知的第一个阶段，会有很难去察觉、理解、记忆或者去解决问题的感觉。所以在传授认知能力时，如果这些内容对体育项目十分有帮助，就要做好充足的准备。尤其是要将这些知识系统化和自动化。

认知过程的重要词语

- 理解

这是个人行为的第一步。它包括运动员在比赛中根据所发生的情况，所接受到的视觉信息，更好地分析所发生的情况，使其能够更好地做出相应的反应。

→ 在比赛的任何情况下，运动员要根据自己的分析问自己两个问题：
  – 我要在哪里观察？
  – 我要观察什么内容？
无疑这也预示着运动员在比赛中应该时刻抬头观察。

- 预判

> "具备预测和预判将要发生的情况的能力……这是运动员在吸收信息后的分析能力。它依靠于运动员对于信息的理解，之后决定采取何种行动。这也有助于后卫队员增强位置感。"
>
> 洛朗·布兰科（法国国家队）

- **宽阔的视野**

尽可能多地、尽可能远地观察比赛场上所发生的情况。

- **阅读比赛**

在比赛中收集所有相关信息的行为，对信息进行消化并采取正确的行为。

掌握认知能力的程度往往是作出不同战术决定的关键因素。

认知能力的训练（战术意识）

提高认知能力的目的在于确保运动员获得更好的战术素养，使其能够在比赛中根据所发生的情况迅速做出反应。首先，训练是一种获取经验，帮助运动员获取新鲜的、深层的和切实的比赛知识的途径，通过针对不同比赛情况下的训练来提高运动员反应能力和战术意识。需要记住的是战术和技战术训练的内容，必须保证对运动员的认知能力进行训练。可以通过丰富训练内容的多样性进行（不同方法的训练）。这也体现出积极的指导是尤为重要的。

想要在训练中重点加强对认知能力，尤其是针对理解和预判能力的训练，教练员必须对在实际比赛中会出现的情况有一个清晰的了解。所以，教练员就需要清楚地知道需要让队员去理解的内容，以及在什么时间去让队员做，这样也就能确保运动员能够达到教练员所要求的目标。

因此，运动员就要学习根据自己的位置职责，针对比赛中所出现的情况做出相应的反应。
所以，对比赛中会切实出现的情况就要认真地分析，并进行针对性的训练。

例如：理解的战略

	1对1进攻训练	情况分析
我必须观察哪里？	- 直接面对的对方防守队员 - 防守队员身后的空当 - 在对方罚球区附近的区域和球门附近的区域	集中注意力
我必须观察什么？	- 球与对方防守队员之间的距离 - 球队整体的位置 - 对方队员臀部和他的双腿（支撑腿）	发现这些问题并加以分析
如果… 我会…	- 如果对方队员位于内侧，我就立即变向从外侧突破	随机应变

心理方面

指导

对于教练员来说，重要的是知道如何将队员的注意力集中在能够帮助他们获取比赛信息的环节上（球、双方队员在场上的位置），同时也训练他们能够分析得到的信息并采取相应措施的能力。

但是，运动员同时也要去主动收集信息，为自己寻找解决问题的办法。运动员的自我意识和发现问题的能力，要远比教练员的讲解更加行之有效。

所以作为教练员要去探索，并通过引导队员去探索，同时鼓励他们去观察比赛，向那些优秀运动员学习。

例如：教练员不打断训练比赛。
　　　→ 之后要求队员说出在比赛中所遇到的问题。
　　　→ 鼓励队员自己去寻找解决问题的办法。

- 无附加规则限制的训练比赛，带有具体要求和目的的训练比赛，讲解性的训练比赛和针对具体技战术情况的训练是提高认知能力的实战性训练形式。
- 在进行认知能力训练时，年龄、技术水平、学习水平以及队员的经历，这些因素都要考虑在内。
- 认知能力可以从少年时期就得以发展，尤其是对于参加集体运动项目的孩子（从无球的游戏，如"警察抓小偷"，再到篮球、街头足球等，一直到最后的正式的足球比赛）。

→ 一名具备很高战术意识的队员，但可能由于思想和技术上的不足，会受到限制和阻力去作出正确的决定。

在介绍训练内容的章节中，将会说明各种提高认知能力和心理状态的实际训练方法和方式。

训练内容

第一部分　心理训练

第二部分　认知能力训练

图　例

----▶　无球队员跑动路线
∿▶　有球队员运球路线
——▶　球运行路线（传球或射门）
△　教练员
A、B、C、D　所有队员的位置
A1、A2　队员A的不同位置

心理训练：1. 提高心智状态训练

1. 提高注意力的技术训练
组织形式：— 2人1组 — 1组2球。
— 带有方向性的训练。
步骤：
— 2名队员相向站立，1名队员将球传给另一名队员。
— 2组队员传球时，互相之间不能干扰：
— 传地滚球；
— 1个球传地滚球，另一个球传空中球；
— 2名队员之间的距离逐渐加大；
— 队员接球时可以直接回传，也可以先控球再回传；
— 队员从一侧移动到另一侧，等等。
变化：— 队员B模仿队员A，做相同的动作。
— 设置时间限制，在时间段内不允许出现任何失误（比如1分钟）。

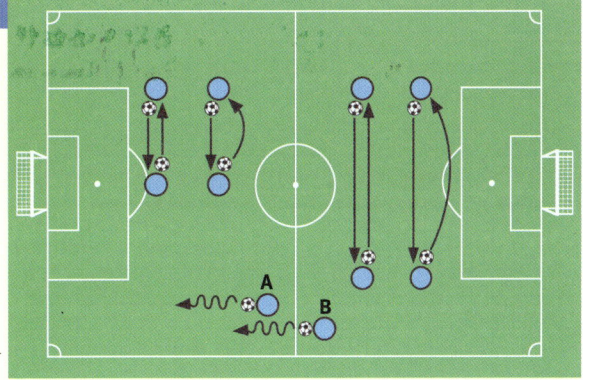

2. 提高注意力的技术训练
组织形式：
— 6人1组分为3组，呈直线队形。
— 每组1球。
步骤：
— 每组队员相向而立。
— 队员之间相互传球，只允许用头顶球。
— 传球队员传出球后移动到对面一组。
变化：
— 传球次数达到60次的为第一名。
— 测试在一分钟时间内哪一组的传球次数最多？
— 教练员也可运用1~2次触球的网式足球训练。

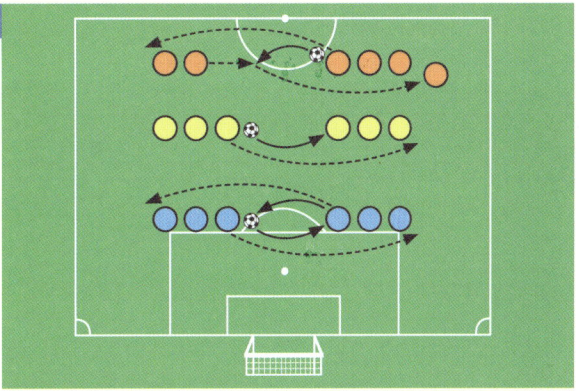

3. 提高注意力的技术训练以及队员在有限区域内正确选择跑动方向的能力
组织形式：
— 4人1组。
— 用标志桶或旗杆划分使用区域。
— 每组1球、带有方向性的训练。
步骤：
— 传球队员将球传出后跑到无队友的区域。
— 队员变换跑动速度。
— 使用场地的大小可变化。
— 从无限制传球到2次触球或1次触球。
变化：
— 同样的训练安排，但要求队员控制球权（3对1），并且必须1次或2次触球。

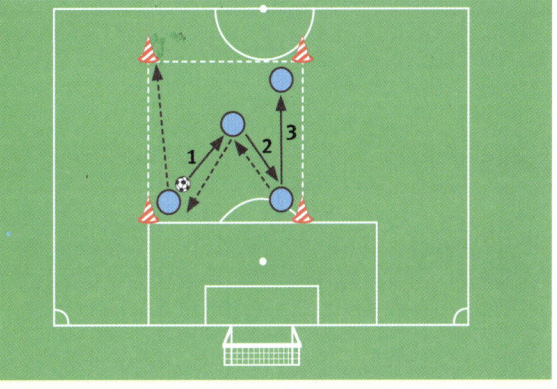

4. 保持注意力集中的技术训练
组织形式：— 5人1组，划分使用场地区域。
— 每组1球，带有方向性的训练。
步骤：— 在方块区域内，队员相互传球，随球方向移动，然后再重复传球。
— A传球给B，B回传给A；A将球回传至B向前跑动的身前位置。
— B传给C，C回传给B；B将球回传至C向前跑动的身前位置，以此类推。
— 必须传地滚球（1次或2次触球）。
— 逐渐增加传球的力量。
— 变换传球的方向。
变化：— 每组训练1分钟，队员尽可能不出现任何失误。
— 如果出现技术失误，这一组所有的队员要绕着传球的区域快速冲刺两圈。

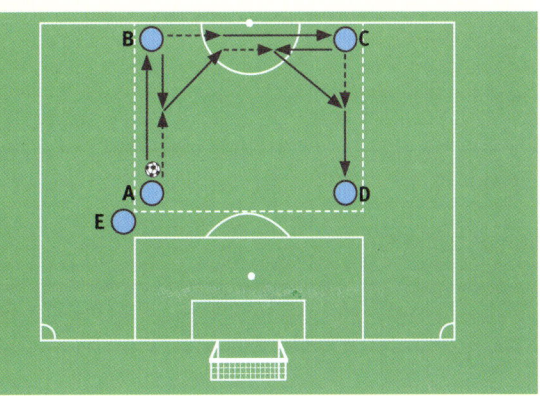

国际足联执教手册

心理训练：2. 结合实际比赛情况提高心智状态的训练

1. 训练队员处于疲劳状态下的门前能力–提高队员适应此状态的能力

组织形式：
- 10~12名队员1组 + 2名守门员；划分场区并设置两个相距30~35米的球门。
- 充足的备用球。

步骤： – A接B的传球，控球后完成射门。
- 射门后A转身接第二个传球，射门。
- 每名队员做4次。
- → 教练员计算每名队员射门得分的次数。

变化：
- 增加1名射门队员或防守队员。
- 新增加队员身穿号码衣（进攻或防守队员），以便教练员随时要求其参与到训练中。
- 增加每名队员射门的次数（根据训练的目的）。

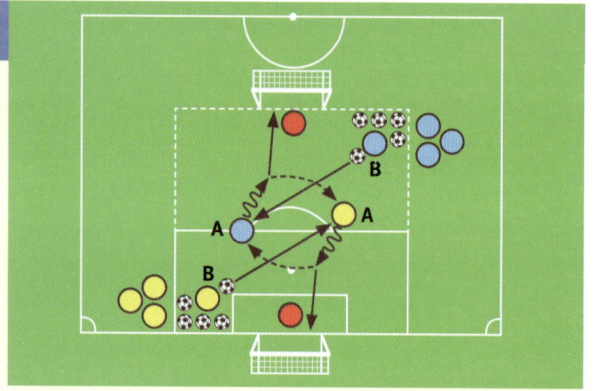

2. 提升自信心的实战训练（控制球权）

组织形式：
- 双方5~6名队员，划分使用场地区域。
- → 此训练项目也可作为比赛前热身活动。

步骤：
- 5对5比赛。
- 控球一方在无防守的有限区域内传控球（另一方不去抢球）。
- 改变防守队员的防守状态（半主动或完全主动）。
- 限制控球队员的触球次数。
- 一方控球超过1~2分钟，换另一方控球。

变化：
- 教练员可以在技术运用上给队员提出要求（例如，必须2次触球）。
- 队员必须用头传球。

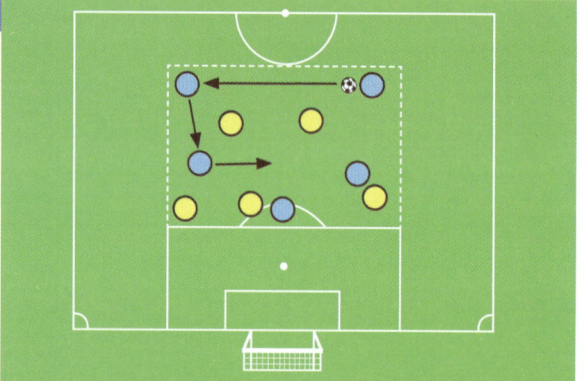

3. 提高队员在压力下保持注意力的实战训练（降低技术失误的次数）

组织形式： – 双方各8~9名队员。
- 8对8比赛，无守门员（或带有守门员）。
- 训练的重点是控制球权。

步骤：
- 限制或不限制进攻队员的触球次数。
- 出现明显技术失误的队员自觉离场。做技术练习（绕杆带球），或绕练习区域跑一圈。
- 在此期间，下场队员的一方在少一人的情况下，根据具体要求进行练习（逼抢、紧逼对方队员等）。

变化： – 教练员让出现技术失误的队员暂时离场。
- 加入自由人队员。
- 教练员计算队员技术失误的次数。

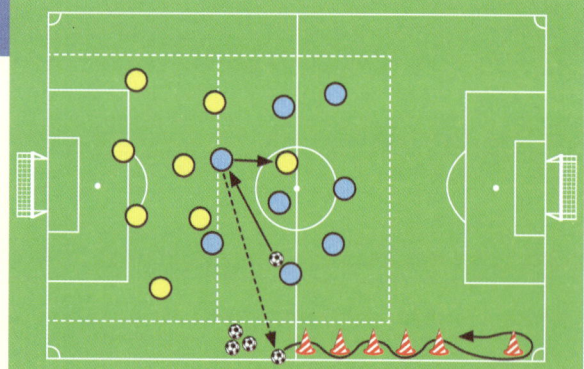

4. 提高队员控球能力、自信心和进攻意识的实战训练

组织形式：
- 🔵队11名队员，🟡队7~8名队员。
- 在比赛中，双方队员人数不平均（7对11或者8对11）。既可在正规比赛场地内进行，也可在划分的区域内进行。

步骤：
- 遵照正式比赛的规则进行（全力进行对抗）。
- 人数较少的一方在假设领先一球的情况下防守5分钟。
- 11名队员的一方要尽快扳平比分和领先对手。
- 教练员提供足球以保持训练的流畅性。

变化：
- 丢一球减少一名失球方的队员。
- 落后一方的守门员在本方获得角球时上前参与进攻。
- 在防守一方的后半场进行对抗。

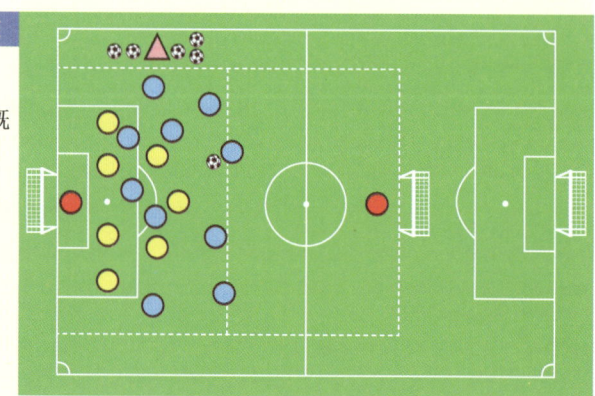

156

7 心理方面

认知能力训练：1. 实战比赛程序化练习

1. 小组传球练习
组织形式：
- 每组4名队员，分为3组（每组队员穿不同颜色的号码衣）。
- 划分使用区域。
- 练习中使用不同数量的足球，1球、2球最后3球。

步骤：
- 限制触球次数的传球练习（3-2-1）。
- 持球队员传球给不同号码衣的队员。
- 教练员给予技术指导（例如，只用一侧脚控球，用另一侧脚传球）。

变化：
- 可以在一开始的时候要求队员用手进行传递。
- 使用的场地大小可变化（根据训练技战术的目的）。
- 一个组可以由3、5或者6名队员组成。

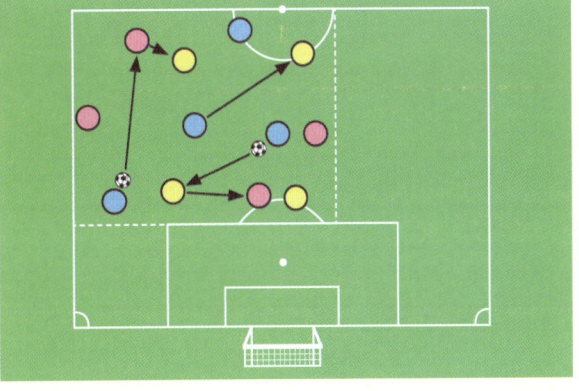

2. 小组传球练习
组织形式：
- 每组5~6名队员，分为4组（每组队员穿不同颜色的号码衣）。
- 将所划分的场区分成两部分。
- 从使用2球开始，再到3个球。

步骤：
- 传球中允许2~3次触球，传球给不同号码衣的队员。
- 🔵队只允许传球给🔴队。
- 🟡队只允许传球给🟠队。
- → 每组中1~2名队员始终处于另一半场区域内（以达到长短结合的目的）。

变化：
- 时间限制（例如，要求队员在2分钟内尽可能多地传球）。
- 实战练习：与其他组队员相互传球10次（例如，🔵队传球给🔴队，🟡队传球给🟠队）。

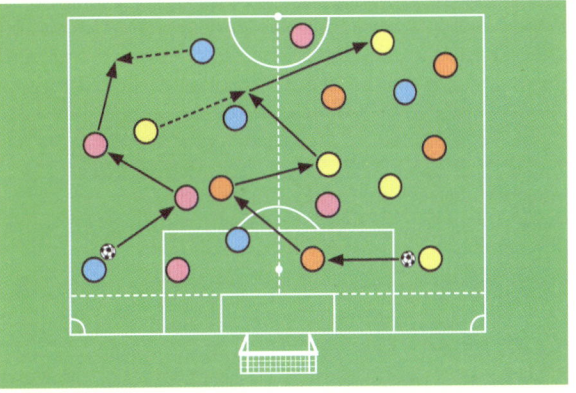

3. 4+4对4 实战练习提高保持控球权能力
组织形式：
- 每组4人，分为3组（每组队员穿不同颜色的号码衣）；划分使用区域。
- → 由1名队员掷球开始进行练习。

步骤：
- 重点是要求队员2~3次触球，传球给同伴队员。
- 其中两组为进攻方，🔵队和🔴队控球，🟡队防守。当其抢得球权后，丢球的一方变为防守方。
- （例如，🔵队丢球，🟡队和🔴队为进攻方）。

变化：
- 计算传球的次数。
- 增大使用区域的面积以鼓励队员使用更多的长传球和转移的球。
- 一组可以采用5、6或7名队员。

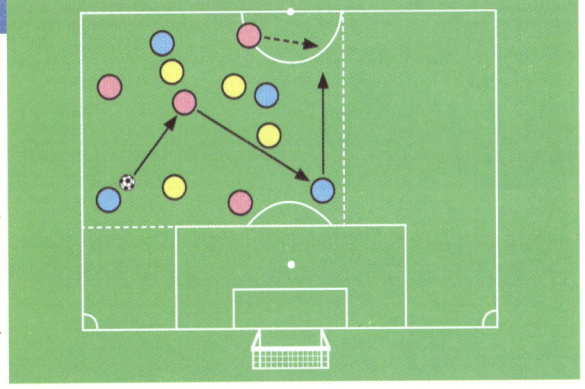

4. 全队传接球和移动练习
组织形式：
- 教练员安排全队练习的阵型（例如，4-3-1-2）。
- 不同位置队员穿不同颜色的号码衣（🔵/🔴/🟠）。

步骤：
- 11名队员作为整体进攻，身穿🟡号码衣的4~5名队员防守（半主动或主动）。
- 1~2次触球，控球一方争取尽快完成射门。
- 持球队员必须将球传给身穿不同颜色号码衣的队员。

变化：
- 接球队员不能将球回传给他的队友。
- 限制射门前的传球次数。
- 限制组织进攻的时间。

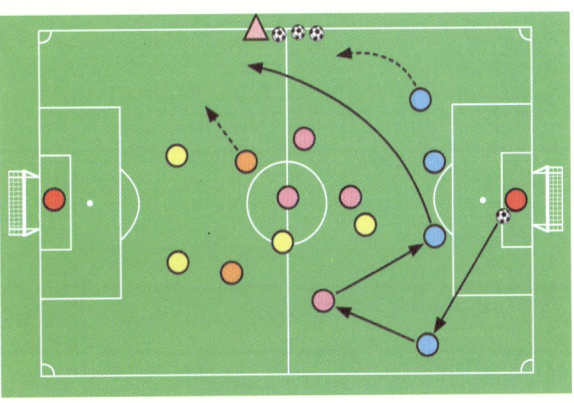

157

认知能力训练：2. 阅读比赛

1. 3对3对3 比赛，针对射门练习

组织形式：
- 每组3人，分为3组（每组队员身穿不同颜色的号码衣）+ 3 名守门员。
- 划分使用区域。
- 3个标准球门（也可使用标志杆）。
- → 练习进行中使用1个球。

步骤： – 3组队员各组为战。
- 每组队员试图将球打入另外两组的球门。
- 无任何附加的规则限制。
- 训练的重点是提高队员正确决策的能力。

变化： – 守门员不参与此项训练。
- 加入可参与3组队员进攻的自由队员。
- 场地大小和队员的人数可以变化。

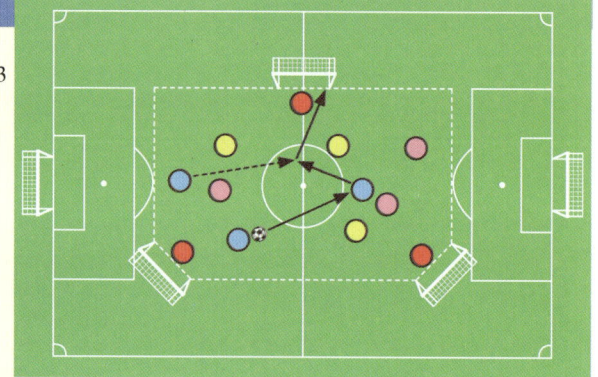

2. 3对3（或4对4）比赛，针对射门练习

组织形式：
- 每组3人，分为2组 + 2名中立守门员。
- 划分区域 + 2个标准球门。

步骤：
- 无任何附加的规则限制。2组队员可进攻两边球门。
- 守门员只能将球传给位于防守区域内的队员。
- 当球位于中立区域的时候，持球队员可以选择任何一个球门进攻。
- 当防守方在本方进攻区域内断球时，持球队员必须将球回传或带回中立区域。
- 如果一方射门得分，守门员传球给得分一方的队员继续进攻。
- 队员可以采取任何进攻方式射门得分。

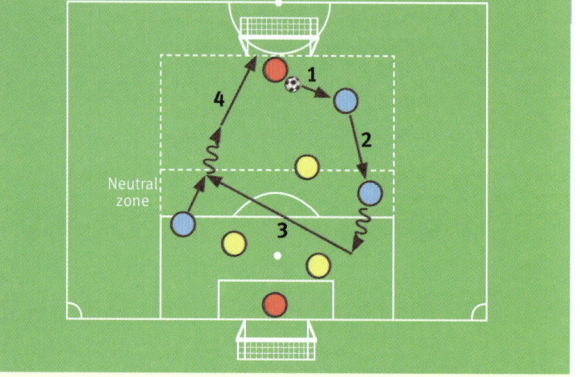

3. 4对4比赛，针对控球和射门练习

组织形式：
- 每组4名队员，分为3组（每组队员穿不同颜色的号码衣）+ 2名中立守门员。
- 划分场地区域 + 2个球门。

步骤：
- ○队和○队一组进攻○队。○和○队2次(1次)触球，射门前要完成10次传球，可以进攻任何一个球门，采取直接射门的方式。
- ○队在防守。如果得球，可以立即射门，或者与其他任何一组队员互相传球后再开始向任何一个球门进攻。○队无任何附加规则限制。
- 进行5～6分钟后改变攻防的球队。
- 计算得分最多的球队。

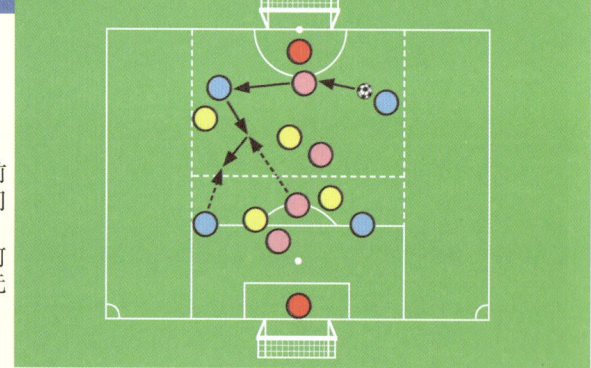

4. 11对7比赛 + 2 名守门员

组织形式： – 11对7 + 守门员。
- 11名队员一方各条线上的队员身穿不同颜色的号码衣（○/○/○）。– 7名队员一方身穿○色号码衣。
- 划分场地区域 + 2个标准球门 + 2个小球门。
- 教练员选择使用的阵型（例如，4-4-2 对 3-3-1）。

步骤： – 11名队员一方进攻，允许2~3次触球，传球至身着不同颜色号码衣的队友。
- ○队防守。如果得球，可以无任何附加规则的限制发起进攻，可进攻大门或任何一个小球门。
- 如果11名队员一方丢掉控球权，试图夺回球权，再组织进攻。

变化： – 教练员可增加具体要求（例如，当○队控球时11名队员一方要整体逼抢，只能传中射门得分才有效等）。

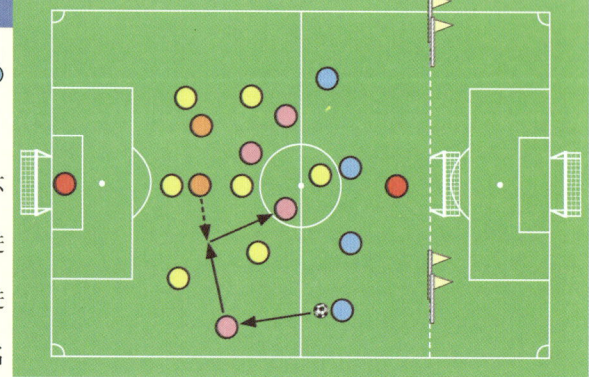

8 体能准备与提高及训练

1. 体能和现代足球比赛——实例与数据　　160
2. 足球运动员的竞技表现能力　　162
3. 耐力训练（有氧与无氧供能）　　166
4. 训练强度的评估和监测　　184
5. 力量训练　　188
6. 速度训练　　200
7. 柔韧性训练　　206
8. 协调性训练　　209

训练内容　　212

1. 体能和现代足球比赛实例与数据

现代足球运动员与比赛相关的活动

- 国际水平的运动员每个赛季参加60~70场比赛（代表俱乐部和国家队，以及一些友谊赛）。
- 国际水平的青少年运动员（16~20岁）每个赛季参加50~60场比赛，赛期为10个月。
- 那些具有天赋且正逐步达到最高水平的青少年运动员，每个赛季参加35~40场比赛。
- 由于国内和国际比赛，运动员外出旅行参赛的总量正在增加。

比赛中的活动

- 现在的比赛比以前更长：比赛平均时间为93~98分钟；实际比赛平均时间从1990年的50~55分钟增加到了现在的60分钟以上。

- 一场比赛中运动员的跑动距离为10000~13000米：
  - 中后卫：8000~10000米
  - 边后卫/边前卫：9000~12000米
  - 中前卫：11000~13000米
  - 前锋：9000~10000米

  → 慢跑或走：5000~6000米（60%~70%最大心率）；
  → 中高速跑：25000~35000米（80%~90%最大心率）；
  → 无氧阈跑：15000~25000米（90%~100%最大心率）；
  → 冲刺跑：600~1200米（50~70次冲刺）；
  → 后退跑：300~400米。

- 150~200次个人行动；

15~30次跳跃；

30~50次对抗；

15~30秒的高强度运动间歇；

30~70次触球（或更多，根据运动员场上位置）。

→ 足球是一项高强度、间歇性运动，因此有氧/无氧耐力和爆发性的速度都非常重要。

毫无疑问，身体准备必然是训练的一个要素。最近20年，这一要素得到了极大的发展。就整体而言，这得益于科研、生理学领域所积累的经验，运动医学所提供的支持，以及实践中的恢复手段及高质量的训练过程。

训练中，最佳的体能储备旨在确保运动员充分地利用自身技术、战术和心理能力，以及尽可能地满足整场比赛的需求，甚至整个赛季的需求。

当今，如果青少年运动员期望不断发展并逐步达到高水平，建立一个坚实的运动和心理基础已变得越来越重要。青少年发展是一个渐进过程，一般从12~14岁开始。在这个过程中，需要考虑运动员的生长发育特征、个人发育特点以及运动潜能。

8 体能准备与提高及训练

现代足球体能训练的组织应尽可能地以结合球的方式进行,这是因为"球"对任何运动员来说都是最基本的工具。这一原则不仅适用于高水平职业运动员,也适用于青少年运动员。

在进行训练课组织时,根据不同训练目的,教练员应该在综合体能训练(结合球)和单纯体能训练(无球)之间找到平衡。

表1 比赛活动和相应的供能方式(2002)

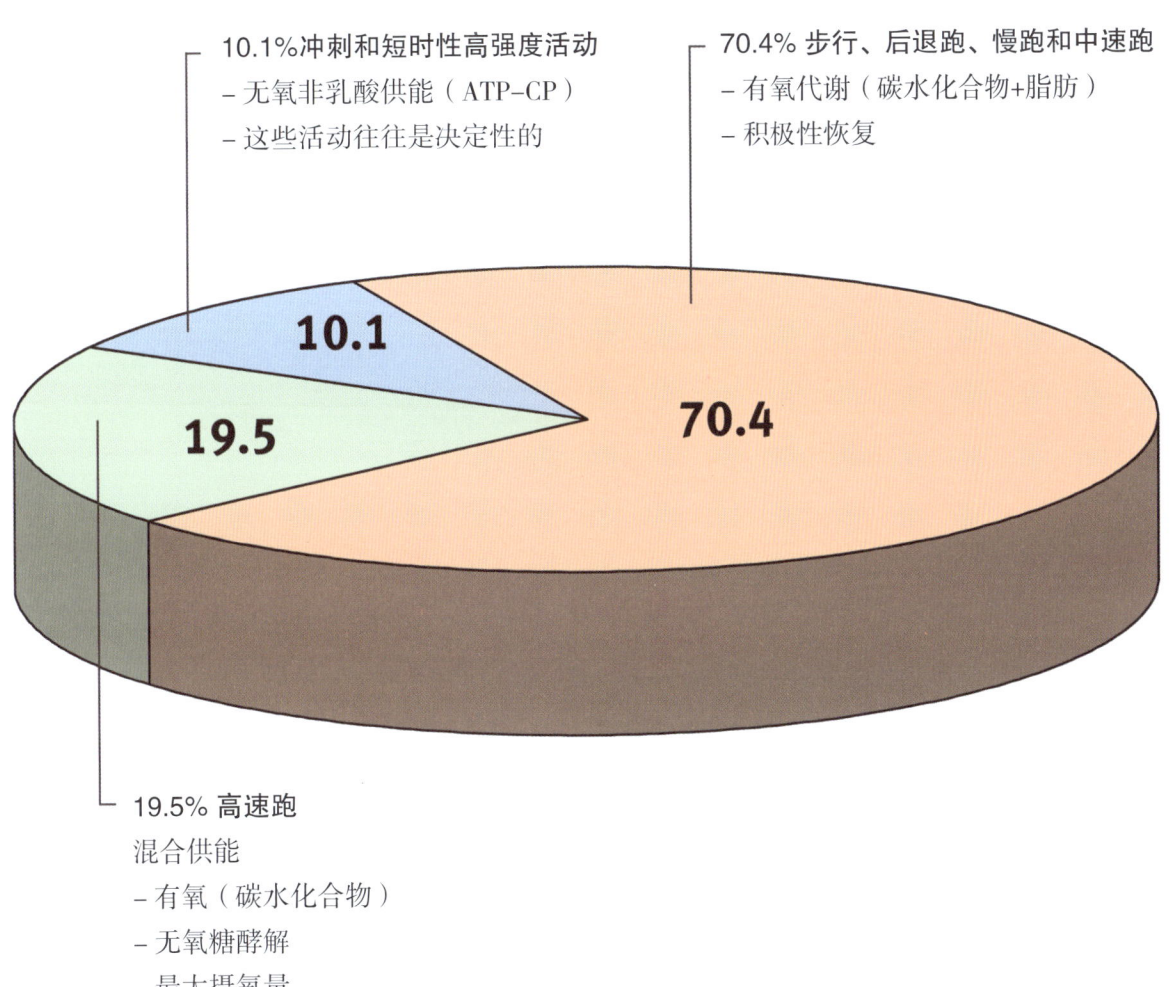

10.1%冲刺和短时性高强度活动
– 无氧非乳酸供能(ATP-CP)
– 这些活动往往是决定性的

70.4% 步行、后退跑、慢跑和中速跑
– 有氧代谢(碳水化合物+脂肪)
– 积极性恢复

19.5% 高速跑
混合供能
– 有氧(碳水化合物)
– 无氧糖酵解
– 最大摄氧量

2. 足球运动员的竞技表现能力

比赛运动表现受多种因素影响。

表2　影响运动表现的因素

（格罗塞尔等，1986）

```
                    ┌─────────────┬─────────────┐
                    │   协调性    │  运动技能   │
                    ├─────────────┴─────────────┤
                    │           技术            │
                    └───────────────────────────┘

  ┌──────────────┐                        ┌──────────────┐
  │  运动能力    │                        │ 战术能力和   │
  │     和       │                        │  认知技能    │
  │  身体能力    │                        │ • 足球意识   │
  │              │                        │ • 足球智力   │
  └──────────────┘                        └──────────────┘

                    ┌───────────────────────────┐
                    │      比赛运动表现         │
                    └───────────────────────────┘

  ┌──────────────┐                        ┌──────────────┐
  │  基本特征    │                        │ 心理和社会因素│
  │ • 体格       │                        │ • 动机       │
  │ • 天赋       │                        │ • 天性       │
  │ • 健康状况   │                        │ • 社会环境、家庭│
  └──────────────┘                        └──────────────┘

                    ┌──────┬──────┬──────┬──────┐
                    │ 力量 │ 速度 │ 耐力 │ 柔韧 │
                    ├──────┴──────┴──────┴──────┤
                    │           体能            │
                    └───────────────────────────┘
```

运动员的运动能力、身体素质是构成其运动表现所有要素的基石。这些要素和谐、有序地发展将确保运动员达到最佳的自我"塑造"。

表3　足球运动员体能 — 金三角

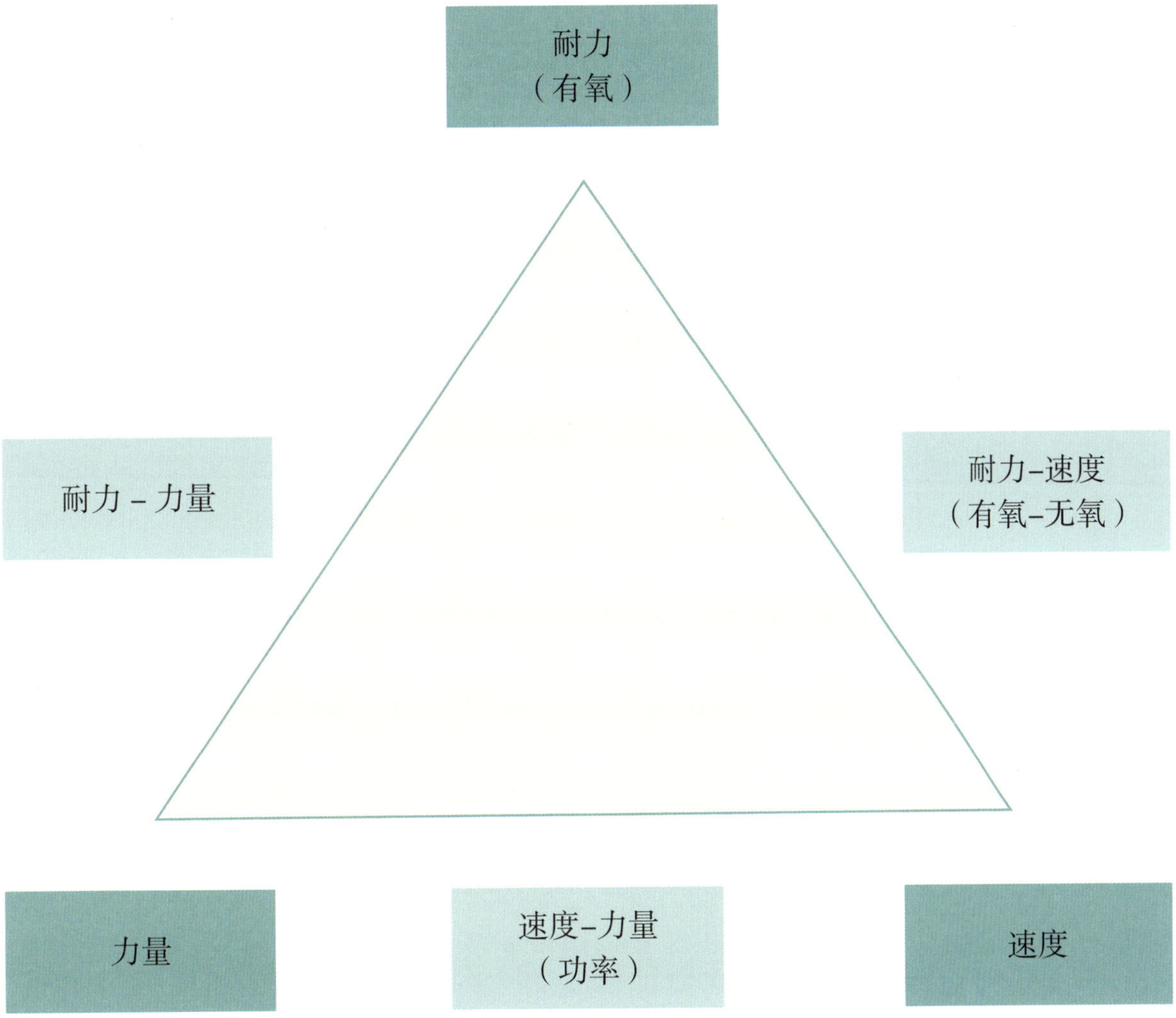

```
                耐力
               （有氧）

                  △
                 ╱ ╲
                ╱   ╲
耐力-力量      ╱     ╲      耐力-速度
              ╱       ╲    （有氧-无氧）
             ╱         ╲
            ╱           ╲
           ╱_____╲

  力量        速度-力量            速度
              （功率）
```

表4 影响足球运动员体能的因素

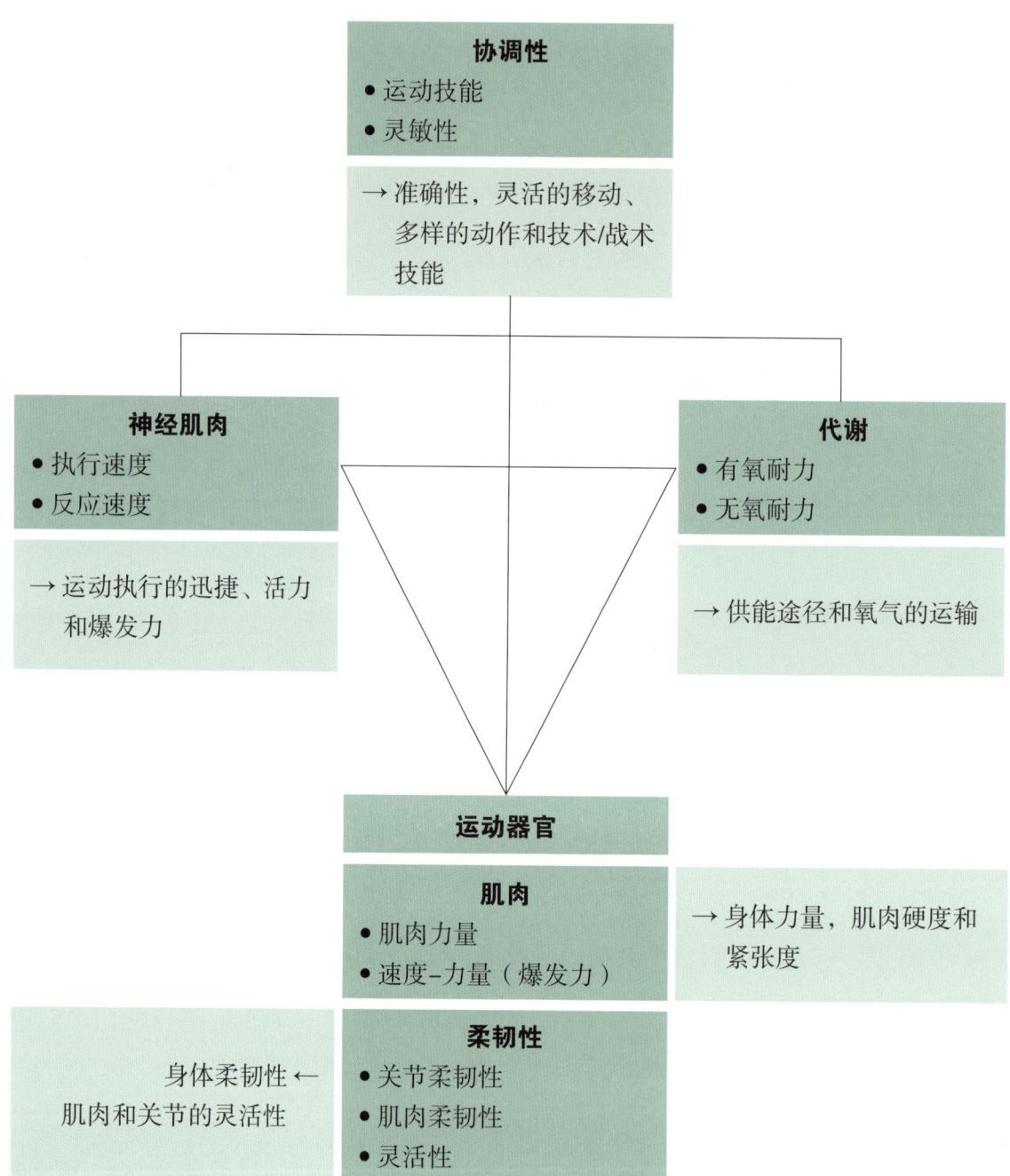

如果一名运动员期望具有高度精确的协调技能，那么具备强健的运动器官和良好的机体及神经肌肉质量是至关重要的。拥有一个健康的、运动的和强有力的身体，有助于提高运动神经肌肉质量以及心理和技能。

8 体能准备与提高及训练

定义

协调性：	协调性是具备良好技术熟练程度的基础，有助于控制、调节和掌握运动的精准度。
速度：	速度被称为现代足球比赛的"主导"要素。速度是指在神经肌肉系统和身体力量的共同作用下，尽可能快地完成运动动作。
肌肉力量：	肌肉力量指肌肉收缩产生张力的能力，可以为单个肌肉或一个肌群。这种张力以爆发性的方式产生，同时引起肌肉功率的提高（力量的产物就是运动速度）。肌肉力量与身体活力、状况和精力密切相关，同时增强了自信心。
柔韧性（灵活性）：	柔韧性指单关节或多关节轻松、较大活动幅度地完成运动动作的能力。柔韧性取决于两个因素：关节灵活性和肌肉伸展能力。
有氧耐力：	有氧耐力指机体尽可能长时间、不间断进行运动的能力。这种耐力必须"燃烧"足够数量的氧气（O_2）。有氧耐力有助于机体高强度运动后的恢复。
无氧耐力：	无氧耐力指在无氧状态下机体进行剧烈运动的能力。在这种非常高强度的耐力情况下，肌肉进行无氧供能并产生乳酸；当乳酸堆积到一定程度后，常常导致运动强度的下降，甚至导致运动的完全停止，这种情况同样伴随在比赛的个别活动中。

3. 耐力训练（有氧与无氧供能）

人体能量来源于外部食物，食物内的能量物质经过氧化后产生ATP（三磷酸腺苷），ATP是肌肉供能的直接能源。

ATP的合成有三个供能途径：
- ATP-CP供能系统（为肌肉短时、爆发性的收缩提高能量）；
- 糖酵解供能系统（碳水化合物的分解）；
- 有氧供能系统（供能底物在有氧情况下的分解过程）；

在剧烈运动的最初几分钟，能量供应主要来自于ATP-CP和糖无氧酵解供能系统。长时间运动时所消耗的大量能量，主要来自于有氧供能系统（有氧代谢）。

表5 能量供应（无氧/有氧）

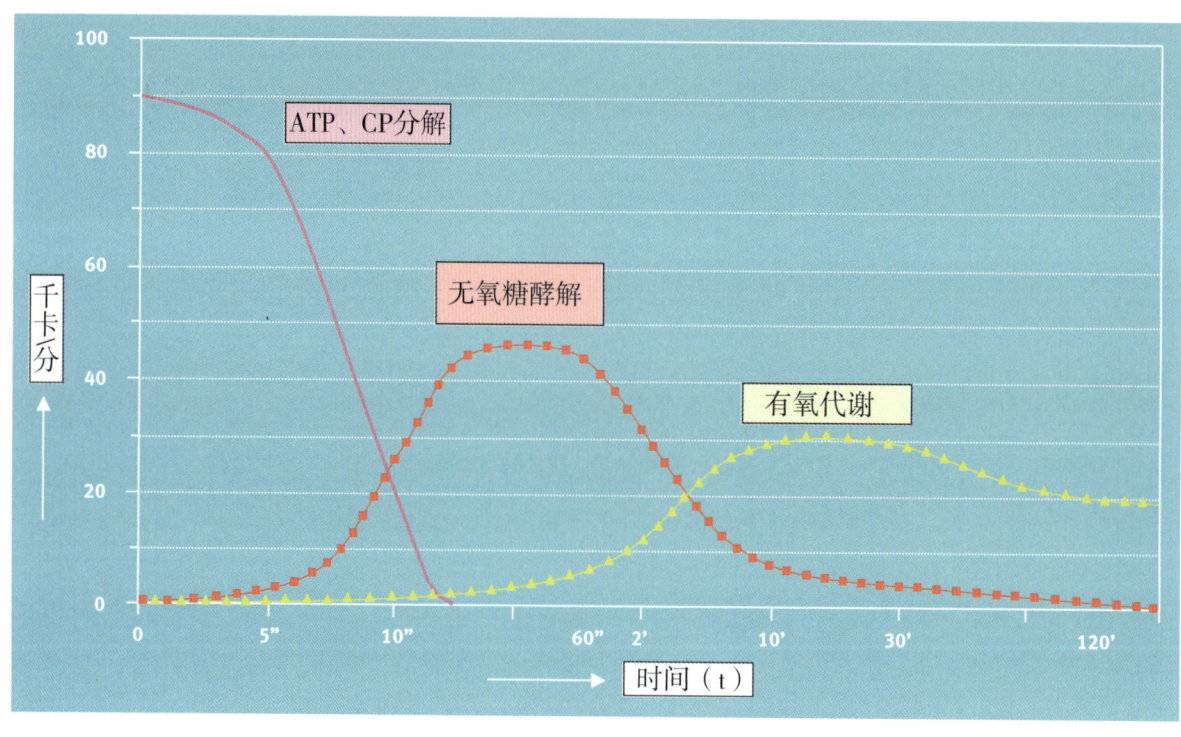

能量再合成系统来自机体的两个供能途径：有氧代谢和无氧代谢。

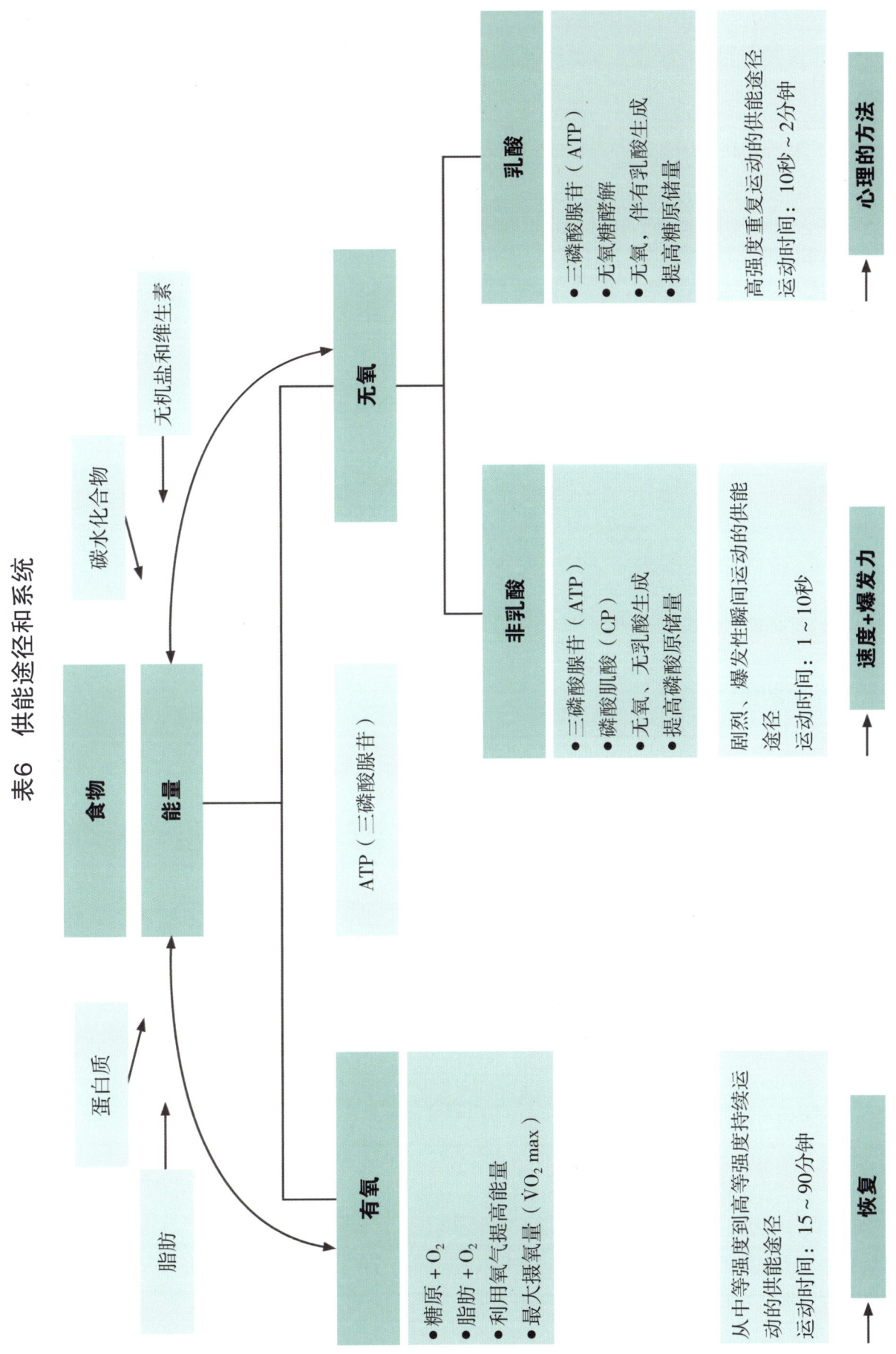

表6 供能途径和系统

耐力训练的作用

有氧耐力
- 有利于短时间和长时间运动过程的恢复。
- 延缓身心疲劳的产生。
- 改善心血管循环，增加肌肉内和周边毛细血管数量。
- 有助于促进更深入、更充分的呼吸。
- 促进心脏功能更强大、更有力。
- 增加糖原储备。
- 促进机体更好地燃烧脂肪。
- 消除体内毒素。
- 降低损伤风险。

无氧耐力
- 增加磷酸盐系统的能力，从而延缓肌肉乳酸的堆积。
- 有助于运动员更长时间地剧烈运动。
- 有助于运动员适应和耐受乳酸。
- 提高工作效率，尤其在压迫和高强度长距离奔跑时。

影响耐力的因素

最大摄氧量
最大摄氧量作为评估运动员有氧能力和心肺耐力的一个指标，其定义为：
> 最大摄氧量，即在持续运动或递增负荷运动时（供能过程以有氧为主），运动员所利用的最大氧气量。最大摄氧量可通过特定的实验室或场地测试来测定，计量单位为ml / (kg · min)。

在某种程度上，运动员最大摄氧量类似机器的发动机容量。因此，如果最大摄氧量更大且能更有效地利用氧，那么队员比赛中的运动表现则更佳。高水平运动员最大摄氧量可达70 ml / (kg · min)，甚至更高，这主要取决于运动专项对于耐力水平的要求。最大摄氧量已成为现代足球的一个参考标准，顶级运动员，甚至青少年运动员（16~17岁）最大摄氧量的标准值为58~68 ml / (kg · min)；同时，60~62 ml / (kg · min)的最大摄氧量值被认为是较好的。

快肌纤维和慢肌纤维
慢肌纤维（ST）和快肌纤维（FT）的比例也会影响耐力能力。快肌纤维通过适当的训练，可转换为慢肌纤维；同样，慢肌纤维也可以转换为快肌纤维，但是转化量非常有限。耐力训练，特别是基础性训练（有氧能力）时，快肌纤维处于"休眠状态"；因此，建议在耐力训练课结束前，加入协调性练习、速度练习和其他形式的反应练习。

无氧阈

无氧阈值因人而异。此数值表明在某种运动强度下，运动时血液中的乳酸浓度。当血乳酸浓度未超过4mmol/L时，供能以有氧为主；超过这一数值（无氧阈值）时，无氧酵解即开始动员。这就是所谓的有氧阈和无氧阈临界区，也称之为"红区"。

表7 有氧代谢能力参数

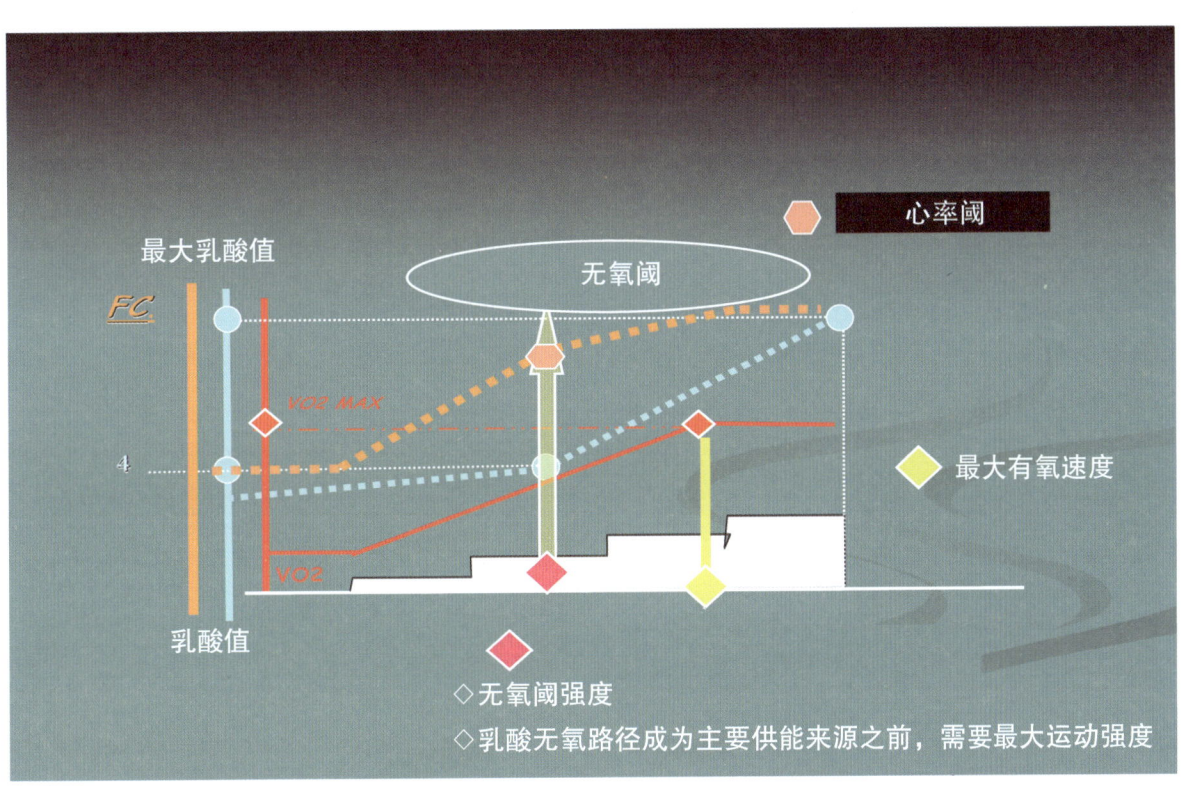

米歇尔·拉马齐纳博士（瑞士）

无氧阈和最大有氧速度（MAS）是非常重要的训练学参考指标，教练员可以利用这些信息来提高耐力训练的效率。

其他因素

温度调节（产热）和体液丢失（缺水）不仅对耐力运动表现，甚至心理运动表现（口渴、脉搏加快、痉挛、触发弱点、逐步富于攻击性等的感觉）产生不利影响。训练时，特别是在非常炎热的气候下运动时，及时补液可降低发生问题的风险。整体健康状态、饮食、年龄和心理因素也会影响耐力能力。

耐力训练的目标
- 增加最大摄氧量。
- 发展氧储备（有氧代谢能力）。
- 提高心输出量，最大有氧功率。
- 提高无氧阈值。
- 改善心脏和心血管、呼吸系统的整体代谢。
- 提高有氧和无氧供能。
- 促进恢复。

→ 对足球运动员而言，耐力是一个非常重要的身体素质。耐力的发展开始于青少年早期阶段，并以各种形式的有球训练或其他体育活动为主。

有氧和无氧耐力训练的方法

表8金字塔表明了耐力训练的不同分区，以及根据有氧、无氧代谢特征而划分的不同发展时期。根据训练目标，确定"目标"训练区，训练区强度如前所述以最大心率百分比值所界定的基础耐力、耐力能力、耐力功来反映。我们认为，了解这些目标区有助于教练员改善训练计划。

例如：训练3区是专项有氧训练阶段，也称之为有氧功阶段；同时，也是高强度耐力训练的首个阶段，但仍以有氧代谢为主。

表8 耐力训练分区

就有氧能力而言，泛化阶段的训练重点在于数量（即长时间运动）。
就有氧功而言，强化阶段的训练重点在于质量和强度（即短时间运动）。

持续或长时间间歇训练法

训练区1和2

训练目标
- 基础训练；
- 耐力（有氧能力）；
- 氧和作用 + 毛细血管作用；
- 建立基础性有氧能力（氧储备），促进肌肉更好地利用氧。

训练形式
- 中慢速跑：慢跑、越野跑（如在森林中跑，氧和作用更佳）；
- 有球跑动：2~3名或更多运动员之间的传球练习等；
- 结合跑动的技术和技战术训练；
- 不间断的比赛（7对7/8对8/9对9……）。

训练时间
- 20~60分钟（50分钟最佳），跑动距离6~12公里。

训练强度
- 低强度；50%~70%最大心率（氧和作用和毛细血管作用）；
- 中等强度；70%~80%最大心率；
- 平均心率在120~160次/分。

训练选择
- 持续运动（如30分钟或长时间间歇性递增负荷的训练：70%最大心率运动10分钟和80%最大心率运动两个10分钟）；
- 长时间间歇性运动（如6个1000米跑，每两次跑后间歇时间依次为5分15秒、4分45秒，4分30秒）。

间歇训练法

训练区2、3和4（根据训练区2的强度）

训练目标
- 低强度耐力（有氧能力）；
- 高强度耐力（有氧功和最大有氧功）；
- 专项耐力（有氧/无氧）；
- 提高无氧阈值；
- 增加最大摄氧量。

训练形式
- 间歇跑（中短距离跑）；
- 金字塔型跑（如：600米–500米–400米–300米–200米–300米–400米等）；
- 技术或技术/战术训练；
- 小场地比赛（5对5/4对4/3对3/5对4……）；
- 一方人数占优的比赛或限制传球次数的比赛。

训练时间
- 15~30分钟跑或3~6公里跑（平均4公里）；
- 每组3~12分钟的不同形式的练习比赛。

训练强度
- 高强度；80%~90%最大心率；
- 平均心率在160~180次/分（或更高，取决于运动员能力）。

恢复
- 取决于重复的次数（主动或被动），但心率必须恢复至120~130次/分；
- 组间间歇时间4~8分钟。

能否从一个训练区进入到下一个训练区，取决于运动员的努力程度和恢复时间

间歇训练法

这是一种高、低强度交替变换的间歇训练法，但每次重复高强度训练时休息心率不能低于150次/分。这种训练方法比较接近比赛的实际情况，一般安排在比赛期之前或比赛期。为了提高这种训练方法的质量，教练员最好之前先了解运动员最大有氧速度（MAS）和/或无氧阈速度见表9a)和表9b)。

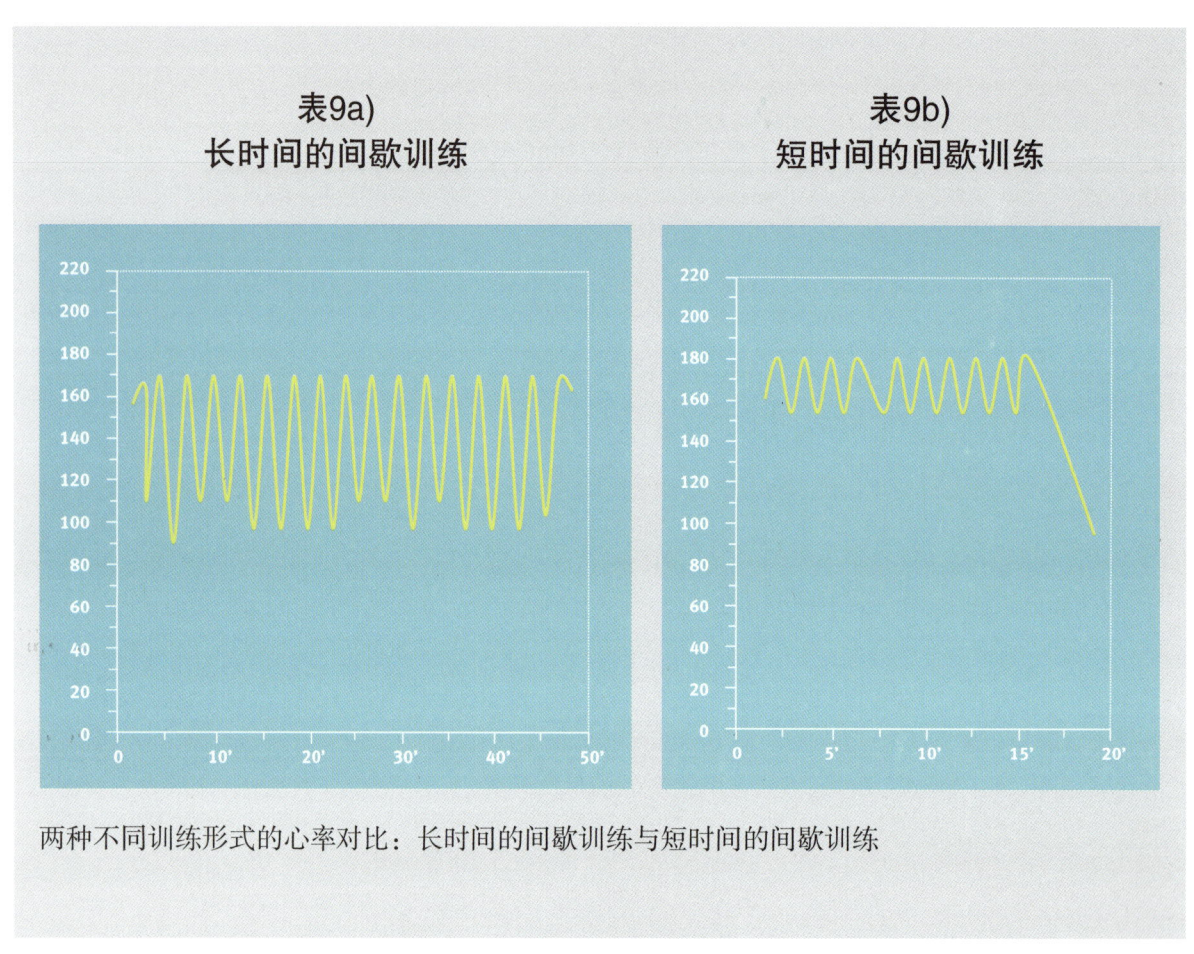

两种不同训练形式的心率对比：长时间的间歇训练与短时间的间歇训练

可以看出，只有表9b)的间歇性训练要求不间断的高水平最大有氧功：心率波动幅度较小且接近最大心率。表9a)显然不是如此。

训练区3和4

训练目标
- 在最大有氧功（MAP）训练下发展有氧功（AP）；
- 提高无氧 – 无氧耐力和增加最大摄氧量；
- 刺激供能路径和快肌纤维；
- 提高无氧阈值；
- 提高有氧速度（耐力速度）。

训练形式
- 间歇跑；
- 间歇性技术训练（跑动和技术训练）；
- 混合性间歇训练（低跳、高跳、跑、技术训练）；

具体参见训练内容。

训练时间
- 总训练时间12～20分钟，每组5～8分钟（取决于训练类型和训练强度）；
- 组间进行5～10分钟的积极性恢复；
- 运动–间歇比为15：15分钟（如15：15分钟→15分钟低强度比15分钟高强度，或10：20分钟/15：30分钟/5：25分钟。

运动 – 间歇比的选择应考虑运动员位置。
例如：
- 前卫（15：15分钟；15：30分钟）；
- 后卫和边前卫（10：20分钟）；
- 前锋和中后卫（5：25分钟）。

训练强度
- 85%～100%最大心率；
- 平均心率165～180次/分。

法特莱特训练法

法特莱特（瑞典语，其义为"速度游戏"）被认为是间歇训练法的前身，指在不同地形上进行快速、中速、慢速跑。因此，它可以描述为自发性间歇训练，运动和恢复时间没有间歇训练法要求那么精确。快速、中速和慢速跑之间的比例取决于运动员特定的需求、身体状况、个人喜好。这种方法可以用来发展有氧和无氧能力，具体取决于所追求的训练目标（福克斯和马修斯，1984年）。

就足球而言，各种练习比赛和变速跑练习都可以认为是法特莱特训练。
练习时需要不断地变换节奏（如中速1分钟、慢速2分钟、高速15秒、慢速2分钟等）。法特莱特训练法经常在准备期与持续训练法结合使用，也可以用于赛期前。

训练区2和3（也包括4）

训练目标
- 基础和专项训练；
- 耐力（有氧代谢能力）；
- 耐力（有氧功）。

训练形式
- 变速跑（如有球或无球、越野跑、森林跑）。

训练时间
- 总训练时间为15～30分钟，分为2～3组，每组8～15分钟
- 中等强度（70%最大心率）运动2分钟和高强度（80%～90%最大心率）运动1分钟；或中速3分钟，之后快速15～20秒等（也可带球跑）。

训练强度
- 70%~90%最大心率；
- 心率150～180次/分（根据训练目标而定）。

无氧乳酸训练

间歇训练法（短时和中时间歇）

训练区4和5

训练目标
- 提高机体耐受乳酸的能力；
- 发展无氧乳酸供能路径；
- 训练中逐步减少氧供；
- 无氧乳酸速度；
- 锻炼意志品质。

训练形式
- 跑、冲刺、折返跑；
- 有压力的技术或技战术训练；
- 1对1/2对2/4对4比赛（人盯人）。

训练时间
- 8~15分钟；
- 每次练习为20秒至2分钟（平均1分钟）；
- 分为1~2组，每组3~5次（根据训练方式和努力程度）。

训练强度
- 大强度；
- 90%~100%最大心率；
- 平均心率175~200次/分；
- →恢复： - 组间不完全恢复（心率130~140次/分）；
  - 组间完全恢复（120~110次/分）。

训练频率（示例）
- 不同短时间歇重复性练习（练习时间为20秒至1分钟），比赛期间每周可安排一次。
- 中时间歇性练习（练习时间为1~2分钟），比赛期间两周可安排一次。

无氧乳酸训练规则

- 这种类型的训练艰苦而繁重，尤其对于身体和心理；对足球运动员而言，这是必不可少的。首选训练类型应为无氧乳酸和有氧功训练。然而，有必要不断地进行这种类型的训练以达到机体耐受乳酸的能力。
- 这种训练必须始于赛季前4～5周。在实施过程中应采取相应的预防措施；否则存在一定程度上的受伤风险，或者甚至出现"理想"赛季开始之后运动表现能力的大幅下降。

→典型表现形式为运动表现能力下降（缘于过度训练）。

- 绝不能在赛前3天进行这种训练。
- 这将导致肌肉糖原储备的耗竭。因此，运动员在这种训练之后膳食必须是高碳水化合物的膳食，以确保肌肉得到补充和储备糖原。
- 这种方法特别适用于心理意志品质的训练（针对运动员个人不足）。
- **注意**：这种类型的训练不适宜15岁以下运动员。

最优化耐力训练要点

- 训练应始终如一，但在不同训练方法的运用和训练内容上，应有细节的变化，这样才能对耐力训练和运动员动机产生积极的影响。鉴于每位运动员耐力能力和心率的不同，耐力训练也应因人而异。在实施高耐力能力训练时，尤其对于青少年运动员，采用全队运动员遵循同一种节奏是错误的，也是危险的。年轻运动员（12~15岁）应允许他们以自己的节奏进行训练，教练员则需要仔细地观察运动员的跑动、竭尽全力运动时的身体状况、呼吸和面部表情；同时，还应监测心率。对于已得到进一步发展的高水平运动员而言，可以根据有氧能力水平组成不同的小组进行训练。

经验表明，依据专项测试结果如库珀测试（特定时间内的跑动距离或最大有氧速度），可将运动员划分为4~5个不同的训练小组；也可以根据运动员场上位置组成不同的训练小组，因为运动员有氧能力和位置存在直接的联系。

例如：可分为中场运动员组，主力前锋或边前卫组。

- 在发展有氧功之前，重要的是通过有氧能力训练（70%~80%最大心率）来发展基础耐力。
- 建议以85%~90%最大心率进行训练，增加运动员有氧功能力并建立"能量发动机制"。
- 为了提高无氧阈值，运动员应以无氧阈值下限开始并进行递增负荷的训练，以达到80%~85%最大摄氧量的最大有氧功（训练区4）。
- 挪威的一项研究证实（发表于2001年），采用4组4分钟90%~95%最大心率跑，间歇3分钟（慢跑）的方式进行一段时间的训练后，运动员最大摄氧量提高10.8%，跑动距离增加20%。本项研究历时2个月，运动员每周进行2次为时25分钟的专项训练。
- 瑞典的一项研究表明，3对3小球门（无守门员）比赛可作为耐力训练的一种方式，尤其是进行有氧功（85%~95%最大心率）训练。比赛场地33米×20米、运动：间歇时间特定比例分别为3分钟：2分钟；70秒：20秒；4分钟：1分钟……比赛时，教练员需要进行实时监督（进行指导、鼓励和重新开球）。

见表10a)和表10b)

作为结论，图表所示训练中新陈代谢和供能路径的详尽细节，为教练员提供了一个全面的训练方法和达到不同训练目标的量化要求。

表 10a)

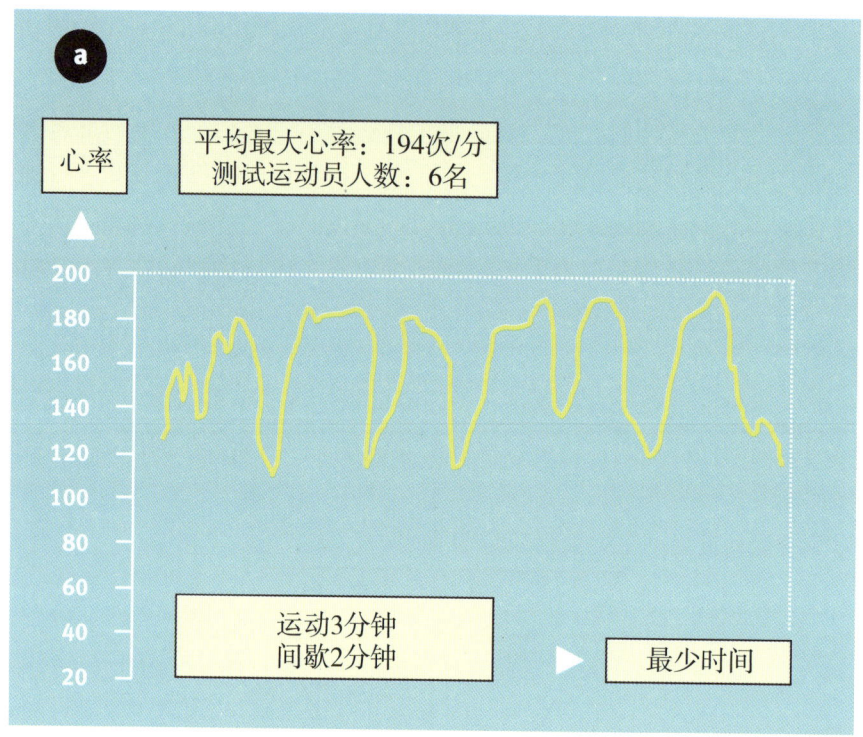

表 10b)

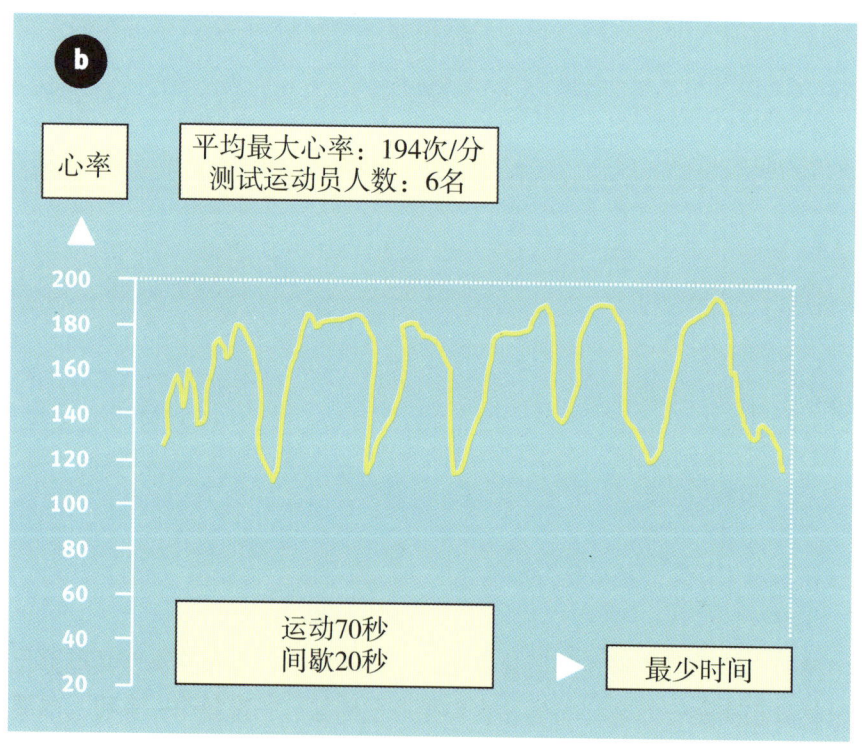

来自两组3对3小场地比赛结果显示的6名运动员的平均心率（巴尔松博士）。

8 体能准备与提高及训练

训练中的能量代谢途径

路径	有氧			无氧	无氧乳酸
阶段	泛化		强化		
目标	基础耐力 有氧 再生/氧和 毛细血管	基础耐力 有氧能力 →储	专项耐力 有氧功 （有氧-无氧） →无氧阈	最大有氧功 （有氧-无氧） 乳酸性动员 →氧债	耐受乳酸 （乳酸堆积） →氧债	无氧非乳酸 速度 （无乳酸生成）	速度耐力 （无乳酸生成）
	训练区1	训练区2	训练区3	训练区4	训练区5		
最大心率%	55%~70%	70%~80%	80%~90%	90%~95%	95%~100%	100%最大速度	95%~100% 最大速度
心率（次/分）	120~140	140~160/165	165~175/180	180或以上	180或以上		
最大摄氧量	40%~55%	55%~70%	70%~83%	83%~90%	90%~100%或以上		
训练区1 A B	训练区2 A B	训练区3 A B	训练区4 A B	训练区5 A B	A B	A B
最大心率%	60%~70% 70%~80%	70%~80% 80%~90%	80%~90% 90%~100%	90%~100% 95%~100%	90%~100% 95%~100%	90%~95% 90%~95%
平均心率	115~134 120~140次/分	140~150 135~155 140~160次/分	150~170 155~175 160~175次/分	170~190 175~195 175~190次/分	178~190 185~195		
能量底物	脂肪为主 少量碳水化合物	脂肪为主 较多的碳水化合物 摄取氧	同等数量的脂肪 和碳水化合物 摄取氧	碳水化合物为主 不同的节奏 氧债	碳水化合物 ATP-CP	ATP-CP 当ATP-CP耗竭后， 动用碳水化合物
训练方法	持续性训练 长时间间歇 不同的节奏	持续性训练 长时和中时间歇 不同的节奏	不同的节奏 中时间歇 间歇性训练	不同的节奏 中时和短时间歇	中时和短时间歇	短时间歇 重复性训练	短时间歇 重复性训练
训练形式	慢跑 技术/战术练习 技术循环练习 比赛	中速跑 技术/战术练习 全场或半场比赛 (5v5/6v6/7v7)	快跑 技术/战术练习 小场地比赛 (3v3/4v4/...)	高强度跑 冲刺跑 压力之下的技术训练 小场地比赛(1v1/2v2/...)	高强度跑 冲刺跑 压力之下的技术训练 小场地比赛(1v1/2v2/...)	冲刺跑 上坡跑 技术配合练习	冲刺跑 上坡跑 往返跑
训练时（运动总时间）	20~60（分钟）	15~50（分钟）	12~45（分钟）	10~25（分钟）	8~15（分钟）		
（时间-距离）	15~20（分钟）	10~15（分钟）	4~12（分钟）	20秒~4分钟	30秒~1.3或2分钟	低于7秒	8~30秒
重复次数			800~1500米	100~600米	100~400米	10~50米	50~200米
组数	1~3组	2~4组	2~5次	3~6次	3~5次	4~8次	3~5次
			2~3组	2~4组	1~2组		2~4组
间歇期	积极性恢复 心率恢复至120次/分	积极性恢复 心率恢复至120次/分	积极性：半积极性恢复 心率恢复120~130次/分 1:2~1:3（运动-间歇时间比）	积极性：半积极性恢复 心率恢复130~140次/分 1:2~1:3（运动-间歇时间比）	被动性：半积极性恢复 心率恢复至100~110次/分 1:10~1:20（运动-间歇时间比）	被动性：半积极性恢复 心率恢复至100~110次/分 1:10~1:20（运动-间歇时间比）	积极性：半积极性恢复 1:3~1:6（运动-间歇时间比） 组间间歇8~10（分钟）

训练目标

- 提高无氧阈水平
- 优化最大摄氧量
- 提高重复运动的能力及其恢复
- 刺激慢肌和快肌纤维
- 提高乳酸耐受性

- 提高氧的运输能力
- 增加线粒体积和体积和数量
- 增加脂肪储备
- 发展毛细血管网
- 增加心脏每搏输出量
- 提高最大摄氧量
- 促进碳水化合物的储备
- 提高基础代谢
- 利用慢肌纤维
- 促进恢复

必须遵循的训练原则

- 保证良好的睡眠
- 训练前必须热身
- 热身时间20~30分钟
- 保证运动强度和训练质量
- 合理运动的牵拉时间
- 促进进行有球训练
- 营造竞争氛围
- 尽量进行有球训练
- 良好的训练初始状态
- 下坡跑
- 改变节奏和方向
- 跑动低跳跃练习

A - 高耐力水平
最大摄氧量：68
最大心率：188

B - 中等耐力水平
最大摄氧量：57
最大心率：195

有氧训练课组织示例

a) 训练课的准备
- **目标**→发展有氧耐力，重点在于结合技术/战术方面。
- **确定训练负荷**（最大心率百分比值）：
  - 有氧能力和有氧功（80%~90%最大心率）；
  - 确定训练区（训练区2~4）；
- **训练形式**
  - 跑动；
  - 技术训练；
  - 练习比赛；
- **训练方法**
  - 持续性训练（重点在持续时间）；
  - 间歇性训练。
- **训练组织**
  - 运动员数量：18名；
  - 训练课总时间：90分钟；
  - 有氧训练总时间：40分钟；
  - 组数：4组；
  - 每组次数：8次；
  - 总间歇时间：15分钟（"半主动"间歇 – 有球游戏或其他类似的简单活动）；
  - 分组：根据位置（前卫、前锋等）。

b) 训练
- **有球热身活动**
  - 时间：15分钟。
- **第一步**
  - 持续跑；
  - 结合球的法特莱特式跑（30秒快速跑，90秒中速跑）；
  - 时间：2×8分钟；
  - 间歇时间：2分钟。
- **第二和第三步**
  - 1组（9名运动员）；
  - 短时间歇性训练："跑动和技术训练"（10~20秒）；
  - 2组（9名运动员）；
  - 间歇性训练：4名运动员之间的传球练习（30秒~1分钟）；
  - 时间：每个练习6分钟，然后换组；
  - 组间间歇时间：3分钟。

- **第四步**
  - 4对4 + 守门员的小场地练习比赛,射门无限制;
  - 时间:总计12分钟,重复4次,每次3分钟;每次间歇休息时间3分钟。
- **整理放松**
  - 慢跑和牵拉;
  - 时间:10分钟。
- **训练指导**
  - 提前准备场地;
  - 问候运动员并告知训练课的目标;
  - 指导、激励、强化和评估(监测运动员心率);
  - 训练课期间,确保运动员补液;
  - 训练结束后,评估训练课并鼓励运动员的努力付出。

4. 训练强度的评估和监测

已经证明，增加训练强度或比赛强度，心率也成正比增加。因此，运动员心率数值越高，表明运动强度越大。监测心率已得到业内人士的广泛认同，同时也是评估训练强度的最简单方法之一。

如何测量心率（HR）

- 测量手腕（桡动脉）或颈部（颈动脉）脉搏，或者心跳（bPM）。
一般而言，测量15秒心跳，然后再乘以4（例如：32次×4=128次/分）；或10秒心跳，再乘以6。
- 使用心率表。

如何监测最大心率（MHR）

最大心率指运动员高强度运动后，所达到的个人最高心率。运动强度通常用最大心率的百分比来表述。因此，教练员有必要知道所有运动员的最大心率。鉴于心率因人而异，甚至同年龄组运动员也存在差异，所以最大心率必须通过实验室或场地的特定运动试验来测定。虽然最大心率有多种测试方法，但较简单的方法是不低于400～500米的高强度跑测量。运动后即刻测定运动员心率，从而提供有价值的最大心率值。
以下是一个简单的场地最大心率测试（瑞典Paul D. Belsom博士设计）：
- 正常热身，沿场地慢跑四节或400米；然后在随后的6节中逐渐增加跑速直至达到最大速度。
- 从第三节至第四节开始冲刺跑，第五节至第六节最大速度冲刺跑。
- 运动后即刻测量心率。如果运动员佩戴了心率表，运动后的即刻心率即为最高心率值。
数天之后，重复这种高强度测试2～3次，以确保每位运动员最大心率的准确性。由于这项测试对运动员身心压力较大，因此不宜在比赛日或赛前一天进行。

另一种方法

众所周知，推算的最大心率也可作为参考标准来衡量运动强度，其计算公式为：220－年龄。但是，这种方法不是特别精确，因为只反映了不同年龄运动员之间的差异性。

例如：220－21（岁）=199次/分（最大心率）。

如何以最大心率为基础拟定训练计划

运动强度通常以最大心率百分比来表示，以下示例表明，以理想最大心率为基础来选择训练目标心率：

> 例如： • 有氧耐力训练（80%~85%最大心率）
> • 最大心率199次/分
> • 训练心率：199 × 0.80 = 159次/分
>   199 × 0.85 = 169次/分
> • 目标心率范围：159~169次/分

当教练员知道运动员心率后，便可以检查练习中的训练心率（THR）。如果运动员心率低于或高于目标心率，教练员就可相应地调整运动强度。

在足球训练中，还可采用其他方法和公式来确定运动强度。这些措施包括以下方法：最大心率储备（MHRR），无氧阈，最大有氧速度（MAS）。这些方法的使用依赖于教练员和其幕后工作人员所具备的知识和选择的指标。

目前在足球领域中，具体的试验已为运动强度和数量确定了参考参数，并建立了运动员的运动表现状况。

附表显示了身体能力的测试试验。

考虑到实际情况，我们使用上文所述公认的理想的最大心率方法。

库珀测试

鉴于实际组织情况和已被证实的结果,对于身体活动而言,尤其对于一般体育项目和足球,12分钟跑的库珀试验仍被认为是一个有价值的参考测试。库珀试验以12分钟跑的最大距离为结果。跑道上标出距离(350~400米),教练员记录运动员所跑圈数并加上最后一圈的跑动距离。库珀试验不仅可以评估运动表现,还可以以跑动距离为基础,通过间接方式获知大概的最大摄氧量和平均有氧速度。

最大摄氧量[ml/(kg·min)]公式

跑动距离 × 0.022 - 10.39 = 最大摄氧量

3220 × 0.022 - 10.39 = 60.45 $\dot{V}O_2max$

有氧速度(km/h)公式

跑动距离 × 5 = 有氧速度

3220 × 5 = 16.1 km/h

(马雷拉,里萨利蒂,1999)

尽管库珀试验在很大程度上,因运动员个体动机、发展能力和测试时的疲劳状态而受到影响,但其测试结果仍为我们提供了一些有关运动表现的重要信息,这些信息确保我们在耐力训练课中能够更有效地划分训练小组。

库珀试验评估标准

(哈格多思及其同事,1985)

跑动距离	运动表现水平
3200米以上	好
2801~3200米	良好
2401~2800米	不好
2000~2400米	差
2000米以下	很差

> "足球运动员最好的和唯一真实的测试就是比赛。"
>
> 博比·罗布森

评价身体能力的测试

表中所示最大摄氧量ml/（kg·min）和跑动距离均为车珀试验结果

此表所示用于足球项目中评价身体能力的各种测试，其中有些测试适用于训练，旨在进行比较研究和教学的目的，或作为方法的选择。

跑动距离	最大摄氧量	有氧/最大摄氧量	速度	力量	其他测试
2800	52.1	a) 实验室测试	• 10米（1秒60～1秒80）	a) 最大力量	a) 柔韧性
2900	53.3	• 自行车和跑台	• 20米（2秒75～3秒10）	• 向心收缩+离心收缩	• 躯干、脊柱和臀部的屈曲
3000	55.5	• 血样（乳酸）	• 40米（5秒10～5秒20）	• 等长收缩	
3100	58.0	（最大摄氧量，无氧阈，速度阈和最大有氧速度，乳酸）	• 60米（6秒90～7秒80）	• 等动收缩	b) 协调性+速度
3150	59.1		• 4×10米（9秒～10秒）		• 有球和无球的30米障碍跑
3200	60.2	b) 场地测试		b) 爆发力	• 反应、节奏等
3250	61.4	• 库珀测试	时间推荐	• Sargent测试	
3300	62.3	• Conconi测试（无氧阈和速度阈）	（16岁/18岁以下）	• Bosco测试	c) 无氧速度+恢复
3350	63.6	• Léger 测试（有氧速度）	• 60米 7秒70～7秒40	• 立定跳远	• 有球运动40米+射门运动9次，每次间歇1分钟
3400	64.7	• Mognoni测试（无氧阈，速度阈，乳酸）	• 40米 5秒30～5秒10	• 三级跳	
3450	65.8	• Probst 测试（无氧阈和最大有氧速度）	• 30米 4秒15～4秒05	• 投掷实心球	
3500	66.9	• Gacon测试（最大有氧速度）	• 20米 3秒20～3秒10	c) 其他类型的力量	d) 混合测试
3600	69.1	• Rosenborg耐力测试（耐力水平）	• 10米 1秒80～1秒70	• 腹肌，背肌	• 教练员设计的个人测试
3700	71.4	• 1000～3000米测试（时间和最大心率+休息）		• 上臂（屈曲）	• 体脂测试
					• 人体测量测试

5. 力量训练

对任何运动员而言，肌肉不仅是建立良好运动能力的核心基础，而且也为运动员提供比赛动作所需的更大力量。运动员在一场比赛中通常跑动上万米，而且还需要利用身体与对手进行对抗。在比赛中运动员还要经常进行冲刺跑，以及为了获得球权或射门进行跳跃争顶。足球运动员的力量并不仅局限于腿部，而且还延伸到整个身体。因此，肌肉必须得到适宜的发展，最好开始于青少年早期阶段的训练。

力量训练目标

- 提高肌肉动员速度（"力量的激增"）和改善运动员体质，以达到最佳运动表现，并在此基础上发展肌肉之间的协调性。这可通过另一种运动训练机制进行强化，即超等长训练或反应力量训练。
  - 功能性和神经性调节；
  → 建立潜在的动力性和爆发性能力。

- 增加肌肉体积扩大能量潜力，为新的力量发展提供基础。
  - 结构性调节；
  → 建立一个坚实的、运动的、发达的肌肉基础。

- 提高进入肌肉的能量"流"（运动时的供能途径）。
  - 能量调节；
  → 提供更好的肌肉输出基础。

  足球运动员的力量训练和发展必须注重质量和专项两个方面，就专项而言，应设法改善以下与比赛相关的方面：
  - 速度；
  - 起动力量；
  - 弹跳力和爆发力；
  - 射门力量；
  - 对抗力量；
  - 自信心；
  - 关节、肌肉和韧带的损伤预防。

肌肉

- 肌肉占体重的40%~50%。每个人慢肌纤维（ST）和快肌纤维（FT）比例各有所不同，这取决于遗传因素。

  肌肉收缩可能是肌纤维及其精细结构共同作用的结果。两种类型肌纤维的划分取决于其组织化学成分中有氧或无氧酶的含量。

- I型慢肌红肌纤维几乎完全依赖有氧代谢。
  - 这些肌纤维最适合耐力运动，并具有很高的耐疲劳性特征。

- IIA和IIB型快肌纤维，属阶段性或补偿性/阶段性肌纤维。
  - 无论在有氧或无氧环境下，IIA型快肌纤维均可被募集。
  - IIB型快肌纤维基本上仅在无氧状态下被募集。
  - 这些肌纤维都属快速、强有力的肌纤维，但不是特别耐疲劳。
  - 这些肌纤维最适合速度、力量和爆发性力量的体育运动。

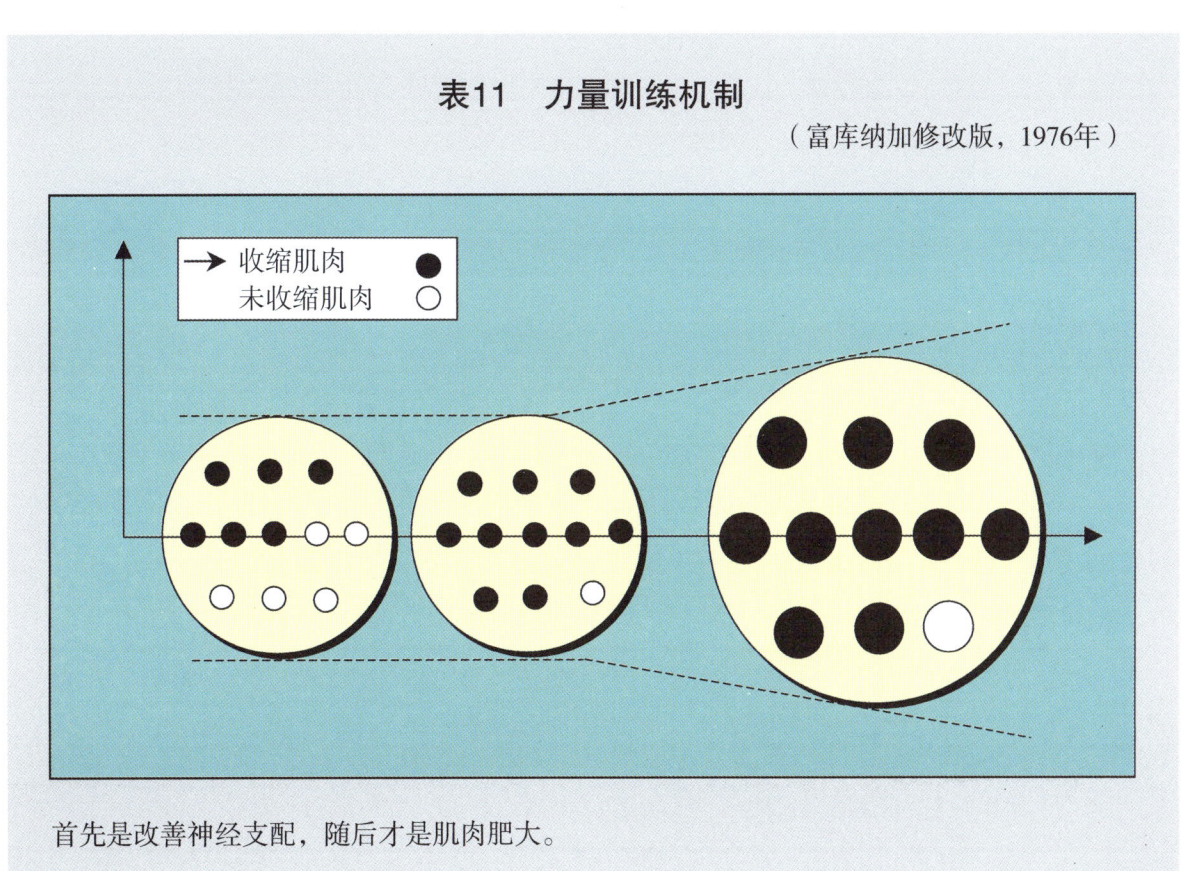

表11　力量训练机制

（富库纳加修改版，1976年）

首先是改善神经支配，随后才是肌肉肥大。

表12　足球运动员的肌肉力量训练

上肢	躯干/脊柱	下肢
• 胸大肌 　- 肩屈曲 　- 肩内收	• 斜方肌 　- 提升和内收肩胛骨 　- 稳定颈背部和头部	• 臀肌 　- 伸髋 　（臀大肌） 　- 外展髋 　（臀中肌）
• 背阔肌 　- 肩内收和内旋 　- 肩后伸	• 腹肌 　- 稳定躯干 　- 前屈脊柱 　（腹直肌） 　- 旋转脊柱 　（腹内、腹外斜肌和腹横肌）	• 内收肌 　- 内收髋 • 腰大肌和腰小肌 　- 屈髋
• 三角肌 　- 肩外展 　- 屈臂	• 背肌 　- 稳定躯干 　- 伸展脊柱（颈背、背部和腰部）	• 股四头肌 　- 伸膝 　- 屈髋
• 肱二头肌 　- 屈肩 　- 屈肘		• 腘绳肌 　- 伸髋 　- 屈膝和旋转膝关节
• 肱三头肌 　- 伸肘 　- 伸肩		• 腓肠肌 + 比目鱼肌 　- 足跖屈 　- 稳定膝关节
		• 胫骨前肌 　- 足背伸、内翻

运动时，一个或多个主动肌收缩，同时对抗肌放松。因此，弯曲腿时腘绳肌收缩、股四头肌放松。训练中必须始终牢记，训练主动肌的同时，还应采用其他练习来锻炼对抗肌。

力量训练

力量训练的三种类型

- **最大力量**
  - 动态或静态状态下克服阻力所产生的最大力量

- **速度–力量（爆发力）**
  - 动员机体或物体最快速度的能力

- **耐力力量**
  - 长时间运动所需的力量和耐力，以及肌肉抗疲劳能力

发展力量和力量训练需要逐步实施上述三种类型的力量训练。
根据肌肉收缩特性，肌肉存在三种不同的工作方式。

肌肉收缩的三种类型

- **等长收缩**
  - 静态收缩，肌肉长度保持不变，肌张力随负荷而变化

- **等张收缩**
  - 动态收缩，肌张力不变，但肌肉长度有所不同

- **超等长收缩**
  - 不同收缩形式的组合，静态和动态下的肌肉运动（等长+向心）和超等长运动（肌肉的拉伸和缩短之循环）。
  - →足球项目比较常用这种肌肉收缩形式

力量训练的各种方法

最大力量
（肌肉协调）
- 全力性训练
- 根据个性化训练方案（负荷）进行等级训练

→发展速度力量的有效方法

负荷：85%～100%最大力量

次数：1～5次

组数：5～8组

间歇：组间3～5分钟

快速有力地完成

最大力量
（发展肌肉体积）
- 重复性训练
- 根据个性化训练方案（负荷）进行等级训练

→发展肌肉体积和耐力力量的有效方法

负荷：70%～85%最大力量（肌肉体积）

30%～60%最大力量（耐力力量）

次数：8～12次（肌肉体积）

15～20次（更多次数，耐力力量）

组数：3～5组

间歇：组间1～2分钟

缓慢或快速地完成

速度力量（爆发力）
- 等级训练（负荷）

→发展速度力量的有效方法

负荷：30%～60%最大力量

次数：6～10次

组数：3～6组

间歇：组间1～2分钟

快速有力地完成

也可采用循环训练以发展耐力力量（练习15～30秒，间歇30秒）

反应力量（超等长）
- 多跳训练（低跳、高跳等）

不同形式的跳跃

→有助于提高肌肉协调，跳跃力和爆发力

负荷：自重（加小负荷）

次数：6～12次（最多4～10秒，取决于运动形式）

组数：同一动作3～5组

间歇：每个练习间歇1分钟，组间3～4分钟

快速有力地完成

这种训练也可作为间歇性训练的一部分，重点在于反应力量和有氧供能

"对比"力量训练法	电刺激
– 其特征是负荷差异（大负荷和小负荷），训练时交替进行最大力量和足球专项训练	这种现代的方法以仪器产生的特定电流为电刺激，以特定方式作用于肌肉或肌群
例如：腿部力量训练 先下蹲（3×90%最大力量），其次是6个栏架跳，然后射门 →有助于发展速度力量 练习数量：3~5个（3个下肢，2个上肢） 每个练习重复次数：2~5次 练习间歇时间：1~2分钟 组间歇时间：3~5分钟 快速有力地完成 等级训练，也是间歇式训练，要求有氧/无氧耐力运动（取决于间歇时间） 这种训练形式很容易在球场上组织实施	虽然这种方法被认为是一个有趣的方法，并可部分取代肌肉力量训练，但仍被作为辅助方法使用 在停训期（由于受伤或生病）或在恢复期，这种方法有助于保持肌肉质量

自重式整体肌肉力量训练（也称为肌肉健身训练）是目前贯穿整个赛季正在使用的方法，甚至在每次训练课都可采用，特别是对于躯干肌肉。这种"传统"的训练方法尤其适用于青少年和受伤运动员，并作为力量训练的教学阶段（耐力力量：20~40次，2~4组，动力性练习）。

在力量训练内容的章节，你会发现足球常用方法的各种示例。

表13 增进力量

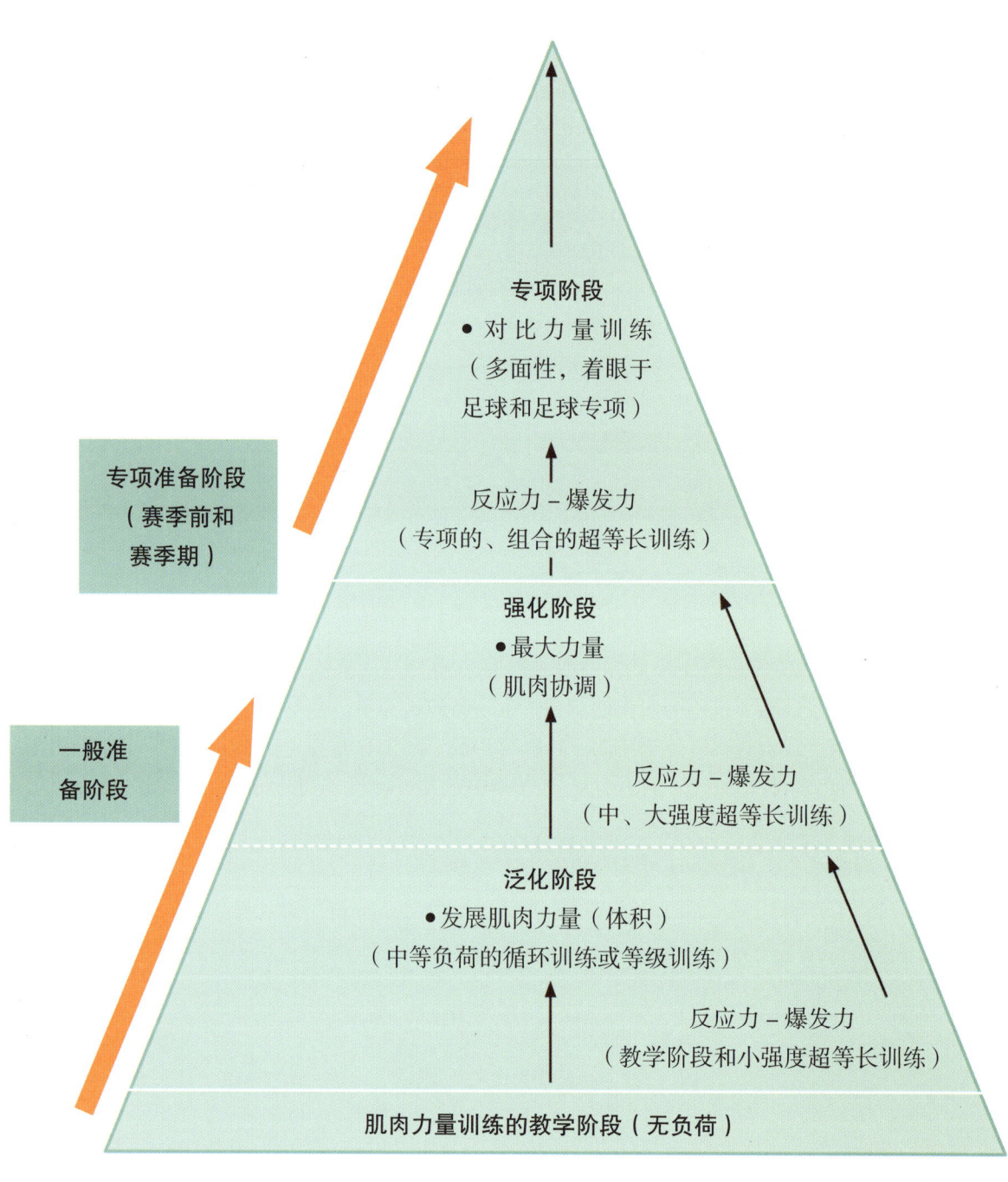

力量训练的建议

- 建立在提高主动肌和对抗肌力量基础之上的良好而全面的肌肉发展，不仅可以实现足球运动员的力量发展，而且确保了肌肉之间力量的均衡性。对于未从事过力量训练的青少年运动员来说，这一点特别重要。

- **泛化阶段**：我们的目标首先旨在全面发展肌肉系统，确保良好的总体平衡，为足球专项能力的更进一步发展奠定基础。这一基础力量阶段是引入与协调技能发展相关的专项肌肉力量训练的最佳时期，特别在方向、分化和平衡方面。对于肌肉训练来讲，它是一个教育、准备阶段，训练时一般不负重（运动员自身体重）；之后，再逐渐增加负荷至30%～70%1RM。这种方法不仅针对青少年，还针对那些肌肉发展水平不足的运动员。

以下是制订训练计划的一些建议：

→ 可以采用循环训练法（15～30秒/2～3组/练习），或分站训练法（3组，10次，50%～70%最大力量）。之后，可以进行最大力量训练（肌肉协调训练=1M）。但是，教练员一定要确保训练的安全性，负荷不宜过重。另外，训练不应对上体/躯干造成危险，训练重点在下肢（下蹲），同时负荷不宜超过80%1RM。如果使用最大负荷，训练则需要采用平躺蹬伸的方式。

→ 在安排训练内容时，从解剖功能来看，既要考虑主动肌的训练又要考虑对抗肌的训练，以防止肌肉力量的不平衡，如有必要还需进行一些纠正性训练。训练内容包括全身各个部位（上下肢、躯干）。在泛化阶段，我们认为一周有必要进行两次力量训练（如周一和周四，或周二和周五），特别在准备期或对象是青少年。

- **强化阶段**：训练强度逐渐增加，而训练量逐步下降。例如，如果采用循环训练法，运动－恢复时间变为20～40秒；如果采用分站式训练法，练习次数变为5～10次。

→ 在泛化阶段和强化阶段的微周期训练中可以加入跳跃能力或超等长训练。这类训练练习极其多样，可以从地板上的赤脚练习或者更高强度的垫上练习过渡到硬地练习（足球场）。这种练习至少每周一次，可以单独进行，也可以与间歇性训练一起组合练习。

- **专项阶段**：务必每周至少一次肌肉训练（在一周训练的前几天），以便在漫长的赛期保持良好的肌肉力量。

这可采取以下形式：

→ 分站训练：在足球专项力量训练时，大负荷和小负荷交替进行。

→ 循环训练：每个练习15～30秒，大负荷和小负荷交替进行。

→ 上肢和躯干进行超等长的循环力量训练（20～40秒），腿部进行不同形式的跳跃训练（所有训练应为动态练习）。

→ 在专项阶段，重点采用混合式间歇性训练（5～15秒或10～20秒）；每组练习6分钟，共3组，组间间歇3～6分钟。训练目的旨在发展速度耐力能力。

→ 就力量、爆发力和反应力量（非周期性速度）一体化并融入至微周期训练而言，我们建议训练时应大、小负荷交替进行，并应安排在每周的最初几天。而爆发力和速度或反应力量训练则应安排在每周的后几天进行，确保肌肉在周末比赛时保持最佳状态。

总之，正确的组合力量训练以及与足球专项相关的所有训练（爆发力、反应力量、周期性及非周期性速度），不仅可确保运动员的完整体能，还可确保运动员高质量的运动表现。

表14 力量训练计划示例

准备阶段	（泛化阶段）			
• 第一周	1～2课时	2组		
• 第二周	2课时	3组		
• 第三周	2课时	3～4组		
• 第四周	1课时	2～3组		• 降低负荷
赛前阶段	（强化阶段）			
• 2周	1～2课时	2～3组		• 增加负荷
• 1周	1课时	2组		• 降低负荷
比赛阶段	（专项阶段）			
• 每周	1～2课时	2～3组		• 保持力量

应该指出的是，力量训练可以很容易地与其他运动能力的发展一并融入到训练课之中。
例如：在力量训练课后进行技术训练，就是一种非常好的组织形式。

技术训练后进行如下方式的力量训练，对运动员的恢复和保持充沛精力具有非常积极的作用。

周训练中力量训练安排示例（比赛期）

第一天训练（赛后）
→ 恢复和预防性治疗工作
方式：肌肉力量、牵拉和耐力训练（有氧能力）

第二天训练
→ 提高或保持一般和专项力量
方式：循环训练或分站训练（根据运动员所达到的力量训练阶段）

第四天或第五天训练（下一场比赛前）
→ 肌肉紧张化和反应训练
方式：爆发力和反应力量训练、周期性爆发速度和非周期性速度的组合训练（低幅度的跳跃）

青少年运动员力量训练计划（15~16岁）

周期一 / 准备阶段（教育阶段，3周）

- 肌肉力量训练
  - 自重
  - 力量训练后进行障碍跑
  或协调训练（重在技巧）

  每周2~3课时

分站/循环训练
负荷：	自重 + 小负荷
重复次数：	10~20次
或持续时间：	20~45秒
组数：	2~3组
间歇时间：	组间40秒~1分钟
运动要求：	动力性

- 反应力量（超等长）
  - 跳跃（低幅度的跳跃）
  作为肌肉力量的补充训练
  示例：每周肌肉力量训练2次
  每周反应力量训练1次

练习安排
负荷：	自重
重复次数：	6~10次/每个练习
组数：	3~4组/每个练习
间歇时间：	每个练习30秒
	组间1~2分钟
运动要求：	动力性、爆发性
组织：	5~6种不同练习

周期二 / 准备阶段（泛化阶段，5~6周）

- 肌肉爆发力（速度-力量）
  - 循环训练（3周）
  - 分站训练（3周）
  - 力量训练后进行协调性或技术训练

  每周2~3课时

分站/循环训练
负荷：	30%~50%最大力量
重复次数：	10次
或持续时间：	15秒~30秒
组数：	3~4组
间歇时间：	组间45秒~1分钟
运动要求：	动力性

- 反应力量（超等长）
  - 跑，冲刺跑
  - 跳跃（中-高跳跃）
  安排在每周第2堂训练课

练习安排
负荷：	自重
重复次数：	6~10次/每个练习
组数：	3~4组/每个练习
间歇时间：	每个练习30秒
	组间1~2分钟
运动要求：	动力性、爆发性
组织：	5~6种不同练习

8 体能准备与提高及训练

周期三 / 赛期（专项阶段，5~6周）
- 对比力量训练 + 针对足球专项的多种训练
  - 每周变换训练形式
  - 每2周进行间歇训练

每周1课时

- 速度、跳跃 + 冲刺和技术
安排在每周第2堂训练课

分站训练

练习数量：	4个（腿、脚 + 上臂）
重复次数：	3~4次/每个练习
间歇时间：	每个练习1分钟
	组间3分钟
运动要求：	动力性

练习的组成：
结合射门的不同跳跃和冲刺训练

周期四 /（减负荷周期，2~3周）
- 补充性活动（其他运动）
- 障碍练习（间歇式）
- 每周1~2次的一般性肌肉紧张化训练（自重）
- 柔韧性训练

周期五 /（泛化阶段，6周）
- 肌肉发展
  - 个体化训练（每周1次）
- 反应力量（超等长）
  - 各种跳跃练习
  - 跑、协调性训练

上述训练计划和训练负荷应以运动员的运动潜能、形态特征和经验为基础进行适当调整。
注意：训练负荷不合理可能会造成损伤，特别是肌腱、韧带和肌肉组织。

如何确保良好的力量训练

记住以下基本训练常识
- 在未进行充分的热身之前不要进行力量训练。
- 重点是同时发展主动肌（肌群）和对抗肌（肌群）的力量。
- 力量训练时必须进行牵拉。
- 训练后必须进行放松和牵拉。
- 为了确保肌肉力量训练效益的最大化和训练方案的有效性，教练员需要不断地评估、调整训练计划。

6. 速度训练

就足球运动而言，速度是良好体能的关键要素之一。在足球比赛中，运动员通常要完成10~40米（平均距离为20米）不等的冲刺跑100~150次。的确，对于一些运动员来说，速度是所有足球专项技能中最为关键的要素。运动员往往进行冲刺跑，在高速运动中传球、伴跑——虽然不是直线运动，但每次都是全速。在控球或射门时，他们还要不断地变速。这些高速运动动作都与力量和协调密切相关。

影响速度的解剖和生理学因素

- 肌纤维类型：快肌纤维；
- 肌肉力量和弹性；
- 能量储备：高能磷酸盐（0~20秒），无氧糖酵解（20~50秒）；
- 神经肌肉进程和协调技巧；
- 人体测量学因素（形态、体重、体型）；
- 心理状态、恢复水平以及运动前的热身情况。

足球专项的不同速度类型

- 感知、预判、决策速度：这些认知要素确保运动员在选择下一个动作前，作出反应并采取行动。
- 反应速度：对于信息的反应（听觉或视觉）。
- 起动速度：速度力量，起动跑的第一步。
- 动作速度（有球或无球）：快速移动或变换位置的能力（有球或无球）。
- 加速能力：反击或加快比赛节奏的重要能力。
- 速度耐力：保持最大速度进行较长距离跑动的能力。

例如：边后卫助攻至对方半场，之后快速回撤到自己的位置（跑动距离60~70米）。

训练方法

鉴于足球比赛中运动员最大速度跑动距离为10~40米，因此主要以无氧非乳酸供能。对于更长距离（60~100米）的高速跑动，则开始动用无氧乳酸供能系统。

供能途径示意图：

 无氧非乳酸供能
2~8秒高强度运动

 无氧乳酸供能
10~20秒，最多30秒的高强度运动

表15　Howald曲线

（汉斯·霍瓦尔德博士，瑞士体育联合会）

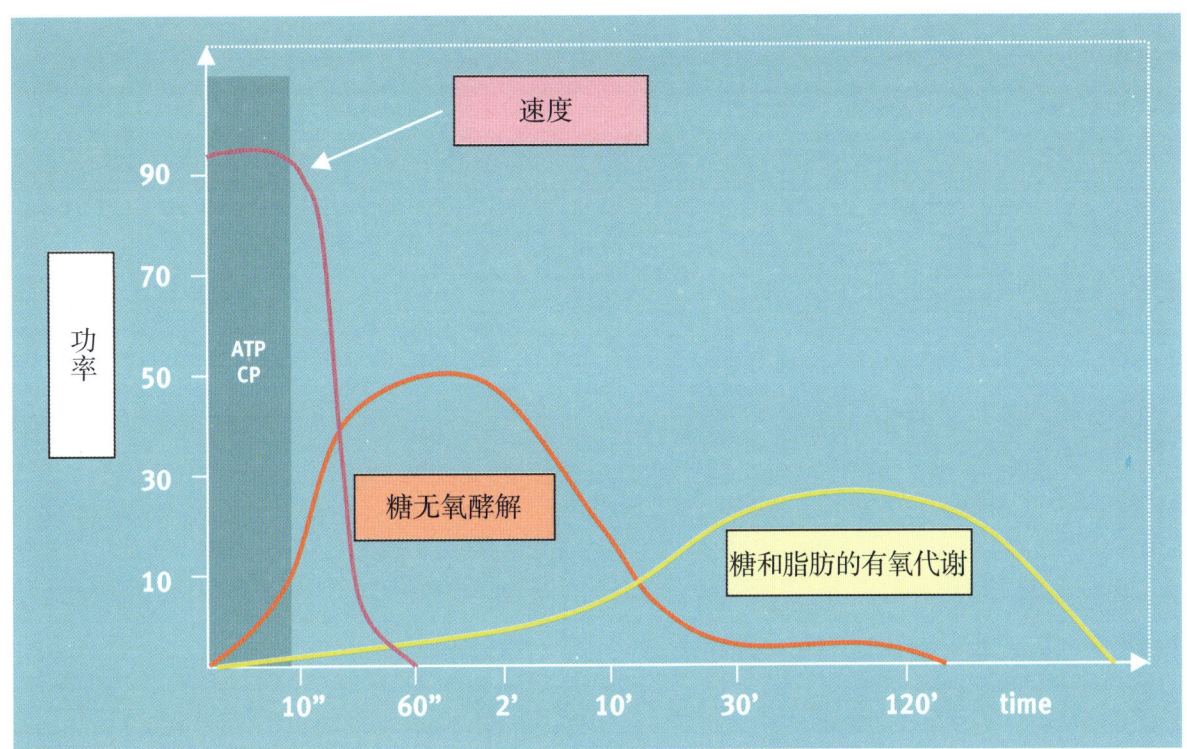

就运动员准备期而言，进行无氧非乳酸速度、冲刺速度、起动速度、有球跑动、变向速度等训练极其重要（但青少年运动员应进行10~20米的短距离速度训练）。

尽管无氧乳酸速度（速度耐力）在足球比赛中发挥着次要作用，但在训练课中仍有必要进行10~15秒的最大强度训练。这种类型的乳酸训练（也称之为耐受能力训练）既有助于发展运动员长时间进行最大强度工作的能力，同时也可提高代谢能力。

这种类型的训练可结合其他练习同时进行，也可针对个人位置进行专项训练。

例如：前卫和后卫进行简单进攻打法练习之后，要求他们全速回撤到自己的防守位置。

在对青少年进行速度训练时，特别是那些仍处于学习阶段的青少年，可安排速度的分解练习（跑动练习、速度协调练习、最大起动速度练习和冲刺练习）。这种形式的训练有助于提高运动员最大速度、肌肉力量和心理技能。

尽管如此，综合式训练（速度＋技术、速度＋技术/战术）是必不可少的，它有助于发展运动员的协调能力，确保在比赛时，个人和整体的行动能发挥出最大速度（最佳速度）。

重要的是保持这种两种速度训练方式的均衡性，确保两者在训练课中得到合理安排。

其他训练方法

- 有球或无球的变速和变向跑。
- 上坡跑（同时提高爆发力）和下坡跑（同时提高协调性），也可以结合负重。
- 结合听觉，特别是视觉信号的起动练习、跑位练习和处在失位状态下的反应速度练习。
- 成对或分队的竞争性练习：追捕、接力跑、障碍跑和速度游戏。
- 跑动过程中的跳跃、步法练习。
- 使用秒表刺激运动员（竞争性因素），采用测试的方式激励运动员。

速度训练负荷

- 根据每次跑动距离，每组练习次数一般在4~6次（最多8次），以防止乳酸堆积。
- 肌肉能量储备决定了练习的组数。对于30~40米的跑动距离，最好安排3~4组；10~20米的跑动距离，可安排5组。
- 每次跑动后安排20~30秒间歇，确保无氧非乳酸供能储备恢复到原有水平的一半。虽然间歇时间可达3分钟以上，但最好不要超过3分钟，因为毛细血管将开始收缩，从而影响训练效果（以次最大速度训练）。
- 运动和间歇时间比一般为1∶10、1∶15或1∶20。时间比例根据运动时间、训练的代谢目标、运动员身体状况、年龄而变化。
- 运动间歇时应安排积极性恢复，即走动或慢跑。采用何种积极性休息方式，主要决定于跑动距离或运动强度。当肌肉乳酸堆积较高（通常大于5mmol/L）时，运动员有必要休息至少4~5分钟，根据运动负荷，甚至可以休息8~10分钟。恢复阶段，运动员通常进行柔韧性和一些简单的技术练习。

速度训练计划

速度训练应在年度训练计划的整体框架下进行，此外还必须以相同的方式进行相关的技术训练，从而确保速度训练对所有与速度相关的要素产生积极性影响。

- 在速度训练的准备期（速度训练前期），训练重点是发展肌肉能力（主动肌和对抗肌）和协调性，而有氧耐力训练不宜过多。
- 速度训练之前的肌肉紧张化训练有助于肌肉收缩，以及运动反应和运动动作。在速度训练前进行力量训练已成为当前的趋势，力量训练一般采用大－小负荷交替的形式（力量转换）。这种训练也可以提高肌肉协调潜力。
- 速度训练强调质量至上，需要运动员高度的心理应激（注意力、意志力、动机），因此训练的多样化很重要。
- 速度训练必须始终结合柔韧性和牵拉练习。
- 在周训练过程中，通常安排两次专项速度训练课：每周的第一天，重点在于动作速率（非乳酸或乳酸供能）；每周的最后一天，重点在于反应速度（反应和活力）。

速度训练课的持续时间和内容取决于训练计划中其他与速度相关的训练要素。经验表明，速度训练时动员了协调能力，因此技术训练通常安排在速度训练之后，这有助于增强技术训练的质量。

速度训练必须遵循的原则

- 速度训练应安排在一定的休息时间后进行或安排在一节课的开始阶段。
- 速度训练时运动员要有良好的训练动机，训练时保持全神贯注（有助于注意力、意志力处于高水平状态）。
- 适宜的热身活动（建立在协调性基础之上的肌肉刺激和柔韧性）。
- 始终保证最佳训练强度，强调训练质量（次最大、最大、超最大速度跑）。
- 运动时间不应超过7～8秒，青少年运动员应该控制在5～6秒。
- 关注运动员在恢复期的活动，安排适宜的间歇期活动内容。
- 训练形式富于变化：跑步练习、竞争性比赛、游戏（通过成对的竞争性活动提高运动员动机，从而完成最大强度的训练）。
- 速度训练跑动距离过长不仅会导致疲劳，也会增加肌肉、韧带损伤的几率，同时也会影响动作技术质量。
- 速度训练后必须进行放松和牵拉练习。
- 训练课的组织和指导水平的高低，是决定训练课质量的决定性因素。

表16 速度训练课的结构

	无氧非乳酸速度	无氧乳酸速度
方法	• 反复短时间歇性训练	• 反复短时或中时间歇性训练
强度	• 95%~100%最大速度 • 最大/超最大	• 90%~95%最大速度 • 次最大/最大
次数	• 4~8次/组	• 3~5次/组
运动时间 或跑动距离	• 2秒~8秒（最多10秒） • 10~50米	• 9秒~20秒 • 50~150米
组数	• 3~5组	• 2~4组
总跑动距离	• 300~600米/课时 （根据训练课内容）	• 600~1200米/课时 （根据训练课内容）
运动间歇	• 轻微活动/积极性恢复 • 运动/间歇比例：1:10~1:20 （根据练习时间而定） • 组间4~8分钟	• 积极性恢复 • 运动/间歇比例：1:3~1:6 （根据练习时间而定） • 组间7~10分钟

表17 速度训练课示例

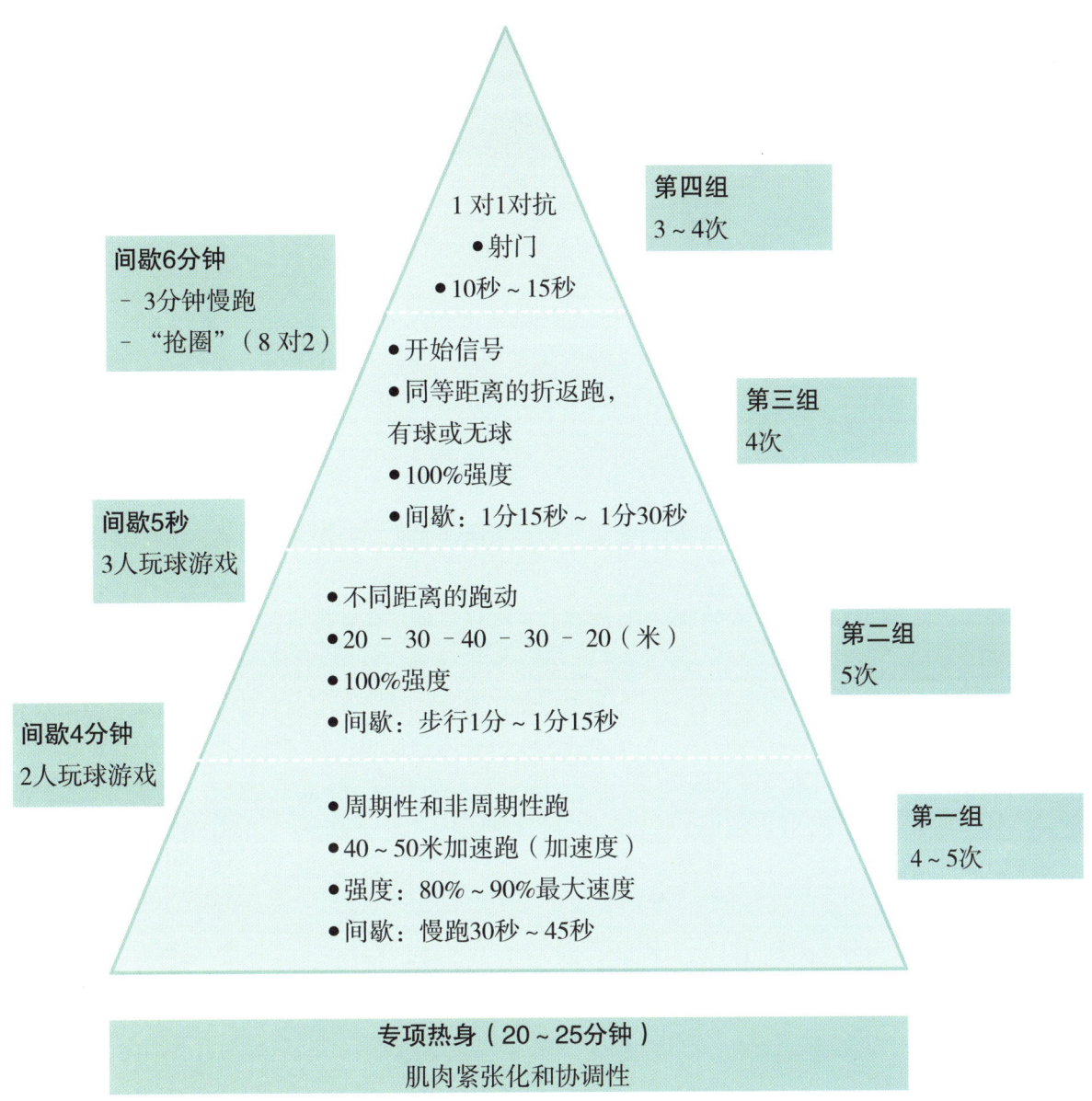

注：第3组可采用结合球的方式进行
例如：
- 1对1射门练习。
- 3人一组的反击射门练习（运动时间8~10秒）。

7. 柔韧性训练

柔韧性是指尽最大幅度完成运动动作的能力。
它受两个因素的影响：关节灵活性和伸展能力

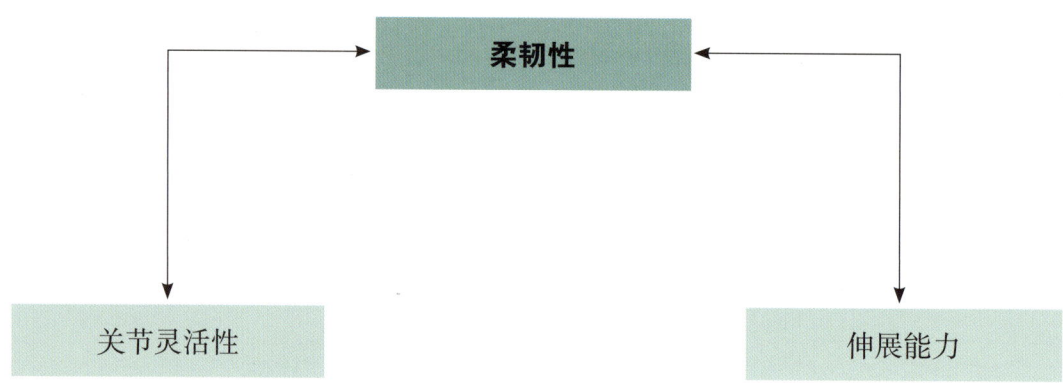

关节灵活性是指关节和椎间盘的伸展能力，关注的是肌肉、肌腱、韧带和关节囊。

年龄、激素系统、温度、每日不同时段和机体疲劳程度对柔韧性都有影响。

相对于足球而言，柔韧性在体操项目中更为重要。虽然足球运动员在射门、控球、完成假动作时需要一定的柔韧性，但对柔韧性的要求并不是太高。不过，柔韧性与损伤预防、肌肉组织弹性密切相关，同时也是具备良好运动表现的基础。

柔韧性训练的形式和方法

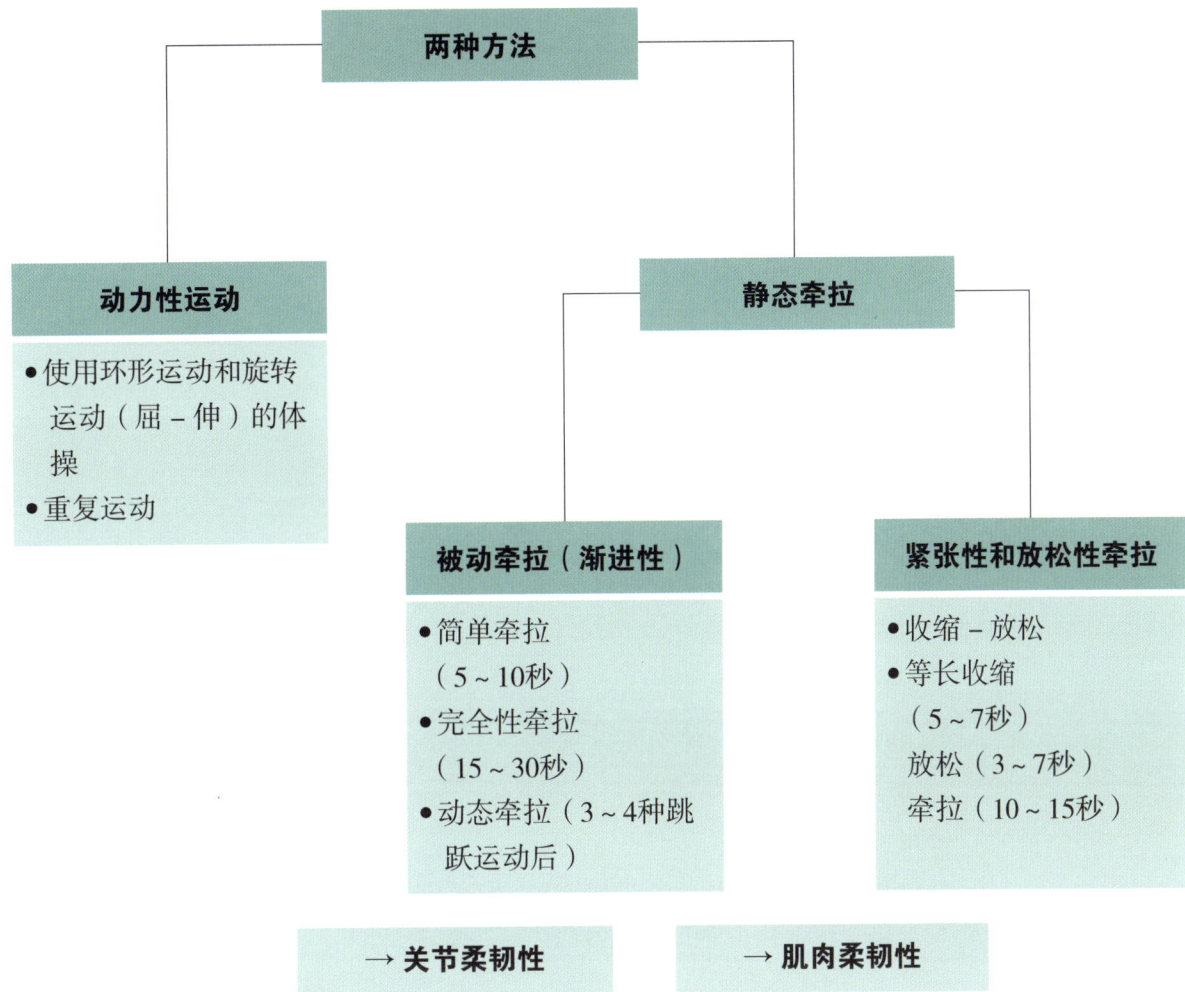

上述两种方法都适用于足球运动员，被公认为用来提高和保持柔韧性及促进恢复的方法。柔韧性训练应安排在每次课的热身和放松阶段。

此外，柔韧性训练应纳入整体训练计划之中，每周至少两次，每次10~15分钟。
牵拉本身不足以改善柔韧性；它必须辅助于动力性柔韧训练（灵活性和柔韧性训练）。

柔韧性练习方法

对象：	- 脊柱 - 躯干 - 臀部 - 腿部 - 脚
重复次数：	- 10~30次（热身时最少8~10次）
组数：	- 1~3组

动态的、主动性运动动作和快速动作之间应有显著性区别。

静力性牵拉的方法

这是最常用的热身形式，包括缓慢的肌肉伸展，逐渐达到最大动作幅度并保持一定时间。
如果牵拉造成肌群缩短，这不利于关节，尤其容易导致关节软骨负荷过重，还常常诱发肌腱炎。收缩和挛缩的肌肉所存在的风险在于不易拉伸，甚至在被拉伸时可能造成撕裂。

通过高质量的牵拉，使肌肉重新恢复稳定性和柔韧性	
对象：	- 牵拉的肌群
时间：	- 热身期间 - 每次训练课后的放松整理阶段 - 大强度训练后（速度、力量训练后） - 提高柔韧性（灵活性）
运动时间：	- 热身期间，5~10秒（简单牵拉） - 恢复阶段，15~30秒（完全性牵拉）
重复次数：	- 1~3次，根据牵拉时间和不同肌肉
原则：	- 不要做猛烈性动作 - 牵拉时必须始终保持正确的呼吸，如均匀地、平缓地呼吸 - 完全集中注意力 - 有肌肉疼痛的运动员不宜进行牵拉 - 在完成爆发性动作前不宜进行牵拉，这样做可能降低运动表现水平

最近的研究表明，没有确凿证据证实牵拉可预防运动损伤；同样，也不能说它是有氧耐力的良好基础。

对于青春期前的青少年而言，牵拉不是必不可少的。然而作为青少年对牵拉的了解，最好从9~10岁开始，在每周训练课结束后安排2~3次。

8. 协调性训练

协调性，有时也称之为"灵敏性""灵巧性"或心理活动技能。它可以使运动员控制和调整自己的动作，掌握技战术技巧，以及运动动作更迅速。
→协调性是所有技术动作的基础。

协调性的组成要素（O.R.D.E.R）

方位感（orientation）
就时空而言，所具有的正确选位能力。
基于对特定环境的觉察而所具有改变和再调整位置的能力。

反应能力（Reaction）
基于对比赛情况或信号而做出极为迅速反应的能力。
不仅能正确地完成动作，而且能快速地完成动作。

辨别能力（Differentiation）
感知信息并以不同方式处理信息的能力。
在团队运动中完成个人技术的能力。
选择正确传球的能力。

平衡能力（Equilibriam）
运动中或完成技术动作的过程中，保持身体平衡的能力。
身体对抗和假动作后，恢复身体平衡的能力。
完成技术动作时所具有的快速步法能力。

节奏感（Rhythm）
有节奏地完成运动动作的能力。
快慢结合的能力。
运球和假动作。

协调性训练

虽然协调性训练适宜于成年运动员，但由于青少年儿童的神经系统正处于发展阶段，易于接受外部刺激，因此协调性训练对于青少年儿童的发展也特别有利。为了能够最大程度地得益于这种暂时性的"接受"，最好对青少年运动员（8～12岁）进行单独的和综合性的协调训练。当青少年步入快速成长期（11～14岁）时，正面临着一系列的生理变化：四肢增长，协调性下降。因此，在这个年龄段，协调性训练是必不可少的。

最好能够每周安排2次专项协调性训练和快速步法速度的协调性训练（绳梯练习等）。

作为一般原则，每周应至少进行2～3次15～20分钟的协调性训练，最适宜安排在热身阶段。

可以说，从8～9岁直至15～16岁，协调性训练应该成为训练过程中不可分割的一部分，这类似于只进行基础性技术训练，就技术本身而言是不够的。运动员不仅要有序地进行训练，而且还要参加比赛，不同的比赛场景有助于刺激中枢神经系统。

显而易见，静态和孤立的方式已不再满足现代足球比赛的需要。因此，运动、选位、变向必须纳入所有协调性和技术训练之中。

尽管成年运动员中枢神经系统"渴望学习"的能力不及青少年，但仍可通过训练改善自己的动作技能，甚至技术技能。已证明，通过跑动练习、跳跃练习或结合球的协调性练习（强调节奏、辨别、方位感），运动员的神经运动能力可进一步提高，甚至在25岁之后也可以。

其他训练（如其他体育运动）或综合性训练也可提高协调能力。同速度训练一样，当运动员处于疲劳时不宜进行协调性训练，因为在控制和学习的过程中无法充分发挥运动员的潜力。

运动员要不断地重复训练，逐步地进行有序的多项练习，满足所有技能所需求的协调性。

因此，对于技术和战术/技术训练而言，协调性训练是一个极佳的准备阶段。

协调性训练如不结合速度、力量、耐力相关的体能要素，运动员不可能具有最佳的协调能力。

技术娴熟的天才运动员往往比其他运动员拥有更好的协调技能。如果运动员能够很好地控制自己的动作，并具有良好的协调能力，这将增加运动员的自信心，进而对个性的发展产生积极的作用。

→ **在青少年早期发展和训练阶段，协调性和技术是关键要素。**

在第10章——未来之星，我们将详细介绍青少年队员体能训练原则及准备过程。

发展协调技能的综合性训练示例

目的	
方位感 辨别能力 平衡能力	• 运动员背对球门，接球、控球，同时转身射门。要求运动员射向球门的指定区域（强调精准度）
方位感 反应能力 辨别能力 平衡能力	• 运动员先翻筋头、再控球，然后将球准确地射向球门的指定区域（远门柱或近门柱）
平衡 + 快速步法 节奏感 方位感 辨别能力	• 在地面指定的圆圈内左右脚有序地高抬腿，接球、运球绕杆，长传
辨别能力	• 颠足球、排球、网球等
辨别能力 方位感	• 同上，但运动员要不停地半转身
节奏感 平衡 + 快速步法	• 运球（利用脚内侧和外侧），2~3次触球的转圈等 • 同上，但利用左、右脚
方位感 辨别能力 反应能力 平衡能力	• 在不同角度和距离情况下，接高速来球的直接或间歇射门（强调时机）
平衡能力 方位感	• 对手干扰下的射门（1对1）

训练内容

体能训练

图 例

----▶ 无球队员跑动路线
∿▶ 有球队员运球路线
——▶ 球的运行路线（传球或射门）
▲ 教练员
A, B, C, D 所有队员的位置
A1, A2 队员A的不同位置

体能训练：1. 基础耐力（有氧耐力）

1. 混合耐力循环训练 持续训练（长间歇）

组织：
- 3组，6~8名队员（根据队员耐力水平）。
- 3块指定的区域（A-B-C）。
- 持续：15~30分钟，每5~8分钟交换练习。
- 强度：心率140~160次（保持有规律的节奏）。

方法：
- 场地A，2名🔵队员变向跑（向前、向后、侧面），从场地的四个角开始练习。
- 场地B，🟡队员配合，利用空间传球、跑动（3或2次触球）。
- 场地C，每名🟠队员运球跑动，不断改变带球方式

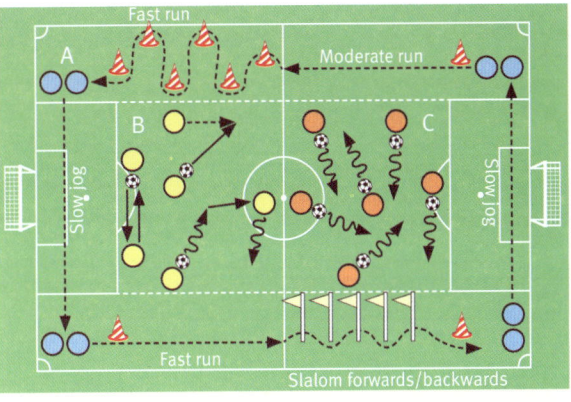

2. 耐力循环训练 运球跑持续训练（长间歇）

组织：
- 2组，8名队员
- 🔵队员运球跑，🟡队员保持中速跑。
- 持续：10~15分钟，每5~6分钟交换位置。组数：1~2组。
- 强度：心率130~150或140~160次。

方法：
- 🔵队员带球向一个方向跑，然后传球给相反方向跑来的🟡队员。在跑动时一脚传球（2过1），或用手传球做凌空、头顶球回传等。
- 场地B，🟡队员配合，利用空间传球、跑动（3或2次触球），–5~6分钟后，改变方向。

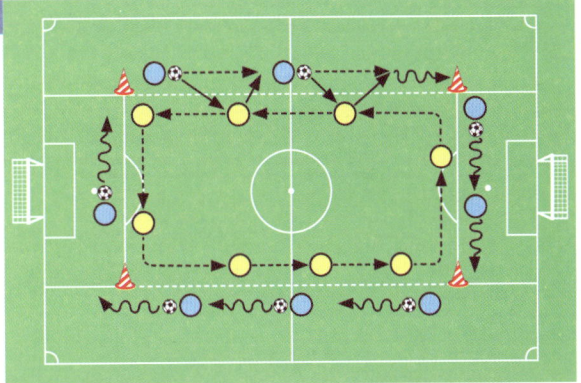

3. 技、战术组合练习（法特莱克法）

组织：
- 2队，每半场有10或9名队员。
- 队员选择比赛阵型的站位。
- 持续：12~15分钟。组数：2组。
- 强度：心率160~170或175次。

方法：
- 每支球队在限定的触球数内（最多3次）保持好控球权（逐渐组织进攻）。
- 所有队员不断地移动，保持队形，利用边路进攻。
- 3分钟后，听到教练员信号，所有队员围场地跑两圈，（从一个标志桶开始），练习结束后再开始比赛。
- 队员交换位置
→ 教练员指导训练，要求比赛速度。

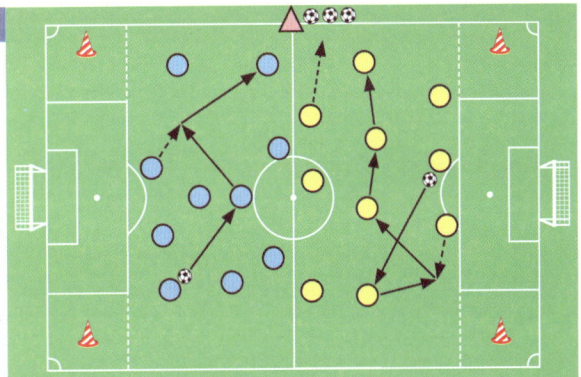

4. 6对6比赛（法特莱克法）

组织：
- 3队，每对6名队员+中立守门员，标志出比赛场地区域，4个小球门（2米），场地中间有一个大门。
- 持续：15~30分钟，（3×5分钟或3×10分钟）。
- 强度：心率160~180次。

方法：
- 两队6对6比赛，无限制地踢球或限制触球次数，目标是进攻对手任意一个小球门，传球过球门线得分（或队员带球通过小球门）。进攻队同样可以在本方半场射由守门员防守的大球门得分
- 比赛中，3支球队围绕比赛场地进行变速跑（如在场地两边线冲刺跑，在场地两底线慢速跑）。5~6分钟之后，换球队进行比赛。

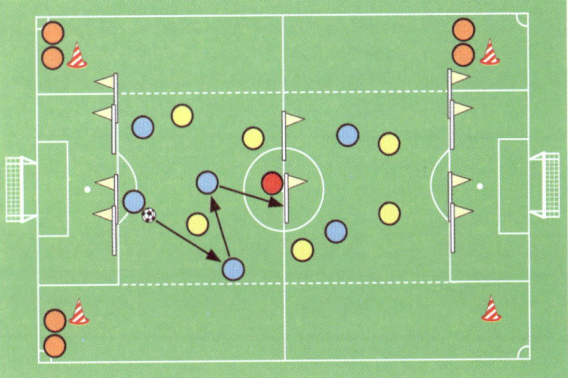

体能训练：2. 高强度耐力（有氧功）

1. 技术训练（间歇训练）

组织：
- 每次练习6名队员。
- 在标志出的区域内，2个球。
- 持续：3～5分钟。组数：3～4次。休息：1～2分钟
- 强度：心率160～170或180次。

方法：
- 队员A和C同时开始练习。
- A将球短传给B，C短传给D。
- B做墙直接将球传给A，D做墙直接传给C。
- A斜传给F，然后跑向F。
- C斜传给E，然后跑向E。
- F和E控制好球，然后各自带球跑向A和C。
→ 强调保持传球的速度（地滚球或高空球）和跑动的速度。

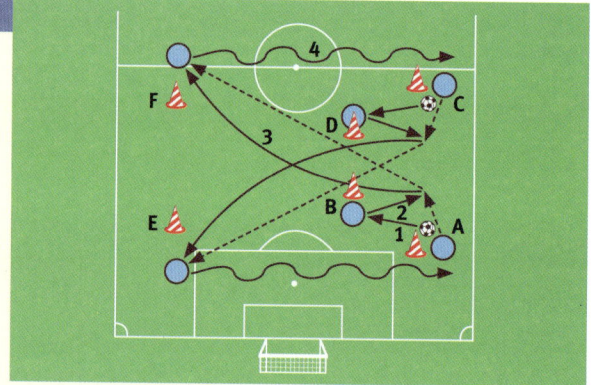

2. 间歇训练（跑和跳）

组织：
- 2组各8～9名队员，●队员每个标志桶后面站3名队员，●队员2人一组来回传球。
- 持续：6～8分钟。组数：2～3组，组间间歇时安排技术练习。
- 强度：心率160～180次。

方法：
- ●队员最大强度10秒（50米）。第一阶段，双脚6次快速跳过障碍物。第二阶段，左右滑步接高强度跑。第三阶段，8个侧面快速跳（左右脚交替），然后快速跑。练习之后，慢跑30秒（100米）。
- ●队员技术练习，2名队员各种传球练习。
- 两组相互交换。

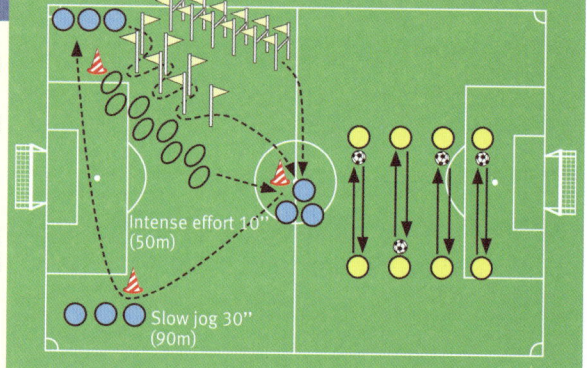

3. 间歇训练（跑和技术练习）

组织：
- 2组各8名队员，●队2名队员一组，并且在技术练习区域活动；●队在球场的中间进行6对2传抢练习，断球后快速重新开始。
- 持续：5～6分钟。组数：2～3组。
- 强度：心率160～180次。

方法：
- ●队员，在两个技术练习场地之间大强度跑（5～10秒）。在各练习场地，技术训练以20～30秒的中等节奏完成（技术训练必须要保持高质量）。1.左右脚传球。2.个人带球。3.2人控传球（2次触球）4.带球和假动作。
- ●队员在球场的中间进行6对2练习，断球后快速重新开始。

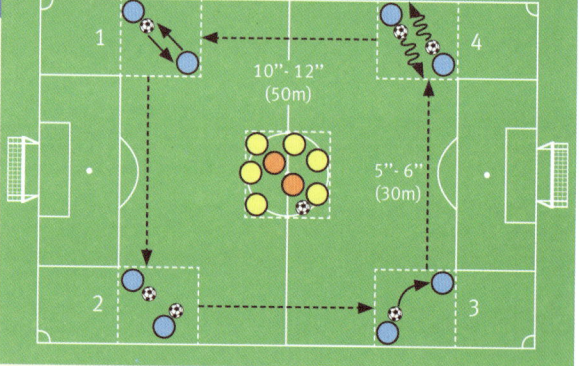

4. 间歇技战术组合训练

组织：
- 队员在各自阵型中所对应的位置上（同一位置可多人）。
- 另一半场摆设标志桶。
- 持续：7～8分钟。组数：2～3组。间歇：5～6分钟。
- 强度：心率160～180或185次。

方法：
- 队员在各自阵型中所对应的位置上。– 队员相互之间传球（中等速度）。听到教练员的信号后，队员快速跑向另一半场所对应位置的标志桶处。然后再次相互传球。– 练习强度：10～15秒（距离70～75米）。间歇：技术练习20～30秒。
→ 不断变化技术练习动作。

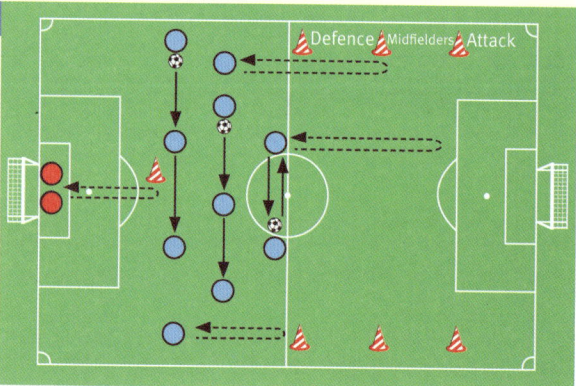

体能训练：3. 耐力比赛（有氧–无氧）

1. 基础耐力8对8（9对9）比赛
组织：
- 2队各8（或9）名队员
- 标志出比赛区域+4个球门（2~3米）在两侧。在比赛场地后面摆放3个标志桶，相邻间隔15米（共30米）
- 持续：10~15分钟。重复：2组。积极休息（心率恢复到120次）
- 强度：心率150~175次。

方法：
- 无限制比赛（或3次触球）：队员带球通过球门得分。
- 得一分的球队可以继续控球，并且可以通过对面半场两个球门继续得分。
- 比赛中场休息时（5~7.5分钟），两队的队员3~5次30米加速跑（70%~100%），每次跑后间歇30秒钟。

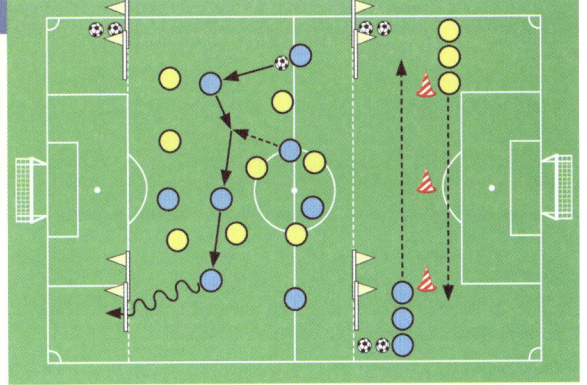

2. 保持控球7对7比赛（专项耐力）
组织：
- 2队各7名队员+2名守门员，守门员只能用脚。
- 将比赛场地设置成3个区域（20~25米）。
- 持续：20~30分钟。组数：2~3组（6~10分钟）。积极休息：1~3分钟。
- 强度：心率160~180次。

方法：
- 在指定的区域内队员保持控球；无限制比赛或限制触球次数（3~2次）。
- 比赛可在1个区域内进行，也可在2个或所有3个区域内进行，主要取决于教练员的指令。
- 守门员必须始终都在区域后面提供支援。
- 当球被踢出界外，教练员立即提供一个新球继续开始比赛。

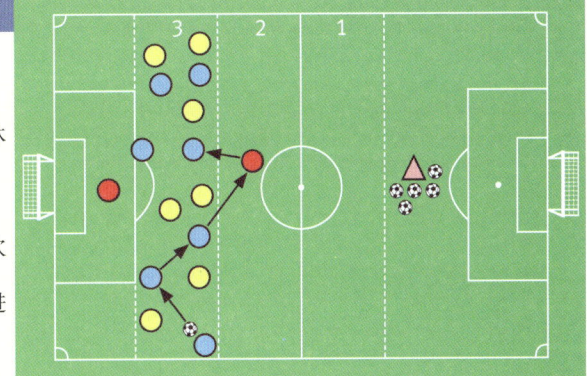

3. 5对5比赛（有氧功）
组织：
- 2队各5名队员+2名守门员（也可安排第三队）。
- 标志出比赛场地+2个大球门（场地周边摆放足够的球）。
- 持续：30~35分钟。组数：4~6组（6~7分钟）。休息：3~4分钟。
- 强度：心率165~180次。

方法：
- 在防守区域限制触球次数（针对防守队员）。在进攻区域不限制踢法（针对进攻队员）。
- 当进攻方所有队员都通过中场线算得1分，如果防守方有任何一名队员还留在对方半场没有回防，攻方再得1分。
- 守门员参与比赛（只能1~2次触球）。
- 当球出了比赛区域，教练员立即踢入一个新球继续比赛。

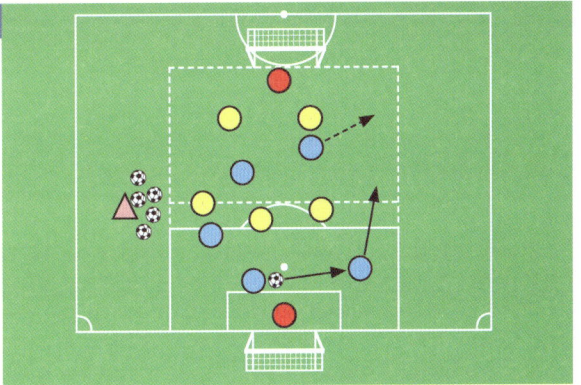

4. 4对4比赛（最大有氧功）
组织：
- 无限制4对4；守门员只能一脚出球。
- 2队8名队员+2名守门员。
- 标志出比赛场地+2个大球门（场地周边摆放足够的球）。
- 持续：15~20分钟。组数：4~5组（3~4分钟）。休息：3~4分钟。
- 强度：心率170~190次。

方法：
- 无角球，当球出底线，守门员将球快速传给队友继续比赛。
- 当比赛进行3~4分钟之后，教练员换一批队员上场。

变化： 4对4比赛加额外的中间队员（只允许一次触球）。

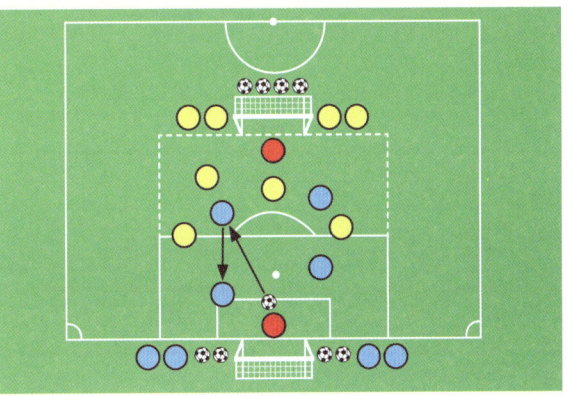

体能训练：4. 无氧速度（分解训练）

1. 协调性循环和跑动练习

组织：
- 所有队员一路纵队排列。
- 10个标志桶摆设如右图。
- 循环2～3次；然后做牵拉和不同方式的慢跑。
- 组数：2～4组。

方法：
- 队员在各标志桶之间变化跑动方式：动态跑、向前、向后、大步跑、跳跃。横向移动、横向侧滑步、正常跑、脚后跟/大腿和膝盖/胸、轻跳、中等高度跳、最大高度跳。
- 从标志桶8～9间慢跑，9～10间加速跑。在圆圈处同样需要加速（循环和调整速度）并设置节奏和步伐练习。

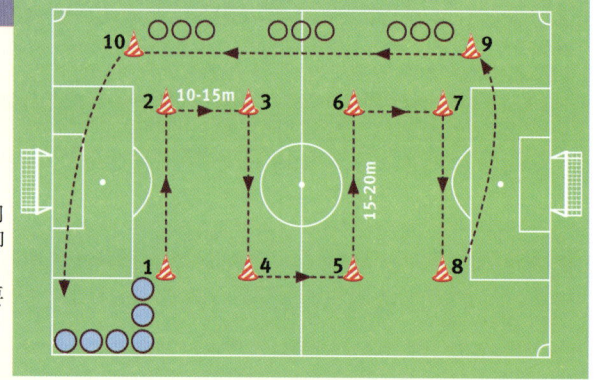

2. 启动速度练习（针对速度）

组织：
- 4组，2人一组。
- 标示出4组不同的线路，标志桶相互距离10米。
- 每个练习重复3～4次。之间休息2～3分钟。速度强度：80%～100%。→教练员纠正队员错误的跑动。

方法：
1. 各种跳跃10米；然后剩下3个10米逐渐加速冲刺跑（70%～80%～90%）。2.交叉跑10米，然后每10米或20米斜向冲刺跑（80%～90%）。3.多种爆发力练习（侧身、从一个固定的位置开始等），向前冲刺10～20米，然后改变方向跑（80%～90%）。4.100%强度的各种爆发力和冲刺跑练习，（20、30和40米），保持速度。
→同样也可以采用两队相互比赛的方式进行。

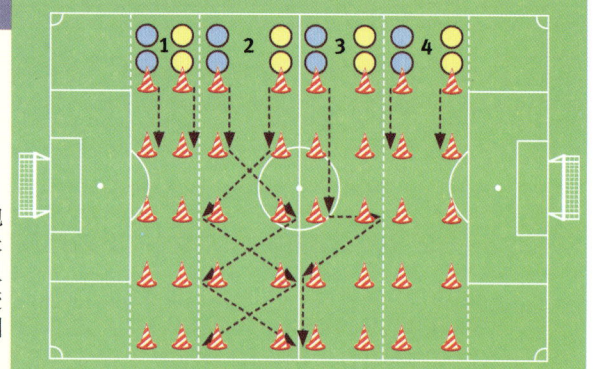

3. 速度比赛（追赶游戏）

组织：
- 2队。
- 标志出比赛场地（30米×30米），根据队员人数。
- 6（8）个2米的小球门（标志桶、标志盘和标志杆）。
- 重复：每组跑3～6次。
- 强度：心率165～180次。

方法：
- 第一名○队员在前面先跑动1～2米，然后通过5个小球门，最后通过对面底线的球门。
- ○队员在后面试图追上并碰触到他。
- ○队员都完成练习之后，两队互换角色。
→各队都赢了几次？

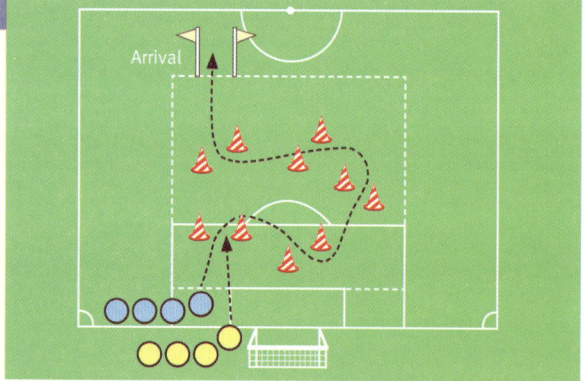

4. 有球速度练习（完整训练）

组织：
- 每次练习8～12名队员－跑动距离：30～40米。
- 重复：3～5次，组数：2～3组。休息（1.10～1.20分钟）
- 组间间歇5～6分钟。
→可设置多个场地。

方法：
- A跑到由2个相距5米的标志桶之间的位置，然后全力冲刺跑20米，B将球传给A，A回传给B。A然后再跑30米并控制住C传给他的球，最后全速带球跑向正在等待的队友F，再到队尾。
- 当B传完球后，慢跑（无球）到练习的出发点。
- 当C传完球后慢跑到B的位置。
- 当A接到C的传球后，D开始启动并且传球给E。

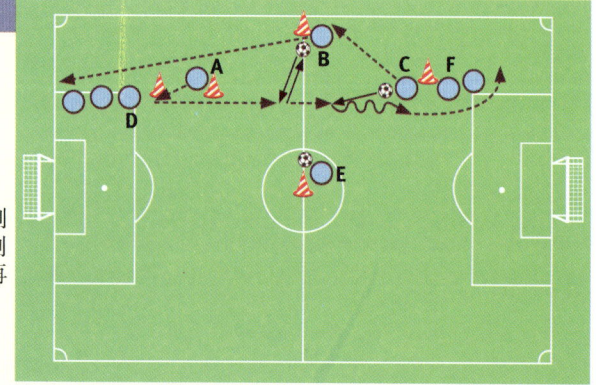

体能训练：5. 无氧速度（完整训练）

1. 速度训练
组织：
- 每次练习14~16名队员。
- 半场，一个球门和守门员。
- 跑动距离20~30米。
- 重复6~8次。每次练习后，队员慢跑回队尾。充分休息。2~3组。

方法：
- 🔵队员从A开始，最快速度跑10米到第二个标志桶，控制住球，尽快带球到罚球区，然后尝试自己射门或横传给侧面的队友B，B和A同时开始（重点是跑动时机）
- 🟡队员与🔵队员A同时启动，争取断球并阻止对方射门得分。每组队员相互交换。

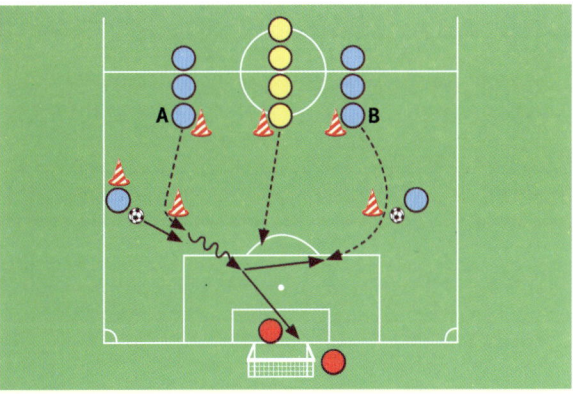

2. 结合比赛场景的速度练习
组织：
- 每次练习14~16名队员。
- 半场，一个大球门和2名守门员 — 开始位置距离球门30米（40米） — 重复4~6次。每次练习后，队员慢跑回队尾。充分休息。2~3组。

方法：
- 🔵队员A传球给在罚球区边缘16米的🔵B（传地滚球），B然后将球传给A，A快速插上接球后将球横传给C。🟡队员在进攻队员B做完二过一的球之后，马上启动，阻止🔵队员A进行传中（不允许铲球）。— 练习一段时间后更换两队的角色，2名进攻队员也要互换位置。
- 根据练习的跑动距离（例如，距离更长一些），本练习同样可设置成速度耐力训练。

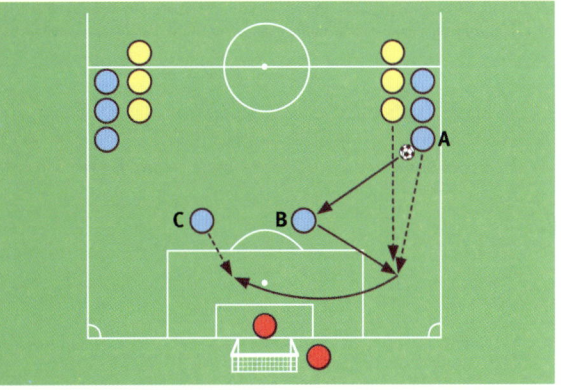

3. 射门速度练习
组织：
- 每次练习10~14名队员。
- 标志出训练区域：2个球门和2名守门员。
- 射门的位置距离球门15~20米。
- 重复4~6次。练习一段时间后，两队球员交换位置，完全休息。2~3组。
→ 重点是完成射门的准确性。

方法：
- 两队第一名A队员向侧面横传球，然后冲刺到相反的球门射门。
- 变换射门和传球的线路
→ 练习可不设守门员，队员射门必须要有准确性（可在球门内摆放标志杆进行要求）。

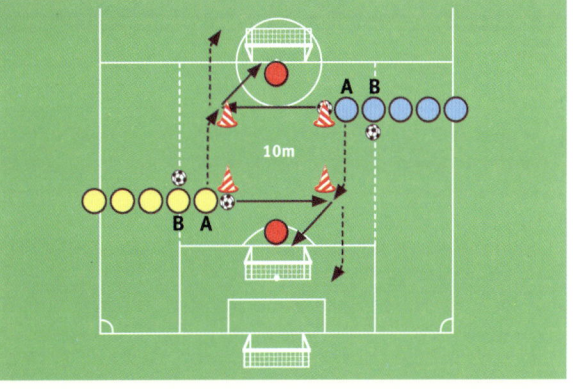

4. 实践比赛和快速反击（速度耐力）
组织：
- 3队各5~6名队员+2名守门员
- 标志出比赛区域：4个小球门（2米）和一个在另一半场的大球门
- 比赛时间：10~12分钟。间歇：1分30秒~2分钟。

方法：
- 5对5无限制比赛，队员试图通过对方2个小球门得分（每进一球得1分）。— 听到教练员的信号（1~2分钟），控球一方在10秒内进攻另一半场大球门并争取得分，此半场没有队员防守（除守门员外）；所有进攻方的队员必须全部进入进攻半场区域（如果射门进球，得3分）。
- 持球方完成快速反击后进入休息区休息，🟠队进入场地比赛。

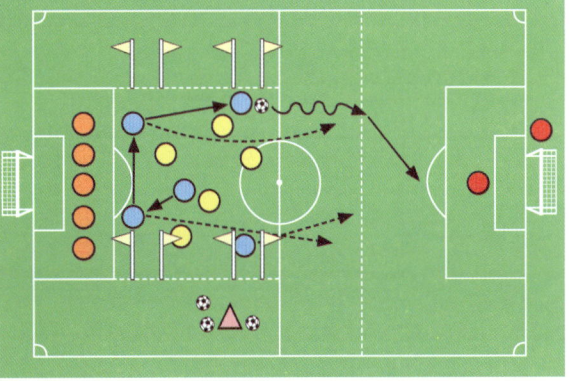

体能训练：6. 无氧耐力（乳酸耐受）

1. 专项间歇训练

组织：
- 在标志的训练场地内将队员分成3组。
- 方块A：进攻队员，方块B：防守队员，方块C：中场队员。
- 根据图示，将标志桶按距离分隔开。
- 重复3～4次。组数：1～2组。积极休息：1～1.30分钟。组间间歇8～10分钟。– 训练强度：最大（心率180次或更高）。

方法：
- 在每个方块内，队员4对2比赛，每次只能一次触球；听到教练员信号后，6名队员大强度跑。
- A：10米–返回，然后20米、返回、30米、再返回。
- B：20米–返回，然后40米再返回。
- C：60米–返回。（3组都是120米）。
- → 最后跑的2名队员在4对2比赛中做抢球队员。

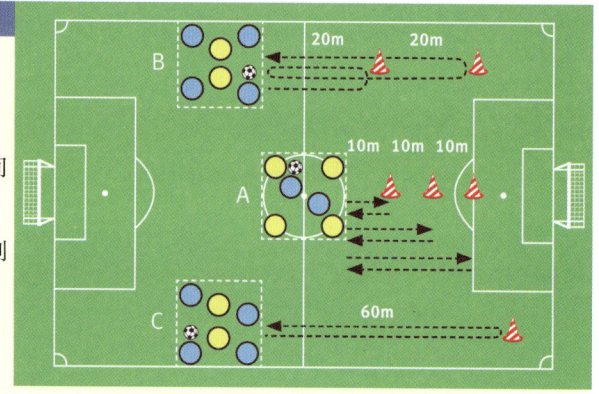

2. 射门得分练习

组织：
- 6名队员，2名队员分别在16米线的两侧。
- 离球门20米处摆设标志桶做侧滑步。
- 持续：30～15秒。重复3～4次。2～3组。
- 休息：每次重复中间歇1.30～2分钟。每组练习8～10分钟。
- 强度：最大（心率180次或更高）。

方法：
- 两组第一名A队员从罚球区16米线处开始，跑向标志桶做侧滑步，然后接C的传球之后射门得分。连续做2～3次。
- 射门之后，队员A到队员C的位置，队员B开始练习。
- C捡球，然后慢跑回练习的起点。

变化： 队员必须不断改变传球和射门的线路（凌空、半凌空）。队员带球跑动。

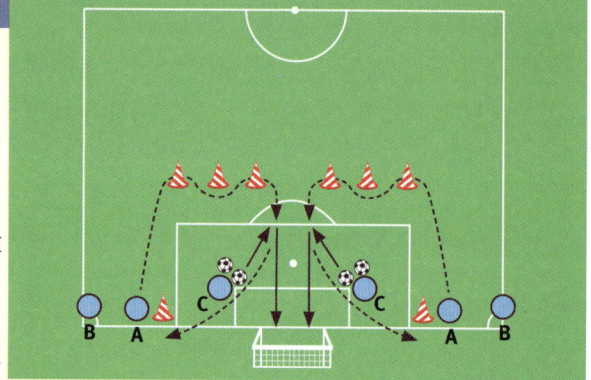

3. 1对1练习

组织：
- 6名队员+守门员。3名防守队员，3名进攻队员。
- 持续：40秒～1分钟。重复3～5次。组数1～2组。
- 休息：每次重复间歇2～2.30分钟。组间间歇10分钟。
- 强度：最大（心率180次或更高）。
- 当一队在练习时，另一队可以休息恢复。

方法：
- 进攻队员A，从中场带球，在有一名队员A的防守下尝试射门得分。
- 如果他丢失控球权或者得到一分，即回到中场重新拿球。进攻队员A同样可以和队友墙式配合。每一次练习开始时，防守队员要退到16米罚球区线上。每组结束后，2名A队员到场地两侧传球，B队员则进入场地比赛。

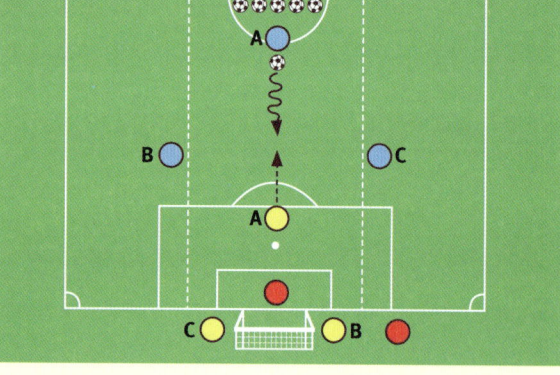

4. 2对2练习

组织：
- 2队各4名队员+2名守门员。
- 标志出训练场地（25～20米）；2个大球门。
- 持续：1.30～2分钟（取决于教练员）。重复3～5次。组数1～2组 – 重复之间休息：1.30～2分钟。组间间歇8～10分钟。
- 强度：最大（心率180次或更高）。

方法：
- 2对2比赛和一名额外队员，这名队员只能1次触球 – 无限制踢法；队员尽可能地射门得分 – 守门员最多只能2次触球。– 当球被踢出界时，球队的守门员发球重新开始。
- 队员每1.30～2分钟转换角色。
- → 教练员指导训练。

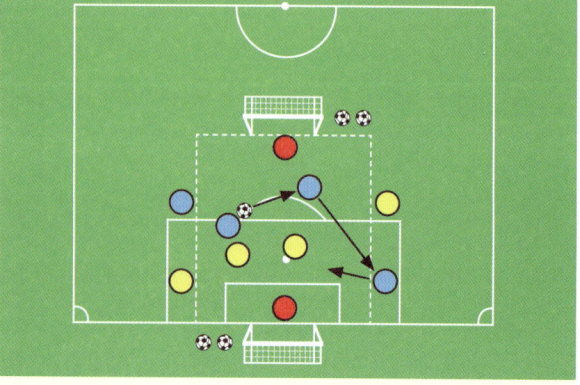

体能训练：7. 协调性循环练习

1. 综合协调性训练

组织：
- 每个训练场3~6名队员。
- 线路用棍、桶、圈标识出来+足球。
训练持续时间：5~6分钟。 组数1~2组。

方法：
- 每名队员以不同的节奏完成线路。1.各种跳跃（向前、向后、两侧）。2.跳跃（交替左右脚），在跳跃中（改变起跳的高度）。3.队员控制一球，然后在标志桶中间左右变向带球（改变接触面，左右脚的脚内侧和外脚背，脚底）。4.运球慢跑回第一个标志桶，最后慢跑回起始点1。

变化：
- 练习可以2名队员同时完成；A完成线路，B跟随着A的节奏练习。

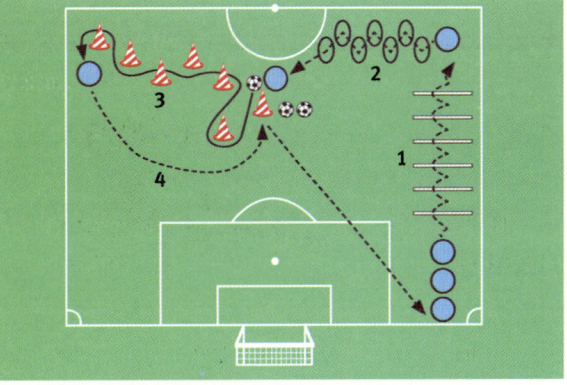

2. 控球练习（力量、节奏）

组织：
- 每个训练场3~6名队员。
- 用标志桶或标识物标识出线路。
- 标志桶之间的距离要有变化。
训练持续时间：3~4分钟。1~2组。

方法：
- 每名队员带球变向绕过标志桶，每次练习都改变触球脚的部位；绕过标志桶之后，将球以适当的力量传给自己的队友。如右脚脚内侧3次触球，右脚的外脚背3次触球（然后两次、一次）。左脚同样如此进行。
- 右脚脚内侧、左脚脚内侧3次、2次、再到1次触球。
→训练的速度要不断提高。

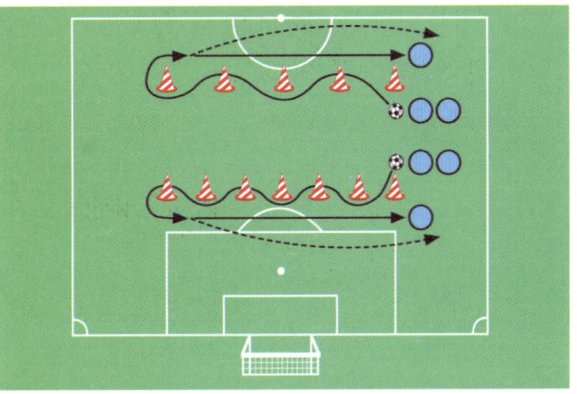

3. 协调练习（速度和时机）

组织：
- 每个训练场3~6名队员。
- 用标志桶和标志杆标识出线路。
- 1个球门分成3个区域。
- 持续时间：3~4分钟；组数：1~2组。
- 路线的距离和传中的距离应不断变化。

方法：
- 队员A带球快速向前运球，然后传中给他的队友B；B和A同时启动，跳过障碍物后，接球完成射门，要求射门的准确性（教练员在队员射门前指定射向球门的：A/B/C区域）。
- 中间的队员与队员B同时开始启动并且绕过标志桶，然后试图阻止队员射门得分。

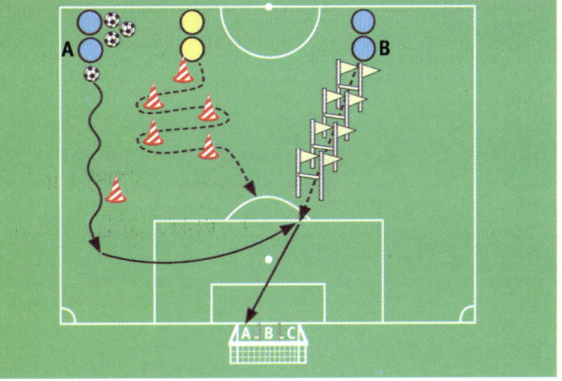

4. 协调练习（反应、射门）

组织：
- 每个训练场3~6名队员和1名守门员。
- 罚球区线5名队员在16米线，每个人一个球。训练持续时间：3~4分钟；组数1~2组。

方法：
- 队员A（练习队员）在罚球区的中间，试图尽快地完成射门（直接射门、控制球后射门、凌空、头顶球等）。不断改变给他的传球线路和球的运行轨迹（同样可以使用手），罚球区外的队员每次一人传球；15~20秒后，交换在中间的队员。
- 本次练习还可以通过叫队员相对应的数字开始，或者根据教练员的指令。

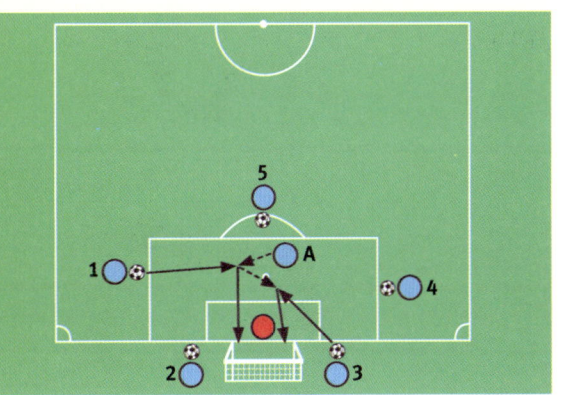

219

体能训练：8. 稳定性和增强肌力训练

运用身体重量训练基础力量

一、身体躯干稳定性

1. 背部肌群

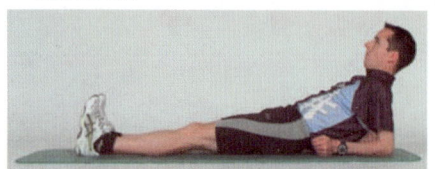

2. 侧面肌群

3. 腹部肌群

二、手臂和胸部周边肌肉

1. 肩和手臂

2. 手臂（肱三头肌）

3. 手臂（肱二头肌）

完整训练计划

负荷：40次重复（15~60秒）2~4组，1~2分钟的间歇
实施：动态—慢；年轻队员练习时同样可以采用静力的方式：10~30秒（等长收缩）

三、腹肌

1. 上部腹肌

2. 侧面腹肌

3. 下部腹肌

四、背部肌肉

1. 背部

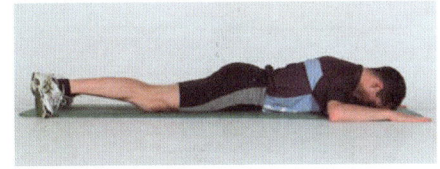 

2. 背部和臀部

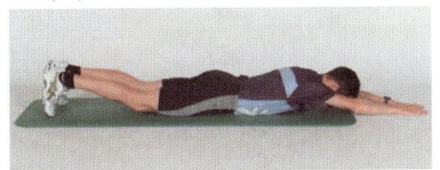 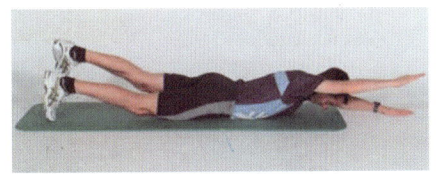

3. 背部和腰椎

训练后的拉伸

五、腿和臀部肌肉

1. 内收肌

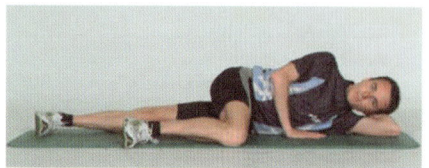 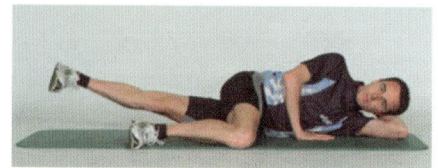

2. 内收肌

3. 腘绳肌

4. 腿部

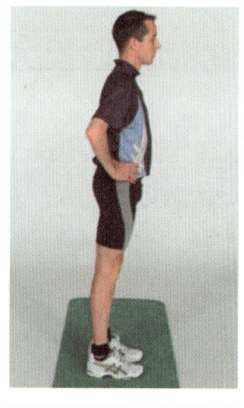 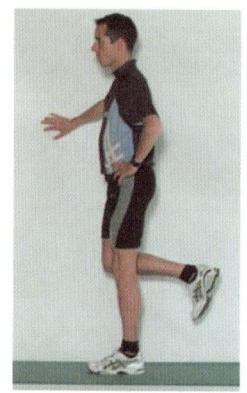

 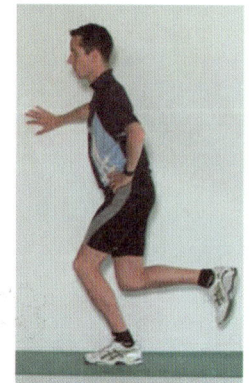

5. 脚部肌肉（小腿）

体能训练：9. 全身力量训练计划（基础阶段）

单个训练：例如，70%最大心率，10次重复，3组
循环练习：例如，50%~70%最大心率的强度持续20~30秒，2组

组织				
- 根据训练目标和队员的水平（针对队员的个体需要组织训练） - 明确重复的次数和组数 - 选择每次训练课的内容及数量 → 正确实施训练，保持动态节奏	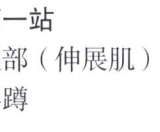 第一站 腿部（伸展肌） 半蹲	 第二站 腹肌 加上一个10公斤的重物（放于头部后）	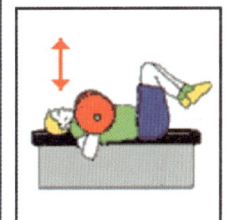 第三站 手臂，躯干 平躺位开始	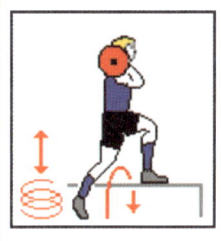 第四站 腿部伸展肌 肩部压杠铃，腿部上下台阶
	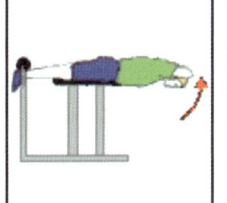 第五站 背部（腰） 躯干向上和向下+手臂向两侧移动（同样加上一个3~5公斤的小哑铃）	 第六站 腘绳肌 双腿收缩，如果可能，单腿收缩	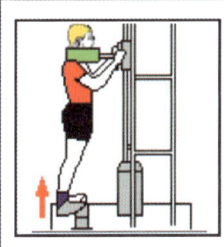 第七站 小腿 小腿起踵	 第八站 腹肌（腹外斜肌） 做像汽车挡风玻璃扫水器左右摆动的动作，有或者没有同伴都可
	 第九站 背部、肩，收缩手臂	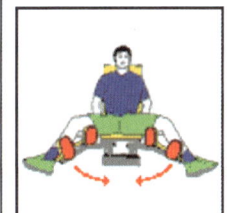 第十站 内收肌 腿部内收然后展开（轻微的阻力，最大力量的30%左右）	 第十一站 外展肌 腿部展开然后内收	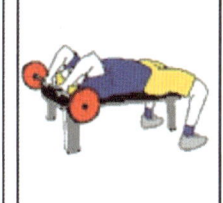 第十二站 胸部，手臂 上拉

→ 在一次循环或单个练习完之后，可以在第二周的力量训练中安排难度较低的超等长收缩的练习（各种简单的跳、跑跳和冲刺）

体能训练：10. 多种形式力量强化训练（专项阶段）

针对性的专项训练（在比赛中应用性强）
（主要改善身体在不同方向的伸展用力）

练习1 腿部肌肉纵向力量 - 2～4组 - 2～3分钟积极休息（如慢跑）	 等长收缩30秒（保持一个位置）下蹲3/5（加哑铃或最大力量的70%～80%）	 离心收缩+静态 -动态1次跳跃	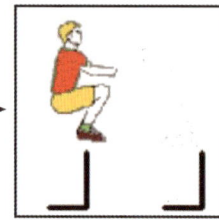 超等长收缩 5～8次跳跃	 头顶球爆发力，准确性2～3次
练习2 腿部肌肉横向力量 - 2～4组 - 2～3分钟积极休息（如2～3名队员一起慢跑）	 动态 每条腿练习5～10次（重量较轻）	 动态 8～12次大步跳跃		 射门（爆发性），要求准确性（左、右脚）
练习3 手臂和肩部肌肉 - 2～4组 - 2～3分钟积极休息	 动态或增强式训练（反应） - 10～15次动态俯卧撑 - 5～10次反应性俯卧撑	 动态 5～10次掷球（2/3公斤的医药球）		 大力掷界外球，要求准确性（掷球到队友脚下）3～6次

8 体能准备与提高及训练

练习4 腿部肌肉 侧向力量 - 2～4组 - 2～3分钟积极休息	 动态 - 每条腿5～10次 - 重量较轻（杠铃）	 静态-动态和超等长收缩 10～20次侧面跳跃		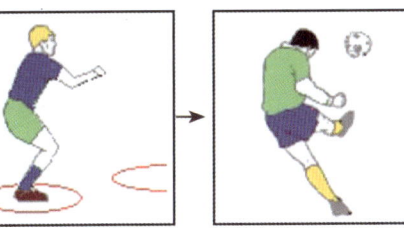 长传，高空球，要求准确性（30～40米）两只脚传球（左、右脚）
练习5 腿部肌肉脚踝力量 - 2～4组 - 2～3分钟积极休息	 动态 重量（杠铃/40～80公斤） - 1～3组，等长练习（15～20秒）	 动态 双脚跳（脚保持紧张）- 跳10～20次		 头顶球（爆发力），要求精确性（踝关节用力）- 头顶球3～5次

体能训练：11. 拉伸训练

训练结束慢慢平静下来，做一些拉伸练习，保持姿势15～30秒
在准备活动时做一些简单的拉伸使全身肌肉变柔软，保持姿势5～10秒

原则：
- 没有爆发性的动作；缓慢拉伸，无疼痛感。
- 拉伸放松时，感受肌肉紧张度的下降。
- 呼吸平稳、有规律。
- 整个拉伸过程集中注意力。

→ 为了达到通过拉伸使肌肉柔软的效果，每周至少需要练习3次。
→ 年轻队员（12岁之前）应该选择一些比较容易的拉伸训练方法进行练习。

9 训练计划

1. 制订训练计划 228
   1.1 赛季年度训练计划 229
   1.2 赛季微周期 234
   1.3 训练课计划 241
   1.4 准确把握训练课重点 246
2. 恢复和再生 248

1. 制订训练计划

培养运动员和队伍备战就像建房子,为了实现既定目标,教练员必须遵循一系列步骤实施训练,并使之成为总体计划的一部分。

这就是体育界所谓的训练计划。

→训练计划包括确定目标,以及为实现目标而实施的一套详细的步骤。

即使部分教练员所拥有的良好直觉或理智对训练的成功实施有一定的作用,但如同任何形式的教育或教学一样,训练中应尽量避免偶然性。

因此,无论是顶级教练员还是青少年教练员,如果为了确保运动员的进步、发展其运动表现能力以及从个人和团队角度来备战比赛,制订球队的训练计划,这对任何教练员都是一项非常重要的任务。

为何制订训练计划?

- 分析和思考之后,确定所要实现的长期和短期目标。
- 有助于确保一个较好的训练比重,无论在数量、强度和质量方面。
- 防止训练工作的随意性。
- 避免例行公事,给予教练组和运动员信心。
- 以便于更好地监测训练,并促进评价。
- 促使教练员考虑并监测决定运动表现的生物学、生理学和心理学因素。

制订训练计划在很大程度上取决于运动员的年龄、运动水平、赛事级别和比赛赛程。然而不同于个人项目,像足球这样的团体项目,制订训练计划不是件容易的事情。因为有些运动员可能参加几项赛事(国内俱乐部联赛、杯赛、俱乐部国际比赛、国家队比赛)。

制订高质量、系统化的训练计划要求教练员、医生、营养学家和心理学家密切合作共同完成,如同国家队团队那样。

巴西国家队备战2002年FIFA世界杯

"我们的备战时间非常少,使得所有工作更加困难。有时,我们不得不忽略技战术,如花了整整4天时间进行运动员的身体测试和体检。这样旨在世界杯期间避免任何身体问题。也就是说,我们牺牲了集训前4~5天的宝贵时间,以确保球队处于一个完全健康的状态。我们心甘情愿地做这些,以避免比赛时运动员身体上出现问题。结果不言自明。巴西队是所有球队当中身体状态最好的。我们没有运动员受伤。此外,通过这种方式的准备,有利于我对运动员在世界杯期间提出更高的要求。巴西队和其他球队之间的这种差异性在比赛的下半时更加明显。"

斯科拉里

1.1 赛季年度训练计划

年度训练计划是所有训练活动的基础，在新赛季开始之前，教练员的首要任务是制订这样一份计划。这项计划因国而异，这缘于每个国家在赛程，或文化、气候，甚至财政方面的考虑。当然，由于执教对象的不同（青少年运动员、职业运动员），训练计划也有所差别，但是计划的制订都遵循同样的方法学原理。

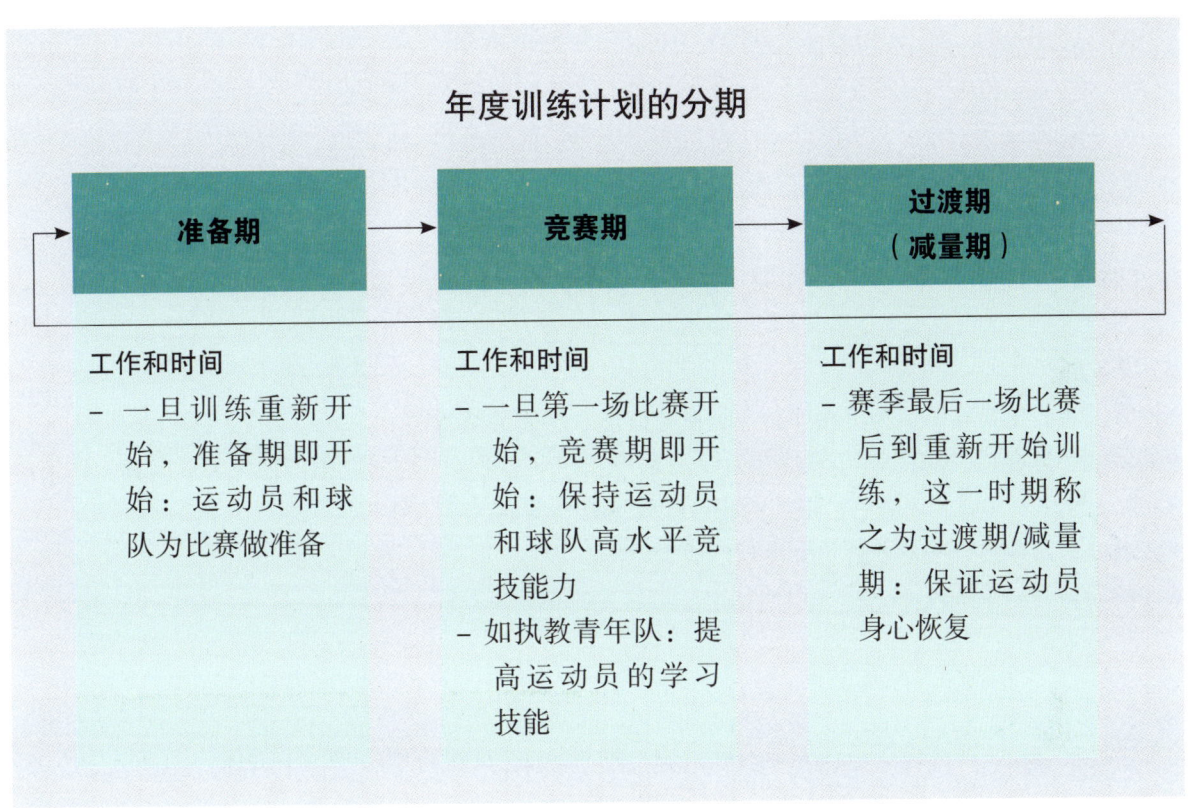

*训练分期为制订训练和比赛过程的一个技术，使年度训练计划成为一个连续不断的"时期"，且每一个时期都具有不同类型的活动。

对于青少年教练员来说，年度训练计划也遵循上述相同的分期，但训练活动的组织安排不只是针对团队表现。

不论团队所取得的结果如何，贯穿整个赛季训练计划必须优先考虑的事项仍是既定的训练目标－技术目标，结合技战术的目标或心理和体能目标。

拟定年度训练计划时应考虑的要点

- 运动水平、运动员年龄和训练年限；
- 训练人数（球队大小）；
- 赛程；
- 赛季目标；
- 训练的基础设施、设备和条件；
- 教练组工作人员（教练员、医务人员、行政管理人员、体育心理专家）；
- 以往运动表现的分析和评估；
- 其他需要考虑的要点：
  - 运动医学测试；
  - 需要包含准备期或恢复期；
  - 运动员的社会环境（家庭、居住地、学校、工作、生活习惯等）。

年度训练计划通常分为2～3个大周期，根据年度训练计划时间的长短，每个周期4~6个月。

a）准备期

- 整体来看，这是确保运动员和球队达到良好体能水平的关键时期。
- 准备期一般在4～10周之间（取决于运动员水平和赛事水平），同时必须考虑生理学因素。经验表明，经过6～10周的训练后，训练的积极性效果日益明显。
- 在当今的足球界，准备期持续6～8周已成为标准。
- 准备期又分两个阶段：

> 第一阶段：– 围绕身体训练的一般准备期。训练量是训练的关键，如训练频率、时间和负荷。此阶段的所有训练都是基础性的。
>
> 第二阶段：– 竞赛前期，也是身体专项发展期，训练重点包括技战术和心理。由于训练量减少，因此训练质量来自训练强度。然而，有很多人往往认为训练质量与训练量和强度是同义词。

这一阶段也被称为准备小周期，可再细分为期1～3周的3～4个更小的周期。

表1　年度训练计划中训练强度和训练量的关系

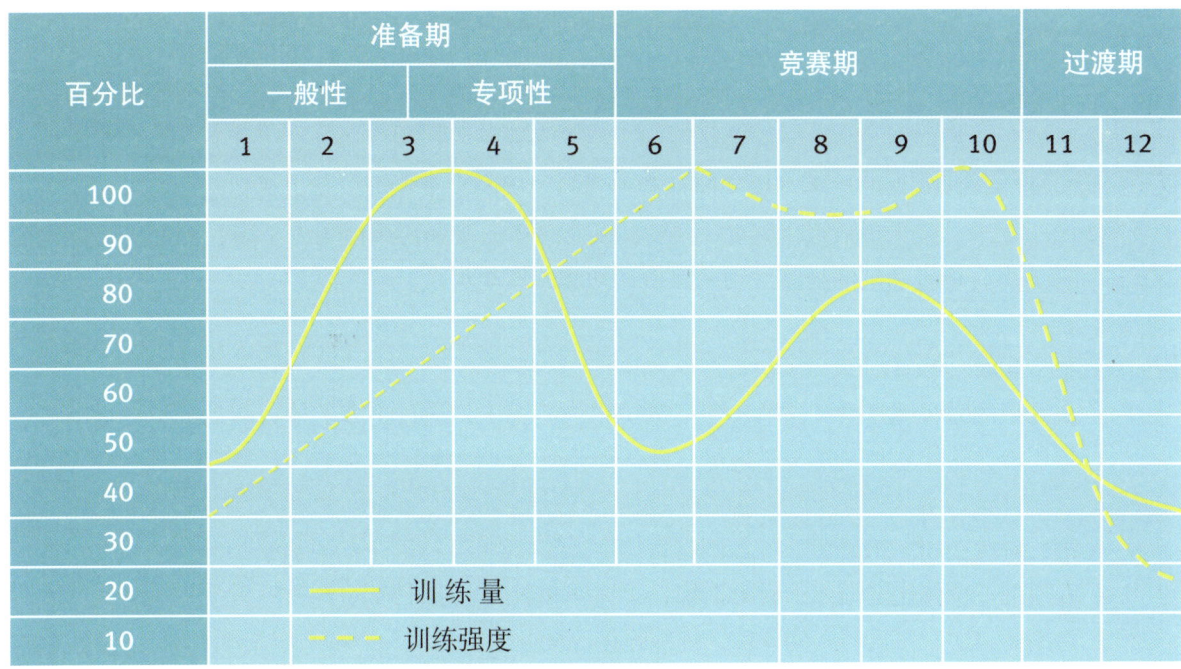

（Dietrich Martin, Trainingsstruktur, Trainingsplanung, Leistungssport 1971）

b）竞赛期
- 持续时间取决于竞赛日程。
- 通常为8～10个月（取决于国家及比赛水平）。
- 可细分以周为单位的多个微周期。
- 这是将一般体能和专项体能转化为比赛体能的阶段：运动员达到最佳竞技能力，并尽量长时间地保持最佳竞技能力。
- 在这个阶段，运动员的比赛欲望已被唤醒，运动员已做好应对比赛压力和情绪的准备。
- 在这个阶段，运动员的运动表现水平取决于不同比赛的投入程度和个人潜力。因此，教练员应牢记：训练时必须考虑运动员的个体需求。
- 为了确保训练重点和更加有效地监控训练，可将数个微周期组合成3～4周的竞赛小周期。

当今的足球运动，由于赛事频繁，运动员负担沉重（很多运动员每周至少参加2场比赛）。因此，有必要在小周期中安排恢复性和再生性训练方案，尤其对于年轻运动员更是如此。

当运动员正处于学习提高阶段，学习小周期通常会被纳入到训练计划之中。

例如：主要侧重于技术方面的为期3周的训练周期——接球、控球转身和一脚触球。在这个周期中，虽然结合了体能上的以及与比赛相关的既定训练目标，但技术因素仍是优先考虑的事项。

c）过渡期
- 这个阶段运动员运动表现水平下降，同时通过这个阶段的训练，能够保证运动员在身体和心理上从比赛的消耗中得到恢复。
- 这一阶段一般持续4~8周（取决于各国和赛事水平）。

这个阶段安排在一段时期的比赛之后。但是考虑到2~3周的完全停训，足以导致运动员一般耐力水平下降20%~25%，最大摄氧量下降4%~6%，以及总体力量和协调能力的下降；因此，可能也需要安排训练方案，通过渐进的身体活动来保持运动员的体能水平。

例如：– 第一阶段：7~14天

在几天的完全休息后（这取决于运动员个人情况），通过更多的体育活动，引导运动员进行积极性的休息和恢复（如远足、自行车、游泳、网球等）。

– 第二阶段：10~20天

专项的、个体化的训练，耐力训练、柔韧性和肌肉力量训练。
每周3~4次，每次45~60分钟，训练强度为60%~70%。

在赛季末期，通过这个阶段的训练，也可让受伤较长时间或减量训练的运动员重新返回赛场。

表2 高水平运动员、职业运动员、青少年运动员年度训练计划中不同训练内容的分配比例

（延斯·班斯博，1994）

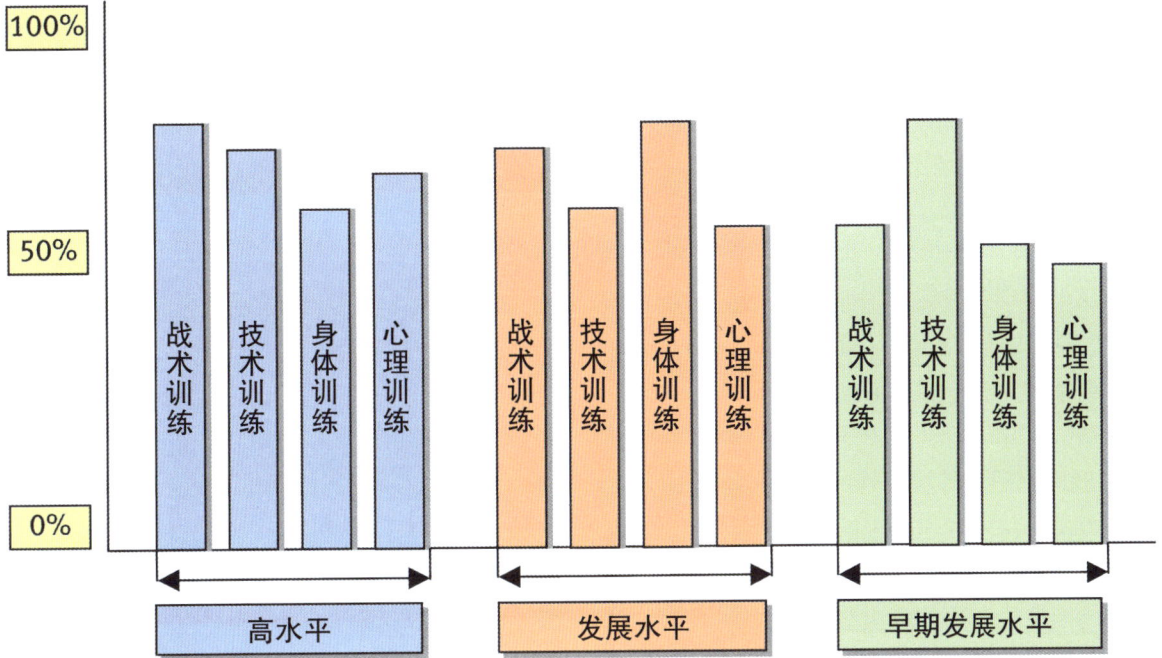

1.2 竞赛微周期

微周期很短，也称之为周训练期，一般从几天至一周不等。

微周期不应该只是之前周期的重复，必须有一个新的起点；这也意味着，在训练组织、方法、形式上都必须修改和完善。显然，训练中的负荷也应有所改变。

微周期的训练安排应每周有所不同，同时3~4个连续的微周期构成了一个小周期。微周期的训练内容往往受制于球队比赛结果，而且还受其他因素的影响，如球队整体和个人运动表现水平、天气等。微周期的训练始终基于消耗－恢复的过程。对于处于学习阶段的青少年运动员，微周期训练还要考虑到既定的学习目标。

对于职业运动员，甚至参加国际赛事的年轻运动员来说，由于赛事频繁（通常一周2~3场比赛），因而有必要将微周期定为3~4天，旨在运动员进行赛后恢复和准备下一场比赛。

微周期的结构 — 生理和身体方面
- 始终从生理学角度来界定训练供能方式。
  例如，技术训练以70%~80%的有氧能力为特征。
- 注意训练中正在运用的肌肉/肌群和神经肌肉系统。
- 赛后微周期即开始，并基于氧和作用、毛细血管、心肺耐力（基础有氧耐力/有氧能力）和肌肉耐力（肌肉力量）等积极性的恢复训练。
- 强调力量、协调和速度训练，同时也强调训练间歇。
- 训练"峰值"（即最大强度训练）应安排在微周期的中段。
- 在微周期后段和赛前刺激肌肉紧张化（进行反应速度、非乳酸速度和协调性训练）。
- 重点是确保正确地分配微周期训练比重（量与强度）。
- 在微周期的后半段降低训练负荷。
- 在微周期中要安排恢复和能量再生阶段。

修整足球微周期训练计划示例
- 比赛（如可能，在比赛日上午安排一次简短的身体和肌肉"唤醒课"）。
- 赛后放松和积极性恢复活动（低强度的有氧运动）。
- 力量（力量、爆发力、超等长运动）。
- 足球/技术/专项速度训练（转化训练）。
- 足球/技术/战术/有氧–无氧训练（有氧功）。
- 有氧耐力（恢复性训练，如自行车或其他形式的练习）。
- 休息（安排在微周期前半段结束后，时间为1天）。
- 足球/爆发性的速度/专项速度（多种形式）。
- 足球/技术/战术（为比赛做准备）。

→年度训练计划案例见附表

表3　年度训练计划示例

训练分期			
	准备期		竞赛期
过渡期	基础阶段	赛前阶段	竞赛期
	第一阶段 一般性体能准备 （8～14天）	第二阶段 专项体能准备 （10～15天）	• 30～35周
• 休息 • 休假 20～30天 • 最后15天 －积极性休息 （2～3次训练/周） －其他体育运动 －个人训练 ＞慢跑 ＞肌肉力量 ＞柔韧性	周期1 • 基础耐力 －有氧能力 （70%～80%HRmax） －持续训练法或法特莱特法 • 一般力量 －肌肉力量（小负荷） －循环力量（循环训练） • 协调＋柔韧 • 比赛（技术/战术）	周期3 • 无氧非乳酸+（乳酸） （速度耐力、冲刺耐力） －间歇训练 • 爆发力 －低/高的跳跃 －多种形式 （对照力量训练法） • 速度（95%～100%） • 技术/战术训练 （整体练习） • 赛季前热身赛（2～3场）	• 2×（15～18周） 职业队员 • 2×（12～15周） 青少年队员 • 40～65场比赛 • 6～8个小周期 （3～4周/小周期） • 微周期训练次数 （5～7次/周） • 训练目标 －比赛 －学习 • 身体周期 －有氧 －速度-力量 －有氧-无氧
	周期2 专项体能准备 （10～15天）	周期4 结束阶段 （8～12天）	
	• 有氧功 （80%～100%MHR） －间歇训练 • 高强度力量训练 －高强度 －分站 • 跑动和协调性练习 • 技术/战术训练 • 比赛 • 热身赛（1～2场）	• 比赛（2～3场） • 技术/战术训练 • 战术训练 －整体战术 • 速度-力量 －非乳酸无氧速度 （100%） • 有氧恢复训练（1～2次）	

表4　每周一赛竞赛微周期训练计划示例

星期一	星期二	星期三	星期四	星期五	星期六	星期日
上午						

休息	• 身体训练
	  - 有氧耐力
	  - 力量
	  - 爆发力
	
	• 技战术训练
	
	• 分队比赛
	  （有氧）
		• 身体训练
		  - 无氧速度
		  - 速度-力量
		
		• 技战术训练
		  - 门前攻防练习
		
		• 分队比赛
			休息	• 身体训练
				  - 速度
				  （反应速度）
				
				• 技战术训练
				
				• 战术训练
				  - 整体战术
				  - 死球状态下的战术
				
				• 分队比赛
					→以下的训练可包括：
					
					• 肌肉和身体的"唤醒训练"
					
					• 战术训练
					  - 重复之前演练的战术
						• 全队恢复性训练
						  （整理放松）
						
						• 技战术训练
						  未参赛运动员大强度训练

下午						

休息	• 技战术训练
	  - 控球
	  - 大强度攻防训练
	
	• 分队比赛
	
	• 有氧恢复性训练
	  每月1~2次
		• 技战术训练
		  - 比赛
		  - 射门
		  - 逼迫
		  - 其他练习
		  - 大强度练习
		  （有氧功）
		
		或
		内部教学赛
			技术训练
			  - 个人位置训练
			
			• 战术训练
			  - 队形的保持
			  （攻、防等）
			  - 死球状态下的战术
			
			→整理放松
				休息
				
				→如果在赛前不安排"唤醒训练"，则可将上午训练安排在下午进行
					比赛	休息

表5　每周双赛竞赛微周期训练计划示例

星期一	星期二	星期三	星期四	星期五	星期六	星期日
上午							

星期一	星期二	星期三	星期四	星期五	星期六	星期日
●全队恢复性训练（赛后整理） ●技战术训练 未参赛运动员大强度训练	●技术训练 -协调性 ●身体训练 -肌肉紧张化 -充满活力 ●战术训练 -整体战术 -死球状态下的战术	●肌肉与身体的"唤醒训练"	●全队恢复性训练（赛后整理） ●身体训练 ●技战术训练 未参赛运动员训练	→ 以下的训练可包括： 个人训练 或 全队整体战术训练 -（录像分析）	●身体训练 -紧张化 -速度（反应速度） ●战术训练 -整体战术 -死球状态下的战术 ●分队比赛	→ 以下的训练包括： ●肌肉和身体的"唤醒训练"

下午						

星期一	星期二	星期三	星期四	星期五	星期六	星期日
休息	休息	比赛	休息	●技术与身体训练 -肌肉力量 -协调性 -门前攻防训练 ●技战术训练 -整体战术 -攻-防练习 ●分队比赛	休息	比赛

表6 青少年运动员学习阶段（15～17岁）竞赛微周期训练计划示例

星期一	星期二	星期三	星期四	星期五	星期六	星期日
上午						
休息	休息 或 •个人训练 - 技术训练（基本技术）	•身体训练 - 非乳酸无氧速度 •技术训练 - 射门	•专项训练 - 协调 - 技术训练（结合个人位置）	休息	•技战术训练 - 整体战术 •技术和身体训练 - 反应速度 •比赛 - 强调意识和定位球	
下午						
•恢复性训练（整理放松） - 有氧恢复训练 - 协调性 - 柔韧性 - 按摩、治疗	•身体训练 - 力量（个体化） •技术训练 - 基础方面 •分队比赛（有氧）	•技战术训练 - 进攻战术 - 防守战术 •分队比赛 - 射门	•技术和身体训练 - 有氧-无氧 •分队比赛 - 小场地 或 内部教学赛	•技术训练 - 网式足球 - 个体训练（强调运动员的弱脚和头顶球） •战术训练 - 整体战术 - 死球状态下的战术 每3周休息一次	休息	比赛

表7 恢复微周期示例

星期一	星期二	星期三	星期四	星期五	星期六	星期日
上午						
	休息	• 专项训练 - 力量训练（一般力量） - 协调性 - 个人技术 - 足网球	休息	休息	• 身体训练 - 紧张化 - 反应（活跃） • 战术训练 - 整体战术 - 死球状态下的战术 • 分队比赛	休息
下午						
• 恢复性训练 - 有氧训练（如森林跑） - 柔韧性 - 肌肉力量（上肢）	休息	• 身体训练 - 无氧非乳酸速度（与其他身体训练一体化） • 分队比赛 - 小场地	• 技术和身体训练 - 有氧训练（恢复性） • 分队比赛（有氧） - 技战术训练	• 战术训练 - 进攻战术 - 防守战术 - 进攻 - 防守 • 技术训练 - 位置技术 • 分队比赛 - 不限制性打法，结合教练员的指导 - 抢圈（5对2）（6对2）	休息	比赛

表8　结合学习目标的专业训练前期的小周期训练计划示例

时间	技术训练	战术训练	身体训练	心理训练
第一周 4次训练 + 1场比赛	●技术循环 ●带球跑 ●运球过人 ●2~3名运动员之间的个人控球 ●长传球（长传球之后的控球、带球跑或二次传球）	●人数占优的一方保持控球权（变换运动员的比赛） ●门前1对1对抗并结合射门 ●整体战术的组织	●耐力 ●速度 跑动练习 （基础练习） ●有球下的协调性 （1~2名运动员） ●柔韧性和牵拉 ●力量 （肌肉力量，上肢力量）	●与每位运动员进行个人探讨和交流 - 评估之前的训练周期
第二周 3次训练 + 1场比赛和1场赛会制比赛	●2~3名运动员之间的个人控球 ●网式足球 ●长传球训练 - 长传之后的控球和射门	●小场地比赛（有球门和无球门） - 使用额外的运动员（自由人） - 结合射门 ●整体战术组织（为赛会制比赛准备）	●结合速度 - 反应速度 ●有球下的协调性 （1~2名运动员） ●灵活性和柔韧性	●高强度期间生活保健和饮食的管理（一周一赛+一个赛会制） ●自制力、积极性和毅力
第三周 5次训练 + 1场比赛	●球感和控球（持球状态） ●头顶球 - 手球比赛+头顶球射门 ●长传和横传+横传的射门	●运球移动和控球 ●边路进攻战术 ●5对5比赛 ●整体战术组织	●速度 - 跑动练习 （基础练习） - 结合速度（横传球的抢点射门） ●力量（上肢力量） ●有球下的协调性 （1~2名运动员） ●牵拉（基本的牵拉练习）	●投入程度 - 注意力 ●愉悦性 - 自信心 ●比赛规则
第四周 3次训练 + 1场比赛	●技术 - 测试 ●门前训练 - 横传和射门（头顶球和凌空球） ●网式足球	●运球移动和控球 ●死球情况下的战术（技术） ●内部比赛（9对9）	●有氧耐力 - 奔跑+有球有节奏变化的奔跑 - 力量（腿部力量） ●柔韧性和牵拉	●月评估 a) 整体 b) 个人 （自我评估）

1.3 训练课计划

训练课是微周期的一部分,并且是周训练计划的关键。教练员每天围绕中、长期学习目标,以及考虑球队生理、身体和心理方面因素,组织、计划、实施训练课。每天的训练课应有所不同,不仅要出于目标的考虑,而且还要关注训练中所采用的方法和形式。一堂训练课的时间应该在80~100分钟,这取决于训练类型、目标和训练周期。

训练课分三个阶段

a)热身或准备活动阶段

这是训练课的准备部分,运动量必须循序渐进。开始阶段为跑动和变向运动,可结合球或无球,并以慢速逐步过渡到中速,旨在刺激机体各脏器和系统。随后,进行放松和协调性练习,然后再逐渐加快训练节奏,同时训练练习应适应足球的基本技术或不同比赛情景。对于青少年运动员而言,准备活动必须包括有球和无球的协调性练习。

热身阶段的内容和运动表现阶段所确定的目标相互密不可分。

→这个阶段持续时间15~20分钟。

b)运动表现阶段

这是训练课的主体部分。在这个阶段,主要强调以明确的既定目标实施训练和指导。训练内容(分队比赛、练习和学习活动)不仅要适应既定目标,而且还必须接近实战。正确的重点旨在各种训练活动,不仅指运动负荷,而且涵盖运动的持续时间和强度。教练员必须确保运动员在恢复阶段通常都进行积极性的活动,并尽可能地结合球,尤其对于青少年运动员更是如此。

不仅在培养/发展水平阶段,更主要的是在早期的培养/发展水平阶段,有球运动或比赛必须成为整个训练过程的核心。虽然教练员还必须确保运动员在提高、分析比赛方面具备必要的技术、战术和心理技能,但有球训练或比赛应该占总训练课时的50%~60%。训练时,保持适宜场地的教学比赛和训练练习的合理比例分配,可提高运动员的能力。

例如:运动员进行了多次演练并在模拟比赛情景下实施射门为训练重点时,小场地练习比赛有助于运动员将射门技术付诸于实践之中。因此,射门应成为练习比赛的重点,并使运动员再现实际比赛的情况。

在练习比赛、解析练习和其他形式的比赛或有球和无球训练时进行轮换的优化组合取决于教练员。

在技能的获取和学习阶段，训练质量（即教练员所体现出的投入程度、因时适宜的指导能力、所采取的准确更正和整体活力）将有助于运动员积极地投入和既定训练目标的成功实施。

→ 这个阶段因既定目标、训练课时、天气、当地习俗，甚至教练员自我感觉而有所不同，一般时间为50～60分钟或最多70分钟。

c）整理放松阶段

这是身体和心理的放松阶段，通常在球场内实施，主要包括一些慢跑、放松和肌肉牵拉练习。然后补水或能量饮料，以利在第一时间促进恢复。

对于青少年运动员而言，这个阶段也具有教育的目的，因此教练员可以向运动员传授如何自我保持健康和关注自我身体的知识。同时，这也是教练员训练课自我评估，确定新的目标或与运动员进行简单交流的时刻。

→这个阶段的时间一般为10～15分钟。

表9和表10为我们提供了训练课示例。

表9 早期培养/发展水平阶段训练课的组织示例

第一阶段 热身	第二阶段 运动表现（训练 + 教学）			第三阶段 整理放松
准备活动	设定场景	学习	练习比赛/比赛	放松
运动员的准备	练习比赛	分析	更多比赛行为	个人的放松
心智技能 - 神经肌肉和身体的"唤醒"训练 - 技术和认知刺激 - 心理准备 - 有球的跑动和运动 - 柔韧性 - 练习比赛 ●组织 - 个人 - 小组 - 整体	通过战术意识来发展整体意识 - 再现比赛的实战场景 - 技战术意识训练 - 空间–时间 - 无限制的比赛 - 有特殊要求的比赛	协调性技术、战术和心理认知 ●结合不同的训练目标 - 提高技战术能力 - 发展身体能力 - 与比赛相关的练习、运动和组合训练 - 训练安排的次序 - 对运动员的身体要求 ●组织 - 训练内容一体化 - 2人、3人、4人的个别训练 - 小组训练 - 全队整体训练 - 根据位置训练 - 分组训练 - 间歇性训练 - 循环训练	战术的应用 - 有既定主题的比赛 - 监督/指导比赛 - 无限制性的自由比赛 或 内部教学比赛	恢复 - 身心放松 - 慢跑+恢复练习 - 柔韧性/牵拉 - 放松 ●组织 - 全队整体 - 小组
		指导——引导		
模仿 自由表达 观察	领导 校正 示范	模仿 指导发现 示范 校正 领导	创造力 自发性 观察 校正	讨论 估价 整理器材

表10 早期培养/发展水平阶段（13～15岁）技术训练课示例

目标：提高传球和持球后转身控球能力　　　　课时：90分钟

1. 技术热身（15分钟）
- 分为2组，每组8名运动员，每名运动员每次最多触球2～3次。要求运动员将球传递给穿着不同颜色的另一名运动员。
- 练习中可使用1个、2个或3个球。
- →重点是跑动（将球传至空当，跑动接球），持球、控球并准确地传地滚球。
- 两组运动员绕标志物的跑动（有球和无球）。
- 柔韧性练习和牵拉练习。

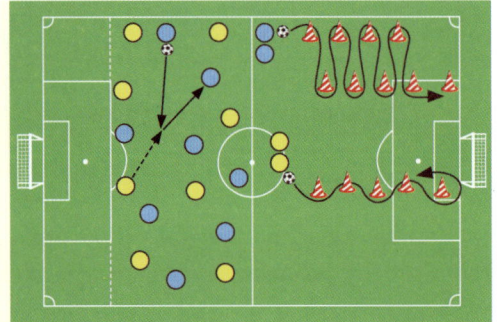

2. 引导性实战程序化练习（15分钟）
- 分为2组，每组8名运动员：
  在指定区域内进行4对4比赛。
- 不限制打法（每次触球最多3次），旨在保留本方的控球权。指定区域外的运动员允许每次触球1～2次，并必须将球再传给本方运动员。比赛持续3～4分钟后，场内外运动员交换。
- 教练员统计成功的传球次数。
- →重点是运动员控球和传球的质量，以及运动员的跑动。

变化：
- 场外运动员持球后可带球进入场内。
- 然后，传球给场外运动员的球员马上补其在场外的位置。

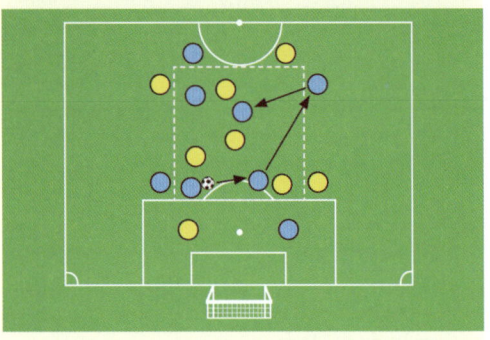

3. 技术练习：控球、传球和支援（15分钟）
- 分为2组，每组8名运动员站位于边长为10～15米的六边形的顶点。
- 传地滚球至队友脚下，控球转身并马上再传给队友（触球最多2～3次），如此连续控、传。练习中也可使用2个球（重点在于节奏）。
- →运动员接球（脚内侧和外侧）和传球（左脚和右脚）应有所变化。重点在于球速。

变化（结合○组运动员）：
- 控球后直接传球，即运动员A传球给运动员B，运动员B控球后再传给运动员A。
- 运动员A长传给运动员C，运动员C控球后再传给运动员B等。如此反复练习。

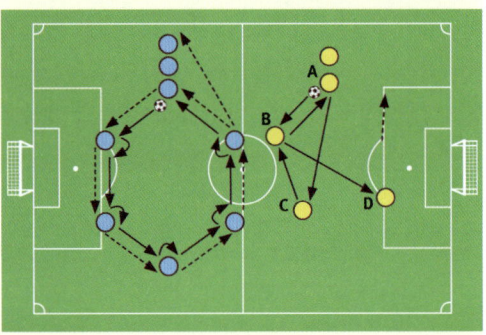

4. 技术/战术练习：跑动中接球和传球（10分钟）
- 分为2组，一组7名运动员，一组8名运动员，分别在各自半场练习。
- 运动员根据教练员选择的打法阵型进行站位（如3-4-1）。
- 相互间传球，每次最多触球1～2次。所有运动员不断地跑动，并保持队形的紧凑性。运动员可改变相互之间的站位。
- →重点是在跑动中完成各项运动动作，转换打法和传球的变化性。运动员应进行三角传球，无球运动员应跑动至空当接球，同时结合短传和长传。

变化：
- 加入2名或3名防守运动员。

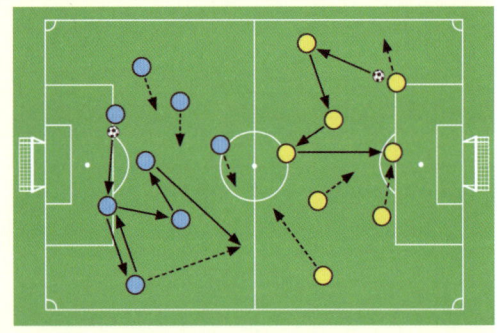

5. 比赛（20分钟）
- 8对8（7对7），加2名守门员。每次触球最多3次。
- 正常的阵地战进球算1分，直接射门（凌空球）进球算2分。
- 教练员在比赛组织上应有所不同。可安排无限制打法的比赛，持续8～10分钟。
- →教练员应让运动员不停地跑动，摆脱盯人防守，无球下的跑动和保持高质量的传球技术（一脚传球）。

6. 整理活动（10分钟）
- 绕场地慢跑一圈。
- 恢复性牵拉练习。
- →可让一名运动员带领上述练习。

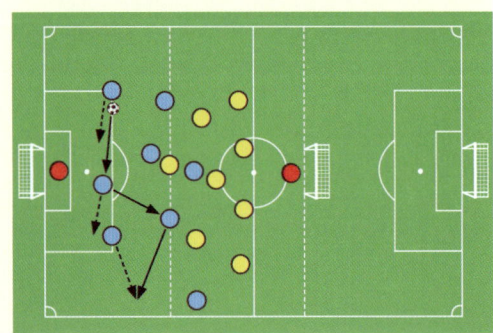

表11 培养/发展水平阶段（16～18岁）结合技术训练课示例

目标：控球、传球和射门训练　　　　课时：90～95分钟

1. 技术热身（20分钟）
- 每两名运动员持有一球：运动员进行跑动中传球练习，触球次数最多2次。
- 站在场地内：一名运动员将球手抛给对方，对方再凌空传球或头球回来。
- 2名运动员相互传球：强调传球的速度、距离和线路。
- 动态柔韧性练习和牵拉练习。
- 有氧技术：一次或两次触球，结合各种跑动（2×4分钟）（如图中B场地）。
- →运动员必须始终使用双脚。

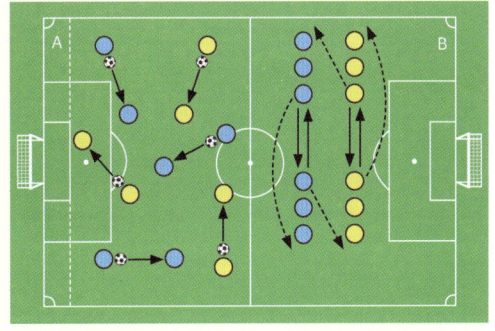

2. 实战程序化练习：保持控球权（15分钟）
- 在指定场区内进行6对6（7对7）+2名中场自由人（总是一次触球）+2名守门员。
- 运动员尽量保持控球权，2次触球：连续传球7次或8次后，长传地滚球给场区外守门员（得1分）。
- 一旦得分后，对方持球重新开始。
- →运动员不要丢位（指定区域）。

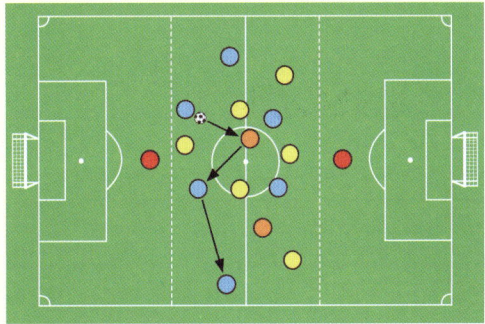

3. 长传和短传练习（15分钟）
- 每组6名运动员，分4个指定区域，每个区域15×15（米）。
- 在两个区域内进行3对1：连续传球6～8次后（或给予信号），蓝队一名运动员传球至对面半场区域内的本方运动员（距离必须满足长传的要求）。然后，另两名运动员跑入对面半场区域内，以占有蓝人数优势。一旦蓝队运动员控球后，防守运动员加入比赛（形成3对1）。
- 每2分钟更换一名防守运动员。
- →重点是地滚球和三角传球的质量，以及运动员间的跑动。

变化：
- 运动员改变传球类型（斜传球、长传球、空中球）。

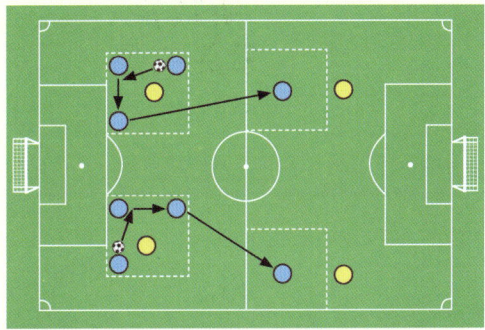

4. 模拟比赛场景：传球和射门（15分钟）
- 场地如图所示：6名蓝队进攻运动员和3名黄队防守运动员+2名守门员。
- 蓝队组织进攻（最多3次触球），并力争射门得分。
- 当黄队控球时，打法无限制，并试图长传给第二门将。
- 每3～4分钟两队转换角色。
- →蓝队应寻求射门的办法（尝试长传球和有质量的射门）。然后，教练员指导进攻运动员进行特定的配合练习，防守者处于半防守状态。
- 运动员在跑动拉开完成射门之前，教练员应对运动员触球次数有所限制，同时强调尽可能地一次性触球。

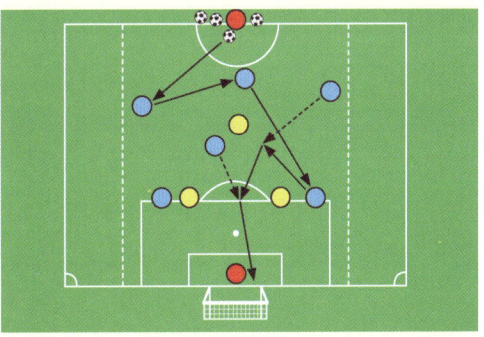

5. 练习比赛：7对7或最多8对8（20分钟）
- 如图所示标出中场区域A（宽15米）。
- 比赛时，本方防守区域触球限制为2（3）次，其他区域无触球限制。
- 双方力争射门得分。
- 正常运动战射门进球算1分，通过中场区域A的长传球射门进球算2分。

6. 整理活动（10～12分钟）
- 恢复性慢跑。
- 完全性牵拉练习。

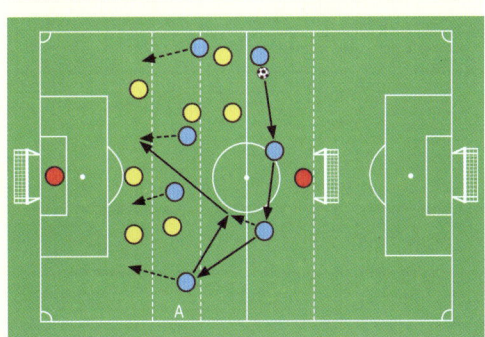

1.4 准确把握训练课重点

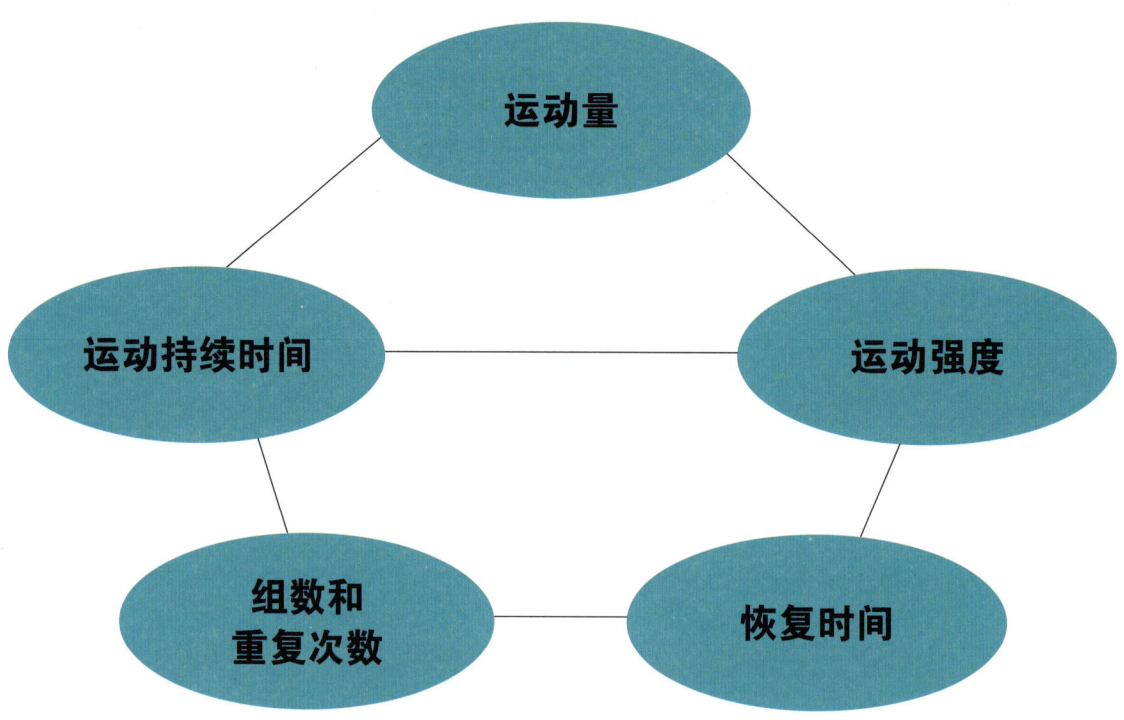

运 动 量：运动员在训练中所做的所有工作，练习数量或时间
（例如，有氧耐力训练40分钟）。
运动时间：以相应强度进行不间断训练的时间
（例如，练习时间15分钟）。
运动强度：身体投入程度、所克服的阻力、练习节奏等
（例如，80%1RM，90%最大速度，80%最大心率）。
重复次数：身体训练的次数，练习或学习活动的重复次数。
（例如，5次30米冲刺跑，20次腹肌练习，10次进攻练习）。
组　　数：以相同节奏进行重复运动的总次数，数次重复的运动构成一组
（例如，3组5次30米往返冲刺跑，总距离450米；肌肉力量，5组10次80公斤的深蹲练习）。
恢复时间：恢复期时间；
每次练习间歇时间；
每组间歇时间（长于每次练习间歇时间）。

> 恢复阶段通常是一个积极性恢复，这缘于运动强度、量和时间。

9 训练计划

表12 影响足球训练强度的因素

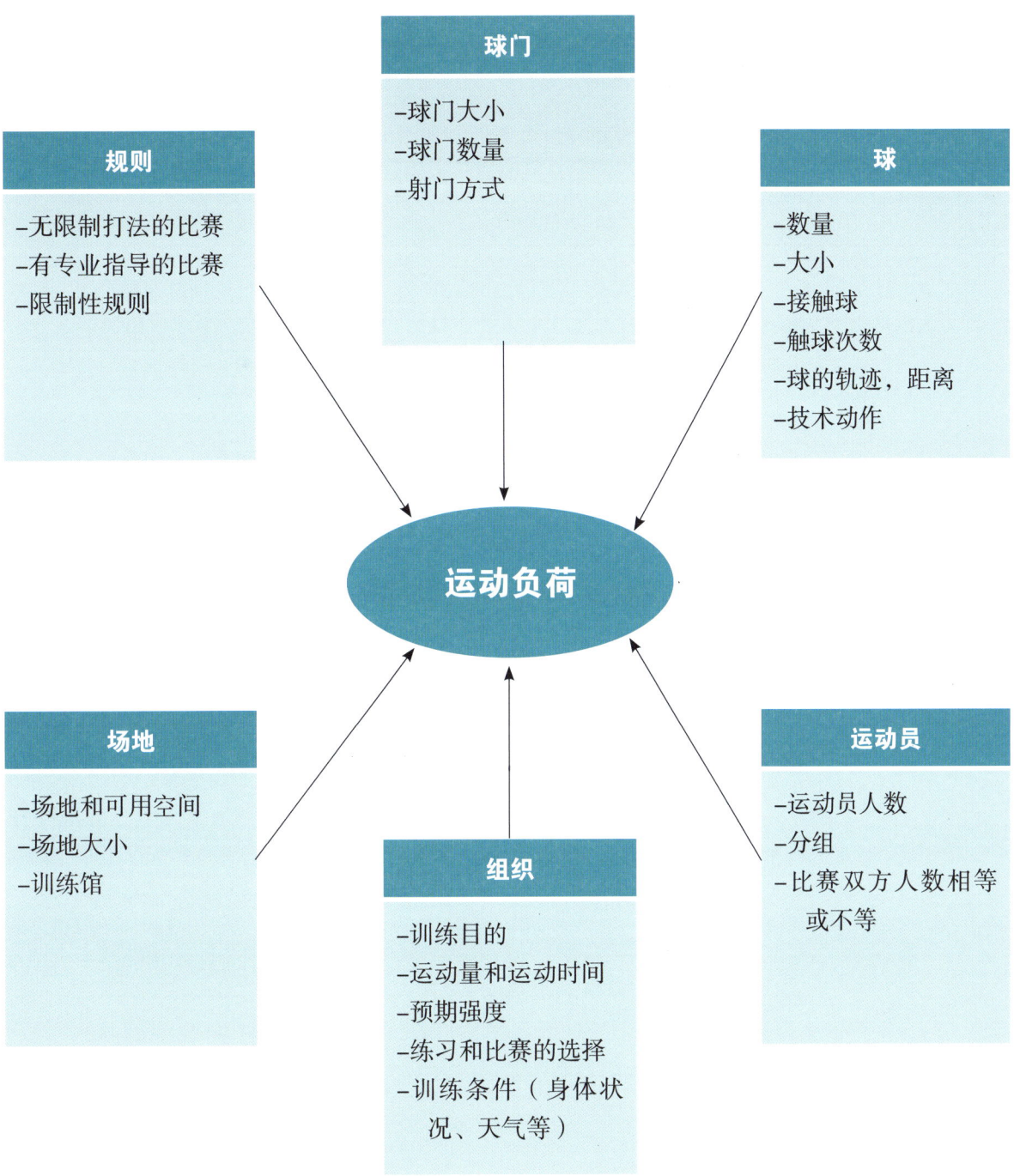

训练中的练习比赛应作为"竞技性比赛"（侧重于技术、战术、认知能力和心理方面），并应占有较大的训练比重。

2. 恢复和再生

体能消耗如同任何工作一样,需要一段时间的休息和恢复之后,才能得到能量的补充及恢复至原有力量水平。

在体育运动中,恢复是训练过程中不可分割和绝对必要的一部分。在安排小周期和微周期训练时,"整理活动"阶段往往是训练计划的一部分,同时也应成为促进运动员能量再生(生理及心理)专项训练的一部分。这些训练经常安排在赛后次日或一周高强度训练期的中间,甚至还可安排在主训练课后的放松阶段即刻进行。

如果计划设计精细,这一恢复/再生过程将有助于运动员放松、防止疲劳和过度训练综合征。

这些训练也被称为"整理放松"或氧和训练,主要围绕身体和心理上的恢复。主要作用如下:

- 防止和消除疲劳;
- 减少乳酸量和肌肉中的其他毒素;
- 肌肉补氧;
- 降低压力;
- 提高注意力;
- 减少损伤率;
- 促进组织再生和活力。

→ 大强度训练后,肌糖原的完全恢复至少需要48小时。然而,如进行专项氧和和恢复性训练(跑动或其他形式的有氧练习,同时辅以高碳水化合物膳食),恢复时间将缩短至24~30小时。

不同类型活动的恢复时间	
耐力(有氧能力)	24~30小时
耐力(有氧功)	40~48小时
无氧非乳酸速度	24小时
无氧乳酸速度	48~72小时
最大力量	40~48小时
爆发力(速度力量)	24~36小时

恢复/再生训练

a）赛后次日或高强度训练课后

- 慢跑：50%~60%最大心率（120~140次/分），20~30分钟。如果在森林或野外跑步，氧和效果更好。这种跑步可用其他方式的低强度技术运动来替代，尤其对青少年运动员来说，可以用传接球练习或网式足球。此外，如骑自行车、游泳或水中体操等，也是赛后进行整理放松行之有效的方式。根据球队身体和心理状态的不同，低强度无限制性练习比赛也是有效的恢复性运动。例如：15~20分钟跑和15分钟有球运动。

- 牵拉/灵活性
  牵拉可导致肌肉的强直性状态恢复至正常化，使肌肉恢复原有形态，促进血液循环、加速再生过程。每个动作应保持较长的牵拉时间（15~30秒）。

- 按摩
  积极性恢复阶段后（淋浴，尽可能热浴），有必要进行按摩。按摩时间为20~30分钟，以消除肌肉挛缩、调节肌张力。

b）训练后即刻

- 尽可能在场地内或附近（避免在硬地上）进行慢跑（心率为120~140次/分），时间持续6~12分钟。
- 根据训练课内容进行中度或深度牵拉。
- 其他活动，如罚球点球练习。特别在执教青少年球队时，教练员应要求运动员收拾训练器材和清洁训练用球。这种活动有助于运动员情绪恢复到正常状态，同时也可降低心理压力。

c）训练中的积极性恢复

训练或比赛后的即刻恢复阶段有助于消除训练中所产生的代谢产物（如乳酸），促进能量再生。速度训练、射门训练（力量方面）和其他有氧功训练（即小场地跑动或比赛）之后，建议进行如散步、慢跑、颠球和拉伸等恢复性练习。

d）其他恢复和再生方法

- 除正常足球活动外，可以采用如游泳、水中体操、自行车、山地或海边散步的方式。
- 桑拿、水中按摩、盐浴。
- 比赛或训练后即刻补液（提供碳水化合物、矿物质和维生素）和提供特殊的膳食。
- 睡眠（健康睡眠时间为8~10个小时，再生睡眠）。
- 放松技巧：医疗催眠，自律训练、eutonia、表像、自我催眠、呼吸和注意力集中技术、瑜伽。这些技巧可根据个人基础而运用。
- 健康、平衡的生活方式，包括休闲活动。

表13　赛后次日恢复性训练课示例

| 时间：60～70分钟 | 低强度（最大心率的50%～70%） |

氧和阶段（30～35分钟）
- 5分钟步行。
- 慢跑10～12分钟（心率120～140次/分）或其他形式的耐力运动，如30～45分钟自行车。
- 5分钟动力性柔韧练习（动作不要太突然）。
- 慢跑10～15分钟（心率140～160次/分）或带球跑或简单的传接球练习。
- 其他有趣的练习
  - 步行速度下的手球比赛（通过头球或横传球得分）；
  - 步行速度下的足球比赛（直接射门或头球得分）。

"反应"练习（10～15分钟）
- 网式足球（低网）；
- 6对2或8对2（小强度传抢游戏）。

肌肉紧张化（10分钟）
- 上肢力量练习（自重）；
- 双腿或双脚协调反应练习（短距离）。

肌肉牵拉（10～15分钟）
- 放松练习之后的完全牵拉。

其他形式的恢复
- 洗浴；
- 桑拿；
- 按摩。

10 未来之星

1. 从今天的年轻人中塑造未来之星   252
   1.1 训练与教育及技术发展   257
   1.2 年轻运动员身体准备的关键提示   263
2. 球探   268
3. 提高个体技能的个性化训练   273
4. 学院或精英培训中心   276

1. 从今天的年轻人中塑造未来之星

一般的运动——特别是足球这项运动，在青少年学习和发展过程中扮演着具有重要教育意义的作用。足球不仅仅给青少年提供发展适合比赛的技术，而且还帮助他们发展其个性、精神还有社会社交能力。

足球学校、足球学院和其他训练中心的专家，必须全方位地实施他们的教育和训练工程，真正起到具有教育意义的作用，与此同时也要继续尊重发展过程中的几个必经阶段以及实际的学习阶段。

孩子们的足球包括基本训练和指引青少年去参加比赛，首先通过比赛和结合比赛的训练，在可塑年龄中培养出出色的年轻运动员需要做大量的发展和教育工作。一般来说，早期训练早期发展的年龄在11岁或12到15岁。

这个年龄段是一个发展技术、比赛的技战术以及基本精神力量的黄金年龄段。所有的这些基础技术，个人对技战术的认知和比赛的基本原则会在这个年龄段里训练，同样重要的还有精神的培养，比如说注意力、自信、毅力、意志力等。因为这些工作及训练会在这个黄金年龄中进行，因此这些训练必须要积极向上，并且执行这些训练的教练员或者是教育者必须持有热情，承担起具有教育意义的角色。一些获得名望的运动员，就是因为在这个黄金年龄阶段获得了良好的训练以及教育。

我们知道运动表现能力训练时期（16~19岁）的重要性。在这个阶段，我们应该着重于运动员的身体发育以及精神状态的培养，还有技战术的发展——这些所有为了高水平比赛的基本要求。实际上，很多国家现在已经为了这一特殊时期着手开展一些针对性很强的发展训练，训练成果可以从现在很多国际比赛中年轻队员的表现中看出来。

在我们看来，为了适应高水平比赛，运动表现能力训练时期之后，还需要有一个后训练阶段（18岁或19~21岁）来保证，这是一个年轻运动员在高水平比赛前的一个后续的训练，以帮助他们更好地适应高水平比赛。我们在想，那些已经在一队（不管是职业球队还是业余球队）比赛的年轻运动员（18~19岁），他们会经常表现出其还没有完成自身的发展和训练。这里会出现一个明显的差距，特别是在身体水平上（比如肌肉力量），在技术水平上（比如头顶球），还有在精神水平上（比如意志不够坚定）。这些差距可能会阻碍这些年轻运动员向更高层次的比赛水平发展。年轻的队员会发现，他们必须要和那些职业的运动员一起训练，并且要适应整个球队的发展。不幸的是，他们没有办法跟上球队正常的节奏，因为其个人技术的发展没有办法跟上球队的专业训练。为了改变这一情况，我们觉得应该使专门的个人训练以及全队的正常训练同时进行（这样也可以促进年轻队员和教练员的关系）。

实践证明，对未来运动员的培养与发展是必要的。因为这样能够保证年轻运动员在面对高水平比赛时已经做好充分的准备。但是与此同时，必须要记住足球这项运动还有很多重要的角色，而且必须在其领域内包含基本教育意义的价值。足球运动必须提供一个真实的学校生活，一个不能只是为了训练和培养杰出的未来之星的学校，而是面向那些处于足球这个金字塔最底端却对于足球拥有热情的年轻人，我们需要保证这些年轻人在比赛和训练中不断进步。

10 未来之星

未来足球运动员

- 强大的意志力
- 训练有素的战术意识(比赛解读能力)
- 平均身高：170～185厘米(参照2012FIFA世界杯数据)
- 良好的力量恢复能力(最大摄氧量60～65)
  后卫：56～60
  前卫：63～67
  前锋：57～61
- 肌肉力量
- 具备实施不同动作及在高速下完成动作的能力
- 具备和掌握综合技术能力

表1 发展阶段

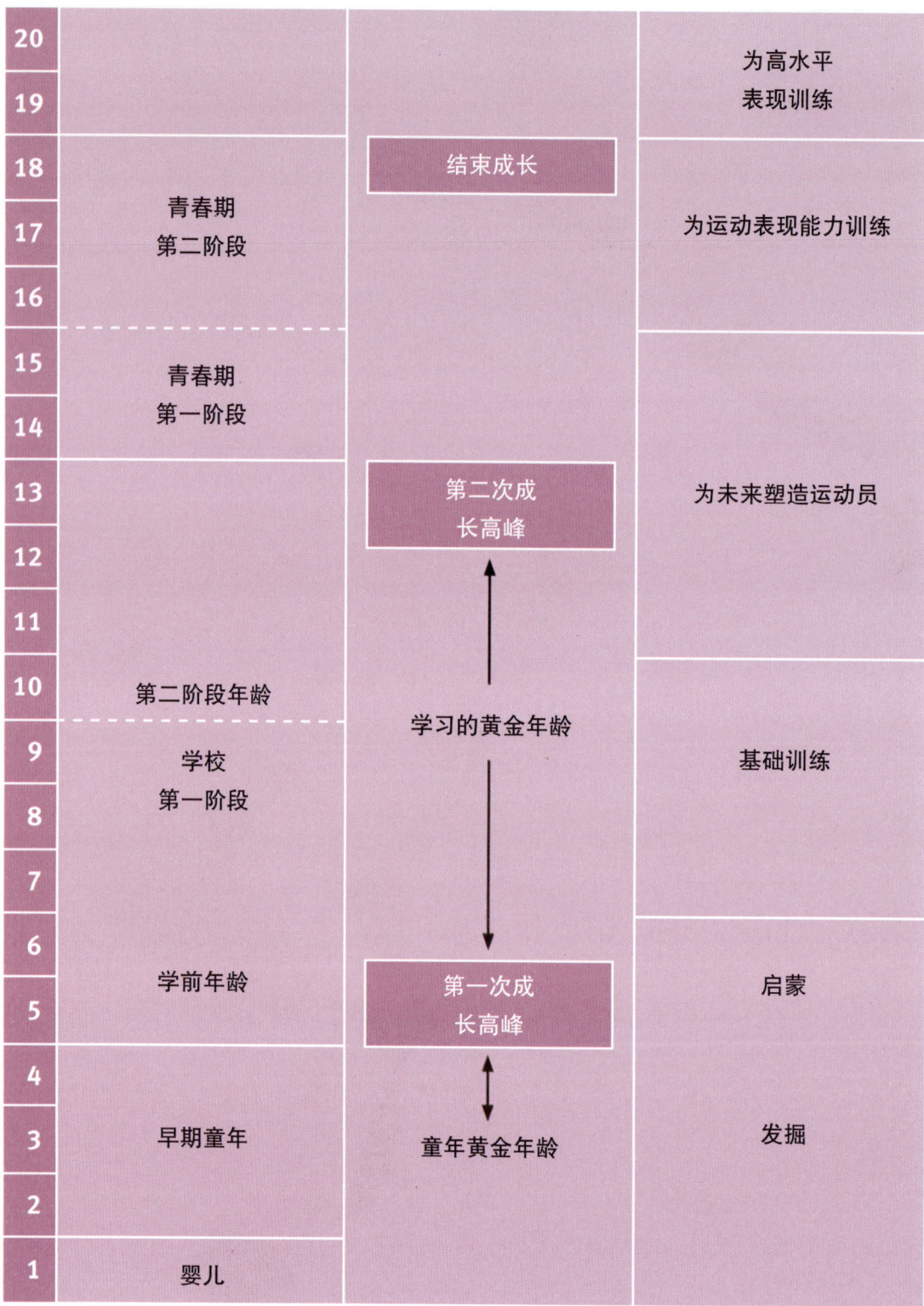

10 未来之星

表2 决定青少年表现的关键组成部分

身体和心理动机
- 心理运动协调能力
- 身体的协调性
- 关系到身体状态的因素
  - 耐力
  - 力量
  - 速度
  - 柔韧

比赛的相关方面
- 对技术技能的掌握
- 作为全队整体一部分的战术行为能力
- 基本比赛原则的意识
- 良好的战术意识（认知能力）

年轻运动员

个性以及心智方法
- 足球智商（包括注意力、洞察力、预判能力以及良好全面的阅读比赛能力）
- 开放的个性
- 积极清晰的心智状态

社交能力
- 球队的归属感：为整支球队踢球
- 精神思想上为运动做好准备（专业的）
- 沟通：知道如何与他人交往（尊重对方，友善的态度，合作以及倾听）
- 知道怎么享受休闲时间

国际足联执教手册

表3 决定运动员表现的关键组成部分

基础训练 少年足球 8~12岁	为塑造未来运动员训练 早期训练发展期 12~15岁	为运动表现训练 训练发展期 15~18/19岁
探索-实验	巩固-消化	稳定-成为习惯的过程
• 早期童年过渡到童年的年龄 • 捕捉学习动作和模仿的年龄 • 探索和模仿别人的年龄 • 精神思想上协调人的能力 • 技术直觉和发掘动作 • 个人控球 • 战术认知（个人） • 了解防守和进攻的概念 • "我和球队" • 通过体验获得心智状态	• 青春期发育 • 完全控制身体动作和基本方面 • 心智困难时期 • 基本技术的训练 • 在压力下个人控球 • 个人与球队战术认知（认知能力） • 防守和进攻战术表现 • 比赛中的责任感 • 通过经验和特殊形式的训练获得心智状态	• 青少年时期的成长接近成熟 • 运动员身体专项训练发展 • 做出明确选择的时期：已成长为年轻人 • 在压力之下各自相应位置的个人技术以及全队技术 • 在压力之下结合技战术的能力 • 个人有球技术，出色的协调性、准确性（专门训练期） • 球队战术认知 • 作为比赛计划的进攻和防守的战术表现（组织和比赛系统） • 特殊战术表现 • 通过特殊训练或者其他技术逐渐使心智状态做好准备
协调能力-基本运动功能	协调能力-基本耐力-肌肉力量-速度	爆发力-力量-速度-专项耐力
比赛-有球练习-比赛	• 集中专门（个人）训练 • 教学比赛-结合技术和技战术练习-比赛	• 集中训练 • 通过训练为个人需求做好准备 • 教学比赛-技战术训练-实战练习

256

10 未来之星

1.1 训练与教育及技术发展

就像之前所说的,专项技术的发展对于培养年轻人成为未来之星是主要的训练任务之一。

在学习的关键年龄期,预期训练阶段大部分时间应该用于训练提高技术水平上。在每一个训练周期,应该用特殊训练或者通过比赛来练习技术动作。可以通过有球运动来锻炼身体机能,比如耐力、速度、柔韧性。

不幸的是,经验告诉我们技术教学往往会被忽视,取而代之的是球队强调战术以及身体训练。即使当我们训练专项技术的时候,也会经常把它作为适应相应位置的准备训练。所以这样会减少运动员更多的技术能力的提高。

如今高水平的比赛需要战术的多样性。但是这个多样性没有出色的技术控制是达不到的。这一差距在15~16岁的青少年运动员必须面对压力下进行高强度比赛时就显露出来。他们缺乏从技术角度作出正确的选择,其动作不够迅速,运动能力还不够发达,因为他们没有充足的经验以及技术支撑。因此,年轻运动员必须在第一个学习阶段(11~15岁)被赋予基本的运动原经验(协调性)。而且他们必须接受一般个人能力技术训练(如基本技术),以此增大他们的动作幅度,增强他们控球时的自信心。

因为年轻人的快乐是从比赛中获得,而且足球可以给年轻人带来创造力。他们可以在街道中踢足球,或者在一片废墟地中踢足球,或者是在学校体育课中简单地获得了运动经验。不过,这些途径似乎在逐渐地消失。因此,有一个专门的调整方案,这是足球学校必须强调的不可少的元素。因为在此阶段,良好的精神运动会为这一年龄段奠定基础。

在训练和发展阶段(16~17岁),训练任务应该通过特殊适应训练形式以及一套具体的方法,着重于进行高强度比赛时的技术以及发展专业技术动作。

"在演奏一段乐曲之前,钢琴家需要每天不断地弹奏他的大量的音阶"。

使技术训练更有效的一些基本原则

a) 增加专门训练技术或者学习技术的时间

- 对于青少年在早期训练发展时期，至少50%～60%的训练时间应该被用于进行专门的技术指导和技术发展。

- 一周应该有2～3次（集体和个人）训练时间用于强调技术，而且同时还要有专门的训练时间用于强化优势和克服薄弱点。

- 在每一个训练时间内触球次数必须增加，运用尽可能多的部位触球（脚内侧、脚外侧、双脚、胸部、头部、脚背、大腿）。

- 在热身和活动休息期间，教练员必须增加有球运动。

b) 技术训练必须多种多样要适应实际的现代比赛

- 训练内容以及训练方法的选用，应根据运动员的年龄而作出相应的调整。
  → 从简单到复杂的训练方法

> **方法进展（比如射门）**
> - 球在静止状态下射门
> - 直线助跑后射门
> - Z线助跑后射门
> - 失去平衡的情况下射门
> - 简单控球后射门（简单控球和变向控球）
> - 运球或者做假动作后射门
> - 接到传球后射门（向前长传、转移长传、或者回传球）
> - 撞墙式配合后射门
> - 在压力下射门（在规定的时间内）
> - 在压力下射门（来自对手的压力）
> - 连续动作后射门（控球、带球、假动作）
> - 1对1摆脱后射门
> - 在模拟比赛情况中射门
> - 在实际比赛中射门

- 如果可以，在训练有关技术动作之前做一些有助于协调性的运动。
- 两只脚的技术应该同时发展，特别是停球后的传球（比如左脚控球后右脚传球提高出球速度）。

10 未来之星

- 学习的过程是先从基础技术动作开始（这些基础技术动作是比赛的特征以及身体对生物力学对比赛的反应）。

> 例如：—— 将球控制在脚下（运动员与球的关系）
> 　　　—— 带球跑和假动作
> 　　　—— 控球
> 　　　—— 射门
> 　　　—— 头顶球
> 　　　—— 断球

- 运动员必须尽可能早地进行技术动作的训练，这样会使运动员在实战比赛中对各种情况作出理性的抉择。

> 例如：在两个人进行传球训练时，加进第三个人为另外两个人提供实战的情况来进行动作训练（比如一个三角形传球训练，同时训练传球与选择跑位）

- 训练内容安排不应该仅仅是一个接着一个，应该将所训练的技术按着比赛中发挥的顺序组合安排。

- 运动员在真实的比赛中必须能够运用所学的技术动作（运动员从分节训练过渡到真实的情景）。

> 例如：经过一系列传球训练后，进行一场教学比赛（5对5+2名不固定队员），在比赛中运动员应该注意在一定的场地范围内必须在3次触球之内把球传出去。根据场地大小的调整也可以改变触球次数

- 在运动员极度疲劳时不应该进行技术训练（特别是年轻运动员），否则他们的技术水平、积极性，还有自信心会下降。
- 在训练发展阶段（16~18岁），一旦学到基础技术，运动员在劳累的情况下进行有压力的技术训练，模拟实战比赛（紧张的拼抢动作，自信心）。

- 同样在训练发展阶段，技术训练更多的是球队战术的组成部分，这要根据球队打法，还有这个系统是如何组织来决定的。

　　　　　　"作为技术动作，传球是足球场上运动员之间沟通的本质"。

c）技术训练时教练员的重要作用

● 对于年轻运动员技术训练和战术训练同等重要，甚至有时技术训练更重要。

— 技术训练期必须准备充分。
— 技术可以被学习；需要强调的是，应运用方法学和教育学的原则并遵循其过程。

→ 示范——讲解
运动员必须了解一项训练是如何完成的，以及为什么要完成这项训练，但是也必须让运动员相信这个训练的有效性；因此给予详细的讲解以及使运动员高质量地完成训练也即成为了重点。

● 组织和分组
— 允许在场地内多次触球。
— 确保小组实力平均。
— 纠正、巩固。
— 为了保持乐观的积极性，训练中要高度集中确保有效高质量地完成任务。
— 在正确的时候介入（这是一门自身的艺术）。
— 客观地给予准确的反馈（冷静、安慰、有说服力的）。

需要正确运用技术动作的决定因素　举例：踢球
— 接到需要的信息（运动员必须保持抬头）
— 选择移动（怎样接触地面）
— 大腿的运用（用脚触球，小跨步）
— 身体姿势
— 支撑脚的位置
— 触球脚（固定）
— 跑过足球
— 摆动腿击球
— 助跑质量，向着球助跑（避免大跨步）
— 击球力量（变化）

● 激励运动员
如果训练课进行的顺利，并且教练员要保证运动员的积极性，投入而且有效率，他们会自发地加强自身的技术。留给运动员创造技术的空间（比如让他们自己运用动作）将会激发他们的积极性。

● 监视运动员们的动作（比如他们选择战术及技术的完成）。录像视频是一个非常好的学习辅助工具，可以很好地学习高水平运动员的动作（技术和例子和学习榜样）。

d）运动员保证投入程度要高

● 强调灵敏，注意力集中，坚持不懈，自发性，自律和创造性。

—— 提供特殊训练来提高精神力量（在一定的小范围内踢球）。
—— 通过进攻防守练习比赛，锻炼运动员在比赛中发挥技战术的水平。
—— 给运动员自己训练的时间（每位运动员都需要巩固自己的优势，改进自己的劣势）。
—— 鼓励运动员去承担风险，尝试新的东西，不要给他们太多约束。
—— 鼓励运动员个人去练习定位球。
—— 当球队通过漂亮的动作或不寻常的技术取得进球时应该给予奖赏。
—— 让运动员思考自己的表现：
什么影响了转移球时的准确性？
为什么在控球后不知道接下来要做什么？

● 鼓励运动员在头脑中想象画面（记住他们必须要做的动作，在大脑中保留过去自己偶像所获得的接触成就）并和其他人交流。

e) 技术训练必须作为整个训练计划的一部分有规律地进行

● 逐渐增加训练次数同时最主要的是强调技术训练。

● 在整个训练周期中包含技术训练周期。

> 例如：一个为期四周的强化传中和门前接球的训练计划。在这个计划中可以组织结合一些比赛的其他的方面，比如战术、身体和思想发展

参见第9章，表8训练计划

● 对一个不断进步的运动员的评估，可以允许教练员根据运动员的需要改变训练计划。

● 当运动员表现出对技术训练的兴趣或者了解技术训练的意义的时候，可以进行一些建议性的专门技术训练课。

● 在技术训练期间可能导致运动员降低积极性的一些原因：

– 不理解训练的目的。
– 训练太简单或者太复杂。
– 训练方法没有太大的改进。
– 一个练习上花费太多的时间。
– 纠正不够准确或者太模糊。
– 训练成功的几率不够高或者不够有效。
– 讲解不够详细或者鼓励不够。
– 训练之间的休息时间太长。
– 运动员太疲劳。
– 教练员过于攻击性或太独断。
– 教练员不鼓励创造力或者冒险行为。
– 教练员过于吹毛求疵。

概括地说：

比赛是最好的学习方法，但是运动员也应该通过分节训练和潜在的比赛情况下训练来提高自己的技战术水平。寻求练习和全场教学比赛之间的最佳平衡，以确保运动员适应真实比赛的各种场景。

→ **技术质量可以使球队获胜**

1.2 年轻运动员身体准备的关键提示

虽然早期训练发展期是训练技术和技战术训练的时期，但这也是一个确保年轻运动员身体准备的重要时期。需要强调的是，这不仅仅是和成人运动员相比按比例缩小的身体训练。在之前几章提到，教练员必须时刻关注年轻运动员或者青少年的身体以及思想的发展，而且这些必须在教练员的训练选择及训练安排方面反映出来。但是，因为这个成长和发展会因人而异（因为不同的生活习惯以及生长速度），教练员必须清楚不能将年轻运动员一概而论；运动器官（骨骼结构，软骨，筋腱，韧带）仍然是易损伤的，特别是在发育青春期（12～15岁）更应注意。除此之外，教练员必须进行适当的力量训练以及耐力训练（有氧途径和无氧途径），促进新陈代谢以及预防其他有关心脏的身体问题。

当速度和力量已成为当今足球比赛必不可少的重要因素时，力量训练在近几年越来越被重视。而且为了预防的原因，并且让青少年在身体成长阶段结束后就能体现出力量训练的成果，在早期训练发展时期利用运动员自身的重量进行肌肉训练是必不可少的。

在队员处于学习期时，教练员不要忘记身体力量训练尽可能要和技术训练相结合。有球训练在早期训练发展时期应优先考虑，身体训练则应该在训练和发展时期（16～18岁）进行，而且必须与身体发育阶段的特点相结合。

耐力能力的发展

- 基础耐力（有氧能力）对所有耐力都有着相当大的影响。除此之外，它对整体健康有益的影响是毋庸置疑的，还有其在预防事故和伤病的发生方面的作用也是不可忽视的，而且对伤病康复以及技术动作完成方面都有很大的帮助。总而言之，耐力训练必须首先训练基础耐力和有氧能力（最大心率的70%～80%）。

- 经常从事足球或是其他运动的年轻人，很容易发展基础耐力。持续不断地有球运动、间歇性练习或者进行实战比赛，这些有效的方法都会有助于发展基础耐力。

- 中等强度的运动（最大心率的70%～80%）有助于储存氧的功能以及整个心肺功能的提升。12～13岁之前，每天的练习比赛和综合训练（比如，带球跑、传球练习、模拟比赛情况）应该有机结合起来。

- 有氧功（AP）在14～15岁之前，可以通过间歇性的训练来得到提升。这不仅会影响心脏的输出功率，也会使身体习惯于在疲劳情况（最大心率的80%～90%）下工作，小范围的教学比赛（3对3/4对4/5对5），也可以用来训练专项耐力（有氧/无氧）。

- 在青春发育期如果进行高强度的耐力训练，会直接影响以后运动员的表现，因为个人在这个年龄段会有更好的能力和忍耐力来发挥（魏内克，1990）。

速度的发展

- 速度是现代足球决定性的因素，而且最好在早期时训练，9～13岁期间，短距离（10～20米）训练后休息较长时间（中枢神经系统会在成熟前得到锻炼）。
- 协调性和移动练习，例如弹跳练习、步伐练习、运球变向练习，这些都是青少年速度训练的基本方法；这与短跑运动员的训练是有区别的（胳膊、身体、腿部同时训练）。
- 当结合速度练习与技术练习时，会帮助运动员达到最佳速度（综合速度训练）。
- 反应速度（活跃性或者爆发力）可以通过多种方法训练，特别是有氧耐力训练期间可以帮助运动员激发积极性。有球的综合训练，可以使运动员模拟实战比赛情况（比如，5米突发加速后射门或者精确传球）。
- 利用较长距离（80～100米）训练速度力量和速度耐力，可以在16～17岁的运动员开始，进行模拟实战比赛情况的一系列力量训练。
- 当运动表现训练阶段开始后（16～17岁）运动员通过高强度跑步训练（有球或无球），可以提高反复的、快速的跑动能力（乳酸无氧能力ALC）。
- 最后必须保证有间歇性的训练（重复次数或组数），确保运动员每次训练前都可以完全恢复（心跳100～110次），使每次速度训练都能有效地进行。

力量的发展

- 在青春发育前期（12～14岁）是一个可以综合性发展力量的阶段（要确保均衡发展）。肌肉力量（上肢力量）的发展是必要的。以下为肌肉力量训练方法，现推荐给这一阶段的运动员。
- 轻负重的训练可以广泛适用于15～16岁的运动员（根据运动员个人情况不同），但负重不能超过运动员自身的重量。训练时必须提高警惕，如要保证训练动作的正确，要坚持推荐的正确训练重量，并且要监督训练课过程。即使对这个年龄段的运动员，也必须根据个人情况不同而进行调整。
- 高低跳的训练（反应训练）以及多次跳跃训练可以逐渐地介绍给14～15岁的运动员。由于年轻运动员的肌肉、关节和韧带的脆弱性（比如膝关节、脚踝等），必须采取适当的保护措施。在做这些训练前必须要进行适当的热身运动（协调性），上肢肌肉（腹部和背部）需要进行调节。训练之间充分的休息是必不可少的，在训练周期内必须要有身体柔韧性的练习，配合一些肢体牵拉练习来舒缓紧张的脊柱。
- 对于青少年组（10～12岁），一些跳绳练习以及呼啦圈练习是增强肌肉弹性、反应速度和速度力量的好方法。这些练习不仅给脚步运动、身体柔韧性和脚踝力量提供很好的训练机会，而且对协调性、快速启动、冲刺和控球的提高也是有帮助的。
- 在乡村进行山坡慢跑（下坡、山坡或者台阶）练习是一些其他可以提高肌肉力量（速度力量）的有效方法。

→在年轻运动员力量训练的时候，负责这项训练的教练员必须在场。

协调性的发展（心智运动能力）

- 协调性是在儿童早期（6~8岁）就应开始发展的技术能力的基本要求。9~12岁时，这项发展开始稳定。

- 现今，在缺少肢体运动、肢体训练的童年时期，协调性训练是必不可少的。遗憾的是，街头足球慢慢地在消失。

- 对于青少年，这种训练既是最高级别的，也是必不可少的训练，特别是在成长时期，因为这些训练，可以帮助提高身体的平衡能力，以及足球所需要的节奏感和良好的控球能力。

- 这种情况各国之间存在差异，原因可能是一些遗传学、形态、文化甚至是气候的不同，一位巴西或者非洲来的运动员在身体协调性还有节奏感都会强于欧洲运动员。但是抛开这些不同点，我们都知道协调性可以在任何年龄段训练，而且这会使运动员有更好的动作选择机会。

- 在早期训练发展阶段，协调性的发展经常包含在平时的训练周期中。技术的介绍可以帮助训练基本动作技巧（例如教练可以在训练射门、长传球、传中和踢球之前着手训练平衡感，脚下技术，分化和节奏）。所以如果我们想提高青少年运动员的技术能力，就应该在平时的训练周期中加入更多的心智协调性训练。

- 踢比赛或者其他的教学比赛（比如，不同大小的场地，不一样的规则和特殊的说明）当然会帮助运动员提高协调性。

- 一些足球学校开设了专门的协调性训练，同时根据他们的需要招募了这些方面的专家（阿贾克斯就是一个例子）。

身体柔韧性的发展

- 儿童的身体比较柔韧，训练当中应该加入更多的游戏或者其他的活动，帮助他们提高运动的流畅性与简易性。

- 为了避免肌肉和关节的损伤，柔韧性练习前必须做好充分的准备，特别是要注意内收肌、脚踝及膝关节。除此之外，脊柱的灵活性能确保提供更好的身体平衡性，躯干的顺畅性，还可以帮助肌肉神经系统有更好的表现。

- 对于成年人，确切地说是指还在成长的年轻人，在力量训练、跳跃和速度训练后，适当的柔韧性练习是必不可少的。在做热身运动时，也应该适当的做一些柔韧性练习。

- 要确保年轻运动员柔韧性练习的有效性，应该把握好静态和动态拉伸训练的平衡性。在训练最后时进行柔韧性训练，可有助于运动员从激烈的运动状态逐渐地回到放松状态。

- 作为有教育意义的训练，教练员可以让队员带头训练。但是同时教练员必须一直在旁边监督训练是否正确。

表4　青少年应该发展的各项不同属性训练

（马丁，1982）

年龄	6	7	8	9	10	11	12	13	14	15	16	17
协调性	■	■	■■	■■	■■	■■						
有氧能力		■	■	■	■	■	■■	■■	■■	■	■	■
有氧爆发力									■	■	■	■
速度				■	■	■	■	■	■■	■■	■■	■■
力量					■	■			■■	■■	■■	■■
柔韧性	■		■■	■■	■■	■■						

表5 青少年运动员身体特性的发展

年龄	能量来源 有氧耐力——无氧耐力（乳酸——非乳酸）	力量	速度	柔韧性	协调性
10~12岁	・训练基本耐力 ・有氧耐力（有氧能力） →不进行无氧训练	・利用身体重量进行肌肉调整 →加强肌肉力量，特别是上肢力量	协调性，预备和基本学习的发展 ・反应速度训练（有球） ・短距离训练 ・动作速率 →游戏 ・利用球的比赛	・多方面的训练培养 ・脊柱灵活性 ・动态训练 ・有球柔韧性训练	・获得基本协调能力——O.R.D.E.R. ・增加动作/姿态幅度（动作的多样性） ・跑步训练，反复训练协调性
13~15岁	・增加有氧耐力训练（有氧能力） ・开始进行无氧训练	・利用轻重量进行肌肉力量训练 ・高低跳跃和反复跳跃 ・学习不同的动作	身体基础和协调性的训练 ・速度训练 －反应速度 －动作速度 ・跑步练习 ・综合速度训练 →例如，倒立、比赛、计时跑	・一些发展阶段练习 包括一些柔韧性练习 ・年轻运动员应该避免自身负担过重（肌肉拉伤） ・有球或无球的特殊训练	・巩固已学到的东西 ・学习更多的动作 →形态发育的同时协调性会下降 ・单项和综合训练
16~19岁	・训练有氧力量（AP）和最大有氧功率（MAP） ・无氧消除能力提高乳酸	・力量的增加 ・增强爆发力 ・逐渐增加负重 ・综合跳跃（增强式训练）	根据个人发展需要量身定制的专项训练 ・非乳酸和乳酸速度训练 ・速度耐力训练之间积极休息 ・动作顺序，高速中完成配合能力训练 →1对1比赛	・保持身体的柔韧性 ・长时间被动拉伸训练 ・动态训练	・在这个阶段协调性可以继续得到提高 ・发展顺序（适应、指导） ・综合训练

2. 球探

球探是顶级俱乐部的一个重点工作，这项工作可使球队青少年训练保持在出色的状态。

一些"小型"俱乐部也需要一定的制度来保证他们年轻运动员的训练和发展。毕竟，一位年轻的队员经过高质量的训练和发展，可能最终成为一个所有顶级俱乐部都青睐的巨星级运动员。

天才的运动员如果不在街道角落搜索是不会找到的；专业的球探经常需要有条不紊、细心地观察，发掘这些运动员。

一位运动员的出色才能：
→ 可以在球场上做出一些其他运动员不能做的事情。
　　天才是20%的天赋加80%的辛勤汗水。

> "当我们讨论运动才能的时候，我们想说，个人出色的才能拥有比一般才能更大的机会去呈现真正优秀的运动表现。"

（勒蒂希，1983）

天才的秘诀

运动员本身	他的个性（表现）
•体型（身高、体重、身体结构） 根据运动员的年龄段或者场上位置选拔，这是最近几年的一个重要的衡量标准。的确，有的时候这就是挑选运动员的最主要的标准。 •控球，天生的技术能力 •赋有一个良好的运动/动作范围 •动作速率 •战术认知（足球智商） 　—— 清晰快速地阅读比赛 　—— 良好的场上位置感觉 　—— 选择正确动作的能力，等等 •身体素质 　—— 耐力（有氧/无氧） 　—— 善于奔跑 　—— 运动强度	•有动力的、享受训练和比赛 •渴望学习和进步 •渴望展现最好的能力 •和其他人相处和睦 •敢于和愿意承担责任 •领导和比赛能力 •很强的个性 •集中力、判断能力 •思维有创造力

10 未来之星

尽管天才运动员拥有过人的能力，但是技术的发展与训练仍是必不可少的。运动员有时会表现出弱点，虽然有时不易发现（比如因为不同原因表现得越来越差，处在低谷时期，运动员个人性格的弱点，不愿意长时间努力，逐渐失去动力，运动员的训练和发展出现差异，等等），这些原因都有可能会阻碍运动员的发展，或者影响运动员克服困难，不能成为高水平的运动员。

这种旨在强调天才运动员的搜索，特别是当他们很小的时候，可能会影响一段或者更长的一段时间。

高质量的球探工作，不应该仅仅局限于观察其在球场上的表现，还应该观察其在上不同场合上的行为表现。如在训练中、在比赛中，与他的队友以及与教练员相处的表现，并且还要了解运动员在平时生活中是如何对待父母和朋友的。这样的侦察才能彻底地了解运动员是否在精神、思想和身体方面，均有能力在达到所要求的标准之前，不断地进步。

即使人们认为最佳训练时期和发展计划是在8～10岁，给出一个成功前需要进步多少的确切数字是很难的。我们看到很多运动员并不是同一水平地在发展，他们不可能收到同等的训练效果，繁重的训练发展和准备都是为了将他们训练成高水平运动员。除了这些，还有可能有其他的因素阻碍运动员的发展。

一个良好的侦察工作不应该仅限于观察年轻运动员的球场表现，同时也要做好运动员转会到该俱乐部的相关工作。这个俱乐部应该对运动员的发展负责，帮助他发展潜在的才能，并且提供一些专门的训练和发展体系，以及高质量的社会教育环境。

"你可以拥有一个良好的球探系统，出色的硬件设施以及良好的软件配套设施，但是训练和发展的关键还是在指导"。

例如：阿贾克斯俱乐部在挑选年轻运动员时的标准	T——技术 I——智商 P——个性 S——速度

"天才能赢得比赛，但是团队配合和聪明的智商可以赢得冠军。"

（迈克尔·乔丹，1994）

怎样进行正确的运动员侦察

- 聘请高水平、有经验的球探。
- 建立不同年龄段的运动员标准。
- 观看运动员几场比赛（主场和客场）。
- 知道要从运动员的比赛和训练中重点观察什么。
- 和运动员以及他的家人进行沟通。
- 联系俱乐部或者安排运动员在什么地方踢球。
- 让运动员进行一些不同的测试来评价他的适应性：
– 医学扫描（检查身体基本情况、身体还有精神）。
– 技术和身体测试（根据俱乐部自己的标准）。
– 心理测试（了解运动员的动力、个性和特点）。
– 其他。

评价清单

一名天才运动员的技术可以从录像视频中看出（不管通过比赛或者是特殊镜头）或者通过评价清单进行评估。运动员也可以通过这个清单来进行自我评价（自我认知）。
参见表6

一些认可的标准

- 运动员是否具有的技术：
– 善于奔跑，有球和无球状态
– 很好的传球
– 很好的接球
– 很好的控球
– 控球能力和假动作能力
– 双脚都能踢球
– 轻松地摆脱盯防
– 良好的突破
– 良好的位置感

- 运动员是否拥有的行为：
– 尊严的行动（不管赢球或者输球）
– 给比赛和队友带来好的影响
– 等等

10 未来之星

- 运动员是否具有的素质：
- 适合比赛的体制
- 充足的力量在一对一较量中胜出
- 很好阅读比赛的能力
- 很好的头顶球技术
- 积极的态度

- 运动员能否做到：
- 在一对一的情况下胜出
- 得分
- 为其他队友创造机会
- 在正确的时间作出正确的选择
- 很好的接球，然后在第一时间送出高质量的传球
- 有很好的带球变速跑能力
- 踢好定位球（任意球）

- 其他标准
- 根据球探自己的经验。

总结

如果相信当天才运动员签约以后会非常顺利地进步，那就错了。成功的道路是辛苦而且艰辛的，要想成功，运动员必须坚持努力训练。

当今的天才运动员会有成功的动机，但就是缺少特点去实现。要确保为这些年轻运动员提供尽可能最好的机会，让他们在比赛中了解和履行他们的潜力，当他们加入到俱乐部以后，为他们提供适当的训练和发展计划并且将他们委托给高水平的教练是必不可少的。

年轻运动员因他所表现的出色潜力而被选进球队，不能说就是加强球队的实力。有些运动员也可能是幸运地入选球队（比如，因为运动员在特定的日子表现得很好，球探因为某个瞬间而为之倾倒，或者因为不完全的或不准确的信息，等等）。

→ 小心！真正的天才往往被隐藏。

表6 评定运动员能力的标准

姓　　名：..

场上位置：　○门将　　　　　○边前卫　　　　　○中前卫
　　　　　　○边后卫　　　　○中后卫　　　　　○前锋

评　　价：　　　　1：非常好　　2：好　　　3：一般　　4：差

技　术　　　　　　1　　2　　3　　4
双脚踢球的能力
传球
轻松自如地控球
假动作与运球
射门得分
头顶球
抢断
其他

身体方面
力量（爆发力）
速度
耐力
柔韧性（灵活性）
其他

战术意识/认知能力
阅读比赛
进攻
防守
其他

协调性
适应能力
节奏感
变向能力
反应
平衡

精神力量
集中注意力
意志
毅力
自信
承担风险的意志
创造力

社交能力方面
沟通
行为
人格魅力
觉悟
球队精神

身体情况
体格（身高：　）
身体健康状态
日期：

3. 提高个体技能的个性化训练

当今的教练员都已认识到了应根据身体和战术方面的个人需要来调节训练的重要性。确实，为了适应顶级水平的表现，以及更专业的表现，这是必不可少的。

我们的观点是什么呢？ 个性化训练是指根据每位运动员的不同需要来进行足球技术以及训练方法。

换句话说，这是一个将运动员个人能力，需要提高那些已经初步掌握的技术以及具体的训练目标均考虑在内的独特训练计划，其中也要包括运动员力量的发展。

当教练员根据运动员个人位置的不同来决定不同技术动作和战术的训练，这种个性化的提高尤为可贵（例如，专门训练前锋的传中和射门得分能力）。

在训练和发展计划中，个人发展应优先于其他发展。特殊的个性化训练方法在提高年轻运动员能力方面是必需的，而且也要将这种训练方法运用到早期训练发展期。

个性化训练

- **作为球队整体训练计划的一部分**
  - 在小组和集体中开展适合不同类型运动员的特殊训练。
  - 这种训练方式需要多名助手来协助完成。

  例如：一组运动员做技战术的练习，同时另一组的队员进行练习比赛，然后进行对换。

- **分开的个性化训练**
  - 根据运动员的需要进行有选择性的个性化训练（纠正或加强一些特殊技术动作的准确性，等等）。
  - 个性化训练时间可以和整支球队训练安排在同一天，但是要在不同的时间进行，也可以安排在不同的日期进行。
  - 也可以在球队训练前或训练之后进行个性化训练，这需要根据运动员个人的动力和积极性所决定。

  例如：在球队训练之前进行个人力量训练（上肢力量）。

  在球队训练之后进行特殊的技术动作训练

  （法国国家队的队员会练习进球后的庆祝动作）。

- **具体的个性化训练**
  - 在一个最多4～6人的小组中进行训练。
  - 特殊训练计划要根据达到什么样的具体目标而决定训练方式。
  - 为了个人训练周期计划，可以删除或重新安排球队训练计划。

  例如：训练有天赋的运动员或者是一组前锋运动员的定位球（任意球）的技术。

专项训练计划的例子

- 技术训练（个人技能的发展）
- 协调性训练（跑步练习）
- 位置训练（守门员、前锋等）
- 全队训练（后卫组、中场组等）
- 肌肉力量训练（独特训练方法）
- 形体和体能训练（受伤运动员或者是状态不好的运动员）
- 精神力量训练（个性化训练以提高注意力，自信和意志）

具体的个性化训练计划，可以使运动员获得在球队整体训练中所得不到的最佳表现。

根据不同的运动员，教练员应该有选择变化地进行具体特殊的训练内容（例如，重复次数，动作的快慢，难度的增加，对运动员某些动作施加压力等）。

要安排好训练时间，应该更多地接触球。教练员应该始终在运动员旁边，增加人和人的沟通，给予积极直接的反馈，因为运动员自信心的增强，积极性也会增加）。

训练质量在早期训练发展期和强调技术和场上位置时尤其关键。教练员可以让一队的队员进行示范（作为技术动作和专门知识的典范）。

例如：当进行前锋训练时请一队的一位运动员参与其中。

这种个性化训练适合综合训练发展阶段，特别是当训练目标是有天赋的运动员或者萌芽阶段球星。

训练阶段举例（训练时间60分钟）

目　　　标：	提高基本技术能力，重点在变向控球和传球（短传和长传）
运动员数量：	6名（中场运动员与边后卫）
内　　　容：	• 基础协调性练习（单项和综合训练）　　20分钟
	－脚下动作和节奏训练
	－2位运动员依次进行接球练习
	• 3名运动员一组进行技术训练　　15分钟
	－接球、变向控球和传球的练习
	• 模拟比赛　　15分钟
	－转移及完成射门
	• 个人独特运球能力测试　　5分钟
	－2分钟内左右脚触球次数
	• 拉伸运动　　5分钟
	－有一名运动员领导

这种训练根据练习的种类、运动员的能力和综合训练发展计划，可以在一周训练周期中安排1~2次。

在训练计划中，也可以为处于极度疲劳期的年轻运动员加入一些有趣的训练内容。

例如：训练课可安排在上午和下午学校课程之间进行（11:30~12:45）

> "真正有天赋的年轻人，应该置身于一个要求他们展示出意志和勇气的学习环境中。"
>
> （埃尔文·哈恩，1987）

4. 学院或精英培训中心

在许多拥有足球传统的国家，学院或者精英培训中心已有了一段发展的历史。确实，这个基础改革是针对于年轻运动员训练与培训。但这也是许多国家，如阿根廷、法国、荷兰、西班牙和俱乐部在青少年运动员培养上能够得到成功的原因。

这些中心可以是由俱乐部来经营，或者是由国家组织或地区组织来经营，并且可以获得一些私立的机构支持。

每一个这样的机构都有自己独特的适合本国或本地区教育目的训练发展规划，还要考虑到俱乐部传统和策划者的个人意见。他们以何种方式运作也要根据其经济能力。

对于每个个体，精英培训中心对于足球的发展是一个强心剂，特别是为了队员努力成为高水平运动员提供更好的足球训练和发展平台。他们也可以帮助运动员进行运动和学院学习活动的规划。特别是给多种训练和学习活动提供一个平台。

在组织运行这种教育和训练体系方面我们需要考虑长远的计划。

精英培训中心

目标：
- 给队员提供一个可以同时学习足球和文化知识的基地。
- 给运动员提供更好的监督和支援力量。
- 优化训练和发展计划。

结构：

10 未来之星

监督构架：	• 中心主任 　– 接待/服务人员 　– 管理 　– 工作人员负责住宿和设备 • 技术主任 　– 技术工作人员 　– 医疗设置 • 学院学习主任 　– 教学工作人员 　– 教育统筹
接待中心：	• 主楼⟵⟶训练中心 　– 管理 　– 住宿区 　– 医疗中心 　– 教室（自习室） 　– 更衣室 • 住宿不是必须的。学员可以住在自己家里或者住在寄宿家庭。法国倾向于寄宿制，而荷兰倾向于住在家里
训练设施：	• 训练场地 • 其他场地、人工草场、天然草场 • 以保证高效训练必不可少的训练器材和设施
学校/教育安排：	• 学院可以参加州立学校或者私利教育机构 • 学校聘请或者学校老师来开设学院课程 • 签订学术训练计划的学员参加州立学校或者私立学校。签订较少学术课程的学员在足球学校通过老师的指导进行一些专门的讲座。

足球训练发展方案：	• 这个要根据运动员的年龄段和水平还有要适应训练目标

训练方案中需要强调的方面：	• 有关球场表现的个人发展和有竞争力的活动 　年轻运动员为代表学院进行正式的比赛 　例如：国家级的冠军联赛或者国际比赛 　运动员可以在周末的时候回到自己原来所属的俱乐部参加比赛（特别是对于处在早期训练发展期的运动员） • 其他能力/知识的发展（社交能力、基本文化和有关体育的知识） 　—— 职业生涯规划 　—— 学习如何准备比赛 　—— 其他

年轻的学员：	→ 这些运动员是根据训练中心的类型以及训练中的目标来挑选的 　—— 训练发展中心（足球+学业） 　—— 学院（足球+学术监督） 　—— 足球学校（足球+儿童学校） 　—— 训练中心（足球） 　—— 其他 → 他们是根据以下标准挑选的： 　—— 一般运动能力（根据经验以及所达到的水平） 　—— 评估特别测试 　—— 动力以及精神态度 　—— 学术水平（决定运动员是否能跟上学院的教程或者其他形式的训练） 　　—— 最小年龄：12～13岁 　　—— 最大年龄：16～18岁 　　—— 人数：根据每个中心的结构以及设施决定

年度计划：	• 年度计划要根据赛程表以及学院的年度安排来决定 • 这也要根据每个中心在足球赛程中所追求的目标来决定

10 未来之星

表7 周训练计划

星期一	星期二	星期三	星期四	星期五	星期六	星期日
上午						
学校	训练 理论课 实践课	学校 训练	训练 理论课 实践课	学校	训练 或者到基他 地区比赛	
下午						
学校 恢复性训练	学校 训练	休息 其他活动	学校	个人工作 训练	比赛 或者 休息	比赛 或 下午自由 活动

未来，在足球领域能获得成功的国家队和俱乐部，是那些拥有最好的足球学校来提供适合当代足球及社会训练结构和方案的国家和俱乐部。

值得一提的是，根据国际足联的数据，在世界范围内只有1%~2%的足球运动员是专业的，并且因为拥有足球职业而体面地生活，一些人享受着非常舒适的生活。其他运动员则仅仅是单纯享受这项运动，或者为了锻炼身体或者一些其他社会原因。一些运动员虽然在精英中心经过了好几年的训练和发展，但是却因为一个或者多个原因（健康、动力、家庭和职业运动员生活，或者是因为还不具备最高水平比赛的能力）而不能进入到高水平的比赛中。

面对现实，在足球训练和发展过程中应该同时进行一些行业的研究或专业学习，或者其他的一些训练形式，以便足球运动员也可以通过其他领域谋职。

每一个小孩子和年轻运动员或者女运动员都有权接受训练和发展，好让他们有信心面对生活。这也恰恰是国际足联表现有教育意义的足球的精神。

> "在那不勒斯时我的教练对我说，如果不想在学校很好地学习，就不可能进入一队踢比赛。"
>
> （法比奥·卡纳瓦罗 意大利国家队队长，2003）

总结

表8 运动员在训练发展时期的进步历程

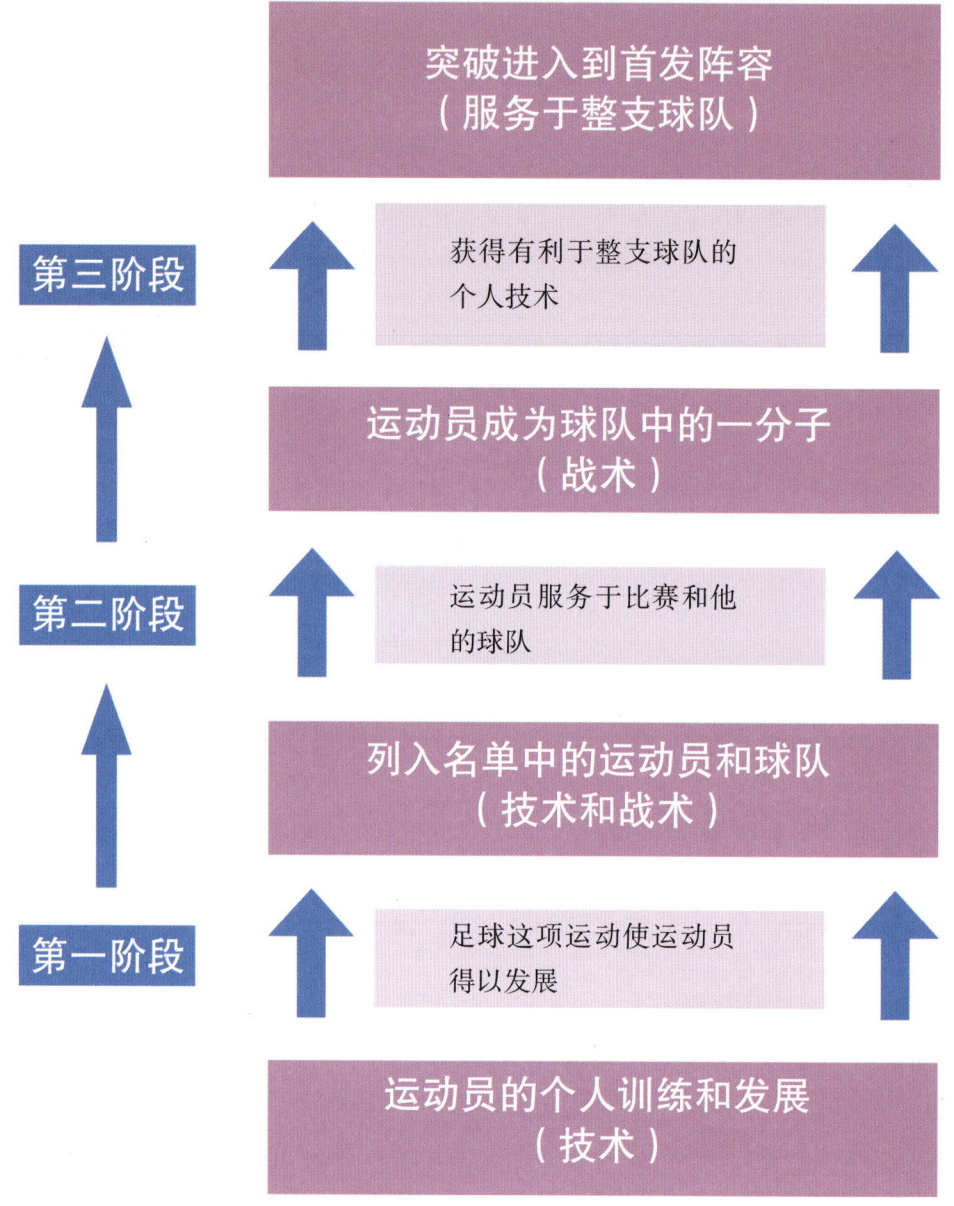

获胜虽然会给队员们带来巨大的满足感,但取胜不是训练的首要目标。真正的胜利和值得回味的事情是,年轻运动员可以在一队站稳脚跟,成为职业运动员,如果他们可以成为国际级水平的运动员,那当然是更好的事情。

11 守门员技战术能力训练

概述	282
1. 技术方面	283
2. 战术方面	295
3. 守门员教练的角色	301
4. 顶级守门员训练课示例	302
5. 青少年守门员训练	306

概述

在以前的足球培训以及认知中，特别是当与其他位置的运动员来比较时，守门员的作用往往会被低估。

但是，现在这种观念已经发生了变化，场上所有位置的运动员都被视为同等的重要。

然而也有一些专业人士认为，守门员是球队中一个最为特殊的位置，守门员发挥得好坏直接决定了一支球队的输赢胜败。

在这一章中，我们将学习了解到守门员的一些基本技战术要领，从而用来指导守门员。

在本章最后部分，将介绍一些针对一流守门员而制定的示范性的训练，以及为青少年守门员制定的多样化的训练安排。

尽管守门员的训练要在专业的教练员领导及培训下完成，但适时必要的随队合练既能更加让守门员有临场感，也能更加让守门员知道如何去处理面临比赛中的突发状况。

> 一位好的守门员平均每6场比赛会犯一个错误，一位非常出色的守门员每9场才犯一个错误， 一位非常优秀的守门员每12场才会犯一个错，然而世界一流的门将，则是平均15场才会犯一个错误。
>
> 艾伦·霍奇森
> 苏格兰前国家队守门员教练

11 守门员技战术能力训练

1. 技术方面

在这个小节中，我们将学习守门的技术及一些必要的相关内容。同时为了更好地理解，文章中采用了一些照片及图释以利于大家更加全面地了解每一个小细节。

如果可能，教练员最好能够录下守门员的日常训练。这不仅可以帮助教练员来分析守门员的动作，而且也可以通过回放让守门员更好地了解自己的移动、站位以及相关的不足之处。这种图像记录可以真实地反映守门员学习成长的过程。

守门员在训练中，教练员必须站在离其较近的地方，以便于教练员能够在第一时间观察及纠正守门员的动作（一般说来是5米外的距离）。

如果想提高守门员整个训练的节奏，教练员需要更快地进行射门或者发球。但是，一开始的时候，教练员必须先让守门员适应常规的射门及发球的节奏，这能让守门员有足够的时间来进行必要的身体移动。一旦教练员认为守门员已具备了一定能力之后，可以提高射门的速度和加快射门的频率。

在训练之中，教练员必须要纠正每一个细微的环节，这样的纠正应该从守门员最基本的双脚站位，双手以及身体的位置，尽可能使守门员的移动能够更精准、有效。看着球滚进自己的球门，没有什么比这更加能刺激守门员去思考，如何才能正确地挡住来球。

在指导守门员训练的第二阶段，教练员需要远离守门员，组织一些尽量能模拟真实场景的训练内容。

在守门员进行训练移动之前，教练员需要让守门员先做一些侧滑步以及侧倒地等的练习。有一点需要强调的是，在真正的比赛之中，守门员是不可能在扑球之前进行自我保护的侧滚动作，所以教练员必须在训练中明确这一点。

如果其他进攻队员能参与到守门员训练中来，这样将会更好地提高训练的效果，教练员可以站在守门员身后观察他的移动并适时的提出纠正。

1.1 脚上技术——踢球

我们在这里不讲解守门员踢球的正确姿势，每位教练员必须掌握这类的基本要领以及常识。但是教练员必须讲解告诉守门员在实战比赛中，什么时候应该使用长传，什么时候应该使用短传。

实际上，守门员操之过急地利用大脚长传解围是经常看到的错误。

在讲解下面战术要求之前，首先要让守门员明确几点。当守门员有足够的时间时，必须要控制球，并让球在自己身前滚动至少1.5~2米，这样守门员能够有足够的时间及空间来传球。

当守门员在受到对方进攻队员压迫的时候，守门员必须清楚地知道自己解围球的方向以及球的位置，而不是随意地将球用力地踢出。在很多实际比赛之中，一些守门员在解围球的情况下，没有搞清楚来球弹地的方向以及位置而匆忙解围，致使犯下一些致命的失误。

守门员站位时必须保持双脚灵活以及从容地踢球，以便于轻松将球踢出35米以外的距离。

在守门员的日常训练中，教练员应该安排如5对2的这种训练方式，模拟真实场景，让守门员在受压之下传出精确的短传（下面会有关于这种训练的解释）。

在长传解围的训练中，教练员可以采取以下的方法：教练员可以站在中圈弧，要求守门员站在禁区之内闭上双眼，当教练员说开始的时候，守门员便立即睁开双眼将球踢出。这种训练方法模拟了真实比赛的场景，让守门员在很短的时间内做出判断。

当然，我们也不能忽略了人本身的精神干扰，这就是为什么在比赛中守门员常犯下一些最简单，也是最致命的失误。归根结底就是缺乏自信心以及缺乏相应的专注度。

1.2 守门员的移动

在这一小节中，我们将学习守门员的身体移动技术。

守门员必须尽可能地快速移动脚步及配合完成所有的身体移动

- 侧滑步

当守门员站在门线上的时候，他必须做出相应的侧滑步才能使其身体准确地面对来球，以及做出相应的扑球动作。必须提出的一点就是，守门员永远不能在移动时双脚交叉！

侧滑步

- 在对抗的情况下侧滑步

（两个方向都能移动的时候）
教练员持球与守门员1对1地站立，然后同时侧滑步。

- 对抗下的快速脚步移动

教练员必须在这时强调小而快的步伐。

11 守门员技战术能力训练

正确的姿势

错误的姿势

正确的手型

1.3 接球

守门员能否准确地将来球接住，体现了守门员对自己技术要领的把握以及对自己的自信。从小培养守门员的正确接球姿势，使其具有一种标准的职业反应是非常重要的。

有证据表明，青少年守门员在开始培养阶段可不戴手套练习接球姿势，这样可以很好地让守门员正确地感觉来球，同时守门员也能准确地看到自己的手指、手掌、手腕及前臂的位置。准确干净的抓球来源于对自己身体各个位置的控制。更详细的动作分析是，守门员的胸部必须稍微向前倾斜，双脚微屈，手臂必须一直伸展出来面对来球。

最重要的一点，守门员必须主动迎上前去接球而不是站在原地等球滚到自己面前。

按阶段分析整个训练内容

练习1a
从距球门线前5米
射门（单球练习）。

练习1b 侧滑步移动接住来球。

练习2
教练员距离球门线前5米射门（双球）在守门员将球扔还给教练员的同时，教练员踢出另外一个球让守门员进行接球训练，重复尽可能多次地让守门员适应2球的节奏和速率。

练习3

仍然是2球，距离球门线前5米进行射门训练。

守门员将球抛出，然后马上去接教练员踢出的足球，将来球接住扔还给教练员后，马上去接刚才自己抛出的足球。

练习4

仍然是2球，距离球门线前5米进行射门练。

与练习3基本相似，不同的是守门员需要接住教练员射出的球，然后同时踢还另外一个球给教练员。

练习5

当教练员命令开始时，守门员转身90°然后接住教练员踢出的足球。这个练习是培养快速准确的脚步移动。在做这个练习时，守门员必须注意自己双肩的位置。双肩必须时刻与球门线保持在同一水平线上。教练员还可以将球射向球门横梁稍微偏下的位置，以此来锻炼守门员双手的快速伸展的能力，守门员在这个训练中可以选择双手接球或者是单手将球托出横梁。

练习6

在移动中接球

守门员来回在门线上横向移动接住从两侧的来球。教练员需等到守门员移动到靠近门柱的位置再进行发球，否则将有可能迫使守门员采用单手击球的方式将球击出，而不是用双手接住来球。

训练变化： 教练员可以选择踢向球门正中，守门员从门柱方向向中间移动接住足球。

赛前训练

教练员站在离守门员约11米的地方。从不同方向进行射门训练（可以踢下落球射门，也可以直接选择射门），也可以移动到守门员的弱侧进行射门。守门员手抛球之后，选择新的位置面对教练员的下一次射门。教练员不需要非常大力的射门，只要能够让守门员在接球之前有最少1～2个侧滑步就可以了。但是必须要说的是，我们经常看到守门员选择倒地扑接球多于侧滑步移动接球。

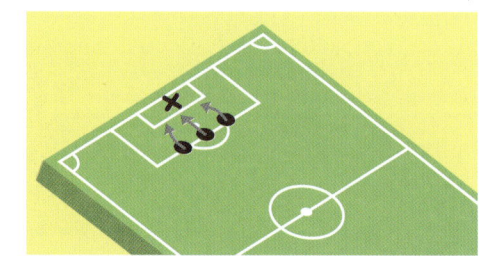

1.4 接胸部高度球

当守门员在处理头颈位置以下的来球时，其必须接住来球并保持球在胸部的高度。
守门员的身体在此时与球门线保持平行，胸部稍微向前倾斜，手臂伸展出来接住来球。
在面对较远距离的来球时，守门员经常运用这一姿势。这一姿势更能稳定而且安全地控制来球。

这是一个比较简单的练习：

1. 距离球门线前5米射门
2. 距离球门线前16米大力射门

1.5 角度的秘密

尽管足球不是正规意义上的科学，但在场上一些特定的区域还是与科学有必然的联系。守门员可以有意识地选择站位控制这些特定场上区域。
我们经常看到守门员在对方起脚射门之前就已经选择了错误的站位。这样的选择导致守门员一次次的失误。
关于站位角度的选择是教练员必须要青少年守门员掌握的一项技术，并且青少年守门员也应该要领悟角度的含义并合理地运用它。教练员可以在门柱之间系上一条带子，这样当青少年守门员站在门前时，就能容易地看到自己在球门的什么位置和什么角度。

正面来球

在右图中，门线间的色带以及射门点形成了一个三角形。守门员必须时刻牢记将其肩膀作为三角形的底边。这是一个非常浅显易懂的道理，当守门员面对进攻运动员从两侧的进攻时，以肩膀作为三角形的底边，能够让守门员自己更加容易地明白自己的选位及站位是否存在问题。

侧面来球

教练员也应该要适时地提醒守门员在这个三角形中的站位选择。

1.6 倒地接球

倒地接球与出击时的倒地扑球很容易混淆，但是两者之间有着根本的不同。
守门员做出倒地接球的动作时，来球不能超过离身体1.5米的距离。 在以下的两个情形中，守门员必须做出倒地接球的动作。

a.地滚球的射门

当守门员面临非常近距离的射门，或者是大力的地滚球射门时，守门员如果没有充分的时间移动自己的身体到达最佳的位置，可以选择倒地接球。

b. 对抗情景

在一对一时，守门员被逼迫出罚球区去拦截来球（位于身体前方或身体前方约1米的来球），在这种时候，我们经常会看到守门员将自己身体的力量都压在脚跟上准备侧扑。

姿势 （腿和身体的站姿）
一名守门员所有的移动，脚步移动的速度是相当关键的。 内侧的脚必须弯曲在身子下来完成倒地侧扑的动作，这个过程需要做到越快越好。

手型姿势　　　　**手臂姿势**

守门员的手臂总是要在身体前方迎着来球的正确的方向。

手臂的姿势：外侧的手必须在球的背后，另外一只手则覆盖在球上。

守门员必须做到时刻保持统一手型面对各个不同方向的来球。

教练员必须时刻提醒守门员的手型，尤其是当守门员的弱势手在球的背后时，守门员经常习惯性地用自己的优势手来重叠保护。比如，右手在上面重叠的保护左手（如下图所示）。

错误的接球手型：
　　右手压在左手上

这样做的后果只有一个，守门员会失去对球的合理控制。 如果守门员在特定的情况下需要用单手处理一些高速来球时，他必须知道在单手接触来球的时候，手必须是紧张有力地接触到球。

11 守门员技战术能力训练

练习分析

距离球门5米射门，教练员先告诉守门员他将向哪一方向射门。

这个练习一开始教练员可告知守门员，随后可任意选择射门方向。

练习中另外重要的一点就是，教练员需要告诉守门员保持扑接球前的姿势不要移动，特别是双脚，直到教练员将球射出（实战中面临进攻运动员射门前保持双脚不移动是相当难控制的）。

与战术相衔接的练习是采用1对1的实际场景训练，这样的练习会涉及到一些战术的变化。

练习1（比赛场景下的练习）

练习2（倒地侧扑和往一个方向的移动）

当教练员命令开始时，守门员开始移动选位将前文所提到的射门夹角缩小。

练习3（模拟比赛练习）

这个练习可以在球门前或者是两侧进行。当教练员踢出第一个球之后，进行不间断的射门，以此锻炼守门员。

练习中，教练员必须时刻注意守门员的站位，并且随时提醒守门员注意射门夹角。

守门员必须时刻正确地了解来球的方向和轨迹，从而明白如何选择一个更加中心的位置面对下一个来球。教练员在此练习中，需要运用不同的射门技术和力量，并且尝试去模仿真正比赛中的情形。教练员应该变化射门的力量，脚法的运用以及射门的种类等。

1.7 向前倒地扑接球

守门员时刻能正面面对来球，这在比赛中是很常见的，这种技能也是必须掌握的。右图中诠释的倒地扑接球，是最安全的一种倒地拿球的方式。特别是当面对直线来球或是反弹球的时候。

在做这一动作的时候，守门员的身体和手必须要在球的后方。

守门员站位
（从距离7米射门，守门员不能向前移动）

练习1（比赛情景下的练习）

从距离球门线16米射门
要求守门员先进行侧向移动，然后做前倒地扑接球。教练员必须控制射门的力量，让守门员能够有足够的时间来进行移动及倒地扑接球。

1.8 鱼跃扑救低空球

前面所提的守门员侧扑的技术主要取决于守门员脚步的移动速率，下面提到的鱼跃救球则和上文所涉及的倒地侧扑救球完全相反。

当守门员在做鱼跃动作的时候，其身体内侧的脚必须要蹬地让自己能够鱼跃出去。

观察守门员鱼跃救球时，教练员提醒守门员在做这一动作时应掌握一个时间顺序，我们称之为"三联动"。

首先，守门员移动到正确的准备姿势，然后侧向移步接着鱼跃救球。

→下面讲一下这个动作易犯的两个错误：

错误的时机
比赛期间可以采用录像的方式，这样守门员便可以自己观察他是否过慢地移动到准备姿势。

从这一个移动上来说，守门员与网球运动的移动非常相似。

我们可以看到，除了心理方面，守门员在准备接球时的移动与网球运动员非常相似。在网球运动中，当对手准备击球时，接球队员也会做一些小碎步的移动，然后双脚分开，向两侧移动，调整好自己的站位，完成击球。

站位（双脚——双腿）

11 守门员技战术能力训练

蹬地力度不够

用内侧脚蹬地来完成鱼跃是有一定难度的。原因有两点：第一，掌握正确的脚步姿势来达到鱼跃的目的是困难的。第二，守门员经常错误地判断需要蹬地的力度（这只是针对鱼跃救低空球而言）。

对于那些鱼跃救中高空球就不会有这种类似的错误发生了，因为那需要足够的力量和脚步移动来完成。

同样对于弱势脚而言，要完成蹬地腾空的动作也是不容易的，所以这就是为什么我们时常看到守门员双脚交叉地来完成蹬地的动作。

图片清晰地诠释了守门员用内侧脚蹬地的过程。当守门员在做准备姿势的时候，蹬地脚永远稍微地保持在前方一些。

以上所讲到的守门员接球的内容，以及手型与手臂位置的要点同样适用于接地滚球，守门员一定要学会利用场地的有利条件。

> **相关注意事项**
> - 守门员在做低空鱼跃、半高鱼跃或是高空鱼跃扑救练习时，教练员都要用射门的方式进行练习，最好距离是从5～7米射门，这样更接近于比赛。在训练守门员移动时，这样的距离也是最完美的。
> - 在安排实际比赛场景练习时，最好距离是从16～20米射门，在射门角度、力量，尤其是射门方式上要采取不同的变化（如弧线球射门，脚背内侧与外侧射门或者大力射门）。
> - 对于守门员训练来说，讲究射门的速度也是很重要的，这可以练习守门员快速的反应与扑救。但同样要确保在每次射门前，守门员有时间做出选位，之后完成扑救。
> - 这里需要指出一点，在训练守门员时，队伍中的每一名队员都可以去射门，协助守门员完成训练。这样可以让守门员更好地熟悉真实比赛场景中不同对手的射门。

1.9 鱼跃扑救半高球

站位（双脚——双腿）

在前面所提到的，中高度的腾空扑球是最为容易的。
守门员向侧方向滑步用外侧支撑脚蹬地，紧接着内侧支撑脚跟上蹬地完成腾空动作。

站位（体位）

在完成此动作的时候，守门员须将其手掌和手臂微微放在体前。

1.10 高空球扑救

虽然这种扑球对于守门员来讲应该是很轻松的,但这也常常是守门员们的噩梦。

只要守门员做好心理准备,并且有实际能力去完成动作,那么从技术上来讲,就容易执行。我们常常能看到守门员虽然想做出这种扑球动作,但是却因为内心的恐惧而改变了动作。他们害怕的是做完动作以后的落地感觉。如果他们一直在心里存在这种想法,就会永远不能做出这种扑救。因此教练员应该在心理上帮助守门员:通过不同的训练使守门员掌握正确的脚下动作,并且敢于做此动作,帮助守门员能够毫无阻碍地完成这项扑救。

我们将小孩子鱼跃扑救球门上角的球视为最危险的动作。在守门员扑球后下落时,需要一定空间着地。如果教练员发现守门员还是不愿做高空球的扑球,那么教练员可以把训练安排在体育馆,利用海绵垫或者蹦床等器械,一步步地帮助守门员完成这一动作。

但是,教练员不应该过多要求守门员动作的质量。毕竟,主要目的还是救球。

那些在旁边观看守门员训练的教练员,会观察每一位守门员的空中姿势,空中姿态的不同取决于个人的力量和爆发力。但最重要的还是身体/腿的重量。

例如,一名守门员的腿部肌肉不太发达,那么他在空中最高点时身体基本上是水平的;相反,如果守门员腿部肌肉比较发达,在空中最高点时,他的腿会在空中尽量保持得很低。

当守门员来不及用两只手接住球时,他需要用一只手来处理来球。

不幸的是,这些扑救会经常必须使用"弱势手"来执行。

当来球向着球门底角飞来时,守门员应该总会用到外侧的手扑球,这样守门员可以够到更远的距离。

但是,当球在守门员容易控制的范围内时,守门员可以选择一只手来解围。

站位(双脚——双腿)

姿势(身体——手臂)

姿势(外侧手)

11 守门员技战术能力训练

1.11 接高空球

是什么力量驱使守门员为了救球而在人群中选择出去击？这个简单的答案是自信。我们可以从两个特殊的动作看出守门员的自信：处理高空球和处理对方单刀球。

尽管在训练期间教练员会对守门员进行此类训练，但是对于守门员来说，总会有那么几天在比赛中不愿或不能够正确处理好高空球。当遇到这种局面时，教练员只能在旁边无助观看。

对于守门员，在面对高空球出击前，必须选好绝对正确的站位，否则，会给对手提供一个绝佳的得分机会，这将使守门员陷入困境。我们对此问题将在战术层面中进行专门讨论。

对于上述4种球的下落轨迹，守门员有两种解救方法：一种方式是直接接住球，或者他可以决定不承担任何风险——因为各种不同原因（在禁区内有太多运动员，球的飞行路线很难判断或者球速太快，等等），根据不同情况，守门员会更倾向于单手或者双手将球击出。

下面这几项练习可以在高空球训练阶段作为热身运动。

> 我们需要了解四种球的下落轨迹：
> 1. 近门柱的球
> 2. 远门柱的球
> 3. 靠近球门正中央的球
> 4. 直接飞向守门员的球

练习1
教练员将球抛向守门员后，在他将要接住球时进行干扰。

练习2
第一个球要抛向近门柱。之后要求守门员朝罚球区边缘6码的地方侧向移动，准备接第二个球，接最后一个球前向相反方向移动。

练习3

练习4

在罚球区中央接球姿势　　在靠近门柱的位置接球姿势　　在靠近远门柱的位置接球姿势

双手击球的姿势

单手击球的姿势

接球和击球时的助跑动作是一样的。球在守门员面前时必须对球做出动作，而且在助跑的时候不要有停顿。

训练中应不断重复模拟真实比赛的情况，教练员应该通过各种不同的射门来查测守门员，如往内弧线和外弧线的角球、边路传球、长传至罚球区，等等。在热身环节，正常状态下可让守门员先闭上眼睛，听到教练员发出"开始"口令后睁开眼去接球。这样的训练可以使守门员掌握出击的最佳时机。

随后运用综合训练（接球后大力手抛球）。

1.12 踢球与手抛球的处理

在这里我们要讲的动作显然大家都知道，故就不需要再进行具体的描述了。
但是，我们可以利用几张正确动作图片简单明了地学习守门员动作。

手抛球
守门员需要注意的是胳膊和身体的位置

凌空大脚开球

反弹球开球
特别注意的是，怎样扔球，以及支撑脚的位置

综合训练
在守门员开始接球之前，教练员应该给守门员提供发球方式的选择：脚踢球、手抛球，或者其他发球方式。
教练员在训练时应该确保守门员不要急着去发球，因为这样会降低守门员发球的质量。

练习1
2=用手
2a=用脚

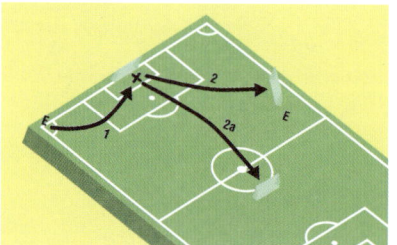

练习2
同训练1

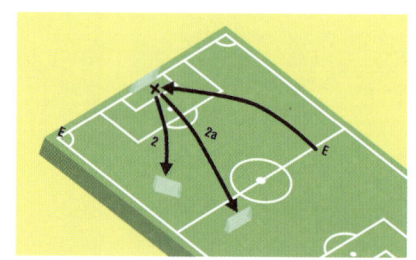

2. 战术方面

目前，用人策略和战术体系在当今的比赛中已有良好的发展。但是，即使教练员给球队带来了丰富的适合场上运动员的战术体系，这种变化也几乎和守门员没有任何关系。

这一部分我们专门对守门员的战术进行讨论，所讲内容涉及数年的学习及经验，以及球场上一些顶级守门员的战术。

以下会讲解一些守门员基本战术原则。

2.1 球场上的站位

第一个能够决定守门员站位的主要因素，当然是场上球的位置。不幸的是，我们经常能看到教练员要求守门员当后卫挺身站立时，守门员也要挺身站立。

然而对于高水平的比赛，守门员在场上不应该挺身站立，同样，作为青少年运动员，如果不是离球40米以外，就不要挺身站立。

- 首先，判断球的位置（40、50、60米以外）。
- 在我方球门和对方持球队员之间，是否有本方防守队员。
- 我的防守是否能防守住高空球。

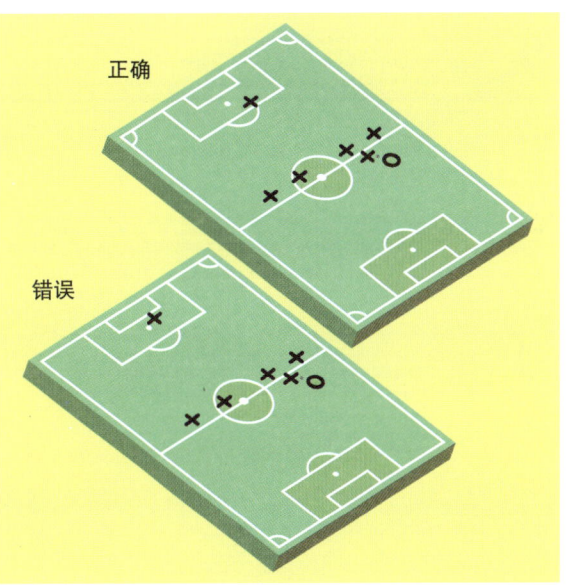

本方罚角球时守门员的站位

当本方球队在发角球时，守门员应该完全挺身站直。这样可以让守门员获得一个良好的视野，也可以观察到在中线附近本方防守队员和对方进攻队员会形成2对1，甚至2对2的情况。

对球控制的区域

守门员可以去接球

守门员不能去接球
（他必须准备迎接1对1的挑战）

我们通常能发现，当球在本方半场时，守门员站位都比较靠前。

这样的站位不仅不能帮助守门员，而且当他们被迫后退追球，尤其是对方运动员吊高球时，其将处于一个困难的情况。这个反复出现的错误，来源于守门员总想切断长传球。当防守队员通过半场时，守门员不得不出击来控制从一侧踢向中路的长传球。

然而，当球从中路踢向边路时，守门员最重要的是应该保持站位。这要求防守队员出击并且去争抢球，迫使进攻队员改变他跑向守门员的行进线路并且让他越来越远（不利于进攻队员的角度）。

2.2 步法——踢球

几年以前，这个话题甚至不应该讨论的，因为一个很简单的原因，守门员不需要用他的脚去踢球。不幸的是，或者说幸运的是——根据你研究的方式，这个规则现在已经在改变。
我们发现守门员的动作出现很多错误，这就是因为他们仓促行事或者是一开始的错误站位导致的。

有3个主要的阶段需要守门员用他的脚来踢球：
- 处理回传球时；
- 向前场踢长传球时；
- 当面临对方进攻运动员的压力时向前场踢球。

守门员踢球之前的最初站位，决定了他踢球的结果。
首先，应指导守门员如何在罚球区活动。当防守队员站位大约在25米开外时，我们经常看见守门员站在球门线前12~15米处接防守队员的回传球，这显然缩短了接球人、进攻队员和守门员之间的距离。
守门员将会把自己处于来自进攻运动员的压力之下（有进球机会的进攻运动员的突然袭击），并且当化解进攻球时会冒一定的风险。与之代替的是，守门员可以退回球门线，这样可以使他们无论在什么压力之下都可以较为容易地处理来球。

位置

正确

错误

向后短传给守门员

这种短传的情况发生在当防守队员离守门员20米远，并决定把球回踢给守门员时。这时守门员需要和防守队员相互配合移动，良好的团队合作有决定性的作用。当防守运动员决定把球短传回踢给本方守门员时，其他两名队友需要集中精力，这样守门员才可以再把球回传给他们，使本方保持控球权。

长传解围

在没有对方运动员的压力下向前场处理球（类似于球门球）。通过地面来处理球并且没有压力；由于对方运动员离球很远，守门员有足够的时间来执行这个动作。

压力之下长传解围

在一些特定的情况下，守门员不得不向前场踢长传球（因为不能短传）。如果进攻队员给了守门员压力，守门员只能在有限的时间内进行正确的移动。然而，他一定不能匆忙地进行跑位。

→ 在训练课上，场外队员以及队内的其他队员要帮助守门员去完善他的踢球技能，这是非常重要的。

2.3 对抗球

1对1的对抗球通常是守门员犯错误的一个因素。长期以来守门员被告知应该向外出击并且封锁对方的角度。不幸的是，相当多的守门员却使他们自己投入到了1对1的情况中。这样一来，他们无意之中给了进攻队员得分的机会。

我们这里讨论的1对1情况，指的不是上面所说的长传球，守门员在快速奔跑之后能够得到的球。在这里，1对1指的是进攻队员仍然控制着球。

很明显，如果守门员没有正确的倒地救球（参见技术7.1对这个动作的描述），做出一个正确的扑救球将是十分困难的。但是当守门员倒地扑救球之前，进攻运动员已决定必须射门了——并且这个动作是由守门员的个人习惯决定的。

虽然这个理念可能会使许多教练员感到震惊，但是这是多年研究和观察的结果，并且是基于进攻运动员自己缩小射门角度的事实来建立的。进攻运动员通常是离守门员6～11米时射门。如果我们告诉守门员站在球门线12米开外，当进攻队员越过防守运动员从40米处跑过来时，进攻队员有两种射门的选择——吊高球或者带球绕过守门员。不管哪一种都相当于战胜了守门员。

另一方面，如果守门员站在球门线5米处，进攻运动员将不得不面对着他，进攻运动员将不会冒在20～25米开外射门的风险。首先，如果这么做，守门员将给他的防守队员时间回追使进攻运动员感到压力，并且没有简单的解决方案。他将被迫在最后50厘米处射门。

→ 我们经常能看到进攻运动员把球射向球门死角，但被守门员扑救的情况。当它发生时，你会听见人们说进攻运动员错失这个球是多么难以置信。遗憾的是，根本没有人会说："多么出色的守门员啊！"

2.4 高空球

在当今比赛中，守门员不能简单地处理高空球，这么做经常会导致对方运动员破门。

首先，我们将看到定位球情况下的起高空球和行进中的高空球，随后是来自边路的任意球。

很显然，防守队伍对于角球防守的站位取决于主教练，在于他对于防守的观点、战术的选择以及运动员的素质。然而，守门员教练和守门员可以提出自己的观点，确保能解除危险区域！当然，逻辑上讲守门员面对外弧线角球和内弧线角球的初始站位是不一样的。

内弧线角球

这是守门员最难处理的球的轨迹，特别是当守门员强行到近门柱后却只能沿着门线移动来处理球时。

守门员到近门柱得到球是不可能的，因为球经常在接近球门之前轨迹会偏离。所以守门员沿着他的球门线移动是明智的，这样他可以尝试着在球的轨迹偏离之后接到球。显而易见，如果球的飞行轨迹允许他这么做，那么守门员将能更加容易地得到球。

站位

守门员必须离球门线1米并且站在两个门柱之间。如果教练员在每一边门柱安排一名运动员,近门柱处的运动员将站在紧贴着门柱的地方,远门柱处的运动员将向里1米来封堵球的飞行线路。其他的位置守门员必须能出击并得到球。

外弧线角球

许多守门员把自己置于一个非常不利于接角球的位置,他们从球踢出的即刻开始就紧紧地站在球门线上。

这是一个常识,外弧线角球经常在离球门线3~9米处运行。显然,如果守门员一直停留在球门线处,他将很难控制在7米外的外弧线球。

守门员不能轻率处理的另一方面是他所能拥有的影响力,即初始站位的结果,这与发角球者的习惯有关。

例如:假设发角球队员瞄准远点,当角球被开出前守门员站在离球门线3米处,这样守门员将能够很轻易地得到球。

长传球到罚球区

如果来球有一定的高度使得守门员容易得到,守门员应该尽力出击得球。如果球的落点下方有进攻运动员(无论是否有防守运动员盯守),不建议守门员出击抢球。进攻运动员没有很多选择来处理球,并且危险程度是最低的,所以守门员在出击和抢球困难的情况下,仅仅需要站好位即可。

行进中传高空球

我们这里特别用一段文字来解释处理发生在特定区域的球(阴影区)

当对方边锋进攻至左边或右边边路时,守门员应该尝试揣摩他对时间的分配;进攻运动员一般总是习惯于同一种方式。

将球置于身前,抬起头观察一下本方运动员和对方防守运动员的站位,然后再开始关注球。

在这个时刻,守门员必须离球门线3米外,这样他就处于接外弧线角球的同样的初始位置。

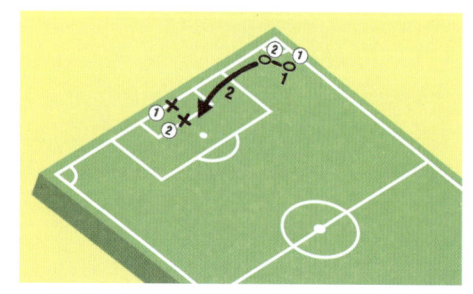

2.5 来自边路主罚的任意球

守门员第一个想到的永远必须是：不能让对方进球。 所以他问自己的第一个问题就是："对方能直接得分吗？"
关于来自边路的任意球，我们指的是来自于这些阴影区域的球。

这里有3种不同的情况可能发生：
- 一名左脚运动员主罚的球（例如向内弧线的任意球）；
- 一名右脚运动员主罚的球（例如向外弧线的任意球）；
- 两名运动员站在球前——左脚和右脚运动员（向内弧线的任意球/向外弧线的任意球）。

对于守门员快速分析这些因素是必要的。

向内弧线的任意球
守门员必须和人墙的第二个人保持一条线。 他必须与对方直接射门时所做出的反应一致。

向外弧线的任意球
守门员的初始站位和方法在外弧线的任意球时一定要改变。他不能和人墙站成一条线，这样的站位将会阻碍他得球。 他应该离开球门线，并且采用一个和外弧线角球相似的站位。

2名运动员主罚的任意球（内弧线/外弧线）
像我们之前看到的，守门员必须保持一个优先顺序的感觉。
逻辑上来说，在这种情况下守门员应该做出和向内弧线任意球相同的反应（直接得球）。

2.6 从中路主罚的任意球

我们在这里不处理如同这样的问题："守门员如何排列人墙，"或者"需要多少运动员充当人墙？"
强调某些关键区域仍然很重要。所有一切的行为无论如何，要确保守门员在球被踢出时能观察到球，这是合乎逻辑的。 遗憾的是，这是不可能实现的，在一些情况下球总是不可见的。
守门员必须要站位在和人墙中最后一名运动员一条线上。然而，如果运动员站位离门柱太近（小于1米），守门员应该尽可能往他的球门中部移动。 这样的结果是，他在球被踢出时看不见球。他必须记住要增加一名运动员在人墙中，以确保他的球门被完全覆盖。
许多对方运动员通常会站得离初始人墙太近，当球被开出时，这些运动员会阻碍守门员的视线。
解决这一情况的最佳方法是，要求守门员站在球门的中间，并且随时准备移动至一方来做出扑救。

如果守门员站在普通的位置（例如，和人墙中的最后一位运动员成一条线），他不会漏掉从狭窄的一边踢来的球，但是，同样他也不能够处理来自另一边的射门。

防守队伍通常站位在人墙附近的对方运动员旁边，他们的角色是如果任意球传给这名运动员，他们要进行干扰和抢断。把这名运动员放在最理想的位置对于守门员来说是十分重要的。

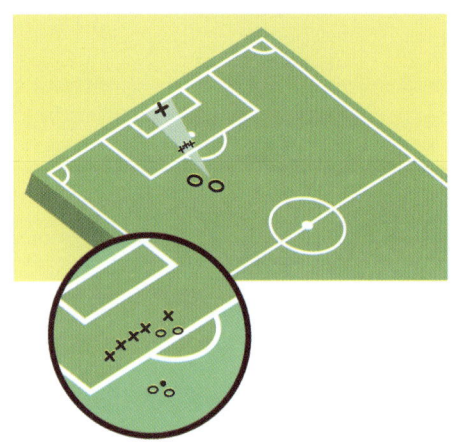

不幸的是，我们通常发现这些运动员站在人墙的右边。这显现了一个欠考虑的失误，作为一名对方运动员，甚至许多对方运动员，他们经常会阻止防守运动员的跑动。并且因为他们以取得的位置，当球被踢出时对方运动员就完全封锁了守门员的视线。

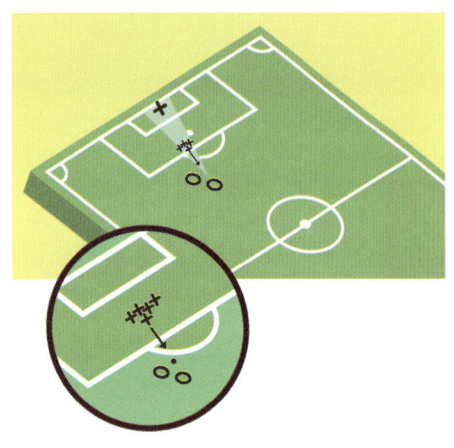

这是一个确保运动员永远不会在守门员视线范围内的解决方案，让他站在人墙的前方。

3. 守门员教练的角色

守门员教练首先要与主教练协同工作以确保训练的质量，并且帮助守门员做准备工作。他的工作关系围绕以下几个特点来展开：

- 守门员教练的眼力以及对守门员角色的理解；

- 在团队比赛体系中守门员的角色；

- 训练中目标的选择；

- 训练中目标的制订；

- 对守门员的特别训练；

- 整体队伍的训练（例如，在模拟的比赛情况下）；

- 守门员的心理准备；

- 在比赛中选择出场的守门员；

- 赛后分析，分析守门员的表现；

- 发掘和发现守门员的潜质。

守门员教练当然也是整体教练组中的一分子。

> 对于足球，最重要的是比赛——并且在比赛中取得胜利。因此，我们所进行的训练必须能直接影响我们在比赛中的表现。
>
> 弗兰斯·霍伊克

4. 顶级守门员训练课示例

- 训练课从一场比赛的分析开始。
- 这场比赛是巴塞罗那的一场客场比赛。
- 通常，巴塞罗那喜欢从后场组织球，所以他们经常传给后卫或者中场运动员。
- 这不会和对方运动员产生对抗，然而，防守运动员和中场运动员都会被重点盯防。
- 唯一的选择就是长传给进攻队员。
- 每一个空中球的丢失，会直接导致对方发起反击。

守门员可行的选择

- 当守门员接到球时，他可以尝试着尽可能快速并且大力地将球踢出去。
- 他可以挑选一个在前场的运动员，这个人应该是能够面对挑战的。
- 他可以把球踢给10号运动员的位置，他能组织传球。
- 他可以踢高球传给9号的位置。

在比赛后的训练中（一堂包括4名守门员的训练课），我们选择最后一个练习。

训练的目标
—— 当守门员得到球门球或者踢给9号位置的地滚球时，保持本方持球状态。

不同运动员有什么不同的要求

守门员的要求：
当在禁区内面对对方运动员能踢出长传球给9号的必要技术。

9号队员的要求：
创造空间来接到这个球。

其他队员的要求：
踢球前给9号创造空间。外围运动员保持在外围，10号保持后面的位置，6号和8号保持距离。一旦球被踢出来，他们必须能预料到正确的时刻，并且能够有效地争抢球。

守门员的训练

1. 无球的热身训练。
2. 有球的热身训练 → 传接球。
3. 参看下一页的训练。

11 守门员技战术能力训练

守门员接高空球的训练

训练1

步骤

4名守门员一起训练的例子。（G）

G1传球给G2，G2接球后控球，之后传给G3。G3接球后和G4做撞墙式二过一配合，然后再将球传给G2。做完一组后4名守门员互换位置

教练员需要观察的方面：

● 守门员传球
—— 踢球技术
- 与球的距离
- 支撑脚
- 踢球脚
- 身体平衡
- 触球
- 合适的时机
- 合适的地点
- 球的旋转（后旋）
- 跟进
- 选择新的站位

● 守门员接球
—— 位置
—— 迎球
—— 接球后控球
—— 如果他回传给自己的队友

应选择如何传球：
- 不停球一次触球回传
- 控球后回传（与球有很好的接触，并且应该有利于长传及短传）

变化

● 守门员的传球
—— 像球门球一样踢球
—— 像接回传球一样踢球，左脚右脚都可以使用

● 守门员接球
—— 像接对方运动员踢过来的球一样：可以将球在地上滚动或者直接踢出。

● 守门员站立
—— 离正在接球的守门员5~15米远的距离。
—— 在球与守门员之间接球的队员
● 在球踢出后要对接球队员进行施压。

距离
—— 距离可以增加或者缩短

球的方向
—— 球不仅仅穿过中场，也要能传给球场两边的运动员

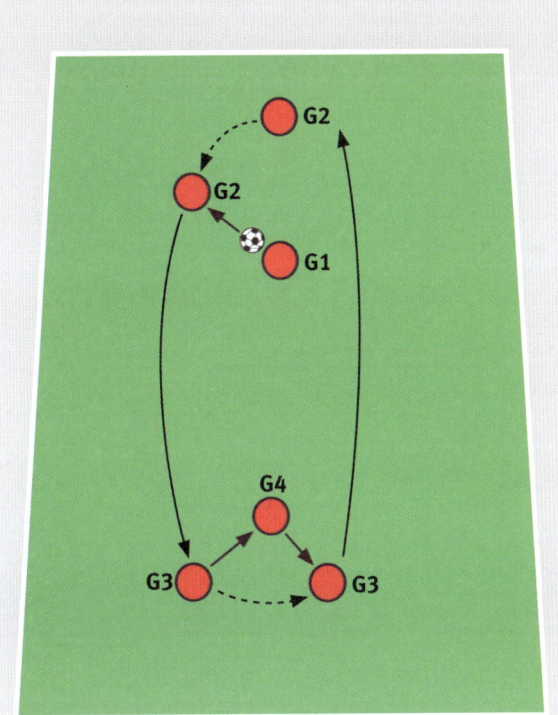

与比赛相关的训练2

步骤

G1将球踢过障碍物传给中圈内的队友〇（高球）。G2从另一方的球门出发，不允许球落地。当G2接到球后，他可以向另外两个小球门射门。每次完成后，G1与G3/G2与G4互换，20个球后，互换方向。

教练员需要观察的方面：

● 守门员传球

（详见训练情况1）

● 守门员接球

—— 站位

—— 接球启动的位置

（接长传球）

—— 启动的时机

—— 向着球移动

—— 接球

—— 向两个小球门射门

变化

● 守门员传球

—— 从什么位置传球：

• 球门球

• 滚动的球

• 他的左脚或右脚

距离

—— 两个球门之间

—— 中长线与球门之间

位置

—— 从不同的位置：

• 从球门后

• 从球门旁

—— 距离增加或减少

—— 向两个小球门传球：

• 抛球

• 踢反弹球

• 凌空传球

• 抛地滚球

• 球门球

• 用右、左脚踢球

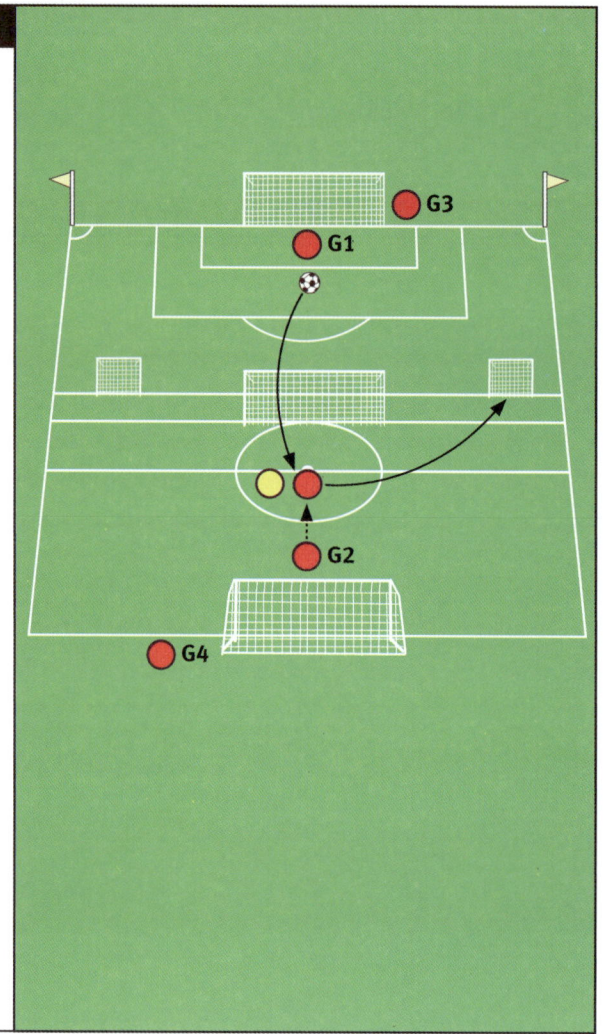

与比赛相关的训练3

步骤

G1面对球门，将球踢过中场障碍物。G2试图进行拦截。当他接到球后，将球向两个小球门射门。

教练员需要观察的方面：

● 守门员传球

—— 踢远距离球的技术

—— 向球移动

—— 支撑脚-踢球脚

—— 触球的瞬间

—— 踢球的部位以及方法

—— 身体平衡与姿态

—— 后续动作

● 守门员接球

—— 位置

—— 启始地点

—— 脚下动作

—— 他如何接球

—— 怎样处理球

变化：

—— 详见训练2所提到的内容

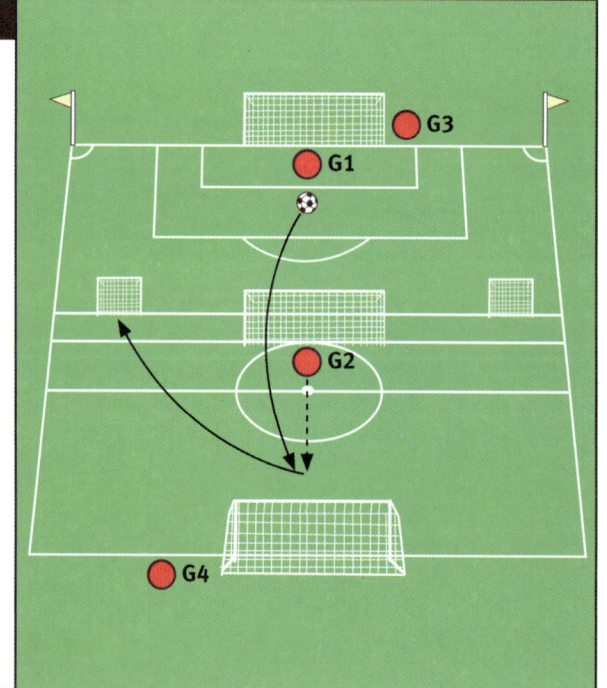

11 守门员技战术能力训练

与比赛相关的训练4

步骤

G1在自己球门前将球踢到中圈或者到对方球门，G2（和G3）试图在球落地或者进球门之前停住球。当他们得到球后向两个小球门踢

教练员需要观察的方面：

● 守门员传球

—— 有选择踢高球或者踢有力量的远球

—— 必须选择正确的技术

● 守门员接球

—— 位置

—— 启始位置

—— 开始移动的时机（当球踢出后）

—— 脚下技术

—— 接球

—— 当接到球后怎样处理球

变化：

—— 详见训练3中所提到的内容

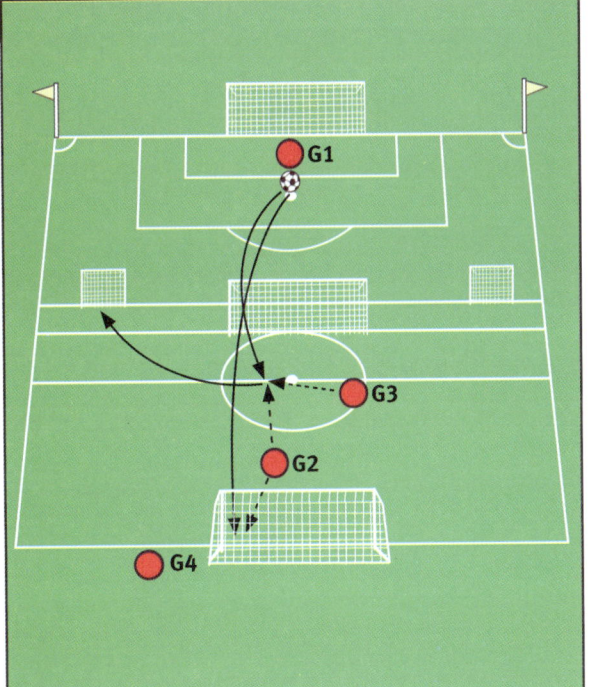

与比赛相关的训练5

步骤

守门员通过高球将球踢到9号所在区域。得到球的一方必须保持球权，并且只能在连续3次触球后的传球才可以射空门

教练员需要观察的方面：

● 守门员传球

—— 必须等到9号运动员为自己创造出接球空间

—— 必须和9号运动员通过眼神沟通

—— 必须运用合适的传球技术

● 运动员接球

—— 必须为自己创造接球空间

—— 需要和防守队员有身体接触（并且了解防守队员的位置）

—— 必须在合适的时间向球移动（当守门员踢出球后）

—— 必须正确地接球及控球

● 接应运动员

—— 必须给9号运动员创造空间

—— 需要预判球的落点

—— 当9号运动员接到球后需要接应他并且创造开阔的环境

—— 需要的话，必须保持对球的第二落点的竞争力

变化：

● 守门员传球

—— 球门球

—— 滚动的球

—— 踢反弹球

—— 凌空球

—— 回传（左/右脚）

● 接球者

—— 11、7、10号

比赛

—— 永远由守门员开球

—— 休息

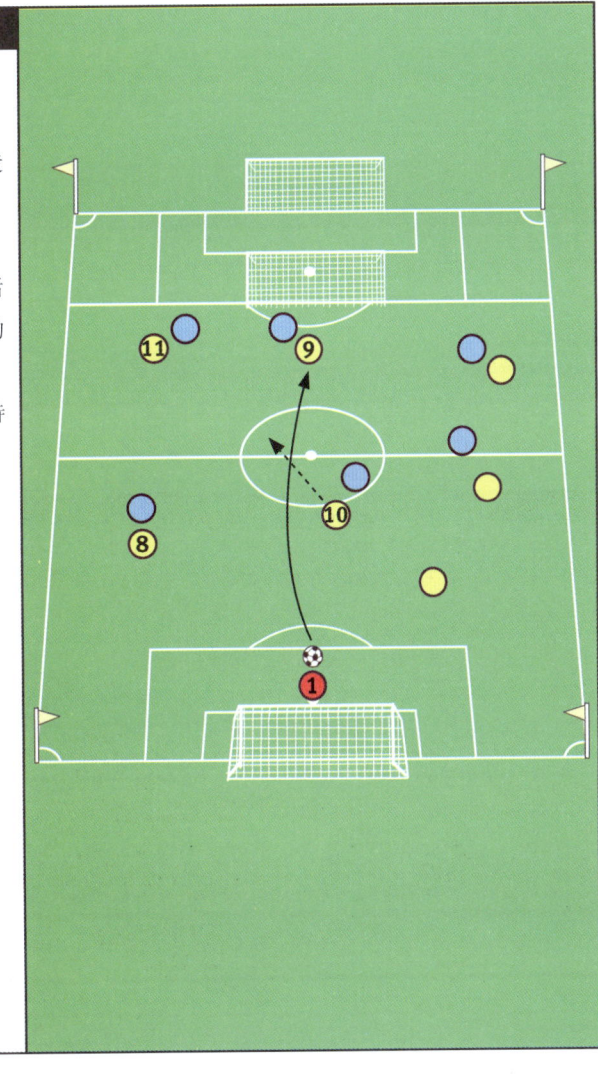

5. 青少年守门员训练

• 青少年运动员需要训练和发展的决定性的方面是在比赛中发动进攻的能力。

• 在守门员训练时，教练员经常没有踢或掷给守门员足够多的球。

• 在守门员训练时，不断地重复比赛状态是必不可少的。守门员必须按照真实比赛的难度与速率处理一些情况。

• 在训练期间，教练员必须保证守门员通过真实比赛情况的同时学到正确的掷球与踢球的方法（就像比赛中能够运用的动作一样）。

• 守门员必须学习如何处理从场上任何角度，任何可能罚球的地方的回传球。

对于这些方面，我们可以在平时训练中使用以下几种训练方法。

逻辑顺序（从简单到较难的）
—— 单纯技术训练。
—— 踢球的过程中，守门员只有一个选择。
—— 踢球的过程中，守门员有两个选择。
—— 踢球的过程中，守门员有几种选择。
—— 真实比赛情况。

接下来的训练方法是针对如何接球与发球（手抛球或脚踢球）。

11 守门员技战术能力训练

初级和提高阶段
（对于处在早期训练发展阶段的孩子和青少年）

训练1

步骤
—— 距离墙、悬挂的网或者球门（或者其他任何空旷的地方）5～10米（距离逐渐增加）

目的
—— 使守门员能够模仿教练员或者其他守门员的正确动作

变化
—— 可训练的技术：
- 凌空球
- 踢反弹球
- 球门球
- 迎面滚来的球
- 回传球（每个训练需要左右脚进行）

距离
—— 根据个人情况逐渐增加距离

球门的大小
——根据训练调整球门大小

附加项目
——可以给运动员布置回家的任务

训练2

步骤
—— 守门员之间手抛球

目的
—— 眼睛和手的配合会优于眼睛和脚的配合。所以球应该传到守门员的身体部分

变化
—— 技术：
- 单手低抛球
- 不落地或者落地的过肩抛球（水平传球或者过顶传球）
- 不落地或者落地的手抛球（水平传球或者过顶传球）

变化
—— 增加距离
—— 运动员撞守门员（对抗）
—— 他们要试着得分（不落地或者落地）
—— 球门的大小可以变化

守门员的游戏：距离（+方向）训练3

步骤
—— 守门员必须试图将球抛过对方的球门线
—— 可以从接球的地方开始抛
—— 可以从比赛中断的地方开始抛

目的/重点
—— 改变距离
—— 退出其他守门员的区域

变化
—技术：
- 抛地滚球
- 过肩抛球
- 侧抛球
- 单手肩上掷球
- 倒地/侧扑
- 侧抛球
- 侧身勾手掷球
- 两手抛球
- 守门员可以选择抛球的方式

距离
—— 场地：
- 长–短
- 宽–窄
和其他几名守门员
—向不同方向扔球，并且使守门员去抓球

训练4

步骤
—— 守门员踢凌空球（1对1、2对2）：
- 掷球

目的
—— 将球扔过网传给对面守门员区域

重点
—— 方向

变化
—— 用踢代替扔：
- 凌空球
- 踢反弹球
- 球门球

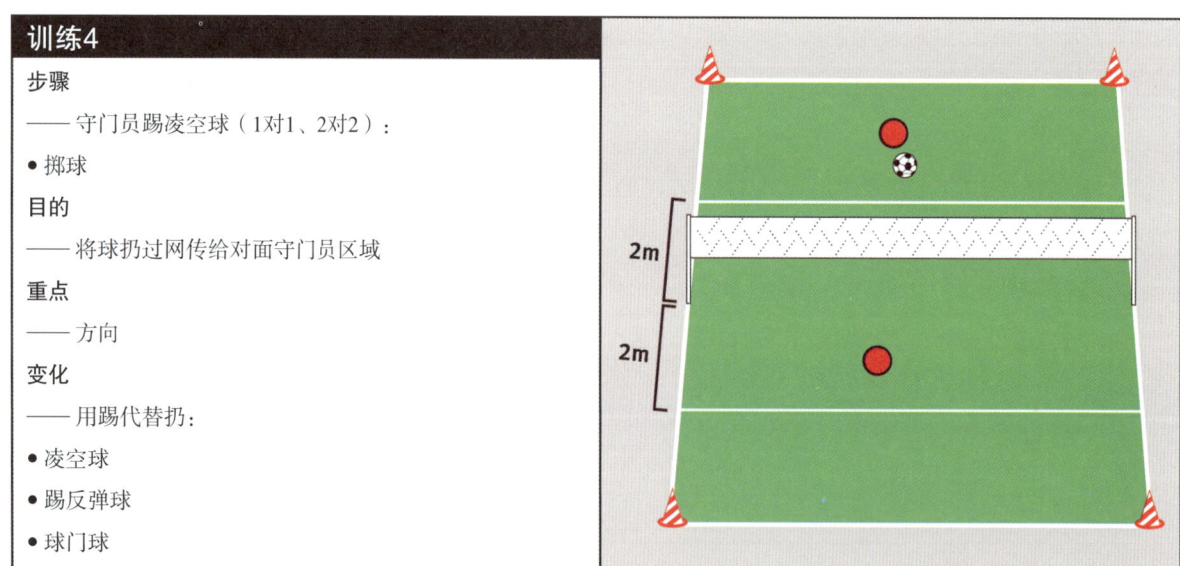

训练5

步骤
—— 球从标志物之间踢到守门员手中

目的
—— 方向和速度（球的重量）

变化
—— 技术：
- 抛球
- 踢球
- 凌空球
- 踢反弹球
- 踢地滚球
- 大脚开出回传球

—— 变换距离和位置
—— 有力量的射门

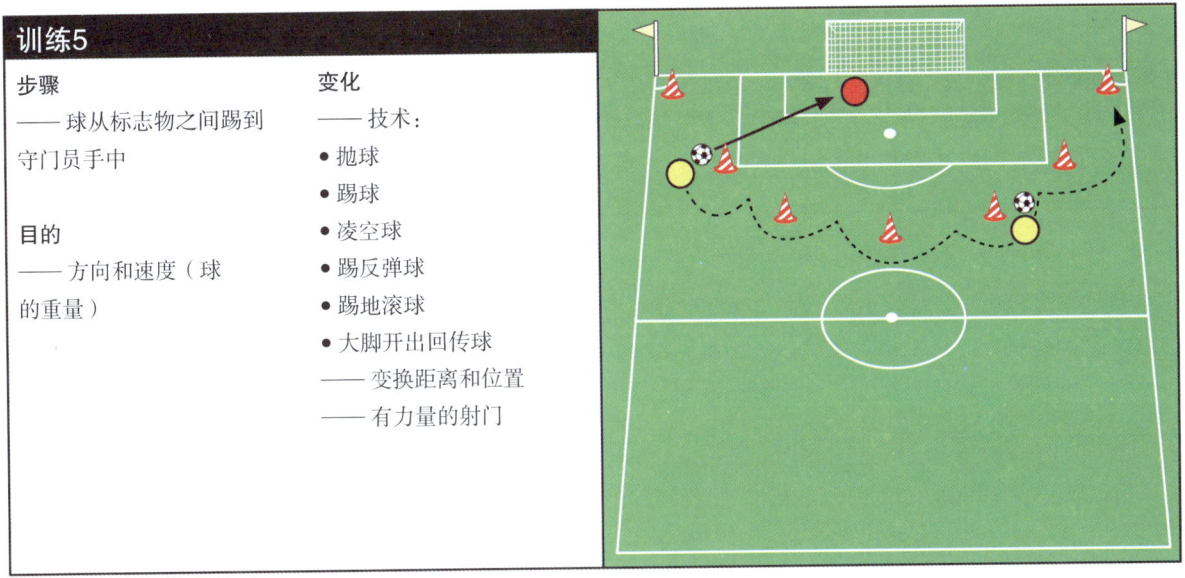

训练6

步骤
—— 1对1，守门员试图通过掷球的方式将球扔进对方的球门

目的
—— 运用不同的掷球技术

变化
—— 技术：
- 抛地滚球
- 过顶手抛球
- 侧抛球
- 守门员可以选择抛球的方式

—— 只有直接触网的才算进球（不能落地）
—— 各种不同的距离
—— 各种不同的球门

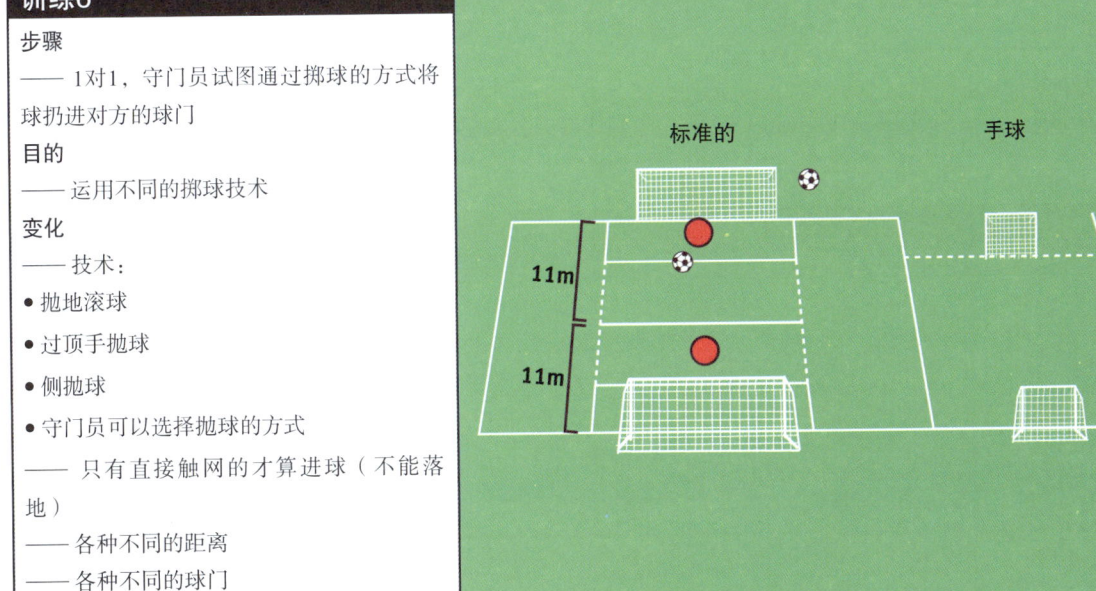

守门员射门与扑救训练7	参见练习3
—— 与训练3相同，但不包括踢球	

训练8

步骤
—— 守门员网式足球（1对1/2对2）
—— 和排球规则一致–或者变化一些规则

训练9

步骤
—— 守门员得球后，掷（或踢）向空的球门

目的
—— 接球和发起进攻

变化
—— 技术：
• 发起进攻的技术
—— 根据守门员掷球的距离与质量决定
—— 接球：
• 来自射门
• 来自传中
• 来自渗透球

• 来自高球
—— 哪一方球门？
• 向其中一个可能的球门
• 由守门员来选择
—— 增加距离
—— 可以是高抛球也可以是地滚球
—— 可以是直线球也可以是弧线球
—— 直接进入球网

11 守门员技战术能力训练

训练10

步骤
— 守门员将球踢过障碍物（球门/墙=对手）并使球射入另一个球门

目的
— 要具备将球踢过对手的能力：
• 有力的击球/搓球（根据障碍物与球门的距离）

变化
— 技术：
• 运用各种踢球技术
— 距离：
• 守门员可以站得远一点
• 球门和球门之间距离可以较近（鼓励更多的搓球）

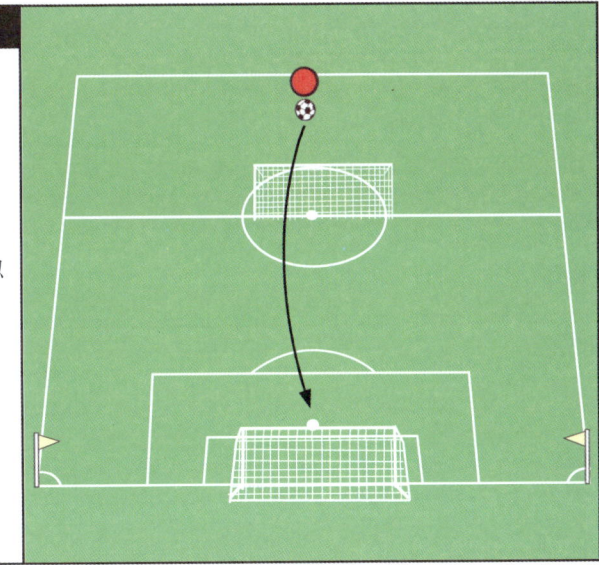

训练11

步骤
— 守门员接到传中球后立即掷到（或踢到）另一方球场
— 球要踢到边路
→ 利于拉开场地的宽度

目的
— 接球和发动进攻

变化
— 将球抛到（或踢到）球场另一侧
— 回传球

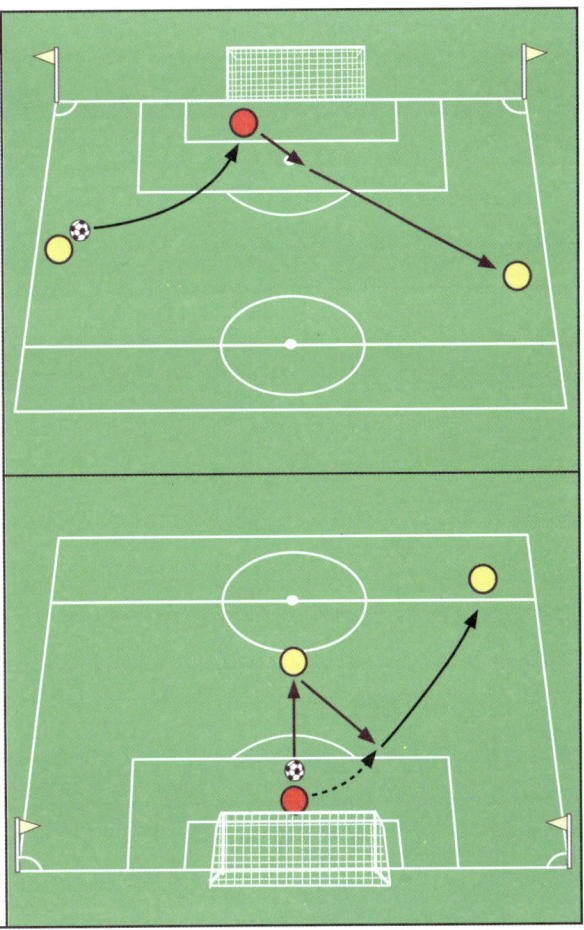

国际足联执教手册

早期训练发展阶段—辅助训练

训练1

步骤
—— 守门员接教练员传球后，再回传给教练员

目的
—— 利用左脚和右脚踢出不同类型的球

变化
—— 不同类型的球（教练员踢出）
- 传给守门员
- 守门员指导
- 从边路
- 地滚球
- 高空球

- 大力击球
- 踢不同球速的球
- 守门员只允许触球一次
- 守门员只允许触球两次
—— 从不同的距离
—— 从不同的位置
—— 向球门方向踢球
—— 向有守门员的球门踢球

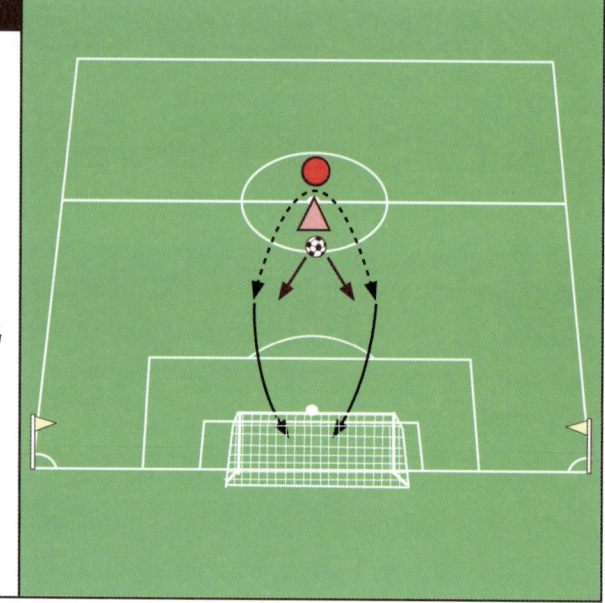

训练2

步骤
—— 守门员踢球及1对1练习
—— 在守门员之间排一个任意球人墙（2对2）

目的
—— 有能力将球绕过或越过对方运动员

变化
—— 守门员之间的距离
—— 踢球的方法：
- 凌空球
- 反弹球
- 地滚球
- 球门球

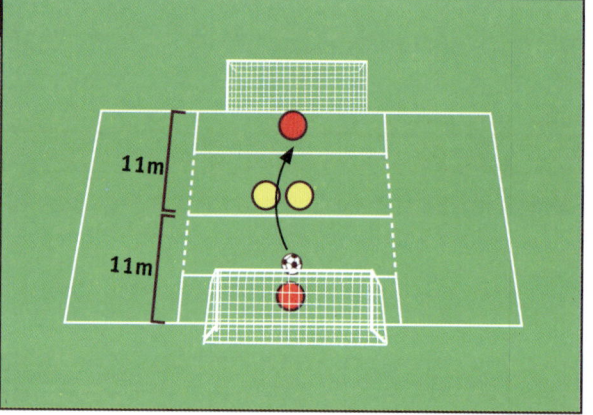

训练3

步骤
—— 守门员为本方发动进攻（5对3），每次进攻都要由守门员发动。守门员方向大球门进攻，另一方向两个小球门进攻

目的
—— 决定将球传给谁，怎样传给那个人

变化
—— 守门员能这样发动进攻

- 球门球
- 地滚球
- 凌空球
- 反弹球
- 手抛球
- 自己选择如何重新开始
- 由教练员传给守门员
- 回传球

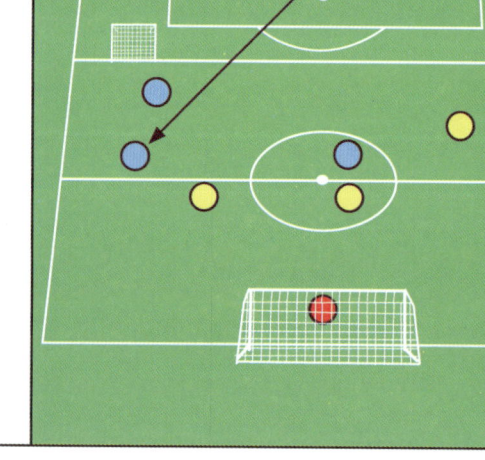

11 守门员技战术能力训练

训练4

步骤
— 教练员回传球给守门员，之后再传给另一位守门员
— 距离可以是多样的
— 可从球场不同位置传球
— 可从球场两侧边路传球

目的
— 接球后踢球

变化
— 教练员给守门员传球
可以：
• 简单
• 困难

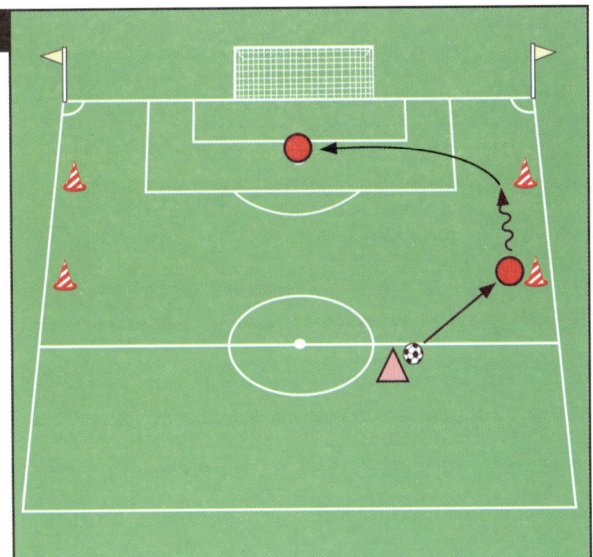

训练5

步骤
— 教练员（其他守门员）将球传给守门员之后，守门员直接将球踢到另一方球门

目的
— 接球后踢球

变化
— 守门员可以自己选择踢球方式：
• 运用所有踢球方法
• 运用所有抛球方法
• 在球门前不同的位置传球

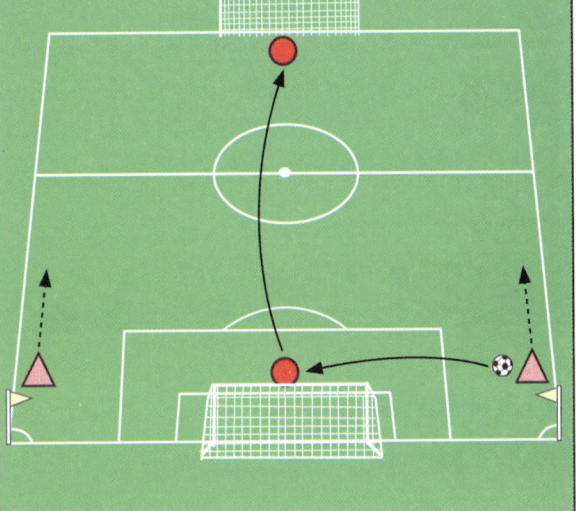

训练6

步骤
— 守门员接到教练员传球后，将球越过对方守门员踢进球门

目的
— 接球/踢球
— 用力踢球
• 技术动作的选择

变化：
运球
— 用手
— 用脚

接球
— 用力击球封杀
— 抛高弧球
— 回传球

等待的守门员
— 距离球门较近
— 距离球门较远：
• 是否应该拦截第一球

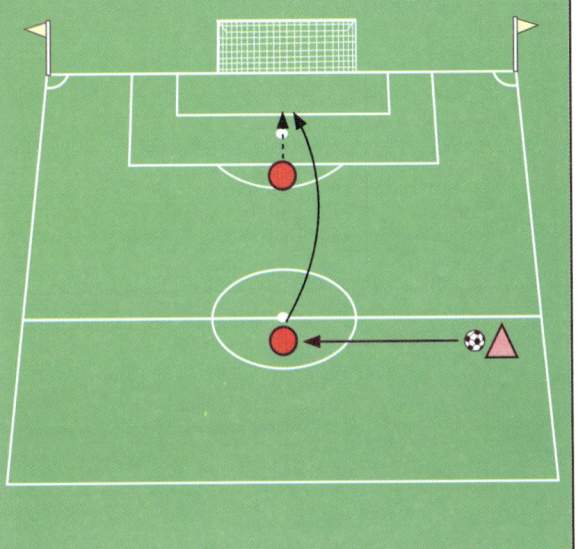

313